Praxiswissen Dreamweaver 8

Praxiswissen
Dreamweaver 8

Marc Campbell

Deutsche Übersetzung von
Sascha Kersken

Beijing · Cambridge · Farnham · Köln · Paris · Sebastopol · Taipei · Tokyo

Die Informationen in diesem Buch wurden mit größter Sorgfalt erarbeitet. Dennoch können Fehler nicht vollständig ausgeschlossen werden. Verlag, Autoren und Übersetzer übernehmen keine juristische Verantwortung oder irgendeine Haftung für eventuell verbliebene Fehler und deren Folgen.

Alle Warennamen werden ohne Gewährleistung der freien Verwendbarkeit benutzt und sind möglicherweise eingetragene Warenzeichen. Der Verlag richtet sich im wesentlichen nach den Schreibweisen der Hersteller. Das Werk einschließlich aller seiner Teile ist urheberrechtlich geschützt. Alle Rechte vorbehalten einschließlich der Vervielfältigung, Übersetzung, Mikroverfilmung sowie Einspeicherung und Verarbeitung in elektronischen Systemen.

Kommentare und Fragen können Sie gerne an uns richten:
O'Reilly Verlag
Balthasarstr. 81
50670 Köln
Tel.: 0221/9731600
Fax: 0221/9731608
E-Mail: kommentar@oreilly.de

Copyright:
© 2006 by O'Reilly Verlag GmbH & Co. KG
1. Auflage 2006

Die Originalausgabe erschien 2006 unter dem Titel *Dreamweaver 8 Design and Construction* bei O'Reilly Media, Inc.

Macromedia® Dreamweaver® 8, Flash® 8 und Fireworks® 8 sind in den USA und in anderen Ländern Warenzeichen oder registrierte Warenzeichen von Macromedia, Inc.

Bibliografische Information Der Deutschen Bibliothek
Die Deutsche Bibliothek verzeichnet diese Publikation in der Deutschen Nationalbibliografie; detaillierte bibliografische Daten sind im Internet über *http://dnb.ddb.de* abrufbar.

Lektorat: Inken Kiupel, Köln
Korrektorat: Eike Nitz, Köln
Satz: DREI-SATZ, Husby
Umschlaggestaltung: Michael Oreal, Köln
Produktion: Andrea Miß, Köln
Belichtung, Druck und buchbinderische Verarbeitung:
Druckerei Kösel, Krugzell; www.koeselbuch.de

ISBN-10 3-89721-463-6
ISBN-13 978-3-89721-463-7

Dieses Buch ist auf 100% chlorfrei gebleichtem Papier gedruckt.

Inhalt

Einleitung IX

Teil 1: Planen Sie Ihre Website

1 Packen Sie Ihren Werkzeugkasten 3
    Software auswählen 3
    Statische und dynamische Websites im Vergleich 13

2 Reservieren Sie Ihr Grundstück 19
    Einen Webhoster auswählen 19
    Die Optionen Ihres Hosting-Angebots entziffern 23
    Was bedeutet ein Name? 26
    Was geschieht als Nächstes? 34

3 Inhalte organisieren 35
    Den Umfang definieren 36
    Die Karten befragen 40
    Die Gliederung zusammenstellen 45

4 Die Oberfläche skizzieren 49
    Was macht gutes Design aus? 49
    Das Layout organisieren 51
    Die Navigation gestalten 55
    Maß nehmen 63
    Eine Layoutstrategie wählen 69

5	**Bilder für das Web vorbereiten**	**73**
	Bilddateitypen im Vergleich	73
	Bilder für das Web optimieren	78
	Bilder für das Web benennen	84
	Ein Tracing-Bild erstellen	85

6	**Gedanken über Text**	**89**
	Formate auswählen	89
	Ein Blick auf Formatattribute	94
	Text-Hyperlinks gestalten	105

7	**Richten Sie Ihre Website ein**	**109**
	Die Site definieren	109
	Die Struktur aufbauen	120
	Vorschaubrowser einrichten	123
	Dialogfelder für Eingabehilfen-Attribute einrichten	125

Teil 2: Gestalten Sie Ihre Site

8	**Eine neue Seite öffnen**	**129**
	Das Dialogfeld Neues Dokument verwenden	129
	Ein Dokumentfenster mit Aussicht	132
	Seiteneigenschaften einstellen	135
	Seitenvorschau im Browser	137

9	**Mit Tabellen gestalten**	**141**
	Entwurfsmodus de luxe	141
	Das Layout erstellen	142
	Ein Festbreitenlayout zentrieren	153
	Ein Liquidlayout erstellen	153

10	**Mit Ebenen gestalten**	**157**
	Das Layout erstellen	159
	Die Ebenen beschriften	163
	Ein Festbreitenlayout in ein Liquidlayout konvertieren	163

11	**Vorlagen erstellen**	**173**
	Vorbereitungen	174
	Ihre Seite als Vorlage speichern	179
	Bearbeitbare Bereiche definieren	179

| | Die Vorlage auf eine existierende Seite anwenden | 183 |
| | Neue Seiten aus der Vorlage erstellen | 186 |

12 Ein Stylesheet erstellen … 189
Eingebettete Stile exportieren … 189
Stilregeln für bestimmte Elemente definieren … 193
Allgemein gültige Stilregeln definieren … 200
Eine Stilregel bearbeiten … 203

Teil 3: Erstellen Sie Ihre Site

13 Eine Navigationsleiste hinzufügen … 207
Die Schaltflächen … 207
Eine Navigationsleiste mit zwei Zuständen erstellen … 212
Eine Navigationsleiste mit vier Zuständen erstellen … 218
Eine Hintergrundfarbe zum Navigationsbereich hinzufügen … 227
Angepasste Meldungen in der Statusleiste platzieren … 230

14 Text hinzufügen … 231
Text auf der Seite platzieren … 231
Das Format einstellen oder ändern … 233
Typografische Stile anwenden … 235
Listen hinzufügen … 240
Textausrichtung und Blocksatz … 243
Den Absatzabstand anpassen … 243
Horizontale Linien verwenden … 246

15 Bilder hinzufügen … 249
Bilder auf der Seite platzieren … 249
Bilder relativ zu anderen Inhalten positionieren … 251
Bildgröße ändern … 257

16 Flash-Inhalte hinzufügen … 261
Flash-Filme auf der Seite platzieren … 261
Flash-Schaltflächen erstellen … 265
Flash-Text erstellen … 268
Eine Flash-Diashow erstellen … 270

17 Links verknüpfen … 275
Interne Links erstellen … 275

Externe Links erstellen 283
Einen E-Mail-Link erstellen 284
Stilregeln für Links hinzufügen 285
Anklickbare Bilder erzeugen 288
Die Reihenfolgenposition für Links einstellen 296

18 Formulare erstellen **299**
Das Formular entwerfen 299
Formularelemente hinzufügen 302
Das Layout ausrichten 315
Stilregeln auf die Formularelemente anwenden 317
Formulareingaben überprüfen 320
Das Formular abschicken 322

Teil 4: Veröffentlichen Sie Ihre Site

19 Verfeinern, testen und Fehler beseitigen **327**
Dinge, die man leicht vergisst 327
Meta-Tags hinzufügen 330
Automatisierte Tests durchführen 336

20 Der große Auftritt **343**
Entscheiden, was veröffentlicht wird 343
Ihre Site veröffentlichen 344
Ihre Site frisch halten 349
Redesign mit Dreamweaver 8 352
Was Sie als Nächstes tun können 356

Teil 5: Anhänge und Glossar

A HTML-Tags **361**

B CSS-Stildefinitionen **365**

C JavaScript-Event-Handler **369**

Glossar **371**

Index **385**

Einleitung

In diesem Kapitel:
- Webdesign und Architektur
- Über dieses Buch
- Für wen dieses Buch geeignet ist
- Wie dieses Buch organisiert ist
- Typografische Konventionen
- Danksagungen

Webdesign und Architektur

Das ist eine merkwürdige Vorstellung, aber wirklich neu ist sie nicht. Webdesigner nehmen oft Architekturmetaphern zu Hilfe, um die Vorzüge einer guten Website zu erläutern. »Eine gute Website ähnelt dem physischen Raum«, sagen sie. »Sie ist wie ein Haus mit vielen Zimmern und Türen.« Die Zimmer sind natürlich die Seiten der Website und die Türen sind die Links zwischen ihnen.

Außerdem gibt es die Informationsarchitektur, ein Spezialgebiet in der Welt der Websitekonstruktion. Informationsarchitekten entwerfen die Struktur einer Website – man könnte sie auch Grundriss nennen –, damit die Besucher sich beim Umherwandern nicht verlaufen.

Schon ganz am Anfang muss jemand an Architektur gedacht haben, denn wir nennen diese Dinge *Sites* (Grundstücke) und nicht etwa Ressourcen, Pools, Objekte oder Einheiten – das ist ziemlich bemerkenswert, wie Sie zugeben müssen. Computer-Geeks bevorzugen sonst meist mathematische Metaphern. So gesehen ist es ein Wunder, dass wir nicht alle »Webaggregate definieren«. Und da diese Technik-Freaks nicht gerade für ihren Hang zur Poesie bekannt sind, muss Webdesign selbst etwas an sich haben, das zur Verwendung von Begriffen aus der Architektur verleitet.

Wenn Sie in diesem kleinen Werk nach einer Antwort suchen, werden Sie vielleicht enttäuscht sein. Denn abgesehen von einigen Metaphern, die ich im Zusammenhang mit Webdesign treffend finde, habe ich auch keine erschöpfende Antwort darauf, was Webdesign mit Architektur zu tun haben soll. Und um ehrlich zu sein, hatte ich auch noch nicht viel darüber nachgedacht, bis mein Lektor mich auf diese Buchidee brachte.[1]

»Dreamweaver Design-Build«, hieß es in seiner E-Mail. »Webdesign-Profitipps mit Dreamweaver. Fast Prototyping mit Dreamweaver. Schnelle Webentwicklung.«

---

[1] Im Original heißt dieses Buch *Dreamweaver 8 Design and Construction*.

»Coole Idee«, antwortete ich.

Dann informierte er mich, cool hin oder her, dass Design-Build eine echte Architekturbewegung ist. Sie konzentriert sich auf schnelle aber hochwertige Konstruktion, indem sie die Aufgaben von Design und Bau zusammenführt. Ich war nicht überrascht zu erfahren, dass wir in den USA normalerweise Design- und Baufirmen haben. Das sind unterschiedliche Unternehmen, die einander misstrauen und manchmal versuchen, so wenig wie möglich miteinander zu tun zu haben. Manchmal enden sie doch in einer Art Verbund, nachdem sie das Budget und die Termine überschritten haben, und das Bauergebnis ist von geringer Qualität und voller Fehler.

Die Design-Build-Philosophie versucht, all das zu ändern. Hier haben Sie eine einzelne Firma, die die Verantwortung für ein Projekt von der Blaupause bis zur Eröffnungsfeier übernimmt. Aus diesem Bedürfnis heraus sind Design-Build-Experten beweglich und doch muskulös. Sie kommen weder damit aus, viel über Weniges zu wissen, noch haben Sie Erfolg, indem Sie ein Bisschen über Vieles wissen. Sie müssen viel über Vieles wissen. Sie müssen mit anderen Worten ihr Handwerk lernen. Mehr als das, sie streben danach, Baumeister zu werden, wie diejenigen, die uns den Parthenon und die Pyramiden gegeben haben, wenn auch hoffentlich ohne all die Sklaven und menschlichen Verluste. Und mit den Meisterfähigkeiten kommt die Meisterwahrnehmung. Wenn Design-Build-Experten sich eine Struktur vorstellen, sehen sie kein Preisschild. Sie sehen Gewölbe und Bögen. Sie sind hoffnungslose Romantiker.

Manchmal machen etablierte Techniken glauben, dass Profit, Geschwindigkeit und Quantität die Qualität ausstechen und dass gutes Design in ein Museum gehört. Der Fehler an diesen Vorstellungen liegt in der Tatsache, dass Design-Build billiger sein kann. Und schneller. Und er kann bessere, langlebigere und zufriedenstellendere Ergebnisse erzielen.

Als mein Lektor versuchte, an mein politisches Empfinden zu appellieren, setzte er genau die richtigen Hebel in Bewegung. Eine meiner ersten Handlungen als Kreativdirektor bestand darin, eine Brücke zur Programmierabteilung zu bauen und den Leuten alles zu erlauben, was die Entwicklung vereinfachte. Im Gegenzug hörten sie auf, sich am Design des Frontends zu versuchen. Als wir begannen, wie ein einzelner Dienstleister zu handeln und nicht wie zwei unabhängige, konkurrierende Abteilungen, konnten wir unsere Arbeit besser erledigen. Und schneller. Und billiger.

Normalerweise plappere ich keine Werbesprüche nach, aber der Slogan des DBIA – des Design Build Institute of America – zog wirklich meinen Blick auf sich: »Zurück zum bewährten Ansatz des Baumeisters«, lautet er, »bei dem die komplette Verantwortung sowohl für das Design als auch für die Konstruktion in einer Hand liegt.« Wenn Sie über Konzepte für ein Dreamweaver-Buch sprechen, können Sie es kaum besser ausdrücken. Dreamweaver war immer schon eine Software für Leute, die viel bewegen wollen: für unabhängige Designer bzw. Entwickler, für die das Web eine Passion ist und nicht nur (oder vielleicht noch nicht einmal) eine gute Gelegenheit,

Geld zu verdienen; für Leute, die Websites bauen, damit sie genutzt werden und Spaß machen, und nicht als Ausrede, um eine Rechnung zu verschicken. Dann wurde mir klar (und meinem Lektor schon lange vorher, da bin ich sicher), dass zwar Millionen von Büchern über Dreamweaver auf dem Markt sind – zu Tausenden davon habe ich sogar selbst beigetragen –, aber kein einziges, das Ihnen speziell zeigt, wie Sie Dreamweaver einsetzen können, um großartige Websites zu erstellen, die den Benutzer respektieren. Dreamweaver als Werkzeug der Revolution. Das weckte *wirklich* mein Interesse.

Nun war ich zwar schon vollends überzeugt, wusste aber, dass ich meine Rhetorik herunterschrauben müssen würde, wenn ich dies schreiben wollte. Ich durfte kein politisches Manifest abliefern. Nein, ich musste es subtiler angehen und die Politik in der Architekturmetapher verbergen, was zu einer wichtigen Frage führte: Wenn Webdesign wie Architektur ist, könnte man die Prinzipien des Design-Builds darauf anwenden? Könnte man ein Webdesign-Baumeister werden? Ich war neugierig, wie weit es sich treiben ließ, also tauchte ich tiefer in die DBIA-Broschüre ein und entdeckte eine Liste von Design-Build-Vorteilen. Ich schärfte meine Sinne und beschloss, nach Übereinstimmungen zu suchen:

Einzelne Verantwortliche
Stimmt. Dieses Buch ist speziell für unabhängige Designer und Entwickler gedacht, und Sie brauchen nichts über Dreamweaver oder über die Webproduktion zu wissen, um es zu lesen. Die Design-Build-Philosophie behandelt Prozesse und Ergebnisse, und auf diesen Seiten erhalten Sie eine Menge von beiden.

Qualität
Stimmt. Dieses Buch legt mindestens genauso viel Gewicht darauf, was Sie bauen, wie darauf, wie Sie es bauen, und zeigt Ihnen, wie Ihre Designentscheidungen die Qualität des Produktionsprozesses verbessern können.

Kostenersparnis
Stimmt. Dieses Buch erspart Ihnen Mühen, und wenn es Ihnen auch noch Kosten erspart, ist das um so besser.

Zeitersparnis
Stimmt. Dieses Buch erspart Ihnen Zeit. Die Design- und die Produktionsphase finden parallel statt, wobei sie sich stets gegenseitig zu ergänzen versuchen. Anfangs mag es sich etwas zäh anfühlen, aber warten Sie nur ab, bis Sie anfangen, die Seiten zu erstellen. Es ist, als kämen sie aus einer Druckerpresse geschossen. Und wenn Sie in Kapitel 20 ankommen, werden Sie kaum glauben, wie schnell Sie Ihre Site neu gestalten können, wenn Sie sie auf die Prinzipien aus den vorangegangenen Kapiteln aufgebaut haben.

Potenzial zur Verminderung des Verwaltungsaufwands
Stimmt. Sie arbeiten eigenverantwortlich, erstellen Ihre Website nicht in einer Kommission und brauchen es auch nicht, wie dieses Buch zeigt.

Überblick über zu erwartende Kosten
Stimmt. Nachdem Sie einige Projekte unter Ihre Fittiche genommen haben, werden Sie eine sehr genaue Vorstellung davon haben, was es braucht, um eine Dreamweaver-Site fertigzustellen. Die Genauigkeit Ihrer Kostenvoranschläge steigt und der Ärger mit Ihren Kunden geht stark zurück.

Verbessertes Risikomanagement
Stimmt. Dieses Buch diskutiert die Stärken und Beschränkungen diverser Webdesign-Techniken und betrachtet die Kardinaltugenden von Barrierefreiheit und Standardkonformität im realistischen Kontext der Dreamweaver-Umgebung. Wenn Sie beschließen, etwas in Ihrer Site nicht zu machen, wissen Sie genau, warum – und wenn Sie beschließen, gegen eine Regel zu verstoßen, wissen Sie ebenfalls genau, warum Sie das tun.

Spiel, Satz und Sieg! Mein Lektor war tatsächlich auf der richtigen Spur. Das bescheidene Werk, das vor Ihnen liegt, ist das unmittelbare Ergebnis.

Über dieses Buch

Dieses Buch dient als Einführung in die Erstellung von Websites mit Macromedia Dreamweaver 8. Es stellt außerdem die grundlegenden Prinzipien der Planung, des Designs, des Aufbaus, der Veröffentlichung und der Wartung einer Website vor. Der allgemeine Schwerpunkt liegt auf dem Gedanken, dass solides Design und Benutzerfreundlichkeit untrennbar miteinander verknüpft sind.

Für wen dieses Buch geeignet ist

Dieses Buch wurde für einen breiten Kreis von Lesern geschrieben, für die Dreamweaver 8 Neuland ist oder die von Grund auf neu in das Erstellen eigener Websites mit all seinen Aspekten einsteigen: Planung, Visualisierung und Anwendung solider Designprinzipien werden gründlich beleuchtet.

Wie dieses Buch organisiert ist

Die Kapitel sind ein wenig wie Module aufgebaut, vor allem in Teil 1 und Teil 3, so dass Sie sie in der Reihenfolge durchnehmen können, die für Sie sinnvoll ist, nicht notwendigerweise in der, die ich ihnen gegeben habe. Teil 2 und Teil 4 sind in dieser Hinsicht etwas weniger flexibel; falls Webdesign oder das Programm Dreamweaver also neu für Sie sind, würde ich empfehlen, das Buch von Anfang bis Ende durchzulesen. Nachdem Sie einen etwas fortgeschrittenen Stand erreicht haben, lesen Sie das Buch einfach so, wie es Ihnen passt. Damit es als schnelle Referenz dienen kann, habe ich mich bemüht, jede Ressource, die dieses kleine Werk besitzt, so einfach auffindbar zu machen wie möglich.

Es ist in vier Teile unterteilt:

Teil 1: Planen Sie Ihre Website
Sie bauen ein Gebäude nicht ohne Blaupause und eine Website nicht ohne Plan. Diese Kapitel führen Sie durch den Planungsprozess und behalten dabei den maximalen Nutzen von Design und Produktion besonders im Auge.

Teil 2: Gestalten Sie Ihre Site
Wenn Ihr Plan bereit ist, können Sie eine Dreamweaver-Vorlage erstellen, um das Layout Ihrer Seiten zu steuern, sowie ein externes Cascading Style Sheet, um Form und Funktion des Inhalts zu bestimmen. Am Ende dieses Teils rollen die Seiten Ihrer Site nur so aus Ihrem Studio.

Teil 3: Erstellen Sie Ihre Site
In den Rohbau der vorlagenbasierten Seiten werden die Navigation, der Text, die Bilder, die Flash-Filme, die Hyperlinks und die Formulare eingefügt, die Sie seit Teil 1 geplant haben. Nun ist die Produktion nicht mehr aufzuhalten. Jedes Element, das Sie zum Vorlagendokument hinzufügen, staffiert Ihre Site auf wundersame Weise aus.

Teil 4: Veröffentlichen Sie Ihre Site
Ehe Sie sich's versehen, ist Ihre Site fertig. Verwenden Sie die Site-Verwaltungsfunktionen von Dreamweaver, um sie auf defekte Links, verwaiste Dateien und falschen Code zu untersuchen. Laden Sie Ihre Site dann ins Web hoch und erfahren Sie, wie der Design-Bau-Ansatz à la Dreamweaver sich in mühelose Site-Wartung umsetzt.

Typografische Konventionen

In diesem Buch werden folgende typografischen Konventionen verwendet:

Kursiv
Kennzeichnet neue Begriffe, Filmtitel, URLs, E-Mail-Adressen, Dateinamen, Dateierweiterungen, Pfadnamen und Verzeichnisse sowie Menübefehle und andere Bedienelemente.

Fett
Kennzeichnet Tastenkürzel.

Die Glühbirne kennzeichnet einen Tipp oder einen generellen Hinweis mit nützlichen Zusatzinformationen zum Thema. Hier geht es um Möglichkeiten, Probleme zu umgehen und den Arbeitsablauf flüssiger zu gestalten.

Der Regenschirm kennzeichnet eine Warnung oder ein Thema, bei dem Sie Vorsicht walten lassen sollten.

In Absätzen mit einem Mikroskop finden Sie tiefer gehende Informationen über Dreamweaver und Webdesign.

 Tastenkürzel, die Ihnen helfen, die Arbeit zu beschleunigen.

Danksagungen

Dieses Buch ist für Sie, die Sie eigenverantwortlich arbeiten und etwas bewegen wollen, aber selbst autonome Köpfe brauchen ein Netzwerk hinter sich, und das hier ist meines. Ich danke John Neidhart, der mich auf diesen Weg gebracht und angenehme Konditionen für Autoren-Design-Bau geschaffen hat. Ich danke Lynn Haller, Katrina Bevan, Renee Midrack und dem ganzen Team bei Studio B. Ich danke Rob Kamphausen und Michael O'Brien (beides Design-Baumeister), die mir geholfen haben, das Ziel nicht aus den Augen zu verlieren.

Und ein besonders Dankeschön an alle an der vordersten Front der Produktion, die ihre Zeit und ihre Talente in dieses Buch investiert haben. Der Philosoph David Hume neigt dazu, eure Existenz zu bezweifeln, weil er euch nicht persönlich kennen gelernt hat. Ich erhebe keinen solchen Anspruch. Es ist wahrlich ein Wunder, dass überhaupt etwas gebaut wird, und ihr netten Leute seid die Wundertäter.

TEIL 1
Planen Sie Ihre Website

Sie haben dieses Buch gekauft, weil es Geschwindigkeit verspricht. Schnell entwerfen! Schnell entwickeln! Ab die Post! Zudem erwarten Sie wahrscheinlich, dass ein Dreamweaver-Buch etwas über die Software Dreamweaver zu sagen hat.

Deshalb fragen Sie sich vielleicht, weshalb die ersten sieben Kapitel Sie eher auszubremsen scheinen. Und warum erwähnt der gesamte erste Teil des Buches Dreamweaver nur nebenbei?

Die Gründe sind einfach. Wenn Sie eine Website in Höchstgeschwindigkeit erstellen möchten, müssen Sie einen verlässlichen Plan am Start haben, bevor Sie den Gang einlegen und losfahren. Wenn Sie bei Projektbeginn ein wenig Denkarbeit investieren, können Sie sich später viel Arbeit ersparen und kommen mit weniger Änderungen aus. Sie werden in der Lage sein, schnell und präzise zu bauen. Das ist nicht nur das Geheimnis der Geschwindigkeit, sondern es ist das Geheimnis jeder erfolgreichen Webagentur.

Trotz all seiner Stärken erstellt Dreamweaver nicht Ihre Website für Sie. Die Software kann nicht für Sie entscheiden, wie Sie Ihre Site organisieren, wie Sie das Look and Feel gestalten oder welche Informationen Sie einfügen sollten. Es ist ein Software-Tool, das nur nimmt, was Sie ihm geben. Es kann schlechte Planung nicht wett machen, aber wenn Sie den richtigen Plan haben, hilft es Ihnen, mehr, besser und schneller zu produzieren.

Dieser Teil befasst sich ausführlich mit dem Entwerfen Ihres Plans.

> **In diesem Kapitel:**
> - Software auswählen
> - Statische und dynamische Websites im Vergleich

KAPITEL 1
Packen Sie Ihren Werkzeugkasten

Ich will dieses Buch nicht unbedingt mit einer philosophischen Bemerkung beginnen – aber wenn Sie etwas bauen, brauchen Sie Werkzeuge. Und da die Qualität Ihrer Werkzeuge Ihnen hilft, die Qualität Ihrer Erzeugnisse zu verbessern, sollten Sie die beste Webdesign-Software verwenden, die Ihr Budget verkraften kann.

Mit der Wahl von Dreamweaver haben Sie übrigens schon einmal gut angefangen. Er ist aus gutem Grund der Industriestandard für Webdesign und besonders gut zum schnellen Erstellen von Websites geeignet.

Dieses Kapitel erläutert, was Sie noch brauchen, um die Website Ihrer Träume zu weben.

Software auswählen

Eine Website ist eine Ansammlung von Computerdateien diverser Typen. Dazu gehören HTML-Dokumente und Bilddateien, aber auch Multimediadateien wie Flash-Filme und Acrobat-Dokumente. Um diese Dateien zu erstellen, zu bearbeiten und sie zu einem kohärenten, konsistenten Ganzen zu verknüpfen – eine Website aus ihnen zu machen –, brauchen Sie diverse Softwarekomponenten.

Unglücklicherweise liefert Ihnen kein einzelnes Softwarepaket – noch nicht einmal Dreamweaver – das Werkzeug für alle Aufgaben vom Entwurf Ihrer Seiten über das Erstellen von Bildern und Multimedia bis hin zur Website-Vorschau und zum Testen der Bedienfreundlichkeit. Deshalb finden Sie hier eine Checkliste für eine gut ausgestattete Webdesigner-Softwarebibliothek:

- Code-Editor
- Mehrere Webbrowser
- Bildbearbeitungssoftware
- Multimedia-Design-Tools und -Plugins

Einen Code-Editor auswählen

Ein *Code-Editor* ist Software zum Erstellen von Webseiten. Da dies eine Grundfunktion von Dreamweaver ist, können Sie den Code-Editor von Ihrer Liste streichen. Dreamweaver leistet hier sogar noch mehr. Er enthält Hilfsmittel, um Ihre Seiten in einer Website zu organisieren und diese dann im World Wide Web zu veröffentlichen.Ein Code-Editor ist Software zum Erstellen von Webseiten.

Als Code-Editor ist Dreamweaver die wichtigste Softwarekomponente in Ihrem Studio, weil er vom Beginn Ihres Projekts bis zu seinem Ende das Zentrum der Produktion bildet. Sie verwenden Dreamweaver, um die HTML-Dateien zu erstellen, die die Grundlage Ihrer Site bilden. Sie erstellen das Layout der Seiten, fügen den Text hinzu, verknüpfen die Hyperlinks und platzieren die Bilder und Multimediadateien. Die Siteverwaltungsfunktionen helfen Ihnen, die Lesefolge Ihrer Site von Seite zu Seite und von Abschnitt zu Abschnitt einzurichten, und die Veröffentlichungsfunktionen ermöglichen es Ihnen, die Site zu publizieren und mit Ihren letzten Änderungen und Ergänzungen zu aktualisieren.

Aber was visuell orientierte Menschen wie Designer und Grafikkünstler an Dreamweaver am meisten begeistert, ist die Tatsache, dass das Editieren des Codes hinter den Kulissen stattfindet. Sie erstellen Ihre Website in einer *WYSIWYG*-Umgebung – das heißt *What You See Is What You Get* und bedeutet, dass Sie Ihre Layouts nicht durch das Schreiben von Code erzeugen, sondern so ähnlich auf den Bildschirm zeichnen wie auf ein Stück Papier. Dreamweaver wandelt Ihr Design in Code um, der in jedem Webbrowser funktioniert.

> Natürlich können Sie Ihre Webseiten in Dreamweaver auch manuell codieren und per Mausklick zwischen der visuellen Umgebung und der Code-Umgebung wechseln. Dieses Buch konzentriert sich auf die visuellen Aspekte von Dreamweaver, macht aber hier und da einen Ausflug in den Code, damit Sie die bestmögliche Website erstellen können.

Beim Erstellen Ihrer Website werden Sie Dreamweaver verwenden, um drei Arten von Code zu erzeugen: HTML, CSS und JavaScript.

Über HTML

HTML – HyperText Markup Language – ist die Sprache des Webs, und HTML-Dateien sind sein Lebenssaft. Wenn Sie Ihre Lieblingswebsite besuchen und eine Seite wählen, sehen Sie auf dem Bildschirm nichts anderes als ein HTML-Dokument, das der Browser interpretiert und visuell in Form eines grafischen Designs dargestellt hat.

Ein HTML-Dokument ist im Wesentlichen eine Textdatei, in der Auszeichnungen die *Struktur* kennzeichnen, oder die Seitenelemente, aus denen sie besteht. Stellen Sie sich eine Webseite vor, die unter anderem den folgenden Absatz enthält:

> Geheimdienstbericht und Fakten wurden an die politische Strategie angepasst.[1]

Um zu zeigen, dass dieses Textelement ein Absatz und kein anderes Strukturelement wie beispielsweise eine Überschrift oder ein Listenpunkt ist, umschließen Sie es mit speziellen Markierungen, die *Tags* genannt werden. Die meisten Tags bilden ein Paar aus öffnendem und schließendem Teil. Das öffnende Tag steht unmittelbar vor dem Element im HTML-Code, während das schließende Tag direkt dahinter steht.

Das korrekte Tag-Paar für einen Absatz ist <p>…</p> (für *paragraph*), also:

```
<p>Geheimdienstbericht und Fakten wurden an die politische Strategie angepasst.</p>
```

Sie haben dieses Textelement nun als Absatz gekennzeichnet. Wenn ein Webbrowser diese Codezeile in der HTML-Datei erreicht, versteht er, dass dieser Text ein Absatz sein soll; dies bestimmt wiederum, wie der Browser den Text auf dem Bildschirm anzeigt.

Angenommen, Sie möchten die folgende Liste von Elementen darstellen:

- Chemisch
- Biologisch
- Nuklear

Um die Listenelemente zu kennzeichnen, umschließen Sie jedes von ihnen durch das Tag <li> (*list item*):

```
<li>Chemisch</li>
<li>Biologisch</li>
<li>Nuklear</li>
```

Wie Sie etwas weiter hinten in diesem Buch sehen werden, gibt es in HTML zwei Arten von Listen: ungeordnete (mit Aufzählungspunkten) und geordnete (nummeriert). Um Ihre Elemente mit Aufzählungspunkten zu versehen, zeichnen Sie die gesamte Liste mit dem Tag <ul> (*unordered list*) aus:

```
<ul>
  <li>Chemisch</li>
  <li>Biologisch</li>
  <li>Nuklear</li>
</ul>
```

Wenn Sie dagegen eine nummerierte Liste haben möchten:

1. Chemisch
2. Biologisch
3. Nuklear

---

1 Im Original: »The intelligence and facts were being fixed around the policy.« (Aus einem britischen Geheimdienstbericht, dessen zweifelhafte Ergebnisse 2003 zum Angriff auf den Irak führten.)

Verwenden Sie das Tag <ol> (*ordered list*):

```
<ol>
  <li>Chemisch</li>
  <li>Biologisch</li>
  <li>Nuklear</li>
</ol>
```

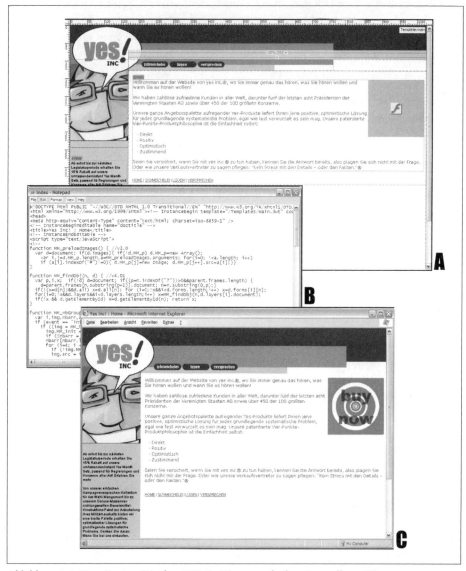

Abbildung 1-1: *Vom Design (A) über HTML (B) zur grafischen Darstellung (C)*

Falls Sie jetzt schon wieder diese Panik überkommt, wie damals im Trigonometriekurs, machen Sie sich keine Sorgen. Wenn Sie mit Dreamweaver arbeiten, ist es wichtiger, das *Konzept* der Tags zu verstehen als die genauen Vorgänge im Hintergrund.

 Tags sind die speziellen Markierungen in einer HTML-Datei, die Strukturelemente kennzeichnen.

Abbildung 1-1 zeigt die drei Phasen des Seitenaufbaus in Dreamweaver. Wenn Sie Ihre Seite in Dreamweaver visuell erstellen (A), erzeugt das Programm für Sie die korrekten HTML-Tags (B). Wenn Sie fertig sind und Ihre Arbeit speichern, wird sie als HTML-Dokument (B) im Dateisystem gespeichert, das im Webbrowser wieder als grafisches Design (C) angezeigt wird.

Über CSS

Während ein HTML-Dokument die Struktur einer Webseite definiert, teilt eine CSS-Datei dem Browser mit, wie die auf der Webseite enthaltenen Strukturelemente dargestellt werden sollen. *CSS* steht für Cascading Style Sheets. Genau wie HTML ist auch CSS-Code textbasiert. An Stelle von Tags enthält CSS jedoch *Stilregeln* oder Darstellungsanweisungen für den Webbrowser.

Betrachten Sie den Absatz aus dem vorigen Beispiel:

```
<p>Geheimdienstbericht und Fakten wurden an die politische Strategie angepasst.</p>
```

Wenn der Browser dieses Strukturelement verarbeitet, stellt er den Text normalerweise in seinem Standard-Absatzstil dar, wie Abbildung 1-2 zeigt.

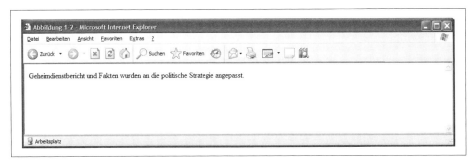

Abbildung 1-2: Dem Standard-Absatzstil im Browser mangelt es etwas an Gewicht.

Mit CSS können Sie den eingebauten Absatzstil des Browsers durch Ihren eigenen ersetzen:

```
p {
  font-family: Arial, Helvetica, sans-serif;
  font-style: italic;
  font-weight: bold;
}
```

Das p am Anfang dieser Stilregel wird *Stil-Selektor* genannt – es ist das Element, auf das sich die Stilregel bezieht, in diesem Fall ist es zufälligerweise das Absatz-Tag <p>. Die Zeilen in den geschweiften Klammern sind die *Stildefinitionen*, die der Browser anwendet, sobald er in Ihrer HTML-Datei auf einen Absatz stößt. Wenn Sie dieses Stylesheet mit Ihrer HTML-Datei verknüpfen, erhalten Sie etwas, das in einem Browser wie Abbildung 1-3 aussieht.

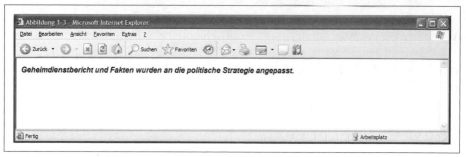

Abbildung 1-3: Mit CSS können Sie diesem Absatz die verdiente Aufmerksamkeit verleihen.

Auch den CSS-Code für Ihre Stilregeln brauchen Sie in Dreamweaver nicht von Hand zu schreiben, wenn Sie nicht unbedingt wollen. Sie wählen einfach die Stildefinitionen aus, die Sie auf das jeweilige Strukturelement anwenden möchten, und Dreamweaver schreibt den zugehörigen CSS-Code.

 Ein Stil-Selektor ist das Strukturelement, auf das sich eine Stilregel bezieht, während eine Stildefinition dem Browser mitteilt, wie ein bestimmtes Feature oder ein bestimmter Aspekt dieses Elements dargestellt werden soll.

Über JavaScript

JavaScript ist eine Sprache zum Schreiben kurzer Computerprogramme, die *Skripten* genannt werden und im Webbrowser des Besuchers ausgeführt werden. In diesem Sinn ist JavaScript eine völlig andere Baustelle als Auszeichnungssprachen wie HTML und CSS. Auszeichnungssprachen haben die Aufgabe, dem Browser mitzuteilen, welches Element was ist – dies ist beispielsweise ein Absatz, und so muss er aussehen –, aber sie verwenden keine Auszeichnungssprache, um nützliche Funktionen wie diese zu schreiben: »Wenn der Besucher diese Schaltfläche anklickt, sollst du das Bestellformular auf fehlende oder unvollständige Felder überprüfen.« Dafür werden Skriptsprachen wie JavaScript benötigt.

Skripten fügen einen Grad von Interaktivität zu Ihren Seiten hinzu, der normalerweise – nur mit HTML und CSS – nicht existieren würde. Sie sind ideal für clevere Funktionen wie Bestellformulare, die Sie informieren, wenn Sie vergessen haben, Ihre E-Mail-Adresse anzugeben, oder Bilder, die ausgetauscht werden, wenn Sie mit dem Mauszeiger darüberfahren.

JavaScript ist nützlich, aber es kann schwierig und verwirrend sein, solche Skripten zu schreiben. Erfreulicherweise nimmt Dreamweaver Ihnen die ganze Programmierarbeit und damit alle Schwierigkeiten ab. Sie möchten maussensitive Schaltflächen in Ihrer Website? Fertig! Sie brauchen keine wertvolle Zeit damit zu verschwenden, die Details des Codes zu perfektionieren. Dreamweaver wird mit Dutzenden von vorgefertigten und vollständig konfigurierbaren Skripten ausgeliefert, die *JavaScript-Verhalten* genannt werden und die Sie bei Bedarf mit Ihren Seiten verknüpfen können. Sie wählen das gewünschte Verhalten aus und Dreamweaver fügt das benötigte JavaScript hinzu, damit das Verhalten funktioniert.

Versorgen Sie sich mit Webbrowsern

Die visuelle Darstellung Ihrer Webseite in Dreamweaver dient als Vorschau, ist aber nicht genau. Es ist eine Annäherung an das tatsächliche Aussehen Ihrer Seite in einem Webbrowser. Und da verschiedene Browser dazu neigen, dieselbe Seite unterschiedlich darzustellen, können Sie nur sicher sein, wenn Sie Ihre Seiten – oft – in einer Auswahl verschiedener Browser testen.

Es ist nicht schwierig, sich eine Sammlung von Browsern zu Testzwecken zuzulegen, und vor allem der Preis wird Ihnen gefallen: Es ist kostenlos. Tabelle 1-1 zeigt, welche Browser Sie sich besorgen sollten und wo Sie sie kostenlos herunterladen können.

Tabelle 1-1: Verbreitete Webbrowser

Browser	Download
Microsoft Internet Explorer	http://www.microsoft.com/
Mozilla Firefox	http://www.mozilla.org/
Netscape	http://www.netscape.com/
Opera	http://www.opera.com/
Safari	http://www.apple.com/safari/

Der Microsoft Internet Explorer (kurz MSIE oder IE) ist der mit Abstand am weitesten verbreitete Browser auf dem heutigen Markt, vor allem, weil er auf allen Windows-Rechnern vorinstalliert ist. Auch wenn Sie selbst nicht den IE für Ihre Ausflüge ins Web nutzen, tun dies doch die meisten Ihrer Besucher, so dass Sie als Windows-Benutzer Ihre existierende Kopie entstauben sollten; falls Sie auf einem Mac entwickeln, können sich eine kostenlose Kopie herunterladen.[2]

Neuere Versionen des Betriebssystems Mac OS X werden mit einem eingebauten Browser namens Safari geliefert. Es gibt zurzeit keine Safari-Version für Windows, aber Sie brauchen nicht loszurennen und sich einen Mac zu kaufen, nur um Safari

---

2 Der Internet Explorer für Mac OS verliert allerdings allmählich an Bedeutung. Inzwischen wird er nicht mehr weiterentwickelt, und Microsoft empfiehlt den Umstieg auf Safari.

zur Verfügung zu haben. Der Prozentsatz der Safari-Benutzer macht nur einen Bruchteil des gesamten Datenverkehrs im Web aus. Falls es Ihnen nichts ausmacht, vereinzelte Safari-Benutzer, die Ihre Website besuchen, zu verärgern, können Sie den Test in diesem Browser einfach weglassen. Falls Sie allerdings eine grundlegende Vorstellung von Safari haben möchten, können Sie Daniel Vines hervorragenden kostenlosen Service unter *http://www.danvine.com/icapture/* benutzen – automatische Screenshots, die zeigen, wie die Seiten, die Sie erstellt haben, in Safari aussehen würden.

Mac-User sollten außerdem wissen, dass der Netscape-Browser ab Version 8.0 nur noch für Windows-Systeme verfügbar ist. Allerdings basiert Netscape auf Mozilla Firefox, so dass das Testen in Firefox in Ordnung ist, falls nicht beide Browser verfügbar sind. Windows-Benutzer sollten sich dagegen beide Browser besorgen und in beiden testen, weil Netscape und Firefox immer noch unterschiedlich genug sind, um Schwierigkeiten zu verursachen.

Ein Bildbearbeitungsprogramm auswählen

Ein *Bildbearbeitungsprogramm* ist Software zum Erstellen und Bearbeiten von Computergrafiken. Dreamweaver gehört nicht zu dieser Kategorie. Sie können Dreamweaver zwar benutzen, um Bilddateien auf Ihren Webseiten zu platzieren und um einfache Änderungen an Größe und Dimensionen dieser Bilder vorzunehmen, aber Sie können nicht die Bilder selbst bearbeiten und erst recht keine neuen Bilddateien erzeugen.

Wenn Sie ein Bild zu einer Webseite hinzufügen, ist es wichtig zu betonen, dass das Bild als separate Datei bestehen bleibt. Sie betten das Bild nicht auf dieselbe Weise in das HTML-Dokument ein, wie Sie ein Bild in eine Textverarbeitungsdatei einfügen würden. Stattdessen fügen Sie einen Verweis auf das Bild in den HTML-Code ein. Der Verweis teilt dem Browser mit, wo die Bilddatei online zu finden ist. Der Browser liest den Verweis, folgt ihm, lädt das Bild und fügt es in die Seite ein. Das passiert jedes Mal, wenn der Besucher die Seite anfordert. (Wenn Sie übrigens eine Webseite laden, die kaputte Grafiken anzeigt, liegt das daran, dass der Browser das Bild unter der angegebenen Adresse nicht finden kann.) Wenn Sie Ihre HTML-Dokumente im Web veröffentlichen, müssen Sie sicherstellen, dass Sie auch alle Bilddateien für Ihre Site veröffentlichen.

Es gibt zwei Grundarten von Bildbearbeitungsprogrammen: Malprogramme und Zeichenprogramme. Ein *Malprogramm* dient der Bearbeitung von *Bitmap-* oder *Rastergrafik*, das heißt Computerbildern, die aus kleinen farbigen Kästchen namens *Pixeln* bestehen. Adobe Photoshop und Macromedia Fireworks sind hervorragende Malprogramme.

Ein *Zeichenprogramm* bearbeitet *Vektorgrafiken*, das heißt Computerbilder, die aus *Pfaden* oder Umrissen bestehen. Adobe Illustrator und Macromedia FreeHand sind gute Beispiele für Zeichenprogramme.

Im Web sind Bitmapgrafiken bei weitem am häufigsten, so dass Sie ein Mal- und kein Zeichenprogramm auswählen sollten. Idealerweise sollten Sie sich für Ihre Bildbearbeitungsbedürfnisse Photoshop oder Fireworks besorgen. Besonders Fireworks wurde im Hinblick auf das Web entworfen und arbeitet ideal mit Dreamweaver zusammen. Es ist Bestandteil von Macromedia Studio 8 – falls Sie also Studio besitzen, haben Sie auch schon Fireworks. Sie können es aber auch separat kaufen.

Verwenden Sie ein Malprogramm als Bildbearbeitungssoftware. Macromedia Fireworks arbeitet besonders gut mit Dreamweaver zusammen.

Multimediasoftware auswählen

Multimedia (oder einfach *Medien*) bezieht sich auf eine breite Auswahl digitaler Daten wie etwa Animationen, Audio und Video. Um Multimedia für Ihre Website zu erstellen, benötigen Sie spezielle Autorenwerkzeuge. Vielleicht haben Sie bereits einige davon. Beispielsweise den Microsoft Windows Media Player können Sie benutzen, um Audio-Dateien von Musik-CDs zu kopieren. Um verschiedene Arten von Medienformaten zu erzeugen oder robustere Bearbeitungsfunktionen zu erhalten, müssen Sie in zusätzliche Software investieren.

Multimedia besteht genau wie Bilder aus separaten Computerdateien. Sie platzieren sie in Dreamweaver auf ihren Webseiten. Dreamweaver fügt die passenden Verweise zum HTML-Code hinzu, und wenn Sie Ihre Seiten veröffentlichen, laden Sie die Multimediadateien hoch, damit der Browser sie finden kann.

Anders als bei Bildern benötigen Ihre Besucher aber zusätzliche Softwarekomponenten, *Plugins* genannt, um Ihre Multimediadateien zu öffnen. Jedes Multimediaformat besitzt sein eigenes Browser-Plugin. Für Flash-Filme ist es der Flash Player. Für QuickTime-Video wird das QuickTime-Plugin verwendet. Wenn die notwendigen Plugins nicht auf den Rechnern Ihrer Besucher installiert sind, funktionieren Ihre Multimediadateien nicht. Es nützt nichts, wenn Sie als Designer die richtigen Plugins auf Ihrem Rechner haben. Ihre Besucher beötigen dieselben Plugins auf ihren Computern.

Es spricht für diese Technik, dass die Plugins für alle gängigen Multimediadateien frei sind. Ihre Besucher können sie einfach herunterladen und installieren. Dagegen spricht aber, dass Besucher es im Allgemeinen ablehnen, Ihre Seite zu verlassen, um spezielle Software herunterzuladen. Wenn sie erst weg sind, kommen sie womöglich nicht mehr wieder. Hinzu kommt, dass die große Mehrheit der Webbenutzer kein

Interesse daran hat, etwas über Plugins zu wissen. Wenn sie eine Website besuchen, erwarten sie, dass sie funktioniert. Sie möchten nicht verstehen müssen, warum sie nicht funktioniert.

Aus diesem Grund macht der weise Webdesigner sehr sparsamen Gebrauch von Multimedia. Ihre Website braucht keine kunterbunte Ansammlung von Animation, Audio und Video zu sein. Einige wenige ausgesuchte Effekte machen sich viel besser. Außerdem ist es wichtig, dass Sie Multimediaformate auswählen, für die ein Benutzer wahrscheinlich bereits Plugins besitzt. Tabelle 1-2 listet viele von ihnen auf.

Verwenden Sie Multimedia auf Ihrer Website nur, wenn es unmöglich oder sehr umständlich ist, die Informationen auf andere Weise zu präsentieren.

Tabelle 1-2: Gängige Multimediaformate

Multimediaformat	Typ	Plugin	Plugin-Website
Macromedia Flash	Animation	Flash Player (auch der Shockwave Player spielt Flash-Filme ab)	http://www.macromedia.com/
Macromedia Shockwave	Animation	Shockwave Player	http://www.macromedia.com/
Apple QuickTime	Streaming-Audio und -Video	QuickTime-Plugin	http://www.apple.com/
Microsoft Windows Media	Streaming-Audio und -Video	Windows Media Player	http://www.microsoft.com/
RealMedia	Streaming-Audio und -Video	RealPlayer	http://www.real.com/
Adobe Acrobat	Rich-Text-Dokumente	Acrobat Reader	http://www.adobe.com/
Scalable Vector Graphics (SVG)	Vektorgrafik	Adobe SVG Viewer (unter anderem)	http://www.adobe.com/

So gut wie jeder Computer im Web ist heutzutage mit dem Flash-Plugin ausgestattet; falls Sie also Multimedia in Ihre Site integrieren möchten, ist das Flash-Format eine sichere Wahl. Macromedia Flash Professional 8 – die Flash-Autorenumgebung – ist Bestandteil von Studio 8, aber auch als Einzelprodukt erhältlich. Verwechseln Sie das Autorenwerkzeug aber nicht mit dem kostenlosen Plugin. Das Flash Player-Plugin ermöglicht Ihnen das Abspielen, aber nicht das Erstellen von Flash-Filmen.

Manche Multimediaformate, besonders diejenigen für Audio und Video, lassen sich durch eine Vielzahl von Plugins und Anwendungen öffnen. Tabelle 1-3 zeigt die häufigsten Formate. Die Chancen sind gut, dass Ihre Besucher über irgendein Mittel verfügen, um diese Dateitypen zu sehen beziehungsweise zu hören.

Tabelle 1-3: Häufige Audio- und Videoformate

Format	Typ	Steht für
AIF, AIFF	Audio	Apple Audio Interchange Format
AU	Audio	Sun Audio format
AVI	Audio/Video	Microsoft Audio Video Interleave Format
MIDI	Musikaufzeichnung	Musical Instrument Digital Interface Format
MPEG	Audio/Video	Moving Picture Experts Group Format
MP3	Audio	MPEG-1 Layer 3 Format
WAV	Audio	Microsoft Wave Format

Statische und dynamische Websites im Vergleich

Dreamweaver unterscheidet zwischen statischen und dynamischen Websites. Eine *statische Site* basiert ausschließlich auf clientseitiger Technologie, während eine *dynamische Site* client- und serverseitige Technologien miteinander mischt. Diese Erklärung führt zur nächsten drängenden Frage: Was ist der Unterschied zwischen client- und serverseitiger Technologie? Die Antwort darauf wird ein wenig kompliziert, so dass Sie gern zum Abschnitt »Den Ansprüchen dynamischer Sites genügen« weiterblättern können, wenn Sie nicht besonders viel Lust auf eine technische Diskussion haben.

Falls Sie noch da sind: Der Unterschied zwischen Client und Server hat mit der Funktionsweise von Computernetzwerken zu tun. In jeder Netzwerkverbindung haben Sie zwei Softwarekomponenten, die miteinander kommunizieren. Eine von ihnen ist der *Client* – das ist die anfragende Software, die die Lieferung einer bestimmten Datei anfordert. Die andere ist der *Server*, die sendende Software, die die Datei als Antwort auf die Client-Anfrage durch das Netzwerk schickt. Im Fall des Webs ist die Client-Software der Browser des Besuchers, der auf dem PC des Besuchers läuft. Die Server-Software wird auf dem Computer ausgeführt, der die Website hostet.

Die *clientseitige Technologie* gehört zur Clientseite – der anfragenden Seite – der Netzwerkverbindung. Alles, was innerhalb des Webbrowsers passiert, gehört zu dieser Kategorie. Der Browser fordert HTML-Dokumente an und stellt sie für Sie als visuelle Webseiten dar, zeigt Seitenelemente gemäß den Stilregeln an, startet Plug-ins, folgt Links und führt Skripten aus – all das sind also clientseitige Funktionen. Solange etwas im Browser geschieht, ist es auf der Clientseite.

Im Gegensatz dazu gehört die *serverseitige Technologie* zur Serverseite – der sendenden Seite – der Netzwerkverbindung. Serverseitige Technologien kommen ins Spiel, wenn Sie Informationen zu einem HTML-Dokument hinzufügen möchten, bevor es an den Client versandt wird. Angenommen, Sie besuchen eine Onlinebuchhandlung und haben Ihren Einkaufswagen mit den vielen hervorragenden Titeln eines Autors vollgepackt. Sie klicken mit der Maus auf die Einkaufswagen-Schaltfläche, und Ihr Browser fordert vom Webserver höflich die Einkaufswagen-Seite an. Aber bevor der Server antwortet, tritt die E-Commerce-Anwendung der Website in Aktion, nimmt die grundlegende Einkaufswagen-Seite und schreibt die einzelnen Artikel Ihrer Bestellung in den HTML-Code. Sobald Ihre persönliche Einkaufswagen-Seite fertig ist, gibt die E-Commerce-Anwendung sie an den Webserver zurück. Der Webserver leitet diese Seite an Ihren Browser weiter, und Sie sehen Ihre Bestellung im Einkaufswagen, wie Abbildung 1-4 zeigt.

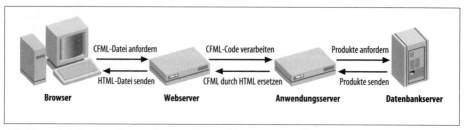

Abbildung 1-4: Die Logik einer dynamischen ColdFusion-Site offenbart viele der Vorgänge hinter den Kulissen.

 Die serverseitige Technologie gehört zur sendenden Seite einer Netzwerkverbindung. Um angepasste oder besucherspezifische Informationen in eine Webseite zu schreiben, bevor die Seite an den Client versandt wird, brauchen Sie serverseitige Technologie.

Zurück zu den statischen und dynamischen Websites: Eine statische Website basiert ausschließlich auf clientseitigen Technologien, das heißt, dass die Seiten der Site keinerlei spezielle Verarbeitung auf dem Server benötigen, bevor sie an den Browser geliefert werden, wie in Abbildung 1-5 gezeigt. Diese Seiten sind mit anderen Worten immer gleich für alle Benutzer – daher der Begriff *statisch*. Eine dynamische Site ist dagegen genau deshalb dynamisch, weil dieselbe Grundseite mit unterschiedlichen Informationen versandt wird, je nachdem, welcher Client die Anfrage durchführt. Wenn Sie 100 verschiedene Besucher mit 100 verschiedenen Einkaufswagen haben, versendet der Server 100 unterschiedliche Variationen der Einkaufswagen-Seite, die an die jeweiligen Bestellungen der Besucher angepasst sind.

Ein weiteres gängiges Beispiel für dynamische Daten ist die allgegenwärtige Suchfunktion. Sie kennen das: Sie tippen ein paar Schlüsselwörter in ein Textfeld ein, klicken eine Schaltfläche an und erhalten eine Seite mit Ergebnissen. Wenn Sie eine Funktion dieser Art in Ihre Site einbauen, ist es unmöglich, für jede erdenkliche Kombination von Schlüsselwörtern eine separate Ergebnisseite zu erstellen, was mit clientseitiger Technologie allein der Fall wäre. Je nach Website könnte die Anzahl der Ergebnisseiten in die Milliarden gehen. Aber wenn Sie die Suchfunktion mit Hilfe von serverseitiger Technologie bauen, brauchen Sie nicht eine Milliarde unter-

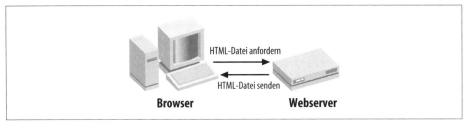

Abbildung 1-5: Die Logik einer statischen Website ist einfach.

schiedliche Ergebnisseiten. Eine genügt. Die Site stellt anhand der jeweiligen Schlüsselwörter des Besuchers eine Liste von Ergebnissen zusammen und schreibt sie dann dynamisch in die Seite, die anschließend an den Browser des Besuchers gesendet wird.

Den Ansprüchen dynamischer Sites genügen

Wie Sie sicher erwartet haben, benötigen Sie einige zusätzliche Softwarekomponenten, um eine dynamische Site zu bauen. Sie alle tragen den unglücklich gewählten Namen *Server*, was leicht für Verwirrung sorgen kann. Um sie auseinanderzuhalten, sollten Sie sie bei ihren richtigen Namen nennen: Webserver, Anwendungsserver und Datenbankserver.

Ein *Webserver* ist Software, die Client-Anfragen über eine Netzwerkverbindung beantwortet. Meistens läuft der Webserver auf einem anderen Computer als Ihrem persönlichen Rechner, aber das muss nicht der Fall sein. Sie können genauso gut einen Webserver auf demselben Computer ausführen wie Ihren Webbrowser und Dreamweaver. Der Microsoft Internet Information Server (IIS) ist ein solcher persönlicher Webserver, der unter Windows XP Professional läuft. Apache ist ein weiterer sehr populärer Webserver, der für alle Betriebssysteme verfügbar ist, dessen Installation aber technisch komplexer ist.

Ein *Anwendungsserver*, auch *Application-Server* oder kurz *App-Server* genannt, arbeitet mit dem Webserver zusammen, um die serverseitigen Anweisungen auf Ihren Seiten zu auszuführen. Die Dateien, aus denen eine dynamische Website besteht, enthalten eine Mischung aus einfachem HTML und Servercode. Der Servercode beschreibt, was zu der Seite hinzugefügt werden muss, bevor sie an den Client versandt wird. Wenn der Browser eine Seite anfordert, überprüft der Anwendungsserver, ob irgendwelche angepassten Inhalte eingefügt werden müssen. Falls dem so ist, erfüllt der Anwendungsserver seine Aufgabe: Er ersetzt den Servercode (den der Browser nicht versteht) durch gutes altes HTML (das der Browser sehr gut versteht) und gibt die fertige Seite an den Webserver weiter, der sie an den Browser ausliefert.

Es gibt viele verschiedene Arten von Anwendungsservern, und jeder benötigt seine eigene, spezielle Art von Servercode. Dreamweaver unterstützt fünf der am weitesten verbreiteten Anwendungsserver. Tabelle 1-4 listet sie auf.

Tabelle 1-4: Dreamweaver-kompatible Anwendungsserver

Anwendungsserver	Server-Code
Macromedia ColdFusion	CFML
PHP Hypertext Preprocessor (PHP)	PHP
Microsoft ASP.NET	ASP
Microsoft Active Server Pages (ASP)	ASP
Java Server Pages (JSP)	JSP

Ein *Datenbankserver* schließlich arbeitet mit Ihrem Anwendungsserver zusammen und stellt diesem die Verbindung zu einer Online-Datenbank zur Verfügung, etwa für Produkte, Benutzerkonten, Verkaufsinformationen, Inventarlisten oder sonstigen Daten, die Sie auf diese Weise speichern möchten. Wenn Ihre Site ohne Datenbank auskommt, brauchen Sie keinen Datenbankserver, aber die meisten dynamischen Sites machen regen Gebrauch von Datenbanken und wären ohne sie nicht sehr dynamisch. Der Anwendungsserver kann Informationen aus der Datenbank direkt auf die Seiten der dynamischen Site schreiben; dies ist der wichtigste Einsatzzweck. MySQL (gesprochen »Mai Es Kuh Ell«) ist ein hervorragender Datenbankserver, der Unterstützung für viele verschiedene Betriebssysteme bietet, darunter auch Mac OS X.[3]

Die Einschränkungen statischer Sites beachten

Ohne serverseitige Technologien wäre das Web nicht wiederzuerkennen. Es gäbe keine Suchmaschinen, keine Online-Einkaufswagen, keine passwortgeschützten Exklusivbereiche und keine angepassten Startseiten, die Ihren Vorlieben bei Nachrichten, Sport, Wirtschaft und Wetter entsprechen. Bei vielen Webautoren, die sich erstmals die Website ihrer Träume vorstellen, spielt serverseitige Technologie eine gewichtige Rolle.

Obwohl Sie in Dreamweaver selbstverständlich auch dynamische Sites bauen können, rät dieses kleine Werk Ihnen, als Erstes eine statische Site zu erstellen. Wenn Sie lernen, grundsolide statische Seiten zu bauen, ohne sich um die Feinheiten serverseitigen Codes kümmern zu müssen, bekommen Sie ein Gefühl für den Webdesign-Prozess. So lernen Sie die Fähigkeiten der Clientseite genau kennen, was Ihnen ein besseres Verständnis für die Rolle des Anwendungsservers gibt, wenn Sie dann bereit sind, es mit dynamischen Seiten aufzunehmen.

Außerdem ist das Entwickeln auf der Clientseite einfacher. Da die HTML-Dateien einer statischen Site immer gleich sind, brauchen Sie in Dreamweaver nichts Beson-

---

3 Wenn Sie sich näher für MySQL interessieren, kann ich Ihnen mein Buch »Praktischer Einstieg in MySQL mit PHP« empfehlen, das in derselben Buchreihe erschienen ist wie der vorliegende Band. (Anm. d. Ü.)

deres zu tun, um sie zu erstellen. Sie gestalten sie einfach so, wie sie aussehen sollen, und veröffentlichen sie im Web. Noch besser ist, dass Sie nicht einmal irgendwelche Software zum Verarbeiten Ihrer Seiten benötigen. Vergessen Sie Webserver, Anwendungsserver und Datenbank. Um Ihre Site zu betrachten, benötigen Sie nichts Komplexeres als einen Webbrowser.

Unglücklicherweise bedeutet dies auch, dass Sie keine Informationen in Ihre Seiten einfügen können, die sich je nach Benutzer ändern. Wenn Ihre Site in der Lage sein soll, Online-Bestellungen aufzunehmen, sich Benutzerpräferenzen zu merken, Benutzerkonten zu erzeugen und so weiter, brauchen Sie die serverseitige Unterstützung durch eine dynamische Website.

 Erstellen Sie als Erstes eine statische Website. Da auf der Serverseite so vieles hinter den Kulissen geschieht, kann es schwierig sein, dynamische Sites zu bauen.

Denken Sie aber daran, dass eine Site interaktiv sein kann, obwohl sie statisch ist. Die JavaScript-Verhalten in Dreamweaver bieten Ihnen viel Interaktivität – nur keine besucherspezifische. Solange Ihre interaktiven Funktionen keine Benutzernamen speichern, Einkaufswagen zur Verfügung stellen oder Ergebnisseiten aus Datenbankabfragen aufbereiten müssen, können Sie Ihre Website auf der Clientseite erstellen und bequem die technischen Kopfschmerzen vermeiden, die ein natürlicher Bestandteil dynamischer Sites sind.

Abgesehen davon wird Ihre Site großartig, ob statisch oder dynamisch. Schließlich sind Sie der Designer.

In diesem Kapitel:
- Einen Webhoster auswählen
- Die Optionen Ihres Hosting-Angebots entziffern
- Was bedeutet ein Name?
- Was geschieht als Nächstes?

KAPITEL 2
Reservieren Sie Ihr Grundstück

Dreamweaver enthält die Werkzeuge zum Gestalten, Entwickeln und Testen Ihrer Website. Sie können das alles von Ihrem Computer aus erledigen. Sie brauchen noch nicht einmal eine Internetverbindung – Dreamweaver speichert die Dateien Ihrer Site *lokal* auf Ihrem persönlichen Rechner, normalerweise in einem Ordner auf Ihrer Festplatte. Das ist für Sie als Autor der Site in Ordnung. Wenn Sie Ihre Site im Web veröffentlichen möchten, brauchen Sie irgendwo Speicherplatz (Webspace) und einen Hoster. Glücklicherweise ist Webhosting überall verfügbar und sehr günstig. Es kann sogar sein, dass Sie bereits etwas Webspace besitzen.

Dieses Kapitel begleitet beim Finden eines Webhosts und bei der Auswahl einer Adresse für Ihre Site.

Einen Webhoster auswählen

Der erste Schritt zur Veröffentlichung Ihrer Website besteht darin, einen Webhoster auszuwählen. Ein *Webhoster* besitzt oder mietet den Computer, der Ihren Besuchern die Dateien Ihrer Website zur Verfügung stellt, wenn sie sie anfordern. Der erste Weg bei der Auswahl eines Hosters führt zu Ihrem Internetprovider (englisch Internet Service Provider oder kurz ISP). Viele Provider bieten Hosting als Teil ihrer allgemeinen Kundenpakete an. Wenn Sie anfangen, mit dem Erstellen von Websites zu experimentieren, ist das Hosting bei Ihrem privaten ISP ideal, weil Ihnen zusätzlich zum bestehenden Preis für die Internetverbindung keine monatlichen Kosten entstehen. Selbst für erfahrenere Webautoren ist das ISP-Hosting hervorragend zum Testen neuer Ideen geeignet.

Aus denselben Gründen ist ISP-Hosting unter anderen Umständen allerdings überhaupt nicht zu empfehlen. Ihr Provider ermöglicht es Ihnen in der Regel nicht, einen eigenen *Domainnamen* oder die Webadresse Ihrer Site zu wählen (*http://www.ihre-site.de/*). Stattdessen weist er Ihnen einen allgemeinen Domainnamen zu, der etwa *http://ihr-provider.de/ihr-email-name/* oder *http://ihr-provider.de/ihr-anmeldename/*

lautet und der Ihnen vielleicht gefällt, aber vielleicht auch nicht. Das mag für eine private Homepage oder eine Hobby-Website in Ordnung sein, ist aber für die meisten Firmen oder Organisationen nicht geeignet. Der Domainname ist ein sehr wichtiges Marketinginstrument, wie Sie im Abschnitt »Was bedeutet ein Name?« weiter unten in diesem Kapitel sehen werden.

Abgesehen davon hosten die Computer Ihres Providers zehntausende oder gar hunderttausende Websites von Kunden wie Ihnen. Je mehr Traffic auf einem Hosting-Rechner entsteht, desto langsamer arbeitet er. Auch das mag für Ihre Homepage in Ordnung sein, aber für kommerzielle Sites kann das der Todesstoß sein. Kunden kaufen im Web ein, weil es bequem und schnell funktioniert. Wenn Sie Ihre Besucher zu lange auf das Laden der Seiten warten lassen, kann es gut sein, dass sie das Interesse an Ihrer Site verlieren.

Lokale Dateien befinden sich auf Ihrem persönlichen Computer, während Remote-Dateien auf einem anderen Computer liegen.

Es kommt auch vor, dass Provider die Seiten Ihrer Website ohne Ihre Erlaubnis mit Werbung oder mit ihrem Firmenlogo versehen. Im Fall Ihrer persönliche Homepage können Sie vielleicht damit leben, aber auf der Site einer wie auch immer gearteten Firma oder Organisation können Sie so etwas nicht dulden, weil Sie präzise Kontrolle über die Werberichtlinien und die grafische Gestaltung Ihrer Site ausüben müssen.

Zu guter Letzt räumt Ihr Provider Ihnen üblicherweise gerade einmal genügend Webspace für eine typische Homepage oder eine sehr einfache Website ein. Bei größeren Sites, besonders solchen mit Multimediadateien wie MP3, wird der Speicherplatz, den Ihr ISP Ihnen gewährt, schnell erschöpft sein.

Wenn Sie mit dem Aufbau Ihrer Website beginnen, wissen Sie vielleicht noch nicht, wie viel Webspace Sie benötigen, und es ist nicht immer einfach abzuschätzen. Bringen Sie in diesem Stadium einfach in Erfahrung, wieviel Speicherplatz zu Ihrem Internetkonto gehört, und schauen Sie dann für einen ungefähren Überblick in Tabelle 2-1 nach.

Tabelle 2-1: Typische Website-Hosting-Bedürfnisse

Server-Speicherplatz	Typische Websites
5 MByte	Kleine Sites (10 bis 50 Seiten) mit geringem Multimedia-Anteil (Bilder in Webqualität, kurze Flash-Filme, kurze Shockwave-Filme, kurze Adobe-Acrobat-Dokumente)
10 MByte	Kleine Sites (50 bis 100 Seiten) mit geringem Multimedia-Anteil
100 MByte	Mittlere Sites (100 bis 500 Seiten) mit normalem Multimedia-Anteil (Bilder in Druckqualität, Audioclips, Videoclips, lange Flash-Filme, lange Shockwave-Filme, lange Adobe-Acrobat-Dokumente)
500 MByte	Mittlere Sites (500 bis 1.000 Seiten) mit normalem Multimedia-Anteil

Tabelle 2-1: Typische Website-Hosting-Bedürfnisse (Fortsetzung)

Server-Speicherplatz	Typische Websites
1 GByte	Große Sites (1.000 bis 10.000 Seiten) mit umfangreichem Multimedia-Anteil (Audiodateien, Videodateien)
10 GByte	Sehr große Sites (10.000 bis 100.000 Seiten) mit umfangreichem Multimedia-Anteil

Wenn Ihr Provider keine Hosting-Dienste anbietet oder wenn Sie einen besseren Webhoster für Ihre kommerzielle Website finden müssen, sollten Sie als Nächstes Ihre bevorzugte Suchmaschine befragen. Geben Sie »Webhosting« ein und sehen Sie, wie sich die Ergebnisse stapeln. Google liefert über 100 Millionen! Wie können Sie sich da zurechtfinden? Ein wenig Recherche macht sich bezahlt. Prüfen Sie die ersten paar Ergebnisseiten und besuchen Sie jeden Webhoster, der Ihnen auffällt. Vielleicht kennen Sie den Namen, das Serviceangebot sagt Ihnen zu oder die Homepage erscheint Ihnen besonders gut gemacht oder professionell – ein gutes Zeichen dafür, dass der Hosting-Service ähnlichen Qualitätsstandards genügt.

Wenn Sie vielleicht fünf bis zehn Kandidaten haben, geben Sie den Namen jedes Hosters in die Suchmaschine ein und schauen Sie, was dabei herauskommt. Sie sollten besonders nach unabhängigen Bewertungen suchen. Bei Qualitäts-Webhostern entstehen oft positive Rückmeldungen, aber lassen Sie sich auch nicht entmutigen, wenn Sie vereinzelt auf negative Bewertungen stoßen. Schließlich ist niemand perfekt, und negative Presse ist ein Zeichen dafür, dass der Hoster einige Erfahrungen in der Branche gesammelt hat. Mehr Sorgen sollten Sie sich machen, wenn das Web sich über den Hoster Ihrer Wahl auffällig ausschweigt. Ein erfahrener Hoster, dessen Kundendienstabteilung bereits einiges einstecken musste, ist normalerweise empfehlenswerter als ein Anfänger, der nur wenig Erfahrung im Umgang mit aufgeregten Kunden hat.

Webhoster – abgesehen von den ISPs – lassen sich in zwei Kategorien unterteilen: kostenlose und kostenpflichtige Dienste. Kostenlose Webhoster haben den offensichtlichen Vorteil, dass sie kostenlos sind – Sie brauchen keine zusätzliche monatliche Gebühr zu zahlen, um Ihre Site im Web zu veröffentlichen. Aber dafür treffen dieselben Vorbehalte, die für Ihren Provider gelten, doppelt oder dreifach auf kostenlose Hoster zu. Bei Gratisdiensten können Sie in der Regel keinen eigenen Domainnamen wählen. Ihre Computer sind überfüllt und daher langsam – noch langsamer als die Ihres ISPs – und laden Ihre Seite fast immer mit unerwünschter Werbung. Für eine private Seite können Sie einen kostenlosen Hoster wählen, aber lassen Sie für kommerzielle Sites die Finger davon.

Kostenpflichtige Webhosting-Dienste könnten Ihre Geldbörse protestieren lassen, weil zusätzlich zu den bestehenden Kosten für Ihre Internetverbindung eine weitere monatliche Gebühr entsteht. Aber für professionelle Sites sowie für ernsthafte persönliche Seiten und Hobby-Sites geht es nicht ohne Bezahldienst. Zumindest erhalten Sie für Ihr Geld auch einige Vorzüge: Domainnamen Ihrer Wahl, bessere Performance, mehr Hosting-Speicherplatz und Kontrolle über die Werbung. Wenn

Ihr kostenpflichtiger Hoster diese Vorteile nicht bietet, suchen Sie sich einen anderen, der es tut.

Hier einige allgemeine Kriterien für die Auswahl eines guten Webhosters:

Vertretbare monatliche Kosten
Gehen Sie davon aus, dass Sie für eine persönliche Website oder eine kleine Firmenwebsite im üblichen Rahmen etwa 10 bis 25 € im Monat zahlen müssen. Bei noch günstigeren Angeboten macht Ihr Webhoster die Differenz wahrscheinlich durch einen geringeren Leistungsumfang, schlechten Service oder Zwangswerbung wett. Bei teureren Paketen kaufen Sie wahrscheinlich mehr als nötig. Aber schauen Sie sich auf jeden Fall um und prüfen Sie, was die Wettbewerber zu bieten haben.

Vertretbare (oder keine) Setup-Gebühren
Manche durchaus renommierten Webhoster verlangen bei der Anmeldung eine einmalige Setup-Gebühr. Das ist keine Abzocke. Der Hoster muss in der Tat einige zusätzliche Arbeitsschritte ausführen, um ein neues Konto einzurichten. Allerdings gibt es genauso viele respektable Webhoster, die keine Setup-Gebühr erheben. Die Schlussfolgerung lautet, dass Sie sich nicht nur durch die Setup-Gebühr davon abhalten lassen sollten, einen bestimmten Webhoster zu wählen, der Ihnen wirklich zusagt. Einige Webhoster, die diese Gebühr nicht erheben, sparen die Differenz auf Ihre Kosten ein. Die beste Lösung ist, einen Hoster, der normalerweise Setup-Gebühren verlangt, in einer Phase zu erwischen, in der er aus Werbegründen darauf verzichtet. Und in jedem Fall sollten Sie nicht mehr als etwa 35 € zahlen.

Domainnamens-Registrierung (vorzugsweise kostenlos)
Einige Webhoster registrieren den Domainnamen Ihrer Site für Sie, und manche verzichten sogar auf die jährlichen Standardregistrierungsgebühren, wenn Sie einen Jahresvertrag abschließen. Wie Sie im Abschnitt »Ihre Domain reservieren« weiter unten in diesem Kapitel sehen werden, brauchen Sie den Registrierungsservice Ihres Webhosters nicht zu nutzen, wenn Sie nicht möchten oder ihn nicht benötigen, aber die Registrierung über Ihren Hoster erspart Ihnen die Beschäftigung mit einigen technischen Details.

Upgrademöglichkeiten
Ein guter Webhoster bietet einige unterschiedliche Pakete zu verschiedenen Preisen an, etwa mit 10 MByte Serverspeicherplatz als Einsteigerangebot bis hin zu 10 GByte oder mehr als Premium-Paket. Natürlich können Sie jederzeit den Webhoster wechseln, aber wozu sollten Sie das tun, wenn Upgrademöglichkeiten verfügbar sind? Beginnen Sie mit dem günstigsten Angebot, und sobald Ihre Site wächst, wechseln Sie jeweils in den nächsthöheren Tarif.

Verlässlicher Kundenservice per Telefon
Jederzeit verfügbarer Support per E-Mail ist erfreulich, genauso wie Online-Hilfeseiten und Webseiten mit häufig gestellten Fragen – aber Sie brauchen auch

Telefonsupport, Punkt. Sie müssen Ihren Webhoster anrufen und mit einem menschlichen Wesen reden können. Wenn in Ihrem gewünschten Tarif keine 24-Stunden-Telefonhotline und keine gebührenfreie Servicenummer enthalten sind, können Sie sich ohne Weiteres mit Telefonangeboten während der normalen Bürostunden zufrieden geben. Vielleicht brauchen Sie diese Telefonnummer nur ein- oder zweimal während Ihrer gesamten Geschäftsbeziehung mit dem Hoster, aber Sie werden erleichtert sein, dass Sie anrufen können, wenn etwas schiefgeht.

Website-Statistiken
Sie brauchen einen Webhoster, der Ihnen detaillierte Informationen über Ihre Besucher liefert: Woher sie kommen, welche Browser sie benutzen, welche Seiten sie besuchen und besonders, welche Seiten sie zu übersehen scheinen. Diese Analysen sind wichtig für die Feinabstimmung Ihrer Site. Wenn ein wichtiger Bereich offenbar von fast jedem übersehen wird, können Sie die Organisation Ihrer Website in Dreamweaver anpassen und den Traffic in der nächsten Statistik vergleichen.

Die Optionen Ihres Hosting-Angebots entziffern

Wenn Sie sich eine Zeit lang mit der Suche nach Webhostern beschäftigt haben, schwirrt Ihnen der Kopf vor lauter technisch klingenden Schlagwörtern wie *Bandbreite* und *MIME-Types*. Hier eine kurze Übersicht über die wichtigsten Optionen für Ihre künftige Dreamweaver-Site:

Webspace
Dies betrifft die gesamte *Größe* Ihrer Website oder die Gesamtmenge an Festplattenplatz, die Ihre Site belegen darf. In Tabelle 2-1 finden Sie ungefähre Richtlinien für die Größenordnung von Websites, die Sie je nach dem vom Webhoster angebotenen Webspace veröffentlichen können. Im Allgemeinen gilt: Je mehr, desto besser – aber sorgen Sie auch dafür, dass es nicht zu viel ist, weil Sie andernfalls Geld verschenken. Sie brauchen keine 10 GByte Webspace, es sei denn, Sie sind etwa in einer Band und möchten einen riesigen Katalog von Original-MP3s veröffentlichen.

Einige Webhoster werben damit, dass Ihre Angebote Dreamweaver-kompatibel seien. Im Prinzip sind alle Webhoster Dreamweaver-kompatibel, so dass Sie Ihren Hoster nicht danach aussuchen müssen, ob diese Angabe in der Anzeige erscheint. Im Gegensatz dazu erfordert Microsoft FrontPage (ein Dreamweaver-ähnlicher Code-Editor), dass der Webhoster spezielle »FrontPage-Erweiterungen« installiert, damit bestimmte visuelle Effekte funktionieren. Wenn Sie mit FrontPage anstatt mit Dreamweaver arbeiten würden, müssten Sie also einen Hoster aussuchen, der die FrontPage-Kompatibilität explizit erwähnt.

Transfervolumen (Bandbreite)

Ihr Webhoster misst die Summe der Aktivität auf Ihrer Site nicht in »Hits«, sondern das *Datentransfervolumen* oder die *Bandbreite*, das heißt die Informationsmenge, die er über einen gegebenen Zeitraum – üblicherweise einen Monat – an Ihre Besucher überträgt. Sie erhalten ein bestimmtes Transfervolumen gratis. Wenn Sie dieses Limit überschreiten, müssen Sie dazuzahlen. Am Anfang ist die Berechnung des benötigten Volumens eine komplizierte Angelegenheit, weil Sie noch nicht wissen, wieviel Traffic Ihre Website im Durchschnitt erzeugen wird. Ein Gigabyte Datentransfer pro Monat ist ein guter Startwert. Das entspricht ungefähr 20.000 *Pageviews*, also insgesamt 20.000 Seitenauslieferungen. Das ist nicht dasselbe wie 20.000 »Hits«; 20.000 Pageviews können durch eine Person entstehen, die im Lauf eines Monats 20.000 Seiten Ihrer Website besucht, aber auch durch fünf Personen, die 4.000 Seiten besuchen oder durch 20.000 Personen, die jeweils eine Seite besuchen. Das sollte für kleine Firmen genügen und für private Projekte mehr als genug sein. Wenn Sie Glück haben, bietet Ihr Webhoster verschiedene Hosting-Pakete an, so dass Sie das Transfervolumen je nach Bedarf erhöhen (oder auch verringern) können.

Der Pageview ist eine erheblich nützlichere Einheit zum Messen des Traffics Ihrer Site als der Hit. Ein Hit ist nichts weiter als eine Anfrage an einen Webserver. Wenn Sie eine Webseite haben, die fünf Bilder und einen Flash-Film enthält, dann erzeugt die Betrachtung dieser Seite sieben einzelne Hits oder Anfragen: Einen für die HTML-Datei, fünf für die Bilder und einen für den Film. Im Gegensatz dazu entspricht die einmalige Betrachtung dieser Seite einem Pageview, unabhängig davon, wie viele Anfragen an den Server gesendet werden.

Marketingabteilungen lieben es, mit »einer Million Hits« anzugeben. Auch Sie können eine Million Hits haben, wenn Sie wirklich wollen. Erstellen Sie einfach eine Webseite, fügen Sie 999.999 Bilddateien ein und schauen Sie sie einmal an. Wenn Sie sie zweimal laden, macht das schon zwei Millionen Hits. Webdesigner bevorzugen Pageviews, weil sie authentischer und schwieriger zu fälschen sind. Um eine Million Pageviews zu erhalten, müssten Sie Ihre Webseite eine Million mal besuchen – eine Kleinigkeit von, ähm, etwa zwei Jahren – vorausgesetzt, Sie arbeiten 24 Stunden am Tag!

POP3-E-Mail-Accounts

Wahrscheinlich haben Sie bereits einen E-Mail-Account, und es kann gut sein, dass Sie sogar mehrere haben. Viele Webhoster bieten zusätzliche E-Mail-Accounts an, die zu Ihrem Website- und Domainnamen passen, damit Sie zusätzlich zu Ihrer üblichen Adresse *klaus@t-online.de* auch *klaus@meine-site.de* sein können. Für eine persönliche Homepage ist das ein Luxus, den Sie wahrscheinlich nicht brauchen. Für Firmen- oder Organisationszwecke ist es dagegen empfehlenswert, solche mit dem Institutionsnamen versehenen E-Mail-

Accounts einzurichten, um ein einheitliches Firmenbild zu präsentieren und Berufs- und Privatleben zu trennen. Wenn Sie diese zusätzlichen E-Mail-Adressen benötigen, sollten Sie dafür sorgen, dass Ihr Hoster Ihnen POP3-E-Mail-Accounts anbietet, zusätzlich zu oder an Stelle webbasierter E-Mail. POP3-E-Mail-Accounts arbeiten mit Client-Software wie Microsoft Outlook und Mozilla Thunderbird zusammen, also können Sie eine Online-Verbindung herstellen, Ihre E-Mail herunterladen und offline lesen und beantworten, wenn Sie Zeit haben. Webbasierte E-Mail wird dagegen auf dem Server des Hosters gespeichert; Sie betrachten die serverbasierte Mail in Ihrem Webbrowser wie eine Website, so dass Sie zum Lesen und Antworten online sein müssen.[1]

POP3 (Post Office Protocol 3) ist ein Standard für den Internet-E-Mail-Versand, der es Benutzern ermöglicht, ihre E-Mail mit Hilfe von Client-Software wie Microsoft Outlook oder Mozilla Thunderbird auf ihre persönlichen Computer herunterzuladen.

Medientypen

Wenn Sie vorhaben, Multimediadateien wie Flash-Filme, Shockwave-Filme, Adobe-Acrobat-Dokumente, MP3s, Streaming-Audio oder Streaming-Video zu veröffentlichen, brauchen Sie einen Webhoster, der diese Medientypen unterstützt. Irgendwo auf der Site des Hosters sollten Sie eine Liste der unterstützten Dateitypen oder *MIME-Types* finden. Durchsuchen Sie diese Liste nach den Typen der Multimediadateien, die Sie veröffentlichen möchten, und falls der gewünschte Typ nicht dabei ist, ist es Zeit, einen der oben erwähnten Serviceanrufe zu tätigen, um persönlich von einem Menschen ein definitives Ja oder Nein zu erhalten. Wenn Ihr Webhoster den MIME-Type nicht unterstützt, den Sie verwenden möchten, können Ihre Besucher diese Dateien nicht sehen oder hören. Aber keine Sorge – die meisten Hoster sind mit einem vollständigen Satz der weit im Web verbreiteten MIME-Types ausgestattet, darunter Flash, Shockwave, Acrobat, RealMedia und QuickTime. Falls Sie dagegen zu obskuren Multimediaformaten neigen, überprüfen Sie sie sicherheitshalber bei Ihrem Webhoster, bevor Sie anfangen, sie zu veröffentlichen.

Wenn Sie eine dynamische Website erstellen, muss Ihr Webhoster auch den Anwendungs- und Datenbankserver Ihrer Wahl unterstützen. ASP.NET-Seiten in Verbindung mit Oracle-Datenbanken funktionieren nicht, wenn Ihr Webhoster nur PHP und MySQL unterstützt.

---

1 Einige Hoster bieten inzwischen auch IMAP4-basierte E-Mail-Accounts. Dieses modernere Protokoll ermöglicht die Verwaltung der E-Mails auf dem Server, gleichzeitig kann das Client-Programm lokale Kopien herunterladen. Mit einem IMAP-Account können Sie also sowohl in Ruhe offline arbeiten als auch von unterwegs auf Ihre E-Mails zugreifen. Beachten Sie aber, dass einige ältere E-Mail-Clients nicht mit IMAP umgehen können. (Anm. d. Ü.)

Da Sie Ihre Website in Dreamweaver bauen, brauchen Sie dagegen keine der folgenden Optionen, die nur die monatlichen Kosten erhöhen, falls Sie sie dennoch hinzufügen:

- ein webbasiertes Site-Erstellungstool
- Websitevorlagen
- einen Webdesign-Service
- einen webbasierten file manager
- einen webbasierten FTP(File Transfer Protocol)-Client oder ein Upload-Tool

Dreamweaver enthält alle oben genannten Werkzeuge, darunter Dutzende professionell gestalteter Seiten.

Wenn Sie vornehmlich als Webdesigner tätig sind, sollten Sie davon absehen, für sich oder Ihre Kunden einen *Root-Server* oder *eigenen Server* anzumieten. Auch ein *virtueller Server* ist nicht besser; es handelt sich um eine virtuelle Maschine auf einem Server-Rechner, die nach außen alle Funktionen eines vollständigen Servers bietet.

Eigene Server und vor allem virtuelle Server sind zwar in letzter Zeit kaum noch teurer als bessere Hosting-Angebote, aber das Problem ist, dass Sie hier als Administrator (auf UNIX-Systemen *Root*, daher der Name) fungieren; Sie sind selbst für die im vorigen Kapitel besprochene Server-Software und vor allem für deren Sicherheit verantwortlich. Ohne umfangreiche Administrationskenntnisse kann dies sehr gefährlich sein – denn gelingt es einem Cracker, Ihren schlecht abgesicherten Server zu knacken und dann für Spam oder illegale Dateien zu verwenden, müssen Sie nicht nur für immensen Datentransfer bezahlen, den Sie nicht selbst verursacht haben, sondern können womöglich sogar inhaltlich haftbar gemacht werden und müssen sich dann für die Verbrechen anderer vor Gericht verantworten.

Was bedeutet ein Name?

Sie haben ein Grundstück für Ihre Online-Immobilien gefunden. Sie sind bereit, Ihr Schloss zu bauen. Aber wie soll es heißen? Sie brauchen einen einprägsamen Domainnamen oder eine Webadresse für Ihre Site.

 Denken Sie daran: Wenn Sie Ihren Provider oder einen kostenlosen Dienst als Webhoster verwenden, wird Ihnen wahrscheinlich ein Domainname zugewiesen – Sie können ihn nicht selbst aussuchen. Schreiben Sie ihn trotzdem auf, weil Sie ihn brauchen, wenn Sie Ihre Site in Dreamweaver definieren.

Wenn Sie anfangen, sich Gedanken über Ihren Domainnamen zu machen, sollten Sie sich an folgende Grundregeln halten:

- Ein Domainname kann alphanumerische Zeichen und Bindestriche enthalten. Sonderzeichen wie Leerzeichen, Unterstriche, Kaufmanns-Und-Zeichen, Währungssymbole, Interpunktionszeichen und Sternchen sind nicht erlaubt, und Ihr Domainname sollte nicht mit einem Bindestrich beginnen oder enden.
- Domainnamen unterscheiden nicht zwischen Groß- und Kleinschreibung. *MEINEsITE.de*, *MEINESITE.DE* und *meinesite.de* bezeichnen alle dasselbe.
- Damit er überall funktioniert, sollte ein Domainname nicht länger als 59 Zeichen sein – ausschließlich Suffix wie *.de*, *.com*, *.org* oder *.net* (was die Gesamtlänge auf 62 bis 63 Zeichen erhöht). Technisch gesehen kann ein Domainname länger sein, aber einige Browser haben Probleme mit der Auflösung langer Namen, so dass Sie sich an die 59-Zeichen-Grenze halten sollten.

Je kürzer der Domainname, desto besser. Längere Domainnamen sind schwieriger zu buchstabieren, schwieriger einzutippen und schwieriger zu merken. Alles über 20 Zeichen ist riskant. 59 Zeichen sind tödlich für Ihre Site.

Für Neugierige: Ein Domainname besteht eigentlich aus mehreren Stufen, die von unten nach oben steigen, wenn Sie den Namen lesen (siehe Abbildung 2-1). Die *Third-Level-Domain* ist das Präfix, bei den meisten Sites im Web der Namensteil *www*, wenngleich Sie je nach Webhoster so viele Third-Level-Domains für Ihre Website wählen können, wie Sie möchten – das *www* ist nicht vorgeschrieben. Beispielsweise organisieren Mammut-Sites wie yahoo.com ihre Abteilungen oft in separaten Third-Level-Domains: *my.yahoo.com*, *mail.yahoo.com*, *weather.yahoo.com*, *movies.yahoo.com* und so weiter.

Abbildung 2-1: Ein Domainname besteht aus mehreren, aufsteigend angeordneten Leveln.

Die Second-Level-Domain ist der eigentliche »Name« – der Teil, den die meisten Leute meinen, wenn sie über Domains sprechen, wie Amazon oder ebay. Die *Top-Level-Domain* ist der letzte Teil des Namens, das Suffix; *.com*, *.org* und *.net* sind Beispiele für Top-Level-Domains. Dazu gehören auch die internationalen Ländercodes wie *.de* für Deutschland, *.at* für Österreich und *.ch* für die Schweiz.

Im Rahmen dieser Regeln ist alles möglich. Wenn Sie eine persönliche Homepage oder eine Hobby-Site erstellen, lassen Sie Ihrer Fantasie freien Lauf. Zögern Sie nicht, auch Schräges oder Albernes in Erwägung zu ziehen. Ein lustiger Domainname ist Unterhaltung für Sie und Ihre Besucher. Nichts ist langweiliger als eine ernsthafte Homepage.

Wenn Sie dagegen eine Site für Ihre Firma oder Organisation bauen, sollten Sie einen methodischeren Ansatz wählen. Sie wählen Ihren Firmennamen nicht willkürlich aus, und Ihr Domainname ist genau so wichtig. Er steht auf allen Ihren Visitenkarten. Er steht in Ihrem Briefkopf. Er erscheint in Anzeigen. Verkäufer und Berater erwähnen ihn gegenüber potenziellen Kunden.

Aus diesen Grundgedanken ergeben sich folgende Eigenschaften für einen gut gewählten Domainnamen:

Kürze
> Gute Domainnamen sind kurz und prägnant. Auf diese Weise sind sie leichter zu merken und lassen sich einfacher in das Adressfeld eines Webbrowsers eintippen. Unterschätzen Sie nie die Faulheit der postindustriellen westlichen Gesellschaft. Wir sind die Leute mit dem Mikrowellenessen und der Fernbedienung. Außerdem sind die meisten Leute sehr schlechte Tipper. Ein kurzer Domainname ergibt ein geringeres Tippfehlerrisiko.

Einfache Aussprache
> Gute Domainnamen zergehen einem auf der Zunge. Ihre Verkäufer können sie aussprechen. Ihre Kunden können sie wiederholen. Das heißt nicht, dass Ihr Domainname ein Wort sein muss. Es kann auch eine Abkürzung wie VHS oder DVD sein, die beide einen angenehmen Rhythmus haben und gut klingen (und natürlich beide belegt sind).

Einfaches Buchstabieren
> Ihr Domainname muss leicht auszusprechen sein. Aber wenn Ihre Verkaufsmitarbeiterin »mehrberatung.de« sagt, meint sie *mehr* wie in »mehr Demokratie wagen« oder *Meer* wie in »am schönen blauen Meer«, und das mit oder ohne Bindestrich? Bis sie erklärt hat, was gemeint ist, hat der Kunde bereits den nächsten Messestand aufgesucht. Versuchen Sie aus diesem Grund, Homophone oder auch Wörter, die nur so ähnlich klingen wie andere, zu vermeiden. Und halten Sie sich mit »coolen« phonetischen Variationen gängiger Wörter zurück, etwa *Trixx* statt *Tricks* – es sei denn, Sie möchten Ihren Traffic direkt auf fremde Sites umleiten.

Konsistenz
> Ihr Domainname ist wie der Titel eines Buches oder Films oder wie der Handelsnamens eines Ladens. Er hilft dabei, die Bühne für die Inhalte Ihrer Site zu bereiten. In einem Laden namens »Jochens frischer Fisch« würden Sie wahrscheinlich keine umfangreiche Auswahl von Aromatherapie-Kerzen erwarten. Dieselbe Logik gilt für Ihren Domainnamen. Versuchen Sie, einen passenden Namen zu finden.

Ob Sie Ihre Site nun zum persönlichen Vergnügen oder aus ernsthaften geschäftlichen Gründen erstellen – immer stehen Sie vor der Herausforderung, einen passenden Domainnamen zu finden, der noch nicht von jemand anderem registriert wurde. Glücklicherweise gehören Sie zu den Kreativen. Viele gute Namen sind noch verfügbar. Sie müssen sich nur klug dabei anstellen, Ihren zu finden.

Um herauszufinden, ob ein Domainname verfügbar ist, geben Sie je nach Top-Level-Domain eine der folgenden Adressen in Ihren Browser ein und füllen Sie das entsprechende Formular aus: *http://www.denic.de/de/whois/* für *.de*-Domains (Deutschland), *http://www.nic.at/* für *.at*-Domains (Österreich), *http://www.switch.ch/de/* für *.ch*- und *.li*-Domains (Schweiz bzw. Liechtenstein), *www.internic.net/whois.html* für internationale Domains (*.com*, *.net* und *.org*) sowie *http://www.eurid.eu* für *.eu*-Domains.

Wenn Sie intensiv mit dem Brainstorming beschäftigt sind, sollte eine ordentliche Liste von Möglichkeiten dabei herauskommen; fügen Sie so viele hinzu, wie Sie können. Fünfzehn oder zwanzig sind nicht zu viel. Je nach Art Ihrer Website könnten sogar fünfzig nicht übertrieben sein. Ein guter Startpunkt ist der Name Ihrer Firma oder Organisation. Wenn dieser Name zu lang oder bereits vergeben ist, versuchen Sie, eine Abkürzung oder einen Spitznamen zu finden. Wenn Ihre Firma bereits eine Zeit lang existiert, kann es gut sein, dass Sie und Ihre Kunden und Partner bereits kurze Spitznamen oder Abkürzungen Ihres offiziellen Firmennamens ersonnen haben, um einfacher darüber reden zu können. Solche Formen sind ideal für das Web, weil sie nicht nur kürzer sind, sondern auch individueller; sie verraten mehr über Ihre Firmenkultur oder -persönlichkeit. Es kann nie zu viele Differenzierungen dieser Art geben, wenn Sie sich den Markt mit Tausenden von Wettbewerbern aus der ganzen Welt teilen müssen.

Eine weitere Strategie besteht darin, sich nach Ihrer Branche zu benennen.[2] Wenn Sie Bücher verkaufen, sind Sie sicherlich sehr am Kauf einer Domain wie *buecher.de* interessiert (was der gleichnamige Online-Buchhändler bereits getan hat). Der einzige Hinderungsgrund ist in diesem Fall, dass die Konkurrenz noch wilder hinter Namen dieser Art her ist. Wer wäre nicht gern der Hauptvertreter für Bücher im gesamten Web? Falls Sie in einer recht spezialisierten Branche arbeiten, haben Sie möglicherweise noch das Glück, sich eine solche Domain zu sichern, oder vielleicht können Sie ein Unterscheidungsmerkmal hinzufügen. Suchen Sie sich zwei Produkte aus, die Sie verkaufen, verbinden Sie sie durch das Wort *und* und überprüfen Sie die Kombinationen.

---

2 Beachten Sie, dass es kontroverse Urteile verschiedener deutscher Gerichte zu diesem Thema gibt; einige von ihnen sehen die Verwendung von Branchenbezeichnungen und anderen allgemeinen Begriffen als ungerechtfertigten Wettbewerbsvorteil. (Anm. d. Ü.)

Ihre Domain reservieren

Um die Verfügbarkeit Ihres Domainnamens zu überprüfen und den Namen zum persönlichen Gebrauch zu reservieren, gehen Sie ins Web und besuchen Sie einen *Registrar*; es gibt viele davon. Vielleicht gehört sogar Ihr Webhoster dazu. Überprüfen Sie, ob Sie Ihren Domainnamen gleich beim Abschluss Ihres Hosting-Vertrags reservieren können. Das ist bequemer für Sie und erspart Ihnen womöglich sogar die jährliche Standard-Registrierungsgebühr. (Diese ist je nach Registrar und Top-Level-Domain unterschiedlich; rechnen Sie mit Kosten zwischen 12 und 40 €.) Außerdem brauchen Sie den Domainnamen nicht von den Servern Ihres Registrars auf die Server Ihres Webhosters umzuleiten, wenn Sie Ihre Site veröffentlichen (siehe den Abschnitt »Was geschieht als Nächstes?« weiter unten in diesem Kapitel).

In Deutschland bieten praktisch alle Hoster die Domainregistrierung als Teil des Hosting-Vertrags an. Achten Sie aber sorgfältig darauf, dass *Sie* – und nicht der Hoster selbst – als Eigentümer (»Admin-C«) für die Domain eingetragen werden; andernfalls bekommen Sie bei einem eventuellen Hoster-Wechsel große Schwierigkeiten.

Wenn Sie nach dem günstigsten Angebot suchen oder eine spezielle Top-Level-Domain wünschen (siehe dazu den Abschnitt »Top-Level-Domains im Vergleich« weiter unten), können Sie die Registrierung auch bei einem anderen Dienstleister als Ihrem Webhoster vornehmen. Einige Registrare haben erheblich günstigere Preise als die von den zentralen Registries vorgegebenen Standardpreise, aber sie verlangen möglicherweise, dass Sie einen Vertrag mit ihrem bevorzugten Webhosting-Partner abschließen oder sich längerfristig an sie binden als gewünscht, so dass Sie unbedingt das Kleingedruckte lesen sollten. Auf der anderen Seite sollten Sie nicht mehr zahlen als die oben genannten Richtpreise, es sei denn, Sie haben Bedarf nach einer speziellen Top-Level-Domain.

Besuchen Sie die weiter oben genannten Websites der zentralen Registries, um Listen der offiziellen Registrare zu erhalten.

Domain-Eigentum ist eigentlich eine Fehlbezeichnung, da Sie in Wirklichkeit die Nutzungsrechte an einer bestimmten Domain für einen bestimmten Zeitraum mieten. Die permanente Übertragung einer Domain in Ihr Privateigentum ist noch nicht möglich, sehr zum Missfallen der Kapitalisten allerorten. Üblicherweise besteht die Registrierung für ein Jahr; danach haben Sie die Option der Verlängerung. Außerdem zahlen Sie den Mietpreis im Voraus, nicht in wöchentlichen oder monatlichen Raten. Wenn Sie sich entschließen, die Domain nach Ablauf der Mietdauer nicht zu verlängern, wird Ihr Name für andere verfügbar, so dass Sie darauf achten sollten, die Verlängerung rechtzeitig vorzunehmen. Die meisten Registrare senden Ihnen einige Monate vor dem Ablauf eine E-Mail-Erinnerung; andere (insbesondere Webhoster) verlängern sogar automatisch, solange Sie ihnen keine anderweitigen

Anweisungen erteilen. Wenn der Ablauf des Mietzeitraums in wenigen Monaten bevorsteht und Sie noch nichts von Ihrem Registrar gehört haben, sollten Sie ihn selbst kontaktieren und nach seinen Verlängerungsoptionen fragen.

Verschiedene Registrare bieten unterschiedliche Vertragslaufzeiten an, in manchen Fällen bis zu zehn Jahren, und gewähren üblicherweise einen Rabatt für längere Zeiträume, weil Sie auch dafür im Voraus bezahlen. Für die meisten, die das erste Mal eine Website erstellen, ist ein Jahresvertrag lang genug, um sich zu entscheiden, ob es ihnen Spaß macht, Webmaster zu sein. Sie können immer noch eine längere Laufzeit wählen, wenn die Verlängerung ansteht.

Top-Level-Domains im Vergleich

Die *Top-Level-Domain* oder TLD steht am Ende eines Domainnamens. Sie ist das Suffix des Namens, etwa *.de*, *.at*, *.com*, *.org* oder *.net*. Je nachdem, welchen Registrar Sie wählen, stehen Ihnen verschiedene Top-Level-Domains zur Verfügung. Für welche sollen Sie sich nun entscheiden?

In Staaten außerhalb der USA ist es (außer bei internationalen Konzernen oder Organisationen) allgemein üblich, es zunächst mit der Top-Level-Domain des jeweiligen Landes zu versuchen – nicht umsonst sind unter der deutschen TLD *.de* nach *.com* weltweit die meisten Domainnamen registriert. Für den Leserkreis dieser Übersetzung läuft dies wahrscheinlich darauf hinaus, sich einen freien Namen unter einer der Top-Level-Domains *.de* (Deutschland), *.at* (Österreich) oder *.ch* (Schweiz) zu suchen. Eine aktuelle Alternative ist die Top-Level-Domain *.eu* für die Europäische Union. Einige der nachfolgenden Informationen kommen für Sie wahrscheinlich erst dann in Frage, wenn unter Ihrer Länder-TLD kein passender Name mehr frei ist.

Ein Kriterium für die Auswahl einer internationalen TLD ist, dass sie zur Art Ihrer Organisation passen sollte. Beispielsweise wurde die berühmte und allgegenwärtige TLD *.com* speziell für kommerzielle Zwecke eingerichtet, aber denken Sie an das alte Sprichwort, wonach ein bestimmter Weg mit guten Absichten gepflastert sei. Als das Web in den späten 1990er-Jahren ins allgemeine Bewusstsein drängte, begann das gnadenlose Wettrennen um die besten Namen, und die Unterschiede zwischen den Top-Level-Domains fingen an, sich aufzulösen. Jeder konnte (und kann) eine *.com*-Domain registrieren; niemand überprüft, ob alle *.com*-Eigentümer tatsächliche kommerzielle Unternehmen führen.

Ein weiteres Kriterium ist die Verfügbarkeit. Dieselbe Second-Level-Domain oder der »Namens«-Teil wie amazon oder ebay ergibt unter einer anderen TLD einen völlig anderen Namen. Deshalb ist *ebay.de* nicht derselbe Domainname wie *ebay.net* oder *ebay.org*. Wenn der gewählte Second-Level-Domainname unter Ihrer bevorzugten TLD bereits belegt ist, können Sie darüber nachdenken, ihn unter einer anderen TLD zu registrieren – mit einem kleinen Vorbehalt. Die Unterschiede zwischen den TLDs sind zwar nur noch schwammig, aber Sie sollten doch zumindest versuchen, Ihre ursprünglichen Verwendungszwecke im Kopf zu behalten und aufpassen, dass Sie nicht zu weit abschweifen. Wenn Sie etwa eine kommerzielle Website aufbauen, sollten Sie sich wahrscheinlich von der TLD *.org* fernhalten, die noch immer stark mit dem nicht kommerziellen Sektor in Verbindung gebracht wird.

Falls Sie dagegen eine nicht kommerzielle Organisation sind und die *.com*-Version des Namens verfügbar ist – nur zu! Die TLD *.com* kennt jeder. In der westlichen Kultur gilt sie als Synonym für das Internet. Während *.org* in dieser Zeit der politischen Blogs und des Graswurzel-Aktivismus erst langsam Fahrt aufnimmt, ist *.com* vom Marketingstandpunkt her – dem dritten Kriterium für die Auswahl der richtigen TLD – noch immer die beste Wahl.

Die wichtigsten TLDs sind in dem Sinne unbeschränkt, dass jeder sie für jeden Zweck zu einem Preis von höchstens 35 € pro Jahr registrieren kann. Tabelle 2-2 listet sie auf. Beachten Sie, dass nicht jeder Registrar alle TLDs anbietet, so dass Sie sich einen anderen suchen müssen, falls die TLD Ihrer Wahl beim ursprünglich gewählten Registrar nicht verfügbar ist. Ein guter Startpunkt ist die Website des Betreibers der gewünschten TLD.

Die für die Bereitstellung von Top-Level-Domains zuständige Gruppe ist eine nicht kommerzielle Organisation namens *Internet Corporation for Assigned Names an Numbers* oder *ICANN*. Besuchen Sie ICANN im Web unter *http://www.icann.org/*. ICANN hat keine Verfügungsberechtigung über länderspezifische Top-Level-Domains wie *.de*, *.at* oder *.ch*.

Tabelle 2-2: Allgemein verfügbare unbeschränkte Top-Level-Domains

Top-Level-Domain	Steht für	Ursprüngliche Zielgruppe	Tatsächliche Nutzer	Betreiber
.biz	Business	Unternehmen	Unternehmen (hauptsächlich)	NeuLevel, Inc. (*http://www.neulevel.biz/*)
.com	Commercial	Kommerzielle Unternehmen	Jeder	VeriSign Global Registry Services (*http://www.verisign.com/*)
.info	Information	Informationen	Informationssites, auch Werbung	Afilias Limited (*http://www.afilias.info/*)
.name	Name	Einzelpersonen	Einzelpersonen, Firmen	Global Name Registry (*http://www.nic.name/*)
.net	Network Service Provider	Internetprovider	Jeder, besonders Internetprovider	VeriSign Global Registry Services (*http://www.verisign.com/*)
.org	Organization	Nicht kommerzielle Gruppen	Nicht kommerzielle Gruppen, politische Organisationen, Vereine	Public Interest Registry (*http://www.pir.org/*)

Eine *Country-Code-Top-Level-Domain* (ccTLD) wie *.de* für Deutschland, *.uk* für Großbritannien oder *.tr* für die Türkei bezeichnet das Herkunftsland der Website – oder sollte es zumindest. Viele Länder in aller Welt machen ihre ccTLDs praktisch für jeden verfügbar. Im Allgemeinen bestehen einige Beschränkungen. Je nach Land müssen Sie möglicherweise einige zusätzliche Formulare ausfüllen oder eine lokale Adresse im gewählten Land angeben. Außerdem müssen Sie möglicherweise ein paar Tage warten, bevor Ihre Registrierung abgeschlossen ist, anders als bei der sofortigen Echtzeitregistrierung von *.com* und ähnlichen TLDs.

Wenn Sie Interesse haben, eine (fremde) ccTLD zu registrieren, beginnen Sie in Ihrer bevorzugten Suchmaschine mit der Suche. Geben Sie *ccTLD registration* sowie die gewünschte ccTLD ein und schauen Sie sich die Ergebnisse an.

Während allgemein verfügbare TLDs wie *.com* und *.org* jedem offen stehen, müssen Sie sich für bestimmte andere TLDs wie *.museum*, *.edu* und *.pro* qualifizieren, indem Sie entsprechende Bescheinigungen vorlegen; außerdem müssen Sie wahrscheinlich einen höheren Preis zahlen als für die bisher besprochenen TLDs. Tabelle 2-3 listet einige dieser TLDs auf, falls Sie Interesse haben.

Für einige unbeschränkte TLDs wie *.tv* gelten Premium-Preise. Rechnen Sie damit, dass Sie für das Privileg, *.tv* an Ihre Second-Level-Domain anzuhängen, mehr als 35 € im Jahr zahlen müssen – vielleicht sogar erheblich mehr.

Tabelle 2-3: Spezialisierte beschränkte Top-Level-Domains

Top-Level-Domain	Steht für	Reserviert für	Betreiber
.coop	Cooperative	Kooperativen (Genossenschaften) und genossenschaftliche Organisationen	DotCooperation LLC (*http://www.cooperative.org/*)
.edu	Education	Offiziell anerkannte Hochschulen und Universitäten	EDUCAUSE (*http://www.educause.edu/*)
.museum	Museum	Museen	Museum Domain Management Association (*http://about.museum/*)
.pro	Professional	Alle eingetragenen Freiberufler; zurzeit beschränkt auf die Branchen Medizin, Recht, Finanzdienste und Ingenieurwesen	RegistryPro (*http://www.registrypro.com/*)

Die Geschichte von *.tv* ist sehr interessant. Es ist eigentlich der Ländercode für den Inselstaat Tuvalu (10.000 Einwohner), irgendwo im Pazifik zwischen Hawaii und Australien. Vor einigen Jahren verkaufte die Regierung von Tuvalu die Lizenzrechte an *.tv*, nicht wegen des lebhaften Fremdenverkehrs, sondern weil TV in der Popkultur-versessenen westlichen Welt etwas ganz anderes bedeutet. Tuvalu hoffte, dass wir im Westen tief in die Tasche greifen würden, um uns mit dem Fernsehen zu schmücken, und wir haben sie nicht enttäuscht. Das Bruttoinlandsprodukt von Tuvalu verdoppelte sich auf Grund dieses Handels. Die Straßen wurden gepflastert und Straßenlaternen wurden aufgestellt, aber der Wohlstand hatte seinen Preis, wie so oft. Nun ist der Inselstaat in andauernde Tantiemenstreitigkeiten verwickelt. Willkommen in der globalen Ökonomie, Tuvalu!

Was geschieht als Nächstes?

Sie haben Dreamweaver und einige ausgewählte andere Softwarewerkzeuge. Sie haben einen Domainnamen und einen Webhoster. Sie haben alles, was Sie brauchen, um mit dem Erstellen und Veröffentlichen Ihrer Site anzufangen. Aber die Vorbereitungen sind noch nicht ganz abgeschlossen. Den Umfang und die Gestaltung Ihrer Website zu planen, bevor Sie mit dem Aufbau beginnen, ist das Geheimnis der reibungslosen und blitzschnellen Produktion, wie Sie in den nächsten Kapiteln erfahren werden.

In der Zwischenzeit laufen Ihre Domain und Ihr Webhoster nicht weg. Nachdem Sie einen Domainnamen reserviert haben, gehört er Ihnen für mindestens ein Jahr. Technisch gesprochen wurde Ihr Domainname *geparkt*. Wenn Sie Ihre Domain in das Adressfeld Ihres Browsers eintippen, sehen Sie wahrscheinlich die allgemeine »Im Aufbau«-Seite, die Ihr Webhoster oder Registrar bereitstellt. Wenn Sie Ihre Site veröffentlichen, ersetzen Sie diese Standardseite entweder durch Ihre eigentliche Startseite (wenn Ihr Registrar und Ihr Webhoster identisch sind), oder Sie ändern Ihre Domainregistrierung, indem Sie Ihrem Registrar die Webadresse Ihres Hosting-Servers mitteilen (wenn Sie zwei verschiedene Dienste nutzen). Die Änderung Ihrer Registrierung ist nicht schwierig. Sie können sie normalerweise selbst im Web vornehmen. Je nach Registrar wissen Sie zwar vielleicht nicht, wo sich das Änderungsformular befindet, aber wenn alles andere nichts hilft, können Sie sich immer noch an den Kundendienst wenden.

Das Wichtigste ist, dass Ihr Platz reserviert ist. Sie haben Ihr Grundstück im World Wide Web reserviert. Nun weiter zu Ihrer Site!

> **In diesem Kapitel:**
> - Den Umfang definieren
> - Die Karten befragen
> - Die Gliederung zusammenstellen

KAPITEL 3
Inhalte organisieren

Was ist eine Website? Was für eine blöde Frage. Wenn Sie dieses Buch lesen, haben Sie bestimmt schon ein gutes intuitives Verständnis dafür, was eine Website ist. Sie haben das Web oft genug benutzt. Vielleicht besuchen Sie jeden Tag Dutzende von Websites. Aber wenn Sie versuchen, Ihre grundlegende Ahnung in präzise Worte zu fassen, finden Sie sich möglicherweise auf unsicherem Grund wieder. Was *ist* denn eine Website? Ist es eine Art High-Tech-Buch? Interaktives Fernsehen? Eine Daueranfrage nach Ihrer Kreditkartennummer?

Diese Frage birgt eine andere: Was genau ist das Web? Die Antwort darauf ist viel einfacher. Das Web ist ein Informationsmedium. Es ist ein riesiges Netzwerk von Daten über jedes denkbare Thema, von den neuesten wissenschaftlichen Entdeckungen über Finanzdaten, unverlangt geäußerten politischen Ansichten (vielen davon) und Einkaufsgelegenheiten jeder Art bis hin zu Fotos von Ihnen, Ihrer Familie und Ihren Haustieren.

Sie könnten daher sagen, dass eine Website grundsätzlich erst einmal ein Speicherplatz für Informationen ist. Mit anderen Worten, eine Art von *Content* (Inhalten). Aber Informationen sind nur die halbe Antwort, weil Informationen als solche bedeutungslos sind. Wie französische Philosophen uns gern erinnern, bedürfen alle Daten der Interpretation. Ein unförmiger, unsortierter Haufen Content ist ungefähr so nützlich wie eine endlose Zahlenreihe. Wenn Sie genau genug hinschauen, gibt es vielleicht eine zugrunde liegende Bedeutung oder einen Zweck, aber wer hat die Zeit oder Geduld, sie herauszufinden? Sie sind kein Computer. Sie haben Wichtigeres zu tun.

Hier kommt die Webarchitektur ins Spiel. Eine Website hat nicht mehr mit einem Haufen Content gemeinsam als ein Gebäude mit einem unsortierten Haufen Steine. Die Magie liegt in der Organisation oder der Architektur Ihres virtuellen Gebäudes, wenn Sie so wollen. Ohne sie ist Ihre Site ein unentwirrbares Durcheinander, mit dem höchstens Kryptologen oder Steuerberater etwas anfangen können.

Sie müssen das Rohmaterial der Website – die enthaltenen Informationen – auf eine Weise organisieren oder *strukturieren*, die menschlichen Wesen sinnvoll erscheint. Anstatt Ihre Besucher mit Unmengen von Content zu überschütten, portionieren Sie ihn Stück für Stück. Sie verteilen ihn auf unterschiedliche Kategorien und breiten ihn über mehrere Seiten aus. Das erleichtert es den Leuten, die gewünschten Teile zu finden. Wenn eine stabile Struktur existiert, entsteht der zusätzliche Vorteil, dass Ihre Website der ewigen Ebbe und Flut von Informationen besser widerstehen kann. Die Hauptschlagzeilen Ihrer Lieblings-News-Site wechseln vielleicht jede Minute, aber diese Informationen befinden sich immer an derselben Stelle, wo Sie sie haben möchten (und wo Sie sie zu finden erwarten). Je verständlicher der Content Ihrer Website organisiert ist, desto erfolgreicher wird sie. Dieses Kapitel regt Sie zum Nachdenken über die Struktur Ihrer künftigen Site an und liefert Ihnen einige praktische Tipps, um Ordnung in das Chaos zu bringen.

Den Umfang definieren

Der *Umfang* einer Website ist die Gesamtmenge ihrer Inhalte oder der Themenbereich, den sie abdeckt. Der Umfang einer Website kann unvorstellbar groß sein. Amazon mit Millionen von Artikeln in seinem Katalog macht seinem Namen (englisch für *Amazonas*) beispielsweise alle Ehre. Aber die meisten Websites sind nicht annähernd so ausladend, und es erwartet auch niemand, dass sie es wären. Größer ist nicht notwendigerweise besser. Das Geheimnis besteht darin, einen passenden Umfang zu wählen, weder zu groß, noch zu klein, sondern genau richtig für Ihre Inhalte. Sie sollten festlegen, welche Themenkreise Sie abdecken müssen, um Ihren Content verständlich präsentieren zu können.

Eine gute Startmöglichkeit ist die Beantwortung zweier Fragen: Was sind die Ziele Ihrer Site und wer ist die Zielgruppe? Die erste Frage lautet konkreter: »Warum gibt es die Site?« Die zweite Frage lautet: »Wen könnte sie interessieren?«

Die Ziele festlegen

Theoretisch besteht das Ziel jedes Website-Autors darin, die Inhalte der Site auf praktische und verständliche Weise zu organisieren. Es ist Zeit, diese Theorie in die Praxis umzusetzen. Was sind die konkreten Ziele Ihrer speziellen Site? Welche Aufgaben soll Ihre Website erfüllen? Was möchten Sie durch sie vermitteln? Sie haben wahrscheinlich schon einige Ideen dazu, also nehmen Sie ein leeres Blatt Papier zur Hand und machen Sie sich ein paar Notizen.

 Wenn Sie damit anfangen, die Ziele Ihrer Site aufzulisten, ist es vollkommen natürlich, dass Sie sich wiederholen. Sie führen ein Brainstorming durch, also lassen Sie die Wörter und Ideen fließen. Wenn Sie fertig sind, gehen Sie Ihre Liste erneut durch und suchen Sie nach Punkten, deren Absicht oder Bedeutung sich ähneln. Wenn Sie können, kombinieren Sie sie zu einem einzelnen Eintrag. Wenn nicht, sind diese Ziele wirklich separate Punkte, und Sie können sie genau so stehen lassen, wie sie sind.

Wenn Sie eine Site für Ihre Firma oder Organisation erstellen, könnte Ihre Zielliste so aussehen:

- Potentiellen Kunden unsere Firma vorstellen: Wer wir sind und was wir machen
- Potentiellen Kunden mitteilen, wie wir ihnen helfen können
- Eine detaillierte Liste unserer Produkte und Dienstleistungen bereitstellen
- Neue Produkte und Initiativen ankündigen (d.h. Pressemitteilungen)
- Potentiellen Kunden Kontaktinformationen anbieten
- Leitlinien für unsere Verkaufsmitarbeiter zur Verfügung stellen

Die Ziele für eine Fanwebsite über Comics sind nicht unbedingt dieselben:

- Monatliche Rezensionen meiner Lieblingscomics
- Die aktuellen Handlungsverläufe für Leser zusammenfassen, die eine Ausgabe verpasst haben
- Nachrichten über Comic- und Zeichentrickfilm-Ankündigungen veröffentlichen, die mir aufgefallen sind
- Tipps von mir und später auch von anderen Besuchern, wo man seltene Comics zu annehmbaren Preisen findet
- Schätze vom Wühltisch: Empfehlungen großartiger alter Comics, die die meisten Sammler bisher übersehen haben

Schon in diesem Stadium, nur durch einen Vergleich der Ziellisten, können Sie erkennen, dass der Tonfall dieser Websites unterschiedlich ausfallen wird. Die erste Site steht für ernsthafte Geschäfte – aufgepasst, Konkurrenz! Die zweite Site besteht ausschließlich zur Unterhaltung, sowohl für den Autor als auch für das Publikum. Die erste Site ist stark zielorientiert, die zweite dagegen eher lockerer – aber nicht so locker, dass sie ins Chaos abgleitet.

Alle Websites sollten ungeachtet Ihres Contents unter anderem folgendes Ziel verfolgen: Eine Möglichkeit für Besucher zu bieten, den Administrator der Site zu kontaktieren.

Diese Rettungsleine für Ihre Besucher ist lebenswichtig. Zunächst müssen Sie über alle möglichen Fehler, Störungen und technische Probleme, die auftreten könnten, auf dem Laufenden bleiben. Sie werden Ihre Website gründlich testen, bevor Sie sie veröffentlichen, aber kein noch so intensiver Test kann sämtliche Kombinationen von Software und Hardware in Betracht ziehen, die Ihre Besucher nutzen könnten. Wenn Ihre Site bei einigen Leuten zu langsam erscheint, werden sie Sie darüber informieren, und Sie können Reparaturmaßnahmen ergreifen. Zweitens ist direkter Besucherkontakt die beste Möglichkeit, die Effektivität Ihrer Site zu messen. Besucherkommentare helfen Ihnen dabei, zu ermitteln, welche Bereiche Ihrer Site die beliebtesten sind und welche nicht ganz so anziehend wirken. Anhand dieser Analyse können Sie über Verbesserungsmaßnahmen nachdenken, falls Ihre Site eines ihrer Primärziele nicht erreicht.

Eine hervorragende Möglichkeit, Feedback anzufordern, besteht darin, in Ihrer Website eine spezielle Seite für Besucherkommentare einzurichten. Veröffentlichen Sie sowohl die erhaltenen Kommentare als auch Ihre Antworten. Wenn Besucher das Gefühl haben, zu Ihrer Site beizutragen, werden sie eher geneigt sein, mitzumachen.

Sie brauchen nicht gleich eine gebührenfreie Rufnummer einzurichten oder ein Team von Kundendienstmitarbeitern einzustellen, um mit Ihren Besuchern in Kontakt zu bleiben. Eine einfache E-Mail-Adresse genügt in den meisten Fällen. Sorgen Sie nur dafür, dass Sie die E-Mails lesen, die aus Ihrer Website hervorgehen, und darauf hören, was Ihre Besucher sagen. Wenn Sie in der Lage sind, kurze, aber persönliche Antworten zu geben, ist das umso besser. Es fördert den Gemeinschaftsgedanken, der zum Wachstum Ihrer Site führt.

Die Zielgruppe bestimmen

Alle Webmaster träumen insgeheim davon, dass ihre Websites allen gefallen, aber das ist nicht unbedingt das wichtigste Kennzeichen für Erfolg. Der Schlüssel zur Erstellung einer erfolgreichen Website besteht darin, denjenigen – möglicherweise sehr kleinen – Prozentsatz von Leuten anzusprechen, die am empfänglichsten für Ihre Ziele sind, und dann alles zu tun, um diese Leute zufrieden zu stellen. Das Web ist kein einzelner, homogener, monolithischer Markt, der darauf wartet, dass der Richtige kommt, um ihn auszuschöpfen. Es ist vielmehr ein Flickwerk aus allen denkbaren Nischen. Eine Site, die ein klar definiertes Publikum anspricht, hat bessere Langlebigkeitschancen als eine Site, die versucht, jede Nische im Web zu dominieren.

Werbe- und Marketingfachleute und andere Menschen in Finanzberufen setzen viel Zeit, Aufwand und Kapital ein, um ihre Kunden mikroskopisch detailliert zu identifizieren. Wenn Sie Zugriff auf diese Art von Informationen haben, nutzen Sie sie unter allen Umständen. Wenn Sie keine Ressourcen dieser Art haben, machen Sie sich keine Sorgen darüber. Die meisten Website-Autoren identifizieren ihre Zielgruppe auch ohne ausgedehnte Marktforschung und ohne Kundenprofiling im CIA-Maßstab. Fangen Sie einfach mit ein paar intelligenten Vorbedingungen an. Wenn Sie eine Website für Ihre Firma oder Organisation erstellen, umfasst die Zielgruppe

Ihre bestehenden Kunden sowie diejenigen Kunden, die Sie anlocken möchten. Die beste Vorlage für ein Zielgruppenmitglied einer persönlichen Site sind dagegen Sie selbst und Leute wie Sie. Wenn Ihre Site erst Feedback erzeugt, können Sie Ihre Annahmen über Ihr Publikum konkretisieren und das Wachstum Ihrer Site entsprechend steuern.

Wenn Sie die zu erwartende Zielgruppe von Anfang an definieren, finden Sie leichter die effektivsten Möglichkeiten, die Ziele Ihrer Site zu erreichen. Das Kundenservice-Einmaleins in Aktion: Ihr spezielles Publikum besucht Ihre Site mit einer Summe bestimmter Erwartungen, und Sie als Site-Autor bemühen sich, diesen gerecht zu werden. Nehmen Sie den durchschnittlichen Kaufmann. Kaufleute mögen Diagramme und Schaubilder. Die Umgebung Ihres Büros ist bestimmt voll von ihnen. Woher kommt das? Diagramme und Schaubilder gehören zur Sprache der Wirtschaft. Wenn Sie Ihren Chef nicht anders erreichen können, versuchen Sie, Ihren Standpunkt irgendwie als Kurve darzustellen und erleben Sie, wie schnell Sie seine Aufmerksamkeit erreichen.

Wenn Kaufleute zu Ihrer Zielgruppe gehören, müssen Sie annehmen, dass der Inhalt Ihrer Website bei denjenigen Anklang finden soll, die die Sprache der Wirtschaft sprechen. Und wenn eines der Ziele Ihrer Website darin besteht, »potenziellen Kunden darzulegen, wie wir ihnen helfen können«, dann sollten Sie für einige Diagramme und Schaubilder auf Ihrer Site sorgen. Sie sollten allerdings nicht oberflächlich sein. Zusammenhanglos irgendwelche Diagramme zu veröffentlichen, nur damit überhaupt welche da sind, ist kein Kundenservice, sondern Betrug; Ihr Publikum wird ihn sofort durchschauen. Betrachten Sie einfach wieder die Liste Ihrer Ziele. Wo wären Diagramme und Schaubilder am sinnvollsten für Ihre Zielgruppe? Wo erbringen sie den meisten Nutzen für Ihre Site?

Genau wie Ihre Zielgruppe Ihnen hilft, den Content Ihrer Website zu bestimmen, hilft sie auch dabei, festzustellen, was nicht dazugehören sollte. Diagramme und Schaubilder kommen bei einer Zielgruppe aus Comicsammlern nicht so gut an, es sei denn, Sie verwenden sie zum Lachen, in einem ironischen Kontext. Umgekehrt können laute, flackernde, videospielartige Flash-Animationen Ihrer Comic-Site zu Kultstatus verhelfen, werden aber wahrscheinlich Geschäftspartner für Versicherungsprodukte vergraulen.

Während Sie über die Erwartungen Ihrer Zielgruppe nachdenken, werden Sie feststellen, dass Sie zunehmende Klarheit über den Umfang Ihrer Website gewinnen. Sie bekommen ein Gefühl für die Bereiche, die Ihre Site abdecken muss, und genau das ist Ihr Ziel.

Die Karten befragen

Sie haben nun eine genauere Vorstellung über die ungefähre Richtung Ihrer Website, also ist es Zeit, die Details auszuarbeiten und die grundlegende Form für Ihr Projekt zu gestalten. Eine besonders angenehme Möglichkeit dafür besteht darin, ein paar Content-Karten zu mischen, genau wie die Orakel der Antike. Die Abergläubischen unter uns brauchen sich keine Sorgen zu machen – Sie spielen nicht mit dunklen Kräften außerhalb Ihrer Kontrolle. Das erscheint nur Ihrem Kunden oder Arbeitgeber so, und alles, was Ihre mystischen Fähigkeiten hervorhebt, erhöht lediglich die Sicherheit Ihres Arbeitsplatzes.

Content-Karten erstellen

Für diesen Vorgang brauchen Sie kein Tarot. Ein Päckchen gewöhnlicher Karteikarten ist mehr als genug. So wird's gemacht: Halten Sie die Liste Ihrer Ziele bereit, behalten Sie die Hypothesen über Ihre Zielgruppe im Kopf, und schreiben Sie Inhaltsideen auf die Karten, eine auf jede Karte.

Damit Sie die richtige Richtung einschlagen, fangen Sie ganz oben auf der Liste Ihrer Ziele an. Lesen Sie das erste Ziel und meditieren Sie über die Frage: »Oh, Content-Karten, wie kann ich dieses Ziel auf meiner Website erreichen?«

 Gehen Sie in diesem Stadium des Spiels nicht vom fertigen Produkt aus. Machen Sie sich keine Sorgen darüber, wie diese Inhaltselemente verknüpft werden oder wie Sie sie zusammenstellen sollen. Schreiben Sie einfach Ihre Ideen auf die Karten.

Nehmen Sie beispielsweise an, dass Sie eine Website für Ihre Firma erstellen. Das erste Ziel könnte darin bestehen, potenziellen Kunden vorzustellen, wer Sie sind und was Sie tun, also sprechen Sie die mystische Beschwörung: Wie kann ich dieses Ziel auf meiner Website erreichen? Ihre Content-Karten könnten etwa so aussehen:

- Eine kurze Geschichte unserer Firma
- Zusammenfassung unserer Kernkompetenzen
- Kurze Profile oder Biografien der Geschäftsführer
- Ein Diagramm, das die Entwicklung unseres Aktienkurses in den letzten drei Jahren zeigt
- Ein Diagramm, das die Gewinn- oder Umsatzsteigerung der letzten drei Jahre zeigt
- Broschüre zum Download
- Visitenkarte zum Download
- Ein Foto unseres Hauptbüros

- Eine Fototour durch unser Hauptgebäude
- Referenzen bestehender Kunden
- Erläuterung unser Kundenservice-Philosophie
- Erklärung unserer 90-Tage-Garantie

Wenn Sie der Meinung sind, dass Sie sich genügend mit diesem Ziel beschäftigt haben, machen Sie mit dem nächsten weiter und wiederholen Sie den Vorgang. Behalten Sie zu diesem Zeitpunkt alle Karten im selben Stapel. Versuchen Sie noch nicht, sie zu ordnen – das kommt gleich.

Wenn Sie Ihre Liste durchgehen, brauchen Sie nicht überrascht zu sein, wenn Ihnen Ideen kommen, die besser zu einem der vorigen Ziele passen. Das ist völlig normal. Der menschliche Geist scheint Vergnügen an solchen Tricks zu empfinden. Wenn Sie merken, dass Sie zurückblicken, versuchen Sie nicht, es zu unterdrücken. Schreiben Sie einfach die entsprechende Content-Karte, legen Sie sie auf den Stapel und kehren Sie mit freiem Kopf zum aktuellen Ziel zurück.

Je nach Umfang Ihrer Site haben Sie vielleicht Duzende von Karten, möglicherweise sogar Hunderte, oder Sie müssen sich anstrengen, um auch nur zwanzig zusammenzubekommen. Im Allgemeinen gilt: Je mehr Ideen, desto besser, aber setzen Sie sich nicht unter Druck. Lassen Sie sich von der Site zeigen, was sie sein möchte. (Probieren Sie diese Erklärung bei der nächsten Mitarbeiterversammlung aus. Ihr Ruf als Hexenmeister ist garantiert.) Die einzige unverrückbare Regel ist, dass Sie mindestens eine Content-Karte in Ihrer Liste haben sollten. Wenn dem nicht so ist, können Sie nicht alle Ihre Ziele verwirklichen.

Im Allgemeinen gilt: Je mehr Content-Karten, desto besser; stellen Sie sicher, dass es mindestens eine Content-Karte für jedes Ziel auf Ihrer Liste gibt.

Content in Kategorien unterteilen

An dieser Stelle fängt der Spaß an, denn hier entfaltet die Zauberkraft Ihrer Content-Karten ihre volle Wirkung. Sie brauchen dafür viel Platz auf Ihrem Schreibtisch, also schieben Sie zuerst alles Überflüssige zur Seite.

Sie werden überrascht sein, wie viele geniale Ideen auftauchen, wenn neue Augenpaare nach Verbindungen zwischen den Karten Ausschau halten. Wenn Sie mehr als ein Ein-Personen-Unternehmen sind, können Sie Kopien Ihrer Content-Karten anfertigen und andere Teammitglieder bitten, sie ebenfalls in Kategorien zu unterteilen. Vergleichen Sie Ihre Sortierung anschließend mit denen der anderen.

Legen Sie alle Content-Karten auf einen einzelnen Stapel und decken Sie die erste Karte direkt vor sich auf. Lesen Sie dann die zweite Karte und vergleichen Sie sie mit der ersten. Scheinen diese Inhaltselemente zusammenzugehören? Gehören sie mit anderen Worten zur gleichen übergeordneten Kategorie? Falls ja, legen Sie die zweite Karte auf die erste. Wenn nicht, legen Sie sie neben die erste. Machen Sie mit der nächsten Karte weiter. Gehört sie zur selben Kategorie wie eine der beiden ersten? Wenn ja, ordnen Sie sie dem entsprechenden Stapel zu. Erstellen Sie andernfalls einen weiteren Stapel. Sie merken, worauf es hinausläuft.

> Verwenden Sie das ursprüngliche Ziel, das zum Erstellen einer Content-Karte geführt hat, nicht als einziges Kriterium dafür, ob sie zu einer bestimmten Kategorie gehört. Möglicherweise folgen Ihre Kategorien recht genau den Zielen Ihrer Site, vielleicht aber auch nicht. Versuchen Sie für diese Übung, Ihre Content-Karten unabhängig von ihren ursprünglichen Zielen zu sehen, und überprüfen Sie, wie die Inhaltselemente sonst noch zusammenpassen könnten.

Nachdem Sie die letzte Karte verteilt haben, zählen Sie die Stapel auf Ihrem Schreibtisch. Für die meisten Sites sind etwa drei bis sechs Stapel die richtige Menge. Wenn Sie weniger als drei haben, sind Ihre Kategorien wahrscheinlich zu allgemein. Wenn Sie mehr als sechs haben, was sehr häufig vorkommt, sind sie dagegen wahrscheinlich zu speziell. Versuchen Sie, ähnliche Stapel zu einem einzelnen, größeren Stapel zu verbinden. Zwingen Sie Ihrer Site aber auch jetzt nicht willkürlich eine Struktur auf. Es ist möglich, dass sehr umfangreiche Sites ohne Weiteres mehr als sechs Inhaltsbereiche umfassen, während sehr kleine Sites eventuell in einen oder zwei Bereiche passen. Der Bereich von drei bis sechs ist eine Faustregel, kein Gesetz. Trotzdem funktionieren die meisten Websites, sogar die größten und die kleinsten, innerhalb dieser Grenzen am besten; darum sollten Sie sich nach bestem Wissen und Gewissen bemühen, Ihre Site zu schrumpfen oder zu erweitern, bevor Sie zu dem Schluss kommen, sie könnte eine Ausnahme sein.

> Weniger Inhaltskategorien sind besser, so dass Sie im Zweifelsfall die kleinere Anzahl wählen sollten (solange sie nicht kleiner als drei ist). Wenn Ihre Site erst online ist, ist es leichter, neue Inhaltskategorien zu eröffnen, sobald dieser Bedarf entsteht, als nachträglich zwei oder drei Einzelkategorien wieder zu verknüpfen.

Ein häufiges Verhaltensmuster, vor dem Sie sich hüten müssen, besteht darin, nach Typ anstatt nach Themen zu organisieren. Vielleicht haben Sie alle Content-Karten mit Bildinhalten gruppiert, oder Sie haben wie in Abbildung 3-1 alle Content-Karten mit Downloadangeboten zu einem Stapel zusammengestellt. Diese Art zu denken ist vollkommen logisch. Dennoch ist dieses Ordnungsschema für Websites nicht zu empfehlen, weil Besucher Ihre Site nach Inhalten durchsuchen, die sie finden möchten, und nicht unbedingt nach der Form, die diese Inhalte zufällig annehmen. Versetzen Sie sich in die Perspektive Ihres Besuchers. Wo würden Sie zuerst nachschauen, um eine Pressemitteilung oder einen Produktkatalog zu finden? Wahrscheinlich würden Sie nicht im Bereich *Downloads* nachschauen. Sie würden zuerst den Bereich *News* oder *Produkte* aufsuchen. Die Neuordnung der nach Typ geordneten Stapel nach ihrem Thema, wie in Abbildung 3-2, führt zu einer webfreundlicheren Einstellung.

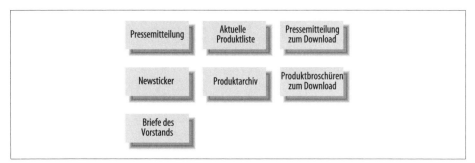

Abbildung 3-1: Ein Kartenstapel enthält sämtliche Downloadangebote.

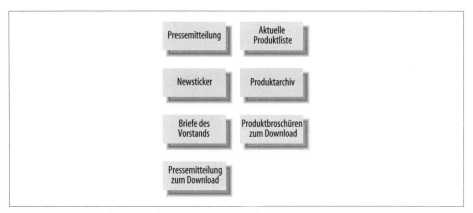

Abbildung 3-2: Dieselben Stapel, neu organisiert nach Thema anstatt nach Typ

Wenn Ihre Stapel vernünftig geordnet sind, nehmen Sie den ersten Kartenstapel, denken Sie sich einen kurzen Namen aus, der seine Kategorie beschreibt, und notieren Sie ihn am oberen Rand jeder Karte in diesem Stapel. Brüten Sie nicht stundenlang über die Namen. Die nächstliegenden sind meistens am besten: *Produkte*, *Dienste*, *Verkauf*, *Kontakt*, *Über uns* und so weiter. Diese Kategorientitel werden schließlich die Hauptbereiche Ihrer Site.

Schauen Sie sich nach der Beschriftung der Karten einen Stapel nach dem anderen an. Heben Sie die Karten des jeweiligen Stapels ab und unterteilen Sie sie in speziellere Gruppen – die Unterkategorien der Hauptkategorie. Beschriften Sie die Karten dann gemäß ihrer Unterkategorie; Abbildung 3-3 zeigt die allgemeine Kategorie *Produkte* mit den beiden Unterkategorien *Aktuell* und *Archiv*. Wenn Sie in einem bestimmten Stapel keine offensichtlichen Unterkategorien finden – vor allem bei kleineren Stapeln –, ist das in Ordnung, solange es nicht aus bloßer Faulheit geschieht. Ihrer Site bekommt es letztendlich besser, wenn Sie die Inhalte sorgfältig und gründlich organisieren.

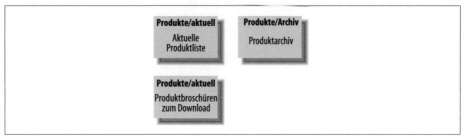

Abbildung 3-3: Die Unterkategorien Aktuell und Archiv in der Kategorie Produkte

 Wie bereits erwähnt, sind weniger Kategorien und Unterkategorien besser, besonders für den Anfang. Hüten Sie sich vor unnötiger Tiefe.

Umgekehrt erwecken einige Ihrer Unterkategorie-Stapel, besonders die größeren, mitunter den Eindruck, eine zusätzliche Struktur zu benötigen. Falls dem so ist, gehen Sie einen Unterkategorie-Stapel nach dem anderen durch, verteilen Sie ihn in Unter-Unterkategorien und schreiben Sie die neuen Bezeichnungen auf die Kartentitel. Sie können diesen Vorgang wiederholen, sooft Ihre Site es benötigt, aber achten Sie darauf, nicht tiefer als drei Organisationsstufen zu gehen. Unter-Unterkategorien wie *Produkte/Aktuell/Europäischer Markt* und *Produkte/Aktuell/Überseemarkt* sind in Ordnung, wenn Sie sie brauchen, aber *Produkte/Aktuell/Europäischer Markt/Paris* geht wahrscheinlich zu weit. Um auf genau dieser Detailstufe zu organisieren, versuchen Sie, eine der übergeordneten Kategorien wegzulassen, bevor Sie sich auf vier oder mehr Stufen einlassen. Wenn Sie *Produkte* nach Städten gliedern, brauchen Sie sie wahrscheinlich nicht in europäische und überseeische Städte zu unterteilen. Der Name der Stadt enthält bereits alles, was Sie wissen müssen.

 Gehen Sie nicht über Unter-Unterkategorien oder drei Organisationsstufen hinaus, solange Sie keinen guten Grund dafür haben.

Warum sollten Sie drei Organisationsstufen nicht überschreiten? Das hat, wie immer, mit Ihren Benutzern zu tun sowie mit der so genannten *Drei-Klick-Regel*: Ihre Besucher sollten in der Lage sein, die gewünschten Inhalte von überall auf Ihrer Site mit maximal drei Klicks zu erreichen. Wenn Sie sich jede Stufe der Struktur als einen Klick vorstellen – von der Startseite zum Bereich Rezensionen, von den Rezensionen zum Bereich Rock, vom Bereich Rock zur Seite über Pink Floyd –, dann sind das Ihre drei Klicks. Denken Sie daran, dass Ihre Besucher ungeduldig sind. Darum sind sie im Web unterwegs und nicht in einer Bibliothek oder in einem Einkaufszentrum. Ihre Aufmerksamkeitsspanne ist kurz. Sie wollen Ihren Content jetzt, nicht fünf Sekunden später oder nach Abschluss der zusätzlichen Klicks. Außerdem ist eine einfache, geradlinige Website leichter navigierbar als eine umfangreiche und komplexe. Je weniger Stufen Ihre Site-Struktur besitzt, desto unwahrscheinlicher ist es, dass Sie Ihre Besucher verlieren.

Die Drei-Klick-Regel besagt, dass Ihre Besucher in der Lage sein sollten, den gewünschten Content von überall auf Ihrer Site mit maximal drei Klicks zu erreichen.

Wann immer jemand in einem Raum voller Webdesigner die Drei-Klick-Regel erwähnt, verstummen sofort sämtliche Gespräche über alles andere, und die große ungelöste Debatte darüber, ob die Drei-Klick-Regel wirklich funktioniert, wird da weitergeführt, wo sie letzte Woche, letzten Monat oder vor vier Jahren unterbrochen wurde. Es sollte genügen zu sagen, dass die Drei-Klick-Regel zumindest für manche Designer funktioniert, und da jeder weiß, dass weniger Klicks besser sind, kann die Drei-Klick-Regel nicht zu weit von der Wahrheit entfernt sein.

Die Gliederung zusammenstellen

Ein letztes Kaninchen können Sie noch aus dem Hut Ihrer Content-Karten ziehen. Mit nichts weiter als den Beschriftungen Ihrer Karten können Sie eine überraschend exakte, funktionierende Gliederung Ihrer Website hervorzaubern.

Fangen Sie mit der ersten Hauptkategorie an – zum Beispiel Comic-Rezensionen. Schreiben Sie auf ein leeres Blatt Papier *Comic-Rezensionen*. Listen Sie direkt unter der Hauptkategorie alle Unterkategorien der Gruppe Rezensionen sowie ihre jeweiligen Unter-Unterkategorien auf, falls vorhanden. Falls Ihre Rezensions-Untergruppen beispielsweise *Aktuell* und *Archiv* mit den Abteilungen *Superhelden* und *Fantasy/Horror/Science-Fiction* unter dem Punkt *Aktuell* sind, dann sieht Ihre Gliederung bis jetzt so aus:

- Comic-Rezensionen
- Comic-Rezensionen/Aktuell
- Comic-Rezensionen/Aktuell/Superhelden-Comics
- Comic-Rezensionen/Aktuell/Fantasy-Comics
- Comic-Rezensionen/Archiv

Wiederholen Sie diesen Vorgang für jede Kategorie Ihrer Karten, und Sie erhalten eine Gliederung für die Struktur Ihrer Site. Ihre Gliederung ist der Entwurf für die

Produktion, also bewahren Sie sie an einem sicheren, aber gut erreichbaren Ort auf und stellen Sie sich darauf ein, sie oft zur Hand zu nehmen.

 Ihre Gliederung steht nicht unverrückbar fest. Während Sie Ihre Site in Dreamweaver bauen, können Sie leicht Punkte zur Struktur hinzufügen oder daraus entfernen sowie Seiten und sogar ganze Bereiche an andere Stellen in der Hierarchie verschieben. Diese erste Gliederung liefert Ihnen nur einen Ausgangspunkt.

Aber welche Inhalte erscheinen auf den Seiten *Superhelden*, *Fantasy* und *Archiv*, die ganz unten in der Organisationshierarchie stehen? Um diese Frage zu beantworten, schauen Sie sich einfach noch einmal Ihre Karten an, von denen einige in Tabelle 3-1 erscheinen. Gemäß Ihren Content-Karten erscheinen die Rezensionen selbst auf den Seiten der untersten Ebene, zusammen mit Coverabbildungen und Probepanels aus den Comics.

Tabelle 3-1: Beispiel-Content-Karten und ihre Kategoriebeschriftungen

Inhaltsbeschreibung	Kartenbeschriftung
Aktuelle Superhelden-Comic-Rezensionen	Rezensionen/Aktuell/Superhelden
Coverabbildungen aktuell besprochener Superhelden-Comics	Rezensionen/Aktuell/Superhelden
Ausgewählte Panels aus aktuell besprochenen Superhelden-Comics	Rezensionen/Aktuell/Superhelden
Aktuelle Fantasy-Comic-Rezensionen	Rezensionen/Aktuell/Fantasy
Coverabbildungen aktuell besprochener Fantasy-Comics	Rezensionen/Aktuell/Fantasy
Ausgewählte Panels aus aktuell besprochenen Fantasy-Comics	Rezensionen/Aktuell/Fantasy
Frühere Comic-Rezensionen, sowohl Superhelden als auch Fantasy	Rezensionen/Archiv
Coverabbildungen früher besprochener Comics, sowohl Superhelden als auch Fantasy	Rezensionen/Archiv
Ausgewählte Panels aus früher besprochenen Comics, sowohl Superhelden als auch Fantasy	Rezensionen/Archiv

Sollten Sie allerdings planen, eine große Anzahl von Rezensionen zu schreiben, sollten Sie diese Seiten mit zu viel Inhalt aufteilen, besonders die *Archiv*-Seite, die Rezensionen beider Arten von Comics vereint. Sie könnten sich entschließen, Ihre Seiten der untersten Ebene stattdessen mit Links auf einzelne Rezensionsseiten zu versehen, je einer für jeden einzelnen Comic, den Sie besprechen. Dazu brauchen Sie nur eine kleine Änderung an Ihrer Gliederung durchzuführen:

- Comic-Rezensionen
- Comic-Rezensionen/Aktuell
- Comic-Rezensionen/Aktuell/Superhelden-Comics
- Comic-Rezensionen/Aktuell/Superhelden-Comics/Einzelne Rezensionsseiten
- Comic-Rezensionen/Aktuell/Fantasy-Comics

- Comic-Rezensionen/Aktuell/Fantasy-Comics/Einzelne Rezensionsseiten
- Comic-Rezensionen/Archiv
- Comic-Rezensionen/Archiv/Einzelne Rezensionsseiten

Wie Sie sehen, befinden sich unter *Aktuell/Superhelden* und *Aktuell/Fantasy* nun allerdings vier Organisationsstufen. Nach reiflicher Überlegung kommen Sie zu dem Schluss, dass es in diesem Fall keine Rechtfertigung für die Überschreitung der Drei-Stufen-Grenze gibt, weil Sie nicht unbedingt separate Seiten erstellen müssen. Sie können von der Seite *Aktuell* aus Rezensionen beider Arten von Comics verlinken und vielleicht die Seite in die Abschnitte *Superhelden* und *Fantasy* unterteilen. Diese Idee gefällt Ihnen sogar so gut, dass Sie sie für die *Archiv*-Seite übernehmen, so dass Ihre Gliederung die folgende Form annimmt:

- Comic-Rezensionen
- Comic-Rezensionen/Aktuell (Abschnitte: Superhelden, Fantasy)
- Comic-Rezensionen/Aktuell (Abschnitte: Superhelden, Fantasy)/Einzelne Rezensionsseiten
- Comic-Rezensionen/Archiv (Abschnitte: Superhelden, Fantasy)
- Comic-Rezensionen/Archiv (Abschnitte: Superhelden, Fantasy)/Einzelne Rezensionsseiten

Nun hält Ihre Gliederung sich wieder an die Drei-Klick-Regel, zudem besitzen die Seiten *Aktuell* und *Archiv* nun eine parallele Struktur; beides sind hervorragende Organisationsmarkmale für jede Website, unabhängig vom Content. Wenden Sie dieselbe Logik auf die restlichen Inhaltskategorien an, und Sie können gar nicht anders, als eine effektive Site-Struktur zu erstellen.

KAPITEL 4
Die Oberfläche skizzieren

In diesem Kapitel:
- Was macht gutes Design aus?
- Das Layout organisieren
- Die Navigation gestalten
- Maß nehmen
- Eine Layoutstrategie wählen

Die Logik Ihrer Site steht ungefähr fest. Sie haben die Inhalte in Kategorien und Unterkategorien unterteilt. Nun sollten Sie darüber nachdenken, wie Sie Ihre Inhalte präsentieren möchten. Wie soll Ihre Website aussehen? Und spielt das eine Rolle?

Oh je, jetzt ist es passiert. Sie haben eine der großen Fragen des Webdesigns gestellt. Jeder Webautor muss sie sich irgendwann stellen. Es gibt kein Zurück mehr und Ihr Terminplan ist eng, deshalb gibt dieses Kapitel Ihnen einige praktische Antworten.

Was macht gutes Design aus?

Spielt Webdesign eine Rolle? Die Antwort ist ein klares *Ja*. Die Art und Weise, wie Sie Ihre Inhalte präsentieren, ist genauso wichtig wie der Content selbst. Stellen Sie sich vor, Sie haben den größten Roman aller Zeiten geschrieben, aber Ihr Verlag druckt ihn auf Butterbrotfolie statt auf Papier, verwendet einen Meter breite Seiten mit Miniaturschrift oder druckt den Text spiegelverkehrt. Nach Ihrer ersten Tantiemenabrechnung fällt Ihnen wahrscheinlich auf, dass auch das Äußere zählt.

Gleichzeitig muss der Inhalt der Star der Vorstellung sein. Die Leute besuchen Ihre Site wegen der Informationen, die sie zu bieten hat, nicht wegen der künstlerischen Innovationen Ihres Grafikdesigns. Webdesign ähnelt eher der Architektur als der Malerei, da das Endergebnis funktional sein muss. Die Durchgänge müssen hoch genug sein, dass Menschen hindurchgehen können. Die Fußböden müssen ein bestimmtes Mindestgewicht aushalten, weil die Möbel sonst durchfallen würden. Als Architekt müssen Sie in Ihrem Design bestimmte physikalische Gegebenheiten berücksichtigen. Wenn das Ihre Kreativität einschränkt, dann muss das eben so sein. Genau wie Architektur ist auch Webdesign keine freie Kunst, die nach Belieben aus dem Rahmen fällt. Änderungen sind nur zulässig, soweit die Funktion erhalten bleibt. Der kreative Aspekt des Webdesigns besteht also nicht darin, den Rahmen zu zertrümmern, nach außen zu stülpen oder alle seine Perspektiven gleichzeitig zu zeichnen. Es geht eher darum, die Inhalte eines gegebenen Rahmens so klug wie möglich zu arrangieren.

Was die Probleme mit Ihrem Verlag angeht, könnten Sie geneigt sein, die Künstlerabteilung an die Leine zu legen. Niemand legt sich für ein neues Buchformat ins Zeug. Das in den letzten paar Jahrhunderten genutzte funktioniert prima. Ihr Verlag sollte seine Kreativität bessser in Möglichkeiten investieren, die Wirkung Ihrer Prosa zu steigern – sie zu ergänzen und zu unterstützen – und dabei die Lesefreundlichkeit für den Leser zu erhalten.

Gutes Webdesign lässt sich in einem einzelnen Wort zusammenfassen: *Benutzerfreundlichkeit* oder *Usability*. Der Grad, bis zu dem Ihr Design Ihre Website leicht benutzbar macht, ist der Grad, bis zu dem Ihr Design Erfolg hat. Es ist eine sehr einfache Formel:

Navigation
 Ihre Besucher müssen in der Lage sein, zu den gewünschten Inhalten zu gelangen.

Barrierefreiheit
 Wenn sie angekommen sind, müssen sie in der Lage sein, den Inhalt in einer Form aus der Seite zu extrahieren, die ihnen sinnvoll erscheint.

Wenn Ihre Site leicht navigierbar ist und die Inhalte jederzeit bereit sind, dann haben Sie Ihre Aufgabe als Designer vorbildlich gelöst.

> Barrierefreiheit ist der Grad, bis zu dem der Inhalt Ihrer Site für Ihre Besucher verfügbar ist. Manchmal bezieht sich dieser Begriff speziell auf Content, der für Menschen mit bestimmten Behinderungen nicht nutzbar ist. Beispielsweise können Blinde einen Flash-Film nicht wahrnehmen, so dass der Film selbst nicht zugänglich ist. Aber Barrierefreiheit oder auch Zugänglichkeit im weiteren Sinne bezieht sich auch auf diejenigen ohne Behinderungen. Dunkelgraue Schrift vor schwarzem Hintergrund ist auch für Sehende nicht besonders gut lesbar.

Eine der besten Methoden, eine benutzerfreundliche Website zu erstellen, besteht darin, das Layout je nach Zweck oder Funktion in spezielle Bereiche zu unterteilen. Ob Sie es glauben oder nicht, dieser Trick funktioniert auf Grund der menschlichen Psychologie. Er basiert auf dem Prinzip der *Gruppierung*, die das menschliche Gehirn Ähnlichkeiten zwischen Dingen erwarten lässt, die sich in unmittelbarer Nähe zueinander befinden. Die Gruppierung ist der Grund, warum alle Zifferntasten auf Ihrer Fernbedienung zusammenhängen, warum alle Bildtasten in einer anderen Gruppe liegen und warum sich die DVD-Tasten, die nie zu funktionieren scheinen, wieder in einer anderen befinden.

Wie funktioniert Gruppierung also in einem Weblayout? Auf der einfachsten Stufe haben Sie Navigation und Inhalt. Die Gruppierung lässt es vernünftig erscheinen, die Seite in zwei unterschiedliche Gruppen oder Bereiche zu unterteilen: Einen für die Navigation und einen für den Inhalt. Solange Sie Ihre Navigation im Navigationsbereich und Ihren Inhalt im Inhaltsbereich platzieren, haben Sie ein benutzerfreundliches Design, bevor Sie auch nur ein einziges Layout skizziert haben. Da Ihre Besucher Menschen sind, werden sie die physische Unterscheidung zwischen den beiden Bereichen bemerken und daraus zwei verschiedene Zwecke ableiten. Wenn Ihr Inhalt so aussieht, als solle er gelesen werden, während Ihre Navigation so aussieht, als solle sie angeklickt werden, ist das um so besser – es verstärkt einfach die zu Grunde liegende Logik der Gruppen.

Gruppierung ist nicht nur ein visuelles Phänomen. Wenn Sie zwei Dinge in kurzem zeitlichem Abstand hören, neigt Ihr Gehirn dazu, sie zu verknüpfen. Deshalb ist die Gruppierung eine effektive Design-Strategie, sogar für Benutzer, die Ihre Website nicht mit ihren Augen sehen können. Wenn ein Screenreader oder Text-Sprach-Konverter den Inhalt Ihrer Seite vorliest, assoziiert Ihr Besucher die Navigationsmöglichkeiten, die er direkt hintereinander hört, als Gruppe mit gemeinsamer Bedeutung oder Funktion.

Das Layout, das Ihnen vorschwebt, ist wahrscheinlich komplexer als eine einfache Trennung zwischen Navigation und Inhalt. Vielleicht möchten Sie oben auf der Seite ein Banner oder einen Kopfbereich für Ihr Logo, das Datum, wichtige Neuigkeiten oder andere Kopfzeileninhalte haben. Vielleicht möchten Sie am unteren Rand der Seite eine Fußzeile für einen Copyright-Hinweis einfügen. Je nach Art Ihrer Site brauchen Sie vielleicht eine spezielle Sidebar für Links oder einen prominenten Platz für Werbung. Wenn das so ist, fügen Sie einfach zusätzliche Bereiche zu Ihrem Layout hinzu. Sie brauchen ein Banner? Fügen Sie einen Banner-Bereich hinzu. Sie brauchen eine Sidebar für Links? Fügen Sie einen Sidebar-Bereich ein.

Bevor Sie dann zu zeichnen beginnen, erstellen Sie eine kurze Liste der Bereiche, die Sie in Ihr Layout einfügen müssen. Gehen Sie nicht zu weit über sechs oder sieben hinaus. Bildschirmplatz ist rar, und wenn Sie zu viele Bereich in zu wenig Platz hineinquetschen, riskieren Sie Konflikte mit dem Prinzip der Gruppierung.

Das Layout organisieren

Angenommen, Sie haben letztendlich eine Liste mit fünf Bereichen für Ihr Layout erstellt: Navigation, Inhalt, Kopfbereich, Fußbereich und Sidebar. Nehmen Sie ein Blatt Schmierpapier zur Hand und fangen Sie an zu kritzeln. Das sind die Regeln:

Denken Sie in Rechtecken
   Hier soll nicht zu weit vorgegriffen werden, aber beide Hauptmethoden für Weblayout – Tabellen und Ebenen – basieren auf rechteckigen Bereichen, also denken Sie nicht in Kreisen oder Dreiecken. Ihre Formen sind Rechtecke und

Quadrate. Alle Elemente Ihres Designs – Textblöcke, Bilddateien, Flash-Filme – sind ebenfalls rechteckig, so dass sie sich perfekt an Ecken und Seiten Ihres Layouts entlang einpassen lassen.

Auf Grund der rechteckigen Form von HTML-Elementen könnten Sie Millimeterpapier verwenden, um Ihr Design zu skizzieren.

Stapeln Sie die Bereiche nicht aufeinander
Ihre Bereiche sollten sich nicht überlappen und Sie sollten auch nicht einen Bereich in einen anderen hineinsetzen. Im Fall von Tabellen sind überlappende Bereiche technisch unmöglich. Im Fall von Ebenen sind überlappende Bereiche möglich, aber nicht wünschenswert, weil Sie leicht wichtige Inhalte verdecken können.

Die Bereiche sollten sich nahtlos aneinander einfügen
Lassen Sie keine Alleen oder Korridore mit freiem Platz zwischen den Bereichen offen. Den Raum zum Atmen werden Sie später hinzufügen.

Verwenden Sie den ganzen verfügbaren Platz
Lassen Sie keine Löcher im Layout. Ihre Bereiche sollten die gesamte Webseite abdecken.

Platzieren Sie die wichtigsten Bereiche weit oben im Layout
Eine Webseite liest sich wie eine Zeitung: Sie fangen immer mit den wichtigsten Dingen an. Das Logo Ihres Unternehmens gehört in diese Kategorie, genau wie Werbung und besonders Ihre Navigation.

Um Ihnen zu helfen, den besten Nutzen aus dem verfügbaren Platz zu ziehen, fangen Sie mit einem großen Rechteck an, das das Browserfenster darstellt. Unterteilen Sie es dann in kleinere Bereiche, die Ihre Inhalte repräsentieren.

Wenn Sie diese Vorschläge im Kopf behalten, könnten Sie zu einem Layout für Ihre Site gelangen, das etwa so aussieht wie Abbildung 4-1. Es ist genauso gut möglich, dass Ihre Zeichnung eher dem Geist von Abbildung 4-2 entspricht.

In einem Layout mit Seiten-Navigation verläuft der Navigationsbereich am Rand der Seite entlang. In einem Layout mit Top-Navigation erstreckt sie sich über den Seitenkopf.

Die Skizze in Abbildung 4-1 ist ein Layout mit *Seiten-Navigation*, weil der Navigationsbereich am Rand der Seite entlang verläuft. Im Gegensatz dazu erstreckt sich der Navigationsbereich in Abbildung 4-2 über den Kopfbereich der Seite, so dass Sie ein Layout mit *Top-Navigation* erhalten. Seiten-Navigation und Top-Navigation

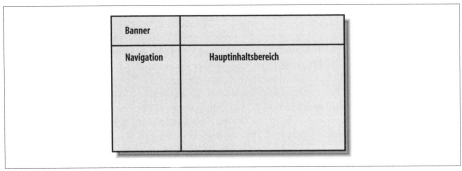

Abbildung 4-1: Dies ist ein klassisches Layout mit Seiten-Navigation.

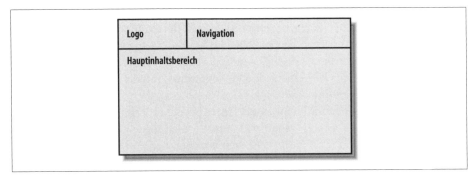

Abbildung 4-2: Dies ist ein klassisches Layout mit Top-Navigation.

sind die beiden häufigsten Layouts im Web, und das aus gutem Grund: Ob aus Instinkt oder aus Gewohnheit – Ihre Besucher neigen dazu, die Navigation am linken oder oberen Rand der Seite zu suchen. Egal was der Grund sein mag, es ist überaus sinnvoll. Die Steuerung ist an einem bequemen Platz auf dem Bildschirm immer leicht zu finden. Es kommt noch besser: Wenn Ihre Besucher sich auf den Inhalt konzentrieren möchten, können ihre Augen die Seitenmitte absuchen und die Navigation ganz ignorieren.

Layouts mit Seiten-Navigation im Überblick

In einem Layout mit Seiten-Navigation liegen die Navigationsoptionen untereinander, normalerweise oben im Navigationsbereich. Dieser Stapel von fünf oder sechs Elementen addiert sich normalerweise nicht zu einer großen Höhe, so dass Layouts mit Seiten-Navigation zu einer gesunden Menge von eingebautem Leerraum neigen. Der zusätzliche visuelle Puffer hilft, den Navigationsbereich von den anderen Bereichen des Layouts zu unterscheiden, was Ihr Design benutzerfreundlicher macht.

Eine andere Überlegung bezüglich Layouts mit Seiten-Navigation ist, dass der Rand der Seite, der sich »natürlicher« für die Navigation anfühlt, auf kulturellen und biologischen Faktoren basiert. Rechtshänder und Menschen aus Kulturen, in denen geschriebene Sprache von links nach rechts gelesen wird, bevorzugen die Navigation am linken Rand der Seite. Linkshänder und Menschen, die von rechts nach links lesen, wünschen sich ihre Navigation rechts. Wenn Sie große Mengen von Besuchern aus beiden Gruppen erwarten, ist ein Layout mit Seiten-Navigation vielleicht nicht die beste Wahl.

Gleichzeitig können Sie im Vergleich von Abbildung 4-1 und Abbildung 4-2 sehen, dass der Inhaltsbereich bei einem Layout mit Seiten-Navigation nicht so breit ist wie der Inhaltsbereich eines Layouts mit Top-Navigation, weil der Navigationsbereich daneben liegt und daher einen bestimmten Anteil der Seitenbreite für sich beansprucht. Ein schmalerer Inhaltsbereich bedeutet, dass weniger Inhalt hineinpasst, bevor der Besucher scrollen muss. Besonders im Fall von Abbildung 4-1, wo der Link-Bereich dem Inhalt zusätzliche Breite wegnimmt, müssen Sie aufpassen, welche Art von Inhalt Sie zu Ihren Seiten hinzufügen vorhaben. Text und Bilder sollten ohne Schwierigkeiten hineinpassen. Ihre Besucher erhalten wahrscheinlich vertikale Rollbalken, aber das ist in Ordnung. Vertikales Scrollen, die Seite hinauf und hinunter, ist kein Problem. Es lässt sich wirklich nicht vermeiden. Aber wenn der Inhalt – beispielsweise ein Bild – breiter ist als der verfügbare Platz, erhält der Besucher horizontale Rollbalken im Browserfenster, die Sie um jeden Preis vermeiden sollten. Sie könnten den Wechsel zu einem Layout mit Top-Navigation in Erwägung ziehen, oder vielleicht kommen Sie in Ihrem aktuellen Layout auch ohne den Sidebar-Bereich zurecht.

 Der Navigationsbereich in Layouts mit Seiten-Navigation lässt sich oft leichter nutzen, aber seien Sie vorsichtig bezüglich der Arten von Inhalten, die Sie zu Ihren Seiten hinzufügen. Breite Bilder und Ähnliches können zu horizontalen Rollbalken führen.

Layouts mit Top-Navigation im Überblick

Wenn der Navigationsbereich am oberen Bildschirmrand entlang verläuft, streitet er nicht mit dem Inhaltsbereich um Seitenbreite, was es unwahrscheinlicher macht, dass der Inhalt horizontale Rollbalken in den Browserfenstern erzeugt – ein definitiver Vorteil.

Der Hauptnachteil von Layouts mit Top-Navigation ist, dass die Navigationsoptionen horizontal verlaufen, nebeneinander statt untereinander, was nicht sonderlich effizient ist. Wenn Sie zu viele Navigationsoptionen zusammenbekommen, können Sie an die Grenze der Seitenbreite stoßen und doch wieder horizontale Rollbalken riskieren.

Um die Wahrscheinlichkeit horizontaler Rollbalken zu verringern, gibt es zwei Methoden:

Kürzen Sie die Namen der Navigationsoptionen
Wählen Sie kurze Namen mit wenigen Silben wie *Shop* anstatt *Durchsuchen Sie unseren Katalog.*

Gestalten Sie die Navigation klein
Erstellen Sie kleine grafische Schaltflächen oder verwenden Sie kleine Text-Hyperlinks in Ihrem Navigationsbereich. Aber Vorsicht! Wenn Ihre Navigation zu klein wird, riskieren Sie es, sie durch das restliche Layout zu erdrücken, und Ihre Besucher könnten sich »verlaufen«.

Layouts mit Top-Navigation lassen mehr Raum für den Inhaltsbereich frei, aber die Navigationsoptionen dürfen nicht viel Platz einnehmen, weil Sie sonst die Wahrscheinlichkeit horizontaler Rollbalken vergrößern.

Wenn keine dieser Optionen für Ihre Site zu funktionieren scheint, dann sollten Sie ein Layout mit Seiten-Navigation in die engere Wahl ziehen.

Die Navigation gestalten

Sie stellen in Ihrem Layout einen Bereich für die Navigation bereit. Nun, was genau werden Sie in diesen Bereich hineinsetzen? Grafische Schaltfächen? Text-Hyperlinks? Etwas anderes? Dieser Abschnitt gibt Ihnen eine kurze Übersicht über Ihre Optionen.

Die Hauptnavigation in Angriff nehmen

Streng genommen ist die *Hauptnavigation* das, was in Ihrem Navigationsbereich erscheint. Die Hauptnavigation ist die bevorzugte Methode, sich auf Ihrer Site fortzubewegen. Insofern ist es besonders wichtig, dass Sie diese Navigation richtig anpacken.

Es ist kein Fehler, die Navigationsoptionen direkt aus Ihrer Gliederung zu entnehmen. Nehmen Sie Ihr Blatt aus Kapitel 3 zur Hand und lesen Sie die übergeordneten Inhaltskategorien ab. Bei Ihnen sind es vielleicht Produkte, Service, Presse, Über uns und Kontakt. Das sind die Punkte, die Sie in Ihre Hauptnavigation einfügen sollten. Welche Form sollen diese Punkte nun haben?

Text-Hyperlinks

Die guten alten Text-Hyperlinks funktionieren gut als Hauptnavigation, solange Sie sie klar vom Text im Inhaltsbereich trennen (siehe Abbildung 4-3).

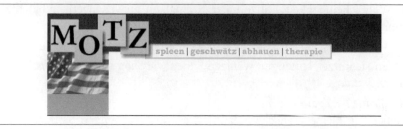

Abbildung 4-3: Text-Hyperlinks sind gut für Ihre Hauptnavigation geeignet.

Ein Vorteil von einfachem Text ist, dass er praktisch sofort in den Browser des Besuchers geladen wird, so dass Ihre Website schnell lädt. Außerdem ist reiner Text für Leute, die auf Screenreader oder Text-Sprach-Konverter angewiesen sind, unmittelbar zugänglich, und es ist erwähnenswert, dass Sie Text-Hyperlinks aller Art in jedem vorstellbaren visuellen Stil mit Dreamweaver selbst erstellen können – Sie brauchen keine externen Autorenwerkzeuge.

Der Hauptnachteil der Textnavigation besteht darin, dass sie nicht allzu interessant anzuschauen ist. Aber vielleicht braucht Ihre Site auch gar keine zusätzlichen Effekte. Denken Sie daran, dass der Inhalt der Star der Show sein sollte. Stellen Sie nur sicher, dass Sie die Textnavigation vom Fließtext Ihrer Seite trennen. Sie möchten nicht, dass der Besucher die beiden verwechselt.

Statische Bilder verwenden

An Stelle normaler Text-Hyperlinks können Sie Bilder in den Navigationsbereich einfügen und sie anklickbar machen (siehe Abbildung 4-4). Diese werden üblicherweise als *Schaltflächen* (englisch *Buttons*) bezeichnet, auch wenn sie nicht notwendigerweise so aussehen.

Anders als reinen Text können Sie grafische Schaltflächen gestalten, um ihnen jedes beliebige Aussehen zu verleihen. Sie können ihnen ein offensichtliches Schaltflächen-Erscheinungsbild geben oder jede Spur der Schaltflächenmetapher entfernen. Sie können Symbole neben oder auf ihnen platzieren. Sie können sie mit schrägen oder seltsamen Schriftarten beschriften (siehe Kapitel 6 für weitere Informationen über Schriftarten im Web). Ihr guter Geschmack und die Bedürfnisse des Publikums sind die einzigen Begrenzungen für Ihre Kreativität.

Gleichzeitig gibt es einige Gründe, die gegen Bilder sprechen. Sie werden nicht so schnell geladen wie reiner Text, so dass Ihre Website Performance-Einbußen erleiden kann, wenngleich die Verzögerung in der heutigen Zeit der schnellen Breitband-Internetzugänge nicht mehr so ins Gewicht fällt. Weiterhin sind Bilder nicht unmittelbar für Screenreader und Text-Sprach-Konverter zugänglich. Aktuelle Technologien können noch nicht den Inhalt eines Bildes untersuchen und in gesprochener Sprache wiedergeben, was das Bild darstellt, also müssen Sie zu jeder Schaltfläche in

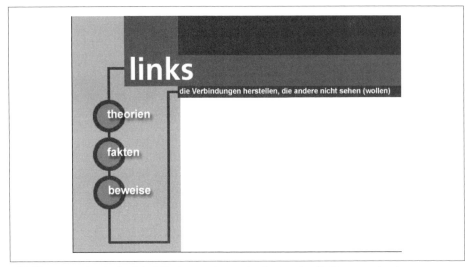

Abbildung 4-4: Grafische Schaltflächen sind eine alte Option für die Hauptnavigation.

Ihrer Navigation eine kurze *Textentsprechung* – eine Beschreibung – hinzufügen. Diese Prozedur ist nicht schwierig, aber Sie müssen sie eben einkalkulieren. Der Hauptnachteil grafischer Schaltflächen besteht für Anfänger allerdings darin, dass Sie die Bilder nicht in der Software Dreamweaver erstellen können. Sie brauchen ein dediziertes Grafikwerkzeug, vorzugsweise ein hochwertiges wie Adobe Photoshop oder Macromedia Fireworks, um Bilder für Ihre Site zu gestalten.

 Eine Textentsprechung ist eine Beschreibung eines rein grafischen Elements in Textform. Sie verwenden Textentsprechungen, um inhaltsgebende Bilder für Menschen mit Sehbehinderungen zugänglich zu machen.

Rollover-Bilder verwenden

Ein *Rollover-Bild* scheint sein Aussehen zu ändern, wenn der Besucher es mit dem Mauszeiger berührt (siehe Abbildung 4-5). Was in Wirklichkeit passiert, ist, dass der Webbrowser einen Zaubertrick namens *Austauschen* einsetzt. Wenn der Besucher das Bild berührt, ersetzt der Browser es durch ein anderes. Der Austausch geht so schnell vonstatten, dass er einem Animationseffekt gleicht – das Auge nimmt wahr, dass sich das ursprüngliche Bild in etwas anderes verwandelt hat. Wenn der Besucher den Mauszeiger wegbewegt, wechselt der Browser wieder zum ursprünglichen Bild, und das Rollover scheint in den Normalzustand zurückzukehren.

Sie können Rollover-Bilder an Stelle der statischen, alltäglichen Webgrafik in Ihrem Navigationsbereich verwenden, und das ist in der Tat sehr sinnvoll. Nichts sagt deutlicher »Klick mich an« als das intuitive Aufblinken eines Rollover-Effekts.

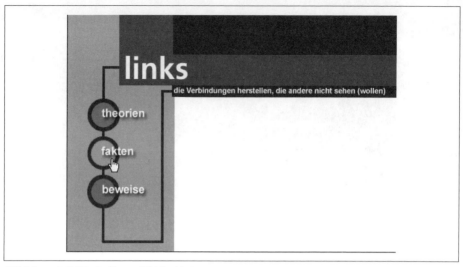

Abbildung 4-5: Ein Rollover-Bild in Aktion

Einem Bild, das zum Leben zu erwachen scheint, kann man nur schwer widerstehen. Während Dreamweaver den nötigen JavaScript-Code einfügt, um den Austausch zu ermöglichen, bleibt es Ihnen überlassen, die Bilder bereitzustellen, und da jedes Rollover zwei Bilddateien benötigt (oder je nach Interaktivitätsgrad noch mehr), muss der Besucher zusätzliche Inhalte herunterladen. Auch alle anderen Beschränkungen von Standard-Bildern treffen auf Rollover zu.

In einem einfachen Rollover gibt es zwei Zustände: Den Normalzustand, in dem das Bild zunächst erscheint, und den Rollover-Zustand, in dem das Bild angezeigt wird, wenn der Besucher es mit dem Mauszeiger berührt. Eine gute Strategie zum Gestalten von Rollover-Bildern ist, den Rollover-Zustand dynamischer aussehen zu lassen als den Normalzustand. Die Berührung sollte das Bild mit anderen Worten wie eingeschaltet oder mit zusätzlicher Energie versorgt wirken lassen. Wenn Sie es andersherum machen – den Rollover-Zustand weniger dynamisch aussehen zu lassen als den Normalzustand – dann riskieren Sie, Ihre Besucher zu verwirren, weil der Button ausgeschaltet zu werden scheint.

Ein hoher Kontrast zwischen den beiden Zuständen der Schaltfläche ist ein weiterer guter Trick. Versuchen Sie nicht, bei ihrer Gestaltung zu viel Zurückhaltung walten zu lassen. Einer sollte sich deutlich vom anderen unterscheiden.

Flash-Schaltflächen verwenden

Eine *Flash-Schaltfläche* ist eine kurze, interaktive Flash-Animation, die genauso funktioniert wie eine Rollover-Grafik: Wenn der Besucher die Flash-Schaltfläche berührt, wird das Bild ausgetauscht. Der Schmuckfaktor dieser Elemente ist hoch. Der Benutzerfreundlichkeitsfaktor ist so lala.

Anders als normale Rollover-Grafiken können Sie Flash-Schaltflächen direkt in Dreamweaver erstellen. Sie brauchen keine externen Autorenwerkzeuge, was ein definitives Plus ist. Allerdings neigen die Minuspunkte unglücklicherweise dazu, diese Option als ernsthaften Kandidaten für Ihre Navigation auszuschließen. Das Problem ist nicht, dass Flash-Schaltflächen nicht interaktiv genug wären. Tendenziell sind sie sogar interaktiver als normale Rollover. Das Problem ist vielmehr, dass jede Flash-Schaltfläche in einer separaten Instanz des Flash Player-Plugins ausgeführt wird. Wie Sie noch aus Kapitel 1 wissen, gehört der Flash Player auf der großen Mehrzahl der Computer zur Standardausstattung, so dass auch hier Kompatibilität kein Problem ist. Allerdings dauert es Zeit, den Flash Player zu laden, und fünf oder sechs Flash Player auf einer Seite, von denen jeder seinen eigenen Film abspielt, können die Performance erheblich bremsen. Darüber hinaus sind Flash-Schaltflächen selbst nicht für Screenreader und Text-Sprach-Konverter zugänglich, und anders als bei Bildern gibt es auch keine schnelle und einfache Möglichkeit, Textentsprechungen hinzuzufügen. Fazit: Wenn Sie Flash-Schaltflächen als Hauptnavigation einsetzen, sollten Sie wissen, woran Sie sind und mit Bedacht vorgehen.

Navigationsschaltflächen aller Art, seien es statische Bilder, Rollover-Bilder oder Flash-Schaltflächen, sollten stets Textbeschriftungen besitzen. Verlassen Sie sich nicht auf Symbole oder andere rein grafische Methoden, den Zweck der Schaltflächen zu offenbaren, da diese leicht fehlinterpretiert werden.

Zu Referenzzwecken fasst Tabelle 4-1 die vier Auswahlmöglichkeiten für Ihre Hauptnavigation zusammen.

Tabelle 4-1: Design-Optionen für die Hauptnavigation

Element	Download-Geschwindigkeit	Barrierefreiheit	Rollover-Effekt?	Zusätzliche Software erforderlich?
Text-Hyperlinks	Nahezu sofort	Voll zugänglich	Ja	Nein
Statische Bilder	Nahezu sofort bis zu wenigen Sekunden	Zugänglich durch Textäquivalente	Nein	Ja
Rollover-Bilder	Wenige Sekunden oder etwas länger	Zugänglich durch Textäquivalente	Ja	Ja
Flash-Schaltflächen	Einige Sekunden oder länger	Zugänglich, wenn Sie Ihre Schaltflächen in Flash 8 bearbeiten	Ja	Nein

Eine Sekundärnavigation hinzufügen

Alle guten Websites stellen eine Alternative zur Hauptnavigation zur Verfügung, für den Komfort des Besuchers und als Mittel der Ausfallsicherheit. Nennen Sie dies die *Sekundärnavigation*. Die Sekundärnavigation unterstützt die Hauptnavigation, aber sie erscheint nicht in der Navigationsleiste. Stattdessen platzieren Sie sie woanders im Layout, üblicherweise ganz unten im Inhaltsbereich.

Nach dieser langen Vorrede über die Gruppierung könnten Sie es für ein Sakrileg halten, navigationsartigen Inhalt zum Inhaltsbereich hinzuzufügen, aber so schlimm ist das gar nicht: Solange Sie den Hauptinhaltsbereich klar von der Sekundärnavigation abgrenzen (siehe Abbildung 4-6), behalten Sie die Integrität Ihrer Gruppen bei.

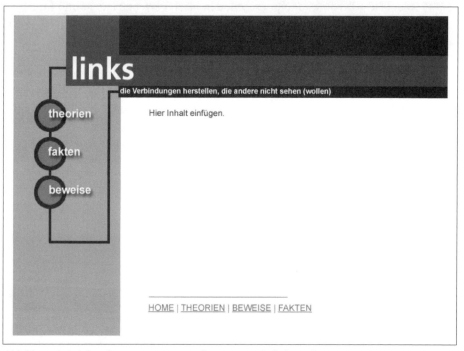

Abbildung 4-6: Sekundärnavigation unter dem Hauptinhaltsbereich

Die Sekundärnavigation sollte textbasiert sein – verwenden Sie keine Bilder, Rollover, Flash-Schaltflächen oder andere Arten interaktiver Spielerei. Das verstärkt die Idee der Ausfallsicherheit für die Sekundärnavigation. Wenn Ihr Besucher aus irgendwelchen Gründen Probleme mit dem Zugriff auf Ihre Hauptnavigation hat, ist die Sekundärnavigation, solange sie Textform besitzt, so zugänglich, wie sie nur sein kann.

Das übliche Format für eine Sekundärnavigation ist eine horizontale Liste Ihrer Hauptinhaltskategorien, in der Pipes (|) die Navigationsoptionen trennen.

Mit mehreren Strukturebenen arbeiten

Als Sie Ihre Gliederung erstellten, haben Sie einige Inhalte Ihrer Site möglicherweise in mehreren Ebenen organisiert. Die Hauptkategorie *Produkte* könnte beispielsweise Unterkategorien wie *CDs* und *DVDs* enthalten, und jede von ihnen könnte zu weiteren Unterteilungen nach Genre oder Künstler führen. Wenn die übergeordneten Kategorien diejenigen sind, die in die Hauptnavigation kommen, wo präsentieren Sie dann die Kategorien der zweiten und dritten Ebene? Wo platzieren Sie sie in Ihrem Layout?

Eine Lösung besteht darin, im allgemeinen Seitenlayout weitere Navigationsbereiche zu eröffnen. Auf diese Weise wissen Sie stets, wo die Ebenen der Navigation hinkommen, und die Navigationsoptionen stehen dem Besucher jederzeit offen. Noch besser ist, dass die Navigation für die diversen Ebenen stets an derselben Stelle auf der Seite erscheint, was die Konsistenz und somit die Benutzerfreundlichkeit Ihres Designs verbessert.

Dass Sie Bereiche für die Navigation der zweiten und dritten Ebene eingerichtet haben, heißt noch nicht, dass Sie sie ausfüllen müssen, wenn Sie sie nicht brauchen. Wahrscheinlich haben Sie sogar sehr gute Gründe, sie nicht auszufüllen. Wenn Ihr Besucher sich auf einer Inhaltsseite der höchsten Ebene befindet – *Produkte* beispielsweise –, was kommt dann in den Navigationsbereich der dritten Ebene? Wenn der Besucher beispielsweise der Verzweigung *CDs* von der Produkte-Seite folgt, dann könnten die Auswahlmöglichkeiten der dritten Ebene *Rock*, *Pop*, *Jazz* und *Klassik* sein. Aber wenn der Besucher der Verzweigung DVDs folgt, dann finden sich in der Navgation der dritten Ebene *Horror*, *Science-Fiction*, *Komödie* und *Drama*.

Eine gute Faustregel für die Feinjustierung des Navigationsflusses ist diese: »Eine Ebene nach unten und alle Ebenen nach oben verlinken«. Das bedeutet, dass Sie die Besucher auf der Startseite Ihrer Site auf die Inhalte der obersten Ebene verweisen sollten. Die Links im Hauptnavigationsbereich tun genau das, also brauchen Sie in diesem Fall nichts zu Ihren Navigationsbereichen der zweiten und dritten Ebene hinzuzufügen – lassen Sie sie einfach leer. Auf einer Seite mit Inhalt der obersten Ebene sollten Sie Ihre Besucher zu den Inhalten der zweiten Ebene führen (»Eine Ebene nach unten verlinken ...«), also machen Sie Gebrauch vom Navigationsbereich der zweiten Ebene, aber lassen Sie die dritte Ebene leer. Die Hauptnavigation bleibt gleich. Das einzige andere Element, das Sie brauchen, ist ein Link zurück zur Homepage (»... und alle Ebenen nach oben verlinken«).

Eine weitere Lösung besteht darin, Pop-up-Menüs zu erstellen (siehe Abbildung 4-7). Ein Pop-up-Menü erscheint, wenn der Besucher einen Link im Hauptnavigationsbereich berührt. Das Pop-up stellt Links auf die Inhaltsseiten der zweiten Ebene in dieser speziellen Kategorie der Hauptnavigation bereit. Wenn der Besucher einen Link im Pop-up-Menü berührt, erscheint ein weiteres Pop-up-Menü mit Links auf die Inhaltsseiten der dritten Ebene.

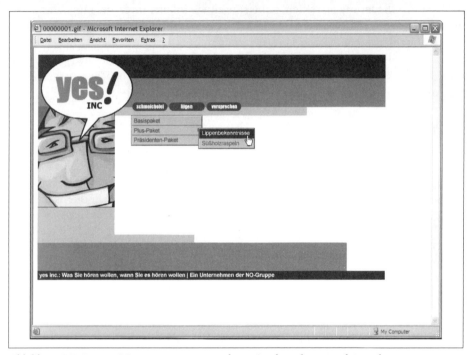

Abbildung 4-7: Pop-up-Menüs präsentieren mehrere Strukturebenen auf einmal.

Pop-up-Menüs sind praktisch, weil sie Ihr Layout nicht zupflastern. Sie brauchen keinen Platz für die Navigationsbereiche der zweiten und dritten Ebene zu suchen. Stattdessen klappen diese Bereiche auf, wenn der Besucher sie braucht. Der Effekt ist äußerst raffiniert, es ist daher keine Überraschung, dass Pop-up-Menüs eine beliebte Wahl unter den heutigen Webautoren sind.

Das Erstellen von Pop-up-Menüs in Dreamweaver (in der deutschen Version »Sprungmenüs« genannt) ist recht einfach. Sie füllen ein Dialogfeld aus und sind fertig. Der zu Grunde liegende Code, der die Dreamweaver-Pop-up-Menüs antreibt, ist jedoch ziemlich komplex, so dass Kompatibilitätsprobleme auftreten können. Für beste Ergebnisse müssen Ihre Besucher den Internet Explorer benutzen. Alle anderen Browser neigen zum Versagen, und nicht-traditionelle Browsergeräte wie Handys, PDAs und MSNTV erst recht. Außerdem verlieren Sie bis zu einem gewissen Grad die Kontrolle über das Aussehen der Pop-up-Menüs. Verschiedene Browser interpretieren die Dreamweaver-Pop-up-Menüs unterschiedlich, so dass Ihre Menüs möglicherweise nicht genau dort erscheinen, wo Sie sie haben möchten; auch andere Formatierungsfehler können auftreten.

Da Pop-up-Menüs Sie vor lauter Kompatibilitäts-Kopfschmerzen von der Arbeit abhalten, wird in diesem Buch nicht näher beschrieben, wie Sie sie zu Ihrer Site hinzufügen. Wenn Sie wirklich interessiert sind, rufen Sie *Hilfe → Dreamweaver-Hilfe* auf und suchen Sie nach *Sprungmenüs*.

Wenn Sie beschließen, Pop-up-Menüs zu verwenden, testen Sie Ihre Site gründlich in einer Vielzahl von Browsern und machen Sie sich in manchen Fällen auf Kompromisse bezüglich des Aussehens gefasst. Denken Sie vor allem daran, dass Ihre Navigation projektentscheidend ist. Sie ist nicht der beste Ort, um bis an die Grenzen des technisch Machbaren zu gehen. Je nach Zielen und Zielgruppe Ihrer Site sollten Sie Pop-up-Menüs ganz umgehen und stattdessen ein paar zusätzliche neue Navigationsbereiche zum Layout hinzufügen.

Eine andere Lösung des Pop-up-Menü-Problems besteht darin, Pop-ups mit anderem Code zu implementieren. Es sind Hunderte freier Pop-up-Menü-Skripten verfügbar, von denen viele denjenigen von Dreamweaver überlegen sind.

Den Code in Ihre Seiten zu übernehmen, ist nicht schwer – im Prinzip brauchen Sie nur zu kopieren und einzufügen –, aber Sie sollten wirklich ein wenig Erfahrung mit der Codeseite des Webseitenaufbaus haben, um sicherzustellen, dass alles korrekt funktioniert. Sie müssen den Code an der richtigen Stelle in das HTML-Dokument einfügen und seine Formatierung bis zu den letzten Semikola und geschweiften Klammern beibehalten, was über den Rahmen dieses Buches hinausgeht.

Wenn Sie damit vertraut sind, sich Ihren Weg durch HTML-Code zu bahnen, dann können Sie Ihren Lieblingsbrowser starten, Ihre bevorzugte Suchmaschine aufrufen und nach »pop-up menu script« oder Ähnlichem suchen, um zu sehen, was online verfügbar ist. Sie könnten sich auch mein Buch *Web Design Garage* (Prentice Hall PTR) anschauen, aber es liegt nur auf Englisch vor; dort finden Sie ein Pop-up-Menü-Skript und spezielle Anweisungen darüber, wie Sie es zu den Seiten Ihrer Site hinzufügen.

Maß nehmen

Die Monitorbreite des Besuchers ist ein wichtiger Gesichtspunkt, weil sie direkt die Breite Ihres Layouts beeinflusst. Unglücklicherweise liegt dieses Maß völlig außerhalb Ihrer Kontrolle. Ihr Besucher entscheiden selbst über die Größe der Monitore, die sie kaufen, welche Bildschirmeinstellungen sie vornehmen und ob sie es bevorzugen, das Web mit einem Vollbild-Browserfenster zu besuchen. Wenn Ihr Layout für den Bildschirm des Besuchers zu breit ist, dann erzeugt Ihre Site horizontale Rollbalken, die niemals gut sind.

Die beste Möglichkeit voranzukommen, besteht darin, eine informierte Schätzung vorzunehmen. Tabelle 4-2 listet gängige Monitoreinstellungen und die zugehörigen Layoutbreiten auf. In jedem Fall ist die Layoutbreite kleiner als die Bildschirmbreite, weil Sie Elemente wie vertikale Rollbalken einrechnen müssen, die einigen verfügbaren Bildschirmplatz für sich beanspruchen.

Ein Pixel ist ein sehr kleines farbiges Kästchen. Er ist die kleinste Komponente einer Bitmap-Grafik – der Name ist eine Kurzfassung für *Picture Element*. Er ist auch die Standardmaßeinheit für Längen und Breiten im Webdesign. Auf einem typischen Windows-Bildschirm werden 96 Pixel pro Inch eingesetzt, auf Macintosh-Monitoren 72 Pixel pro Inch.[1]

Tabelle 4-2: Gängige Bildschirmbreiten

Bildschirmbreite (in Pixeln)	Layoutbreite (in Pixeln)	Kommentar
640	600	Sicher für praktisch jedes Layout
800	760	Die derzeitige Standardbreite
1024	955	Die aufkomende neue Standardbreite

Wenn Sie gemäß Tabelle 4-2 absolut sichergehen wollen, sollten Sie Ihr Layout mit einer Breite von 600 Pixeln gestalten. Nahezu jedes Gerät im Web kann heutzutage mit einer Auflösungsbreite von 640 Pixeln umgehen (mit der erwähnenswerten Ausnahme von MSNTV, vormals WebTV, das an 544 Pixel festhält). Allerdings haben die meisten Besucher genügen Rechenkapazität, um über 640-Pixel-Bildschirme hinauszugehen, und 600 Pixel Breite lassen Ihnen nicht viel Platz für Design, so dass sich das 760-Pixellayout als Standard etabliert hat. Die breite Mehrheit der Webbesucher kommt damit zurecht.

Computer, die in den letzten vier Jahren gebaut wurden, neigen zu einer Anzeigebreite von 1024 Pixeln (oder höher), so dass auch 955-Pixellayouts im Allgemeinen in Ordnung sind, solange Ihr Publikum keine veraltete Hardware verwendet. Gehen Sie aber nicht über 955 Pixel hinaus. Wenngleich viele Ihrer Besucher dank ihrer brandneuen oder besonders leistungsfähigen Computer keine Probleme mit noch höheren Bildschirmbreiten hätten, könnten diejenigen mit älterer oder weniger hochwertiger Ausstattung die Mehrheit Ihres Publikums ausmachen.

---

1 Das hat noch nicht einmal so viel mit den realen Platzverhältnissen auf dem Bildschirm zu tun, da diese je nach realer Monitorgröße und eingestellter Auflösung variieren, beeinflusst aber etwa die Art und Weise, wie auf den beiden Plattformen Schriftgrößen berechnet werden (denn es gilt: 1 Punkt = 1/72 Inch).

Selbst wenn Ihre Besucher mit Layoutbreiten von 955 Pixeln zurechtkommen, sollten Sie 780 Pixel dennoch in Betracht ziehen, schon aus Gründen des Entgegenkommens gegenüber denjenigen, die das Web lieber nicht mit Vollbildfenstern benutzen.

Festbreitenlayouts im Überblick

Ein *Festbreitenlayout* behält ungeachtet der Breite des Browserfensters immer die gleiche Breite bei (siehe Abbildung 4-8). Wenn Sie Ihr Layout mit einer Breite von 760 Pixeln gestalten, dann bleibt die Breite von 760 Pixeln bestehen. Besucher mit 640-Pixel-Bildschirmen erhalten horizontale Rollbalken, wenn sie Ihre Site besuchen, während Besucher mit 1024-Pixel-Bildschirmen oder höher freie Flächen um Ihr Layout herum zu Gesicht bekommen.

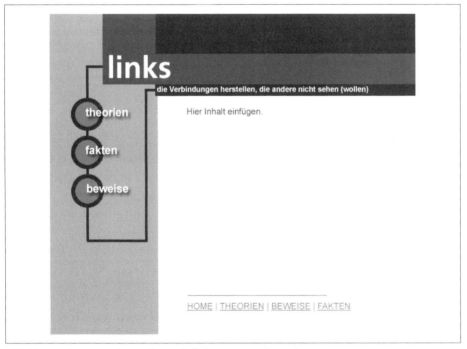

Abbildung 4-8: Ein Festbreitenlayout behält stets seine Breite bei.

Der Vorteil von Festbreitenlayouts besteht darin, dass die Maße der Bereiche stets pixelgenau sind. Sie können exakt ausrechnen, wo ein spezielles Element erscheint, was Ihnen die Realisierung fortgeschrittener Designs erleichtert. Außerdem ist das Erstellen von Festbreitenlayouts in Dreamweaver einfacher, weil es weniger Schritte benötigt, und Sie müssen weniger editieren und Fehler bekämpfen.

Der Hauptnachteil von Festbreitenlayouts ist, dass sie den verfügbaren Bildschirmplatz von Besuchern mit breiteren Bildschirmen nicht voll ausnutzen. Auf den breitesten Bildschirmen kann Ihre Site gequetscht aussehen, was der Benutzerfreundlichkeit nicht unbedingt weiterhilft. Um dies zu umgehen, zentrieren viele Designer ihr Festbreitenlayout auf dem Bildschirm, so dass der gesamte zusätzliche Leeraum sich nicht auf einer Seite auftürmt. Stattdessen erhalten Sie kleinere leere Felder an beiden Seiten des Layouts.

> Eine weitere Möglichkeit, dem Überfluss an Leerraum in einem Festbreitenlayout zu begegnen, besteht darin, ein Musterbild auf dem Hintergrund der Seite zu platzieren. Der Browser behandelt das Hintergrundbild wie einen Desktop-Hintergrund, indem er es automatisch kachelt, also wiederholt, um den gesamten verfügbaren Platz aufzufüllen. Auf diese Weise ist der Leerraum nicht ganz leer, und wenn Sie ein Muster wählen, das zum grafischen Thema Ihrer Site passt, können Sie sich so leicht dem Erscheinungsbild eines Liquidlayouts annähern.

Liquidlayouts im Überblick

Bei einem *Liquidlayout* ändert sich die Breite des Layouts, um sich der Breite des Browserfensters anzupassen (siehe Abbildung 4-9). Wenn die Breite des Browserfensters wächst, vergrößert sich die Breite Ihrer Site mit ihm. So wird das Problem eingeengter Layouts praktisch gelöst, weil um Ihr Layout herum nie Leerraum entsteht. Ein Besucher könnte mit einem 1.600 Pixel breiten Bildschirm vorbeikommen und Ihr Layout würde den Platz pflichtgetreu ausfüllen.

Liquidlayouts werden zunächst als Festbreitenlayouts erstellt, Sie gestalten Ihr Layout also so, dass es auf eine bestimmte Bildschirmbreite passt. Um dann den Liquid-Effekt zu aktivieren, legen Sie fest, dass bestimmte Bereiche Ihrer Site – beispielsweise der Inhaltsbereich – keine feste Breite haben sollen; sie können sich je nach Bedarf ausdehnen. Die ursprüngliche Festbreite Ihres Layouts wird dadurch zur Mindestbreite. Wenn Sie diese Schwelle unterschreiten, sollten Sie sich auf horizontale Rollbalken einstellen, weil im Browserfenster eventuell nicht genug Platz ist, um all Ihre Inhalte unterzubringen. Aber solange Sie die Minimalbreite einhalten oder überschreiten, funktioniert der Liquid-Effekt wie erwartet. Es gibt keine horizontalen Rollbalken und Sie brauchen auch keine Bereiche leer zu lassen.

Liquidlayouts sind für den Besucher in der Regel einfacher zu nutzen, aber es könnte Ihnen schwerfallen, sie sauber einzurichten, besonders, wenn das Layout designintensiv ist. Einfachere Designs funktionieren in Liquid-Form am besten.

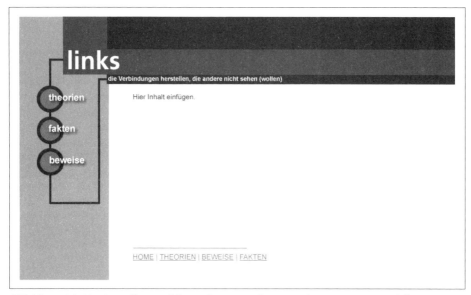

Abbildung 4-9: Ein Liquidlayout dehnt sich aus, um die Breite des Browsers auszufüllen

Die Details hinzufügen

Nachdem Sie sich für eine Layoutbreite entschieden haben, können Sie damit anfangen, den einzelnen Bereichen Pixelmaße zuzuweisen, wie Abbildung 4-10 zeigt. Entscheiden Sie im Zweifelsfall nach Augenmaß. Ihre Maße brauchen nicht präzise zu sein, Ihre Zeichnung muss nicht maßstabsgetreu sein und Sie können Ihre Zahlen später immer noch modifizieren. Hier geht es nur darum, einen Ausgangspunkt für die Konstruktion Ihres Layouts in Dreamweaver zu erhalten. Hier einige Dinge, die Sie sich merken sollten:

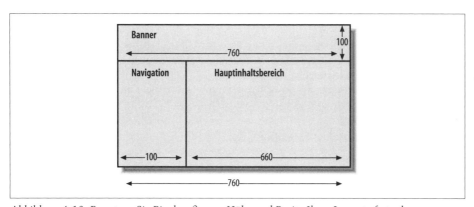

Abbildung 4-10: Benutzen Sie Pixelmaße, um Höhe und Breite Ihres Layouts festzulegen.

Halten Sie die wichtigsten Inhalte Above-the-fold
Der Ausdruck *Above-the-fold* (»über dem Falz«) beschreibt hier alles, was zu Anfang im Browserfenster erscheint, wenn der Besucher die Seite aufruft. (Der Inhalt, den der Besucher nur durch Herunterscrollen erreichen kann, ist *Below-the-fold*, also »unter dem Falz«). Tabelle 4-3 gibt die Above-the-fold-Höhen für unterschiedliche Seitenbreiten an. In einem 760-Pixellayout steht Ihnen beispielsweise eine Maximalhöhe von 420 Pixeln zur Verfügung, bevor der Inhalt vom Bildschirm verschwindet. Sorgen Sie dafür, dass über dem Falz viel Platz für Ihre Hauptnavigation und die wichtigsten Inhaltselemente zur Verfügung steht. Beispielsweise sollten Sie die Höhe Ihres Bannerbereichs beschränken, um mehr Platz für den Inhaltsbereich zu schaffen.

Diese Begriffe stammen aus dem Zeitungswesen. Zeitungen sind natürlich längs gefaltet, damit sie sich leichter transportieren und stapeln lassen. Irgendwann in der guten alten Zeit kam jemand auf die Idee, dass es umsatzsteigernd wirkt, wenn man die aufregendsten Nachrichten und Fotos über dem Falz platziert.

Tabelle 4-3: Above-the-fold-Höhen

Bildschirmbreite (in Pixeln)	Above-the-fold-Höhe (in Pixeln)
640	300
800	420
1024	600

Machen Sie den Inhaltsbereich so groß wie möglich
Der Inhaltsbereich liefert das Wesentliche, so dass er der Hauptbereich Ihres Layouts sein sollte. Zögern Sie nicht, dafür Ihren Navigationsbereich oder andere Bereiche einzuschränken, die um Bildschirmplatz wetteifern.

Wenn Sie ein Layout mit Top-Navigation planen, sollten Sie besonderes Augenmerk auf die Höhe Ihrer Navigationsleiste richten. Da der Bildschirm breiter als hoch ist, kann die Navigationsleiste den Hauptinhaltsbereich leicht unter den Falz verschieben. Eine Höhe von 100 Pixeln ist mehr als genug und könnte sogar zu viel sein, je nachdem, wie Sie den Hauptinhalt präsentieren möchten.

Weisen Sie Liquid-Bereichen keine Breite zu
Wenn Sie ein Liquidlayout erstellen, wählen Sie die Layoutbereiche aus, die sich mit dem Browser ausdehnen sollen. Üblicherweise handelt es sich dabei um Inhaltsbereich, Kopf- und Fußbereich. Weisen Sie diesen Bereichen keine feste Breite zu. Markieren Sie sie stattdessen mit einem Sternchen (*), dem Web-Kürzel für *beliebig* (siehe Abbildung 4-11). Aber weisen Sie den Nicht-

Liquid-Bereichen in Ihrem Design auf jeden Fall feste Breiten zu, beispielsweise dem Navigations- oder dem Sidebar-Bereich.

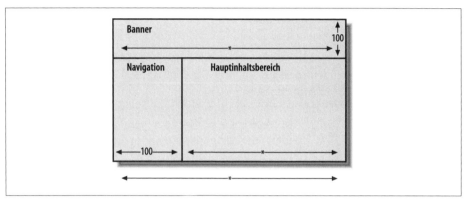

Abbildung 4-11: Sternchen kennzeichnen Bereiche mit variabler Breite.

Weisen Sie nur den Festbreitenbereichen eine Breite zu
Die Navigationsleiste in einem Layout mit Top-Navigation und der Banner-Bereich sollen in der Regel eine bestimmte Höhe beibehalten, so dass Sie grobe Höhenmaße für sie eintragen sollten. Andererseits muss der Hauptinhaltsbereich Ihres Designs sich vertikal ausdehnen können, um sich an die darin befindliche Inhaltsmenge anzupassen, also benötigt er keinen festen Breitenwert mehr. Der Browser wird automatisch die richtige Höhe ermitteln, wenn er Ihre Seite anzeigt. Markieren Sie variable Höhen mit dem Sternchen, wenn Sie möchten, oder ignorieren Sie sie einfach.

Eine Layoutstrategie wählen

Wenn Sie Ihr Layout in Dreamweaver konstruieren, haben Sie die Wahl zwischen zwei Strategien: Konstruktion mit Tabellen oder Konstruktion mit Ebenen. In beiden Fällen unterteilen Sie die Webseite in rechteckige Bereiche, genau wie die Bereiche in Ihrer Skizze, und füllen sie mit dem entsprechenden Inhalt. Die Ergebnisse sind meistens nicht zu unterscheiden. Welche Methode sollten Sie also wählen? Dieser Abschnitt hilft Ihnen, die richtige Wahl für Ihre spezielle Site zu treffen.

Konstruktion mit Tabellen

Eine *Tabelle* ist eine HTML-Struktur zur Anordnung von Daten in Zeilen und Spalten. In der Frühzeit des Webs, als Wissenschaftler und Mathematiker die einzigen Leute waren, die Websites erstellten, war die Tabelle eine bequeme Methode zur Darstellung der Ergebnisse des einen oder anderen Experiments. Aber im vielleicht größten Akt der Subversion seit der postmodernen Literaturtheorie entdeckten visuell orintierte Leute, dass man sich die Tabelle »ausborgen« kann, um die Bereiche eines Grafikdesigns abzugrenzen, was zu erheblich komplexeren Layouts im Web führte. Als unmittelbare Folge wurde das Web für Leute interessant, die noch nie von Hypotenusen gehört hatten; die Aktienkurse stiegen und Art-Direktoren bemerkten, dass ihre Diplome hier absolut gefragt waren.

Das Problem bestand – und besteht noch immer – darin, dass die HTML-Spezifikation sehr klar ist: Sie identifizieren Elemente gemäß ihrer Bedeutung und nicht gemäß ihres gewünschten Aussehens. Standardorganisationen wie das World Wide Web Consortium (W3C) argumentieren mit voller Überzeugung, dass das Tabellenelement, unabhängig von seinem Aussehen im Browser, explizit für die Auszeichnung von Datenzeilen und -spalten vorgesehen ist. Es hat nichts mit der Definition des Layouts einer Webseite zu tun, weil das nicht seine Aufgabe ist. Das mag trivial erscheinen, aber in der Webtechnologie gilt dieses Prinzip.

Wenn der Browser eine Tabelle in einem HTML-Dokument findet, erwartet er Zeilen und Spalten mit Daten und kein Seitenlayout. Für die meisten Besucher spielt das keine Rolle. Sie interessieren sich mehr für den enthaltenen Content. Aber was ist mit den Besuchern, die Ihr Layout nicht sehen können? Wenn ein nichtgrafisches Browsergerät wie etwa ein Screen-Reader ins Spiel kommt, geht auch dieser von Datenzeilen und -spalten aus und liest sie entsprechend vor. Während Ihre Webseite visuell sinnvoll erscheinen mag, fügt sich ihre Logik möglicherweise nicht in die Tabellenform, so dass der Screen-Reader die Bereiche Ihres Designs leicht durcheinander bringt. Die Navigationsleiste könnte leicht nach dem Inhaltsbereich an die Reihe kommen, und wer möchte Paragraphen über Paragraphen abwarten, nur um an die Links zu kommen?

Abgesehen von Beeinträchtigungen der Barrierefreiheit und den fortgesetzten Protesten des W3C besitzen Tabellen den Hauptvorteil, dass sie ausgesprochen stabil sind. Tabellenbasierte Designs sehen im IE fast genauso aus wie in Firefox, Opera oder jedem anderen Browser, so dass Ihre Besucher ungeachtet des bevorzugten Browsers dasselbe wahrnehmen. Tabellen gehen auch nur selten aus dem Leim; das bedeutet, dass Sie ihre Grenzen stark ausweiten können, ohne dass Ihr Layout an den Nahtstellen auseinanderbricht, besonders, wenn Sie Tabellen verschachteln und Abstandhalterbilder einfügen (mehr darüber in Kapitel 9).

Wenn Stabilität Ihr wichtigstes Entscheidungskriterium ist, was der Fall sein dürfte, wenn Sie eine Site für Ihre Firma gestalten, dann ist die Konstruktion mit Tabellen die bessere Wahl. Sie werden nicht viele Freunde beim W3C gewinnen, aber zumindest befinden Sie sich in guter Gesellschaft, weil ein Großteil des Webs auf Tabellen aufbaut.

Konstruktion mit Ebenen

Sie wissen, dass eine Tabelle Zeilen und Spalten mit Daten enthält, die nur zufällig von vielen Designern zur Aufteilung der Seiteninhalte verwendet werden. Aber eine

Ebene (auch *Layer* oder *Div*) hat genau diese Aufgabe. Es ist eine Unterteilung für Inhalte, ein Abschnitt der Seite, genau wie die Bereiche in Ihrer Design-Skizze.

Hier gibt es keine strenge Aufteilung in Datenzeilen und -spalten. Wenn Sie einen Bereich Ihrer Seite als Ebene kennzeichnen, teilen Sie dem Browser mit, dass diese Gruppe von Inhalten zusammengehört. Der Browser braucht die Ebene auch nicht im Kontext des Grafikdesigns zu betrachten, um dies zu verstehen, weil Sie die rein visuellen Bereiche Ihres Designs in logische, strukturelle Bereiche im HTML-Code umgewandelt haben. Dagegen kann nicht einmal das W3C etwas einwenden.

Tatsächlich sind Ebenen so logisch, dass Sie sie in beliebiger Reihenfolge im HTML-Code anordnen können – beispielsweise in der Reihenfolge, in der ein Screen-Reader sie vorlesen soll –, ohne ihre visuelle Platzierung in Ihrem Design zu beeinflussen. Aber Ebenen haben nicht nur mit dem Code zu tun. Sie verfügen über eine große Auswahl von Formatierungsoptionen und Effekten. Tabellen sind auf ein Gitter aus Zeilen und Spalten beschränkt, während für Ebenen keine derartigen Einschränkungen gelten. Sie können sie überall auf der Seite platzieren. Sie können sie sogar unsichtbar machen.

Auf Grund der Art und Weise, wie Dreamweaver Ebenen zu Ihrer Seite hinzufügt, ist es fürchterlich schwierig, ein ebenenbasiertes Layout mit fester Breite im Browserfenster zu zentrieren. Damit es funktioniert, müssen Sie den Code bearbeiten und beinahe die ganze Ebenen-Formatierung von Hand neu schreiben, was dem Sinn der Verwendung eines WYSIWYG-Editors völlig zuwiderläuft.

Wenn der Künstler in Ihnen Sie zu einem zentrierten Layout mit fester Breite führt, dann verwenden Sie Tabellen als Designstrategie. Es ist unglaublich einfach, ein tabellenbasiertes Layout mit fester Breite in Dreamweaver zu zentrieren, wie Sie in Kapitel 9 sehen werden.

Wenn Sie dagegen mit einem ebenenbasierten Festbreitenlayout leben können, das am linken Browserfensterrand klebt, dann kommt Ihnen die Ebenenimplementierung in Dreamweaver mehr als entgegen.

So funktioniert es zumindest in der Theorie. In der Praxis unterstützen Browser Ebenen nicht so gut, wie sie sollten. Ebenenbasierte Designs variieren tendenziell auf störende Weise von Browser zu Browser – sobald Ihr Layout beispielsweise im IE so aussieht, wie Sie es haben möchten, finden Sie ärgerliche Inkonsistenzen in Firefox oder andersherum. Manchmal interpretiert der Browser Ihre Absichten völlig falsch und das Layout versagt.

Nichtsdestotrotz sind Ebenen aus vielen guten Gründen der letzte Schrei. Ein ebenenbasiertes Design ist zukunftweisend, standardkonform und barrierefreier. Ebenen sind die Zukunft des Webdesigns. Wenn Sie es sich leisten können, auf ein wenig Stabilität zu verzichten, und mit einem kargen, einfachen visuellen Stil leben können, dann ist ein ebenenbasiertes Design eine kluge Wahl.

Wenn Sie sich nicht entscheiden können, wählen Sie Tabellen. CSS bietet Ihnen mehr in punkto Layout und Barrierefreiheit, ist aber pingeliger und nicht browser- und plattformübergreifend stabil.

Tabelle 4-4 fasst die Vor- und Nachteile von Tabellen und Ebenen für Ihre Überlegungen zusammen. Wenn Sie nach sorgfältiger Abwägung der Argumente noch immer nicht sicher sind, was Sie für Ihre Site benutzen sollten, sind Tabellen die sicherere Wahl – ein Verbrechen vielleicht, aber ein Verbrechen aus Gründen der Zweckmäßigkeit.

Tabelle 4-4: Vergleich zwischen Tabellen und Ebenen

	Tabellen	**Ebenen**
Standardkonformität	Tabellen sind für Datenzeilen und -spalten da, nicht für Seitenlayouts.	**Ebenen** dienen der Unterteilung von Inhalten auf einer Seite, sind also perfekt für Seitenlayouts geeignet.
Stabilität	Tabellen sehen über verschiedene Browser, Geräte und Plattformen hinweg gleich aus und verhalten sich fast identisch.	**Ebenen** sehen über verschiedene Browser, Geräte und Plattformen hinweg verschieden aus und verhalten sich unterschiedlich und unverhersagbar.
Barrierefreiheit	Screen-Reader können die logische Reihenfolge des Layouts leicht fehlinterpretieren.	Bei einem **ebenen**basierten Layout geraten Screen-Reader seltener durcheinander.
Flexibilität	Tabellen sind für abenteuerliche Designs verlässlicher und funktionieren auch gut mit einfachen Designs.	Trotz ihrer eindrucksvollen Formatierungsoptionen funktionieren **Ebenen** auf Grund der uneinheitlichen Unterstützung durch Browser besser mit einfachen Designs.
Dreamweaver-Kompatibilität	Tabellen sind in Dreamweaver einfach zu erstellen und äußerst stabil. Was Sie sehen, bekommen Sie auch.	**Ebenen** lassen sich in Dreamweaver leicht, aber nicht immer stabil erstellen. Das Dokumentfenster stellt manchmal seltsame Dinge mit ihnen an.

In diesem Kapitel:
- Bilddateitypen im Vergleich
- Bilder für das Web optimieren
- Bilder für das Web benennen
- Ein Tracing-Bild erstellen

KAPITEL 5
Bilder für das Web vorbereiten

Die Bilder auf einer Website spielen eine doppelte Rolle. Auf der einen Seite sind sie eine der effektivsten Form von Inhalten, die Sie für ihre Site auswählen können. Wir in der westlichen Welt sind Bildmenschen. Das ist ein Teil unserer Sprache und Kultur, der sich bis zu den philosophierenden Griechen zurückverfolgen lässt. Schon Plato wusste, dass man seinen Standpunkt nicht besser vermitteln kann als durch ein wohlplatziertes Bild. Auf der anderen Seite beeinflussen Bilder die Performance Ihrer Site nachteilig. Selbst im heutigen Breitbandzeitalter kostet es Zeit, sie herunterzuladen, und Ihre Besucher sind sehr in Eile. Deshalb sind sie im Web. Die Site muss schnell sein, sonst bleiben Ihre Besucher nicht lange.

Auf der einen Seite sollten Sie also auf jeden Fall Bilder in Ihre Site einfügen. Auf der anderen Seite sollten Sie zweimal nachdenken, bevor Sie es tun.

Dieses Kapitel hilft Ihnen, einen oder zwei schizophrene Gegensätze aufzulösen (was Ihre Site angeht) und die Vorteile unseres kulturellen Erbes zu genießen.

Bilddateitypen im Vergleich

Es gibt Dutzende von Formaten für Bilddateien, aber für das Web arbeiten Sie nur mit dreien von ihnen, die alle zur Kategorie der raster- oder pixelbasierten Formate gehören. Es handelt sich um die Formate GIF, JPEG und PNG (siehe Tabelle 5-1). Alle wichtigen Browser unterstützen sie, so dass Sie sich keine Sorgen um die Kompatibilität zu machen brauchen. Einige Browser unterstützen auch andere Bildtypen. Der Internet Explorer zeigt beispielsweise auch Windows-Bitmaps (BMP) an, andere Browser aber nicht, so dass es sich empfiehlt, bei den drei wichtigsten zu bleiben.

Tabelle 5-1: Bilddateitypen fürs Web

Dateityp	Aussprache	Steht für	Palette?	Transparenz?	Animation?
GIF	*Giff* oder *Dschiff*	Graphical Interchange Format	Ja, bis zu 256 Farben	Ja, eine Transparenzstufe	Ja
JPEG	*Dschäipeg*	Joint Photography Experts Group	Nein	Nein	Nein
PNG	*Ping*	Portable Network Graphics	Ja, bis zu 256 Farben	Ja, mehrere Transparenzstufen	Nein

Oft liegt ein Bild, das Sie für Ihre Website verwenden möchten, in irgendeinem anderen Format vor. Vielleicht haben Sie eine Windows-Clipart-Datei (*Windows Metafile Format* oder *WMF*), Firmenlogo und -schriftzug von Ihren Freunden aus der Marketing-Abteilung (*Encapsulated PostScript* oder *EPS*) oder hochauflösende Bilder für die Veröffentlichung im Druck (*Tagged Image File Format* oder *TIFF*). Falls dem so ist, sollten Sie die Originalbilder in Ihrem Grafikprogramm öffnen und Kopien als GIFs, JPEGs oder PNGs speichern. Veröffentlichen Sie die Bilder nicht in ihrem Originalformat, weil Ihre Besucher sie sonst nicht sehen können.

Um das passende Format zu bestimmen, ist es hilfreich, den Inhalt des Bilds in Betracht zu ziehen. Im Allgemeinen funktionieren Bilder mit vielen Farbinformationen besser als JPEGs, während Bilder mit nur wenigen Farben besser als GIFs oder PNGs geeignet sind.

GIFs

Das *Graphical Interchange Format* (*GIF*) ist tendenziell am besten für Strichzeichnungen, Cartoons, Diagramme, Graphen, Logos und andere Bilder mit großen, einfarbigen Flächen geeignet. Bilder wie Fotos, die oft nuancierte Abstufungen in Farbton und Schattierung besitzen, funktionieren in der Regel nicht gut im GIF-Typ.

Der Grund? GIF-Bilder enthalten eine eingebaute *Palette* oder Farbtabelle mit maximal 256 Farben. Der Computer verwendet diese Farben, um das Bild darzustellen. Es spielt keine Rolle, welche 256 Farben es sind – es können auch 256 Rottöne sein. Das Bild kann bloß nicht mehr als insgesamt 256 Farben enthalten.

Diese Anzahl mag hoch erscheinen, aber sie ist fast nichts, wenn Sie in Betracht ziehen, dass die meisten Computer in der Lage sind, etwa 16 Millionen Farben darzustellen, mehr, als das menschliche Auge exakt unterscheiden kann. Fotos und ähnliche Bilder verbrauchen diese 256 Farbspeicherplätze viel zu schnell. Um innerhalb der Palettenbegrenzung zu bleiben, konvertiert Ihr Grafikprogramm ähnliche Farben in denselben Grundton, so dass Sie die nuancierten Farbtonabstufungen verlieren. Im Endeffekt wirken Fotos im GIF-Format klotzig oder körnig.

Allerdings ist eine 256-Farben-Palette für nichtfotografische Bilder oft mehr als ausreichend. Solange Sie die Finger von Schattierungseffekten und Farbverläufen lassen, funktionieren Ihre Navigationsschaltflächen und andere Oberflächenelemente gut als GIFs.

Viele Grafikprogramme ermöglichen es Ihnen, mehr als eine Farbe in der Palette als transparent auszuwählen. Wenn Sie das Bild im GIF-Format speichern oder exportieren, konvertiert die Grafiksoftware in Wirklichkeit alle transparenten Farben in ein einzelnes, transparentes Farbfeld.

Wenn Sie in Ihrem Grafikprogramm ein GIF erstellen, können Sie auswählen, dass eines der Farbfelder in der Palette zur transparenten Farbe werden soll, wodurch Sie ein *transparentes GIF* erhalten (siehe Abbildung 5-1). In einem transparenten GIF werden alle Pixel mit dieser speziellen Farbe durchsichtig. Wenn Sie ein transparentes GIF auf einer Webseite platzieren, scheint die Hintergrundfarbe der Seite an den transparenten Stellen durch. Webdesigner verwenden transparente GIFs oft als Schaltflächenbilder, die vor verschiedenen Hintergründen erscheinen müssen. Anstatt separate Bilddateien mit derselben Schaltfläche auf diversen Hintergrundfarben zu erstellen, erzeugen Sie eine Schaltfläche mit transparenter Hintergrundfarbe. In Abbildung 5-1 können Sie sie auf jedem Hintergrund platzieren, weil die Hintergrundfarbe des GIF-Bilds im Grafikprogramm als transparent markiert wurde.

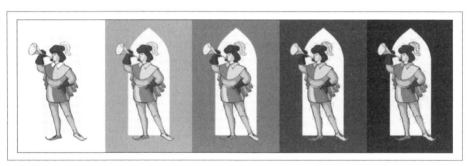
Abbildung 5-1: Transparente GIFs können vor jedem Hintergrund platziert werden.

Der durchsichtige Bereich in einem transparenten GIF funktioniert am besten, wenn seine Form quadratisch oder rechteckig ist. Der Computer kann die Kanten von Kurvenformen nicht durch variable Transparenzgrade überblenden, was oft zu ausgefransten Kanten führt.

Das GIF-Format unterstützt außerdem Animationen. Animierte GIFs ähneln den Daumenkinos, die Sie früher in die Ecken Ihres Mathebuchs gezeichnet haben, denn sie enthalten einzelne Bilder oder Frames (siehe Abbildung 5-2). Der Computer zeigt jedes Frame nacheinander an, was eine Illusion von Bewegung erzeugt. Das Großartige an animierten GIFs ist, dass sie ohne jegliches Plugin im Browser sichtbar sind.

Wenn Sie sie auf Ihrer Seite veröffentlichen, brauchen die Besucher keine besondere Software, um die Animationen zu sehen. Das GIF-Bild in Abbildung 5-2 enthält vier einzelne Frames, die in einer Sequenz abgespielt werden und so eine Animation erzeugen.

Abbildung 5-2: Die einzelnen Frames eines animierten GIF-Bilds

Um animierte GIFs zu erstellen, brauchen Sie die richtige Software. Nicht jede Bildbearbeitung enthält Werkzeuge, um sie zu erstellen, aber die besseren Pakete wie Macromedia Fireworks schon.

JPEGs

Das *Joint Photographic Experts Group Format (JPEG)* funktioniert besonders für mit Fotos, Filmstandbilder und andere Bilder mit einem breiten Farb- oder Schattierungsspektrum. Im Gegensatz zu GIFs und PNGs besitzen JPEG-Bilder keine eingebaute Farbpalette. Stattdessen schöpfen diese Bilder aus derselben Menge von Farben, die der Computer des Besuchers anzeigen kann, so dass Ihnen der vollständige Farbkasten von 16 Millionen Möglichkeiten zur Verfügung steht.

Da JPEGs keine Farbpalette haben, können Sie keine transparente Farbe bestimmen. Außerdem besitzt das JPEG-Format, anders als GIF, keine Frames, so dass Animation nicht möglich sind.

PNGs

Das *Portable Network Graphics Format (PNG)* wurde ursprünglich als nicht-proprietäre Alternative zu dem damals im Besitz von CompuServe befindlichen GIF entwickelt. Das Patent auf GIF ist mittlerweile abgelaufen, und mit diesem ein Großteil des Antriebs, das Web von GIF auf PNG umzustellen.

PNG-Bilder sind GIFs sehr ähnlich (wenngleich sie tendenziell kleiner sind als GIFs, was ein unbestreitbarer Vorteil ist). Sie besitzen eine eingebaute Palette von 256 Farben, so dass sie gut für Bilder mit großen, einfarbigen Flächen geeignet sind. Verwenden Sie sie für dieselben Arten von Bildern, für die GIF sich eignet – mit Ausnahme von Animationen, die PNG nicht bietet.

Es gibt zwei Hauptarten von PNG-Bildern. Das 8-Bit-PNG (oder PNG-8) ist wahrscheinlich das gängigere Format für das Web und der Typ, um den es in der allgemeinen Diskussion in diesem Kapitel geht. Das 24-Bit-PNG (oder PNG-24) unterstützt dagegen Millionen von Farben; dadurch wird es zum geeigneten Format für Fotos und ähnliche Bilder, wenngleich PNG-24-Dateien tendenziell größer sind als JPEGs.

Andererseits bietet PNG Ihnen Transparenz, es ist eine großartige Verbesserung gegenüber der GIF-Version. In einem transparenten GIF erhalten Sie eine Transparenzstufe für eine Farbe, so dass Pixel entweder völlig durchsichtig oder voll deckend sind. Bei einem transparenten PNG erhalten Sie zusätzlich zur Ein-Farben-Transparenz im GIF-Stil auch *Alphakanal-Transparenz*, die Stufen bildet und sich auf alle Farben in Ihrem Bild auswirken kann, nicht nur auf eine. Beispielsweise kann Ihr ganzes Bild zu 50% deckend sein, was bedeutet, dass das Bild nur zu 50% transparent und daher noch immer zum Teil auf dem Bildschirm zu sehen ist (siehe Abbildung 5-3). In Macromedia Fireworks und anderen Bildbearbeitungen können Sie den Alphakanal eines transparenten PNGs von 0% (vollständig durchsichtig) bis 100% (voll deckend) einstellen.

Abbildung 5-3: Dieses transparente PNG-Bild ist zu 50% transparent.

Unglücklicherweise erscheinen PNG-Bilder mit Alphakanal-Transparenz im Internet Explorer als gewöhnliche, nichttransparente Bilder, was ein weiteres wichtiges Argument gegen das PNG-Format ist. Wenn Sie transparente PNGs verwenden möchten, bleiben Sie bei der Einfarbtransparenz, die der IE korrekt darstellt.

Macromedia Fireworks verwendet PNG als Standard-Speichertyp oder Arbeitsformat. Wenn Sie Ihre Webgrafiken in Fireworks erstellen, müssen Sie aufpassen, welche PNG-Bilder Sie auf Ihrer Site veröffentlichen. Sie sollten die fertigen, weboptimierten PNGs verwenden, die Sie erhalten, wenn Sie Ihre Bilder exportieren, nicht die Produktions-PNGs die Sie als laufende Arbeitsdateien mit mehreren Ebenen speichern. Um dieses Problem ganz zu umgehen, verwenden Sie für Ihre Web-Bilder einfach das GIF-Format und verwenden Sie PNG ausschließlich für Ihre eigenen Produktionsdateien.

Bilder für das Web optimieren

Im Web werden kleine Bilddateien – die im Vergleich weniger Festplattenspeicher belegen – schneller heruntergeladen als größere Dateien. Das ist eine der wenigen Konstanten in diesem Spiel. Eine kleinere Bilddatenmenge verbessert die Performance Ihrer Site. Gleichzeitig enthalten kleinere Bilddateien weniger visuelle Informationen als größere, so dass Sie häufiger billig und plump aussehen, was niemandem hilft. Ihre Bilder müssen gut aussehen. Aber sie müssen auch schnell geladen werden. Dies ist der Balanceakt, der *Weboptimierung* genannt wird. Für jedes Bild, das Sie einsetzen möchten, besteht Ihr Ziel darin, die kleinstmögliche Bilddatei unter gleichzeitiger Beibehaltung der allgemeinen Bildqualität zu erhalten.

Nicht nur die Größe Ihrer Bilder verlangsamt eine Webseite. Auch die Anzahl der einzelnen Bilder, die auf der Seite erscheinen, spielt eine Rolle. Eine Seite mit einer 100-KByte-Bilddatei wird beispielsweise tendenziell schneller geladen als dieselbe Seite mit zehn unterschiedlichen 10-KByte-Bilddateien. Warum? Weil mehrere Bilddateien mehr Anfragen an den Server bedeuten, und mehr Anfragen an den Server schlicht und einfach mehr Zeit kosten.

Sicherlich ist der Unterschied bei den meisten Sites unerheblich. Vielleicht lässt er sich nicht einmal praktisch messen, solange Sie keine sehr stark frequentierte Site haben. Außerdem mögen Ihre Besucher die schönen Bilder. Sie erwarten etwas zum Anschauen, so dass es normalerweise nicht die weiseste Entscheidung ist, ganz auf die Belastung durch Grafiken zu verzichten. Allerdings könnten Sie für jedes Bild einzeln überprüfen, ob es zurecht beibehalten wird, und wenn Sie ohne ein bestimmtes Bild auskommen, weil es keinen zusätzlichen Nutzen erzeugt, warum sollten Sie es dann nicht weglassen?

Die Auflösung optimieren

Die *Auflösung* ist die Pixeldichte eines Bilds – die Menge an Pixeln, die in einem bestimmten Bereich erscheinen, normalerweise in Pixeln pro Zoll (pixels per inch oder ppi) ausgedrückt. Bei steigender Auflösung werden mehr Pixel in denselben Bereich gepackt, was feinere Details ermöglicht und die allgemeine Klarheit des Bildes erhöht. Es ist die Pixeldichte, die hochauflösende Bilder schärfer erscheinen lässt als ihre niedrigauflösenden Gegenstücke.

Mehr Pixel pro Zoll bedeuten mehr visuelle Informationen, aber auch eine größere Bilddatei. Tatsächlich ist die Größe einer Rastergrafik proportional zur Anzahl von Pixeln, die diese enthält. Wenn Sie mehr Pixel hinzufügen, erhöhen Sie die Dateigröße. Nehmen Sie Pixel weg, vermindern Sie die Größe.

Glücklicherweise benötigen die Bilder, die Sie in Ihrer Site verwenden möchten, keine hohe Auflösung. Web-Bilder sollen auf dem Bildschirm angezeigt werden, und selbst die besten Monitore sind relativ niedrigauflösende Ausgabegeräte. Windows-Monitore haben üblicherweise eine Auflösung von 96 ppi. Bei Macintosh-Monitoren ist sie sogar noch niedriger, nämlich 72 ppi. Zum Vergleich: Ein Bild muss eine Auflösung von 300 bis 600 ppi besitzen, um auf einer gedruckten Seite gut auszusehen. Wenn Sie eine Digitalkamera haben, liegen Ihre Fotos wahrscheinlich ungefähr in diesem Bereich.

Das Erste, was Sie tun können, um Ihre Bilder für das Web zu optimieren, ist, die Bildauflösung auf 72 ppi zu reduzieren. Webdesigner haben diese Zahl als universellen Standard für alle Webgrafiken eingeführt, und dabei ist es geblieben. Es ist eines der wenigen Dinge, über die sich die meisten von uns einig sind. Der Grund, warum 72 statt 96 verwendet werden, ist nicht, dass die meisten von uns Macs verwenden. Ein Bild mit 72 ppi sieht auch auf Windows-Monitoren gut aus, trotz der etwas besseren Microsoft-Pixeldichte. Wichtiger ist, dass 72 ppi weniger Pixel bedeuten, so dass die 72-ppi-Bilddatei kleiner ist.

Das Beste ist, dass ein hochauflösendes Bild auf dem Bildschirm genauso aussieht wie ein weboptimieres 72-ppi-Bild. Durch die Verringerung der Auflösung entsteht kein (oder ein unerheblicher) Verlust an Bildqualität, und Sie reduzieren die Größe der Datei dramatisch. Eine Win-Win-Situation. Ein 1-MByte-Digitalfoto ist plötzlich nur noch 40 oder 50 KByte groß, sieht aber noch genauso knackig und klar aus, wie Abbildung 5-4 zeigt. Das Foto links hat eine Auflösung von 300 ppi, während das rechte Foto eine viel geringere Auflösung von 72 ppi besitzt, und trotzdem sehen beide auf dem Monitor genau gleich aus.

Abbildung 5-4: Die hoch- und die niedrigauflösende Version eines Bilds im Vergleich

 Um die Auflösung eines Bilds in Macromedia Fireworks für das Web zu optimieren, wählen Sie *Modifizieren* → *Leinwand* → *Bildgröße* aus dem Hauptmenü oder klicken Sie die Schaltfläche *Bildgröße* im Eigenschafteninspektor an. Geben Sie dann im Dialogfeld *Bildgröße* 72 in das Feld *Auflösung* ein, wählen Sie *Pixel/Zoll* aus dem Menü daneben und klicken Sie auf *OK*.

Beachten Sie, dass Sie bei der Reduzierung des Fotos von beispielsweise 300 ppi auf den Webstandard 72 ppi mehr als drei Viertel der visuellen Informationen verlieren. Auf Ihrem Monitor können Sie den Unterschied nicht feststellen, weil all die zusätzliche Auflösung in der 300-ppi-Version unter den Tisch fällt. Wie bereits erwähnt, ist der Monitor auf 72 oder 96 ppi begrenzt. Drucken Sie die 72-ppi-Version trotzdem aus, dann bemerken Sie den Unterschied sofort. Das ist der Grund, warum Bilder aus dem Web, die auf dem Bildschirm gestochen scharf wirken, beim Ausdruck auf Papier körnig oder unscharf aussehen können.

Das ist außerdem der Grund, warum Sie die Webversion mit der verringerten Auflösung stets unter einem anderen Dateinamen speichern (siehe den Abschnitt »Bilder für das Web benennen« weiter unten in diesem Kapitel) und das Original an einem sicheren Ort aufbewahren sollten. Sie wissen nie, ob Sie die höherauflösende Version nicht noch einmal brauchen.

 Wenn Sie Ihren Besuchern ein Bild mit höherer Auflösung für den Ausdruck zum Download anbieten möchten – vielleicht ein Protestschild oder ein T-Shirt-Aufdruck –, verwenden Sie diese hochauflösende Version nicht auf Ihrer Site. Verwenden Sie stattdessen eine weboptimierte Version und fügen Sie einen Link auf die hochauflösende Variante hinzu. Auf diese Weise wird Ihre Seite beim normalen Browserzugriff schneller geladen, und nur diejenigen Besucher, die wirklich das hochauflösende Bild wollen, erhalten Zugriff darauf.

Wenn Sie kein Bildbarbeitungsprogramm haben, ist noch nicht alles verloren. Dreamweaver enthält die Funktion *Bild neu auflösen*, ein Werkzeug zur Feinabstimmung der Auflösung und Größe, wie Sie in Kapitel 13 sehen werden.

Wenn Sie die Auflösung eines Bildes in Dreamweaver ändern, erfolgt automatisch die Feinabstimmung der Auflösung und Größe des Bildes für Ihre Site.

Die Bildgröße optimieren

Die Reduzierung der physischen Dimensionen eines Bildes auf die präzise Größe, die Sie für Ihre Seite brauchen, ist ein weiteres sicheres Hillfsmittel gegen »Übergewicht« im Web. Wenn ein Bild physisch kleiner ist als ein anderes Bild und beide dieselbe Auflösung haben, dann enthält das kleinere Bild weniger Pixel, was wiederum eine geringere Dateigröße zur Folge hat.

Wenn Sie ein Bild auf einer Webseite platzieren, legen Sie unter anderem die Breite und Höhe des Bildes fest – aber nichts hält Sie davon ab, Ihre eigenen Werte einzustellen. Sie können ein 1600 x 800-Pixel-Bild auf diese Weise sehr leicht herunterskalieren, indem Sie eine Breite von 400 Pixeln und eine Höhe von 200 Pixel angeben, anstatt die wahren Werte von 1600 beziehungsweise 800 zu verwenden. Das führt im Wesentlichen zu einer Verringerung der Größe um 75%. Das Problem mit diesem Ansatz besteht darin, dass die Bilder auf Ihrer Seite zwar kleiner *erscheinen*, es aber in Wirklichkeit nicht sind. Die Bilddateien selbst behalten ihre ursprüngliche Breite und Höhe bei; der Browser lässt sie nur kleiner *aussehen*. Und natürlich bleibt ihre Dateigröße so wie vor der Skalierung durch den Browser.

Der beste Rat ist, die genaue Breite und Höhe zu ermitteln, die Sie für jedes Bild brauchen, und die Bilder dann physisch auf diese Größe zu ändern. Wenn Sie diese Informationen im Voraus haben, ist das prima. Starten Sie Ihre Bildbearbeitung und schrumpfen Sie die Bilder. Vergessen Sie nicht, die kleineren Versionen unter anderen Dateinamen zu speichern als die Originale. Es ist immer gut, wenn Sie eine neue kleinere Version von der großen Datei aus machen können, falls Ihre Größenbedürfnisse sich ändern.

Um die Größe eines Bilds in Macromedia Fireworks zu ändern, wählen Sie *Modifizieren → Leinwand → Bildgröße* oder klicken Sie die Schaltfläche *Bildgröße* im Eigenschafteninspektor an. Geben Sie im Dialogfeld *Bildgröße* neue Werte für Breite und Höhe ein. Wenn Sie die Option *Proportionen beschränken* ankreuzen, brauchen Sie nicht beide Werte anzugeben. Die Eingabe des einen Wertes passt den anderen automatisch proportional an. Klicken Sie auf *OK*, um den Vorgang abzuschließen.

Wenn Sie die korrekte Größe nicht kennen, weil Sie Ihre Site noch nicht erstellt haben, ist das auch in Ordnung. Tun Sie im Moment gar nichts und beschäftigen Sie sich mit den Dimensionen, wenn Sie die Bilder später auf Ihren Seiten platzieren. Aber sobald Sie die korrekten Dimensionen kennen, sollten Sie sicherstellen, dass Sie Ihre Bilder in die geänderte Größe umrechnen – mehr darüber in Kapitel 13.

Die Anzahl der Farben reduzieren

Bei GIF- und PNG-Bildern fügt jede Farbe in der Palette ein wenig zusätzlichen Speicherbedarf zur Bilddatei hinzu. Falls Ihr Bild also das Format GIF oder PNG besitzt, können Sie die Größe der Datei geringfügig verringern, indem Sie die Anzahl der Farben in der Palette reduzieren. Für diese Operation benötigen Sie Ihr Bildbearbeitungsprogramm, wie in Abbildung 5-5 gezeigt. Die in Dreamweaver eingebauten Grafikwerkzeuge gehen nicht so sehr ins Detail.

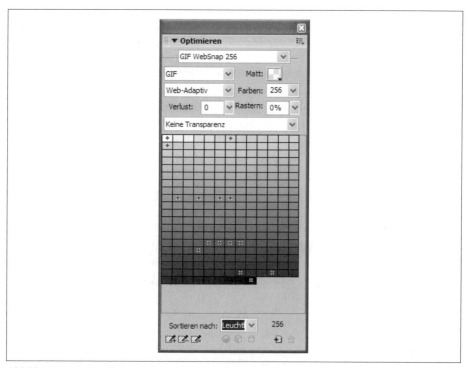

Abbildung 5-5: Die Palette eines GIFs untersuchen

 In Macromedia Fireworks können Sie die Farbpalette eines GIFs oder PNGs im Bedienfeld *Optimieren* untersuchen und bearbeiten.

Denken Sie daran, dass das Entfernen von Farben die Bildqualität Ihrer GIF- oder PNG-Datei beeinträchtigt. Allerdings können Sie normalerweise den Verlust einer ganzen Menge von ihnen verschmerzen, bevor Sie eine sichtbare Änderung bemerken.

Die Komprimierung erhöhen

JPEG-Bilder haben keine eingebaute Palette, aber Sie können ihren Komprimierungsfaktor anpassen.

Komprimierung ist eine Methode zur Reduzierung der Größe einer Computerdatei. Es gibt zwei Arten: die *verlustfreie Komprimierung*, die alle Informationen in der Datei beibehält und sie einfach nur effizienter speichert, und die *verlustbehaftete Komprimierung*, die die Daten umorganisiert und teilweise weglässt, aber nach Möglichkeit nicht so viel davon, dass der Mensch auf der anderen Seite des Bildschirms es bemerkt.

Komprimierung bezieht sich nicht nur auf Computergrafik. Beliebte Audioformate wie MP3 sind ebenfalls komprimiert. Ihre geringere Größe macht den Download angenehmer, aber kritische Musikfreunde können einen Unterschied zwischen der Qualität einer MP3-Datei und derjenigen des unkomprimierten Originals feststellen.

Das JPEG-Format ist von Natur aus verlustbehaftet, was bedeutet, dass Sie automatisch ein wenig Bildqualität verlieren, wenn Sie ein Bild als JPEG speichern. In Grafikprogrammen wie Fireworks und Photoshop können Sie den Komprimierungsfaktor manuell anpassen, um die sichtbaren Daten nach und nach abzuwerfen. Während die Kompressionsrate steigt, sinkt die Bilddateigröße.

Die meisten JPEGs halten eine ganze Menge an Komprimierung aus, bevor sie sich sichtbar verschlechtern. Der Trick besteht darin, den Komprimierungsfaktor zu finden, bei dem die Qualität zu offensichtlich abfällt, und ihn dann langsam wieder zu verringern. Wie Sie in Abbildung 5-6 sehen können, hat Fireworks dieses JPEG-Bild ziemlich stark komprimiert (Bildqualität 33/100), aber es zeigt erst geringfügige Spuren der Qualitätsverminderung.

Wenn Sie mit JPEGs arbeiten, halten Sie in Ihrem Bildbearbeitungsprogramm nach einem Qualitätsschieberegler Ausschau. Dieser beeinflusst den Komprimierungsfaktor des Bilds. In Macromedia Fireworks befindet sich der Qualitätsschieberegler im Bedienfeld *Optimieren*.

Abbildung 5-6: Bei hohen Kompressionsraten kommt es zu sichtbaren Verschlechterungen.

Bilder für das Web benennen

Wenn Sie Bilder auf Ihrem Computer speichern, bevorzugen Sie wahrscheinlich lange, beschreibende Namen wie »Lloyd und Deborah untersuchen den Meteor, Mai 2013«. Für den persönlichen Gebrauch sind Namen dieser Art prima, aber für das Web sollten Sie etwas kompaktere wählen. Hier einige Vorschläge:

Fügen Sie stets eine Standarderweiterung hinzu
    Eine Erweiterung ist eine kurze Marke, die Sie mit einem Punkt (.) an das Ende eines Dateinamens anfügen. Im Fall von Bilddateien teilt die Erweiterung dem Browser mit, welchen Dateityp das jeweilige Bild besitzt. Bei JPEGs ist die Erweiterung *.jpg* oder *.jpeg*, bei GIFs ist es *.gif* und bei PNGs *.png*. Gute Grafikprogramme hängen automatisch die korrekten Erweiterungen an Ihre Dateinamen an.

Bleiben Sie bei alphanumerischen Zeichen
    Verwenden Sie in Ihren Dateinamen keine Zeichensetzung oder typografische Markierungen. Benutzen Sie nur Buchstaben und Zahlen. Verwenden Sie an Stelle von Leerzeichen Unterstriche (_) oder Bindestriche (-).

Versuchen Sie, maximal acht Zeichen (ohne die Erweiterung) zu verwenden
    Wenn Sie wirklich wie ein Webdesigner der alten Schule arbeiten möchten, versuchen Sie, Ihre Dateinamen auf ein Maximum von acht Zeichen ohne die Erweiterung zu beschränken. Altmodische Soft- und Hardware besteht auf die Acht-Zeichen-Grenze. Die neueren Programme und Geräte sind nicht so klein-

lich, so dass Sie im Allgemeinen auch mit mehr als acht Zeichen keine Schwierigkeiten haben dürften.

Verwenden Sie ausgeschrieben Namen, wenn es möglich ist
Warum sollten Sie *blm.jpg* verwenden, wenn Sie auch *blume.jpg* wählen können? Ausgeschriebene Namen sind einfacher und klarer.

Die Verwendung ausgeschriebener Namen für Ihre Bilder hat mindestens zwei zusätzliche Vorteile. Zum einen erscheinen Ihre Bilder in Suchmaschinenergebnissen. Zum anderen besitzen Ihre Bilder eingebaute Textentsprechungen (aber vergessen Sie trotzdem nicht den eigentlichen Alternativtext – siehe Kapitel 15).

Verwenden Sie Präfixe für Bilder, die zu einer Gruppe oder einem Satz gehören
Wenn Sie Ihre Site erstellen, speichern Sie alle Bilder für alle Seiten in einem einzelnen Ordner. Wie Sie sich vorstellen können, wird Ihr Bilderordner sehr schnell voll, und es macht keinen Spaß, ein bestimmtes Bild zu finden, wenn Sie fünf- oder sechshundert Objekte durchforsten müssen. Um sich einige Schwierigkeiten zu ersparen, könnten Sie beschließen, dass die Dateinamen für alle Produktbilder mit *prod_* oder einfach *p_* beginnen sollen. Auf diese Weise erscheinen alle *p_*-Bilder zusammen in der alphabetischen Dateiliste, wenn Sie sich den Inhalt Ihres Bilderordners in Dreamweaver anschauen.

Verwenden Sie Suffixe für verschiedene Versionen desselben Bilds
Wenn Sie zwei verschiedene Versionen desselben Bilds haben – etwa eine kleine Thumbnail-Version für eine Seite und die vollständige Größe für eine andere, oder einen Standard-Schaltflächenzustand und einen Rollover-Zustand für Ihre Hauptnavigation –, verwenden Sie für beide Bilder denselben Grunddateinamen, aber hängen Sie an eine oder beide ein kurzes Suffix an, das den Unterschied deutlich macht. Die Dateinamen *blume_kl.jpg* und *blume_gr.jpg* verraten Ihnen genau, was Sie wissen müssen, wenn Sie die Inhalte Ihres Bilderordners durchgehen. Für Rollover-Bilder könnten Sie das Suffix *_ro* verwenden. Speichern Sie Ihr Normalzustandsbild beispielsweise als *button.gif* und das entsprechende Rollover-Bild als *button_ro.gif*.

Ein Tracing-Bild erstellen

Ein *Tracing-Bild* ist eine maßstabsgetreues Modell Ihres Layouts. Zeichnen Sie das Tracing-Bild in Ihrem Grafikprogramm, speichern Sie es und heften Sie es ab. Wenn die Zeit für das Design gekommen ist, verknüpfen Sie Ihr Tracing-Bild mit dem Dokumentfenster in Dreamweaver und zeichnen Ihr Layout im wahrsten Sinne des Wortes auf das Modell.

Dieser Schritt ist kein Muss. Wenn Sie kein Grafikprogramm haben oder sich einfach nicht mit einem Tracing-Bild abplagen möchten, kommen Sie in Dreamweaver sicherlich auch ohne aus. Allerdings wirkt sich das Tracing-Bild so gut wie immer zu Ihrem Vorteil aus.

Gegen Ende von Kapitel 4 haben Sie Pixelmaße für die Breiten und Höhen der Bereiche in Ihre Layoutskizze eingetragen. Die meisten dieser Maße waren wahrscheinlich Schätzungen, was Ihnen niemand zum Vorwurf machen kann. Sie haben im Abstrakten gearbeitet, mit leeren Rechtecken, die die Bereiche Ihres Designs kennzeichnen. Die Erstellung des Tracing-Bilds ist der erste Schritt zur endgültigen Festlegung dieser Maße. Sie sehen direkt, wie eine 100 Pixel breite Navigationsleiste im Vergleich zu Ihrem restlichen Design aussieht, und wenn der Bereich zu schmal erscheint, können Sie ihn ausweiten.

Sie könnten auch die Gelegenheit nutzen und die Bereiche Ihres Tracing-Bilds mit Beispielinhalten füllen. Sie können das Banner Ihrer Seite gestalten und mit der Navigationsleiste verbinden, die Sie sich am linken Bildschirmrand vorstellen. Sie können im Hauptinhaltsbereich etwas Beispieltext eingeben. Sie können verschiedene Farbschemata ausprobieren. Experimentieren Sie, soviel Sie möchten, und speichern Sie, wenn Sie mit den Ergebnissen zufrieden sind. Solange Sie Ihr Layout in Dreamweaver so erstellen, dass es den Bereichen in Ihrem Tracing-Bild entspricht – was sehr einfach ist, da Sie auf ihm arbeiten –, gibt es keinen Grund, warum Ihr Design nicht genauso aussehen sollte wie Ihr Modell. Sie brauchen noch nicht einmal die Bilder neu zu erstellen. Exportieren Sie einfach die Grafiken aus Ihrem Tracing-Bild.

Das Erstellen eines Tracing-Bilds funktioniert so:

1. Nehmen Sie die Skizze Ihres Designs aus Kapitel 4 zur Hand und öffnen Sie in Ihrem Grafikprogramm ein neues Dokumentfenster.

2. Beginnen Sie damit, dass Sie die Leinwandgröße Ihres Dokuments auf die Browserfenstergröße einstellen. Ihr Tracing-Bild sollte maßstabsgetreu sein, um sicherzugehen, dass die Breite der Leinwand korrekt ist. Blättern Sie zurück zu der Seitenbreite, die Sie in Kapitel 4 für Ihre Layoutskizze gewählt haben. (Wenn Sie ein Liquidlayout planen, verwenden Sie die Seitenbreite, auf der Ihr Design ursprünglich basierte.) Die Höhe spielt in diesem Fall keine so große Rolle, weil die Höhe Ihres Hauptinhaltsbereichs variabel ist – sie ändert sich je nach Inhalt von Seite zu Seite. Stellen Sie die Höhe der Leinwand etwa 100 Pixel größer ein als den Above-the-fold-Wert. Sie könnten eine Linie einzeichnen, um die Above-the-fold-Grenze zu markieren. Für Ihren späteren Komfort können Sie die Bereiche auch beschriften und ihre Dimensionen angeben.

 Um in Macromedia Fireworks die Leinwandgröße zu verändern, wählen Sie *Modifizieren* → *Leinwand* → *Leinwandgröße* oder klicken Sie die Schaltfläche *Leinwandgröße* im Eigenschafteninspektor an. Geben Sie die Werte für Breite und Höhe in die entsprechenden Felder des Dialogfelds *Leinwandgröße* ein und klicken Sie auf *OK*.

3. Zeichnen Sie nun einfach Rechtecke für jeden Bereich Ihres Designs ein, gefolgt von den Breiten- und Höhen-Hilfslinien, die Sie in Ihrer Skizze erstellt haben. Wenn Ihre Schätzungen danebengegangen sind, korrigieren Sie sie je nach Bedarf.

Wenn Sie fertig sind, sieht Ihr Dokumentfenster etwa so aus wie Abbildung 5-7. Das ist alles, was Sie für ein Tracing-Bild brauchen, so dass Sie hier ohne Weiteres aufhören können. Speichern Sie Ihre Datei im GIF-, JPEG- oder PNG-Format, und das war's. Falls Sie aber die Inspiration verspüren, versehen Sie Ihr Tracing-Bild auf jeden Fall mit Beispielgrafiken, wie sie in Abbildung 5-8 gezeigt werden. Je mehr Sie jetzt erledigen, desto weniger haben Sie später zu tun.

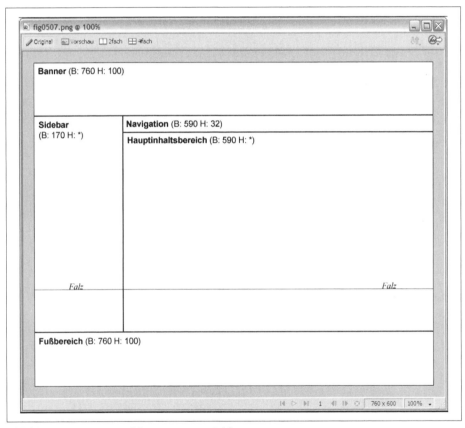

Abbildung 5-7: Ein Beispiel für ein Tracing-Bild

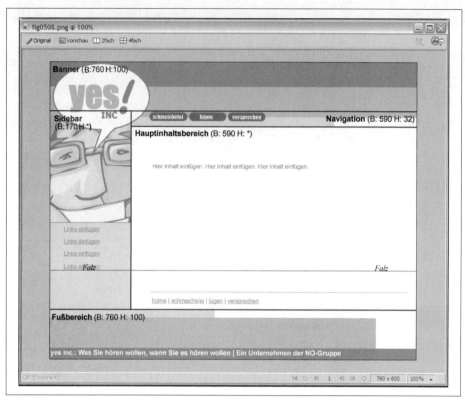

Abbildung 5-8: Versehen Sie Ihr Tracing-Bild mit Bildern und Beispielinhalten.

Die Bilder, deren Modell Sie in Ihrem Tracing-Bild erstellen, brauchen Sie nicht wegzuwerfen. Sie können genau dieselben Bilder auf Ihrer Site verwenden. Exportieren Sie dazu die gewünschten Bereiche als separate Bilddateien. Am Ende können Sie diese Bilddateien in Ihrem Dreamweaver-Dokument platzieren.

Wenn Sie Macromedia Fireworks verwenden, wählen Sie das Rechteck aus Schritt 4 aus, das Sie exportieren möchten. Klicken Sie es mit der rechten Maustaste an und wählen Sie *Rechteckiges Segment einfügen* aus dem Kontextmenü. Fireworks fügt ein identisches rechteckiges Segment zur Web-Ebene hinzu. Führen Sie einen weiteren Rechtsklick aus und wählen Sie *Ausgewähltes Segment exportieren*. Nun haben Sie ein genau zugeschnittenes webfertiges Bild für Ihr Layout.

KAPITEL 6
Gedanken über Text

In diesem Kapitel:
- Formate auswählen
- Ein Blick auf Formatattribute
- Text-Hyperlinks gestalten

Der meiste Inhalt Ihrer Site wird wahrscheinlich die Form von Text annehmen. Genau wie Sie sich bei Projektbeginn einige Teit genommen haben, um die Struktur und das Layout Ihrer Site zu planen, ist es nützlich, sich Gedanken über die Form zu machen, die Ihr Text annehmen wird.

Sie möchten, dass Ihr Text auf dem Bildschirm leicht zu lesen ist. Sie wollen sogar Text, der leicht zu überfliegen ist, weil die meisten Ihrer Besucher nicht die Zeit haben, Ihre Werte Wort für Wort durchzugehen, wie knackig und geistreich sie auch formuliert sein mögen. Ihre Besucher möchten sofort auf den Punkt kommen. Sie wollen Hauptgedanken. Sie wollen Ergebnisse. Im Übrigen ist das Lesen am Bildschirm eine Qual. Kopfschmerzen und Augenermüdung sind zu erwarten. Sie sollten tun, was Sie können, um die Belastung zu vermindern.

Dieses Kapitel hilft Ihnen, in die richtige Richtung zu denken. Indem Sie planen, wie der Text auf Ihrer Site präsentiert werden soll, verbessern Sie den Zugang zu Ihren Inhalten für jedermann, nicht nur für diejenigen mit Behinderungen.

Formate auswählen

Hier erst einmal der beste Rat, den Sie in diesem ganzen Kapitel erhalten werden: Wenn Sie eine Webseite erstellen, sollten Sie jeden Textblock auf der Seite nach seiner Kategorie oder seinem *Format* – um den Dreamweaver-Ausdruck zu verwenden – klassifizieren. Der Grund ist einfach. Das Format identifiziert den Text als ein bestimmtes Element – das heißt einen Absatz oder eine Überschrift –, was dem Browser wiederum mitteilt, wie er den fraglichen Text anzeigen soll. Wie Sie in Kapitel 1 gesehen haben, wird ein Textblock, den Sie mit einem Dreamweaver-Format versehen, von Dreamweaver mit den passenden HTML-Tags gekennzeichnet.

Es ist ohne Weiteres möglich, unformatierten Text auf Ihrer Seite stehen zu lassen. Das bedeutet, dass Sie ihn mit keinem HTML-Tag irgendeiner Art zu kennzeichnen brauchen, denn der Browser stellt ihn immer noch als Text dar.

Es mag Ihnen als verführerische Zeitsparmaßnahme erscheinen, Text unformatiert zu lassen, aber ich rate Ihnen eindringlich, der Versuchung zu widerstehen. Klassifizieren Sie jedes Textelement stets gemäß seines richtigen Formats. Wenn nicht, können Sie nicht den vollen Nutzen aus der Anwendung von CSS-Stilen ziehen, weil der Browser nicht sicher ist, was der Text sein soll: Ein Absatz, eine Überschrift, eine Tabellenbeschriftung oder was auch immer. Wenn Sie also später das Standardaussehen Ihrer Absätze gestalten, erhalten nur diejenigen Absätze, die Sie ausdrücklich als solche formatiert haben, den von Ihnen angepassten Stil, während der nackte, unformatierte Text so langweilig im Browserfenster stehen bleibt wie zuvor.

Der Browser enthält vorgefertigte Stilregeln für die diversen Textformate; falls Sie ihm also einen Absatz geben, stellt er den Text auf eine bestimmte Art dar. In den meisten Browsern werden Absätze in relativ kleiner Schrift dargestellt, etwa so wie der Fließtext in diesem Buch. Wenn Ihnen die Art zusagt, wie der Browser ein bestimmtes Format darstellt, dann sind Sie fertig. Aber wenn Sie Anstoß an der verhältnismäßig schlechten ästhetischen Qualität der eingebauten Browserstile nehmen, wie die meisten Designer, dann steht Ihnen ein perfektes Gegenmittel zur Verfügung: Sie definieren ihr Aussehen einfach nach Ihren Bedürfnissen neu.

Dies geschieht mit Hilfe eines Cascading Style Sheets (CSS) – wie Sie in Kapitel 1 erfahren haben, handelt es sich dabei um einen Satz von Regeln, die das Aussehen der Elemente bestimmen, aus denen Ihre Website besteht. Im Prinzip sagt ein Cascading Style Sheet etwa Folgendes zum Webbrowser des Besuchers: »Wenn du einen Textblock mit dem Format Absatz findest, stell ihn bitte in der Schriftart Arial mit der Schriftgröße 10 Punkt dar. Aber wenn du auf eine Überschrift der ersten Ebene triffst, möchte ich sie in 16-Punkt-Verdana, und bitte fett.«

Noch besser ist, dass Sie spezielle Stile definieren können, um zwischen diversen unterschiedlichen Erscheinungsbildern für dasselbe Format zu unterscheiden. Mit Hilfe dieser Stile können Sie einen allgemeinen Absatzstil für den Inhaltsbereich des Layouts, einen separaten Absatzstil für die Elemente in der Sidebar, einem weiteren Stil für die Unternavigation und noch einem Absatzstil für den Copyright-Hinweis im Fußbereich erstellen, und zwar alle im gleichen Stylesheet.

Sie werden in Kapitel 12 mit dem Konstruieren Ihrer Stylesheets beginnen, nachdem Sie das Layout für Ihre Seiten erstellt haben. Im Moment sollten Sie sich erst einmal die gängigsten Textformate anschauen und herausfinden, wie sie sich am besten nutzen lassen.

Überschriften

Verwenden Sie Überschriften, um Inhaltsabschnitte im Fließtext Ihrer Seite zu kennzeichnen. Webbrowser unterscheiden sechs Überschriftebenen. Überschriften der ersten Ebene sind die wichtigsten, wie die Hauptschlagzeile einer Zeitung. Überschriften der Ebene sechs sind am unwichtigsten, wie die Überschrift einer Kleinanzeige. Abbildung 6-1 zeigt das Standard-Erscheinungsbild der sechs Überschriftebenen in einem Browser. Welche angepassten Designs Sie sich auch immer für Überschriften in Ihrem Stylesheet ausdenken mögen, Sie sollten doch immer demselben Grundgedanken der absteigenden visuellen Wichtigkeit folgen. Auf der ersten Ebene sollten Ihre Überschriften schreien. Auf Ebene sechs sollten sie piepsen.

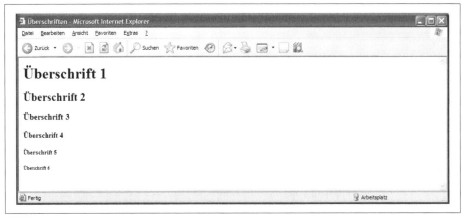

Abbildung 6-1: Das Standard-Erscheinungsbild der sechs Überschriftebenen

 Es ist sehr unwahrscheinlich, dass der Inhalt irgendeiner Seite Ihrer Website sechs Organisationsstufen benötigt, also fühlen Sie sich nicht verpflichtet, sich Designs mit sechs Überschriftstufen auszudenken. Drei sind normalerweise mehr als genug.

Der Trick für den richtigen Einsatz von Überschriften auf einer Webseite besteht darin, auf Ebene eins anzufangen und dann schrittweise hinabzusteigen. Die Hauptinhaltsbereiche auf Ihrer Seite beginnen mit Überschriften der ersten Ebene. Wenn Sie Unterteilungen für jeden Abschnitt benötigen, verwenden Sie Überschriften der zweiten Ebene, dann Überschriften der dritten Ebene und so weiter, aber springen Sie nie direkt von der ersten zur dritten Überschriftebene. Bewegen Sie sich immer in Einzelschritten abwärts. Dies hilft Browsergeräten, die zu Grunde liegende Struktur Ihres Inhalts zu bestimmen.

Seien Sie beim Einsatz von Überschriften für den Seitentitel, die Links in Ihrer Navigationsleiste und so weiter vorsichtig. Viele Designer verwenden das Überschriftformat, wann immer ein bestimmtes Textelement herausragen soll. Aber denken Sie daran, dass Sie die Überschriften nicht wegen ihres Erscheinungsbilds brauchen, wenn Sie Cascading Style Sheets haben. Sie können eine spezielle Absatz-Stilklasse erzeugen, die genauso groß und fett ist wie eine Überschrift der ersten Ebene. Sie sollten ein Textelement nur dann als Überschrift kennzeichnen, wenn es tatsächlich als Überschrift im Fließtext fungiert, indem es Inhaltsbereiche separiert.

Absätze

Es dürfte keine Überraschung sein, dass das Absatz-Format für Fließtextabsätze gedacht ist, so ähnlich wie der Absatz, den Sie gerade lesen. Abbildung 6-2 zeigt das Standarderscheinungsbild von Absätzen in einem Browser. Wie Sie sehen, werden Absätze nicht eingerückt. Stattdessen fügt der Browser eine Leerzeile ein, um sie voneinander zu trennen. Wenn Sie ein Stylesheet für Ihre Site erstellen, sind Sie nicht auf diese Art der Formatierung festgelegt. Ihre Absätze können auch eingerückt werden und es braucht kein Leerraum zwischen ihnen zu liegen.

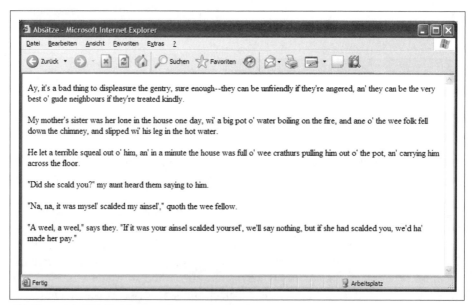

Abbildung 6-2: HTML-Absätze sehen standardmäßig so aus.

Weniger offensichtlich ist vielleicht, dass der Absatzstil auch das Universalformat für jeden beliebigen Textblock darstellt, der keine Überschrift und keine Liste ist. Der Titel der Webseite, die Punkte in der Hauptnavigation und der Copyright-Hinweis im Fußbereich gehören alle zu dieser Kategorie, deshalb kennzeichnen Sie sie in Dreamweaver als Absätze. Um die verschiedenen Absatzarten zu unterscheiden, die Sie verwenden, erstellen Sie CSS-Klassenstile. Dies verhindert, dass die Absätze im Fließtext genauso aussehen wie die Absätze in anderen Bereichen, etwa im Navigationsbereich.

Listen

Im Web-Publishing gibt es zwei Arten von Listen: geordnete Listen und ungeordnete Listen. Was sie unterscheidet, sind die *Aufzählungszeichen* oder die typografischen Markierungen, die vor jedem Listenelement stehen. In einer *geordneten Liste* sind die Aufzählungszeichen Teil einer Folge – entweder numerisch (1, 2, 3) oder alphabetisch (a, b, c). Der Browser liefert Ihnen standardmäßig nummerierte geordnete Listen, wie in Abbildung 6-3 gezeigt. Mit Cascading Style Sheets können Sie die Aufzählungszeichen leicht in Buchstaben oder römische Zahlen umwandeln. Der praktische Nutzen geordneter Listen besteht darin, dass Sie Ihre Listenpunkte nicht von Hand zu nummerieren (oder mit Buchstaben zu versehen) brauchen. Der Browser nummeriert sie automatisch. Wenn Sie ein Element aus der Mitte der Liste entfernen, nummeriert der Browser sie automatisch neu.

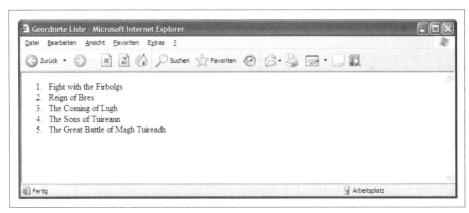

Abbildung 6-3: Geordnete Listen werden standardmäßig nummeriert.

In einer *ungeordneten Liste* ist das Aufzählungszeichen ein Aufzählungspunkt (Bullet), wie Abbildung 6-4 zeigt. Auch hier können Sie den Standardpunkt mit Hilfe von Cascading Style Sheets durch etwas anderes als einen gefüllten Kreis ersetzen. Sie können sogar eine selbst gestaltete Bilddatei angeben.

Listen sind am effektivsten im Fließtext Ihrer Seite, wenngleich manche Designer beschließen, ihre Hauptnavigation als Liste zu formatieren. Eine solche Auszeichnung Ihrer Navigation bietet gegenüber der Verwendung von Absätzen keine Vorteile, wenngleich die Verwendung einer ungeordneten Liste eine clevere Idee ist, falls

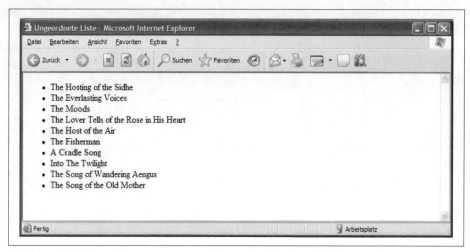

Abbildung 6-4: Ungeordnete Listen verwenden standardmäßig Aufzählungspunkte.

Sie Ihre Navigationsauswahlen mit Aufzählungspunkten beginnen möchten. Wie immer können Sie einen separaten Klassenstil für Ihre Navigationsliste erstellen, um sie visuell von den Listen zu unterscheiden, die in Ihrem Fließtext erscheinen.

 Mit CSS ist es auch möglich, eine ungeordnete Liste zu erstellen, die gar kein Aufzählungszeichen hat – eine Bullet-Liste ohne Bullets, sozusagen.

Ein Blick auf Formatattribute

Mit CSS – und somit auch mit Dreamweaver – erhalten Sie eine Fülle von Stiloptionen oder *Formatattributen* für den Text Ihrer Site. Tatsächlich erhalten Sie so viele, dass dieses kleine Werk sie wahrscheinlich nicht alle untersuchen kann. Allerdings kann es die wichtigsten von ihnen vorstellen, um Ihnen ein Gefühl für die Möglichkeiten zu geben, und die Freuden des Entdeckens Ihnen überlassen.

Schriftarten auswählen

Die Schriftbilder oder *Schriftarten*, die Sie für Ihre Website auswählen können, tragen in erheblichem Maße zum allgemeinen Erscheinungsbild und der Wirkung Ihres Designs sowie zur Lesbarkeit Ihrer Seiten bei.

Bevor wir diese Diskussion vertiefen, ist es wichtig, klarzustellen, dass die Schriftarten, die der Browser auf Ihrer Site darstellt, vom Computer des Besuchers und nicht von Ihrem Computer stammen, was Ihre typografischen Auswahlmöglichkeiten tendenziell einschränkt. Wenn Sie ein Grafikdesigner sind, haben Sie im Laufe der Jahre zweifellos eine eindrucksvolle Sammlung der merkwürdigsten Schriftarten zusammengetragen, aber für Ihr Webprojekt müssen Sie leider Abstand von ihnen nehmen, weil Ihre Besucher diese Schriften sehr wahrscheinlich nicht auf ihren Computern haben. Sie sollten sich stattdessen an die nahe liegenden Optionen halten, also die Schriften, die jeder hat. Einige Designer bezeichnen diese als *websichere Schriftarten*, wenngleich *sicher* wahrscheinlich nicht die beste Bezeichnung dafür ist. Sie werden nicht gleich das Internet zum Absturz bringen, wenn Sie zufällig eine nicht websichere Schriftart auf Ihrer Site verwenden. Ihre Seiten werden für die Mehrheit Ihres Publikums lediglich nicht so aussehen, wie Sie sie sich vorgestellt haben.

Unter diesen Gesichtspunkten können Sie Webschriftarten in drei Gruppen unterteilen: Serifenschriften, serifenlose Schriften und Nichtproportionalschriften, wie in Abbildung 6-5 gezeigt. *Serifenschriften* haben kleine Verzierungen an den Enden der Zeichen, während *serifenlose Schriften* schnörkellos sind. In Nichtproportionalschriften haben alle Zeichen der Schrift dieselbe Breite, genau wie der Text einer Schreibmaschine. Abgesehen davon können Nichtproportionalschriften sowohl Serifen haben als auch serifenlos sein, wobei sie überwiegend Serifenschriften sind.

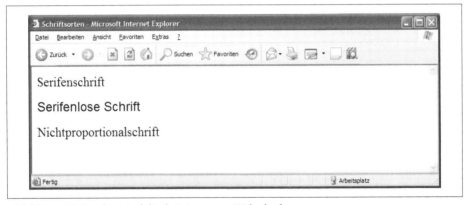

Abbildung 6-5: Das hier sind die drei Arten von Webschriften.

Tabelle 6-1 listet die häufigsten Schriften aller drei Arten auf. Sie sollten ernsthaft in Erwägung ziehen, diese Schriftarten für Ihre Site zu verwenden, anstatt Ihr Glück mit weniger websicheren Kandidaten zu versuchen.

 Eine Möglichkeit, die websicheren Schriftarten zu umgehen, besteht darin, die Schriftarten Ihrer Wahl in Ihre Seite einzubetten. Das Microsoft Web Emdedding Font Tool (WEFT) hat genau diese Aufgabe, ist aber bei Weitem nicht perfekt. Zum einen funktioniert dieses Tool nur auf Windows-Rechnern, die eingebetteten Schriftarten erscheinen nur im Internet Explorer und Sie können nur TrueType-Schriften einbetten. (Type-1-Schriften sind wahrscheinlich das Format, das Grafikdesigner am häufigsten verwenden, und WEFT unterstützt sie nicht.) Zum anderen sorgen eingebettete Schriften für zusätzliche Downloadzeit, was die Performance Ihrer Site beeinträchtigt. Trotzdem: Wenn Sie Ihren Text in einer Nicht-Standardschrift präsentieren möchten, lässt WEFT Ihnen diese Wahl.

Weitere Informationen finden Sie unter *http://www.microsoft.com/typography/web/embedding/weft3/*.

Tabelle 6-1: Die gängigsten Schriftarten auf Windows- und Mac OS-Systemen

Schrifttyp	Windows-Schriftarten	Macintosh-Schriftarten
Serifenschrift	Times New Roman, Georgia	Times
Serifenlose Schrift	Arial, Verdana	Helvetica, Geneva
Nichtproportionalschrift	Courier New	Courier

Der Vorbehalt bezüglich websicherer Schriftarten gilt nur für den Text, der als Text auf Ihrer Seite erscheint. Text, den Sie innerhalb von Bildern einfügen, wie die Beschriftung einer Schaltfläche, ist Teil der Bilddatei – die Buchstaben sind mit ihrer jeweiligen Schriftart in das Bild eingebaut. Deshalb braucht der Besucher nicht dieselben Schriften zu haben, um das Bild genau so zu sehen, wie Sie es gestaltet haben.

Als Ausgleich für das besucherspezifische Modell der Schriftartenauswahl ermöglicht der Browser Ihnen, eine Liste akzeptabler Schriftarten anzugeben, anstatt Sie zu einer einzelnen Auswahl zu zwingen. Beispielsweise könnten Sie beschließen, dass Ihr allgemeiner Absatzstil am besten in Geneva aussieht, dass aber Times für Ihre Mac-User und Times New Roman für Ihre Windows-Benutzer ausreichende Alternativen sind, wenn diese keine Geneva haben. Sie werden das Konzept der Schriftlisten gründlicher kennen lernen, wenn Sie in Kapitel 12 tatsächlich ein Stylesheet erstellen. Behalten Sie im Moment einfach im Kopf, dass Sie für jedes der Textelemente eine Auswahl von Schriftarten angeben können.

Definieren Sie für Ihre Site höchstens eine Serifenschriftenliste, eine Liste mit serifenlosen Schriften und eine mit Nichtproportionalschriften.

Theoretisch können Sie für jede Stilregel in Ihrem Cascading Style Sheet eine andere Schriftenliste festlegen, aber in der Praxis wählen Sie eine oder zwei Listen und verwenden sie für alle Textformate und Klassenstile, die Sie definieren. Sie brauchen höchstens eine Liste für jeden Typ: Eine Serifenschriftenliste, eine Liste mit serifenlosen Schriften und eine mit Nichtproportionalschriften. Wenn Sie noch mehr Schriftenlisten verwenden, bekommt Ihre Site eine Art Schmierzettelästhetik mit zu vielen unterschiedlichen Schriftarten.

Hier einige allgemeine Grundregeln für die Schriftenauswahl:

Serifenschriften sind gut für Fließtext geeignet
Die kleinen Verzierungen an den Zeichenenden erzeugen bei relativ kleinen Schriftgrößen eine Art horizontalen Kanal, der dem Leser hilft, den Textzeilen zu folgen. Besonders hilfreich ist das im Web, wo Ihre Besucher Ihren Text so gut wie nie Wort für Wort lesen werden. Sie überfliegen die Seite stattdessen und werden nur langsamer, wenn sie genau die Information erreichen, die sie brauchen. Für den typischen Absatz- oder Listenstil sind die Serifen eine gut Wahl.

Serifenlose Schriften sind gut für Überschriften geeignet
Serifenlose Schriften mit ihrem schmucklosen Stil sehen in größeren Schriftgrößen recht imposant aus. Dies hilft Ihnen, die Aufmerksamkeit auf die Überschriften zu lenken. Wenn Sie darüber hinaus eine Serifenschrift für die Absätze wählen, entsteht ein angenehmer visueller Kontrast, der den konzeptionellen Gegensatz zwischen den Formaten verstärkt.

Serifenschriften wirken tendenziell seriöser
Wenn Sie Ihrem Text eine sachkundige, verlässliche Wirkung verleihen möchten, sollten Sie sich für eine Serifenschrift entscheiden. Der formellere Stil der Serifen hilft Ihnen, den Eindruck zu erwecken, dass Ihre Worte nüchtern, glaubwürdig, vernünftig und korrekt sind.

Serifenlose Schriften wirken tendenziell weniger seriös
Informelle, heitere, freundliche oder einladende Texte funktionieren besser mit serifenloser Schrift. Die Zeichen in einer serifenlosen Schrift sind einfach und unprätentiös, so dass der Leser dazu neigt, diese Eigenschaften auch auf Ihre Worte zu beziehen.

Verwenden Sie Nichtproportionalschriften ausschließlich für spezielle Texte
Nichtproportionalschriften in kleinen Mengen funktionieren im Web außerordentlich gut. Besonders effektiv sind sie für separate Textblöcke wie Computercodezeilen, Eingabeanweisungen oder Passagen mit Buch- oder Filmzitaten. Sie können Nichtproportionalschriften auch zur Kennzeichnung von Tasten oder Schaltflächen innerhalb des Fließtexts verwenden, aber vermeiden Sie sie für den Standardfließtext selbst, weil sie in größeren Blöcken eher schwer zu lesen sind.

Die Schriftgröße auswählen

Die *Schriftgröße* misst die Länge oder Höhe der Zeichen in einem Textblock. Je größer die Schriftgröße, desto größer erscheint der Text auf dem Bildschirm. Sie können für jede Stilregel in Ihrem Stylesheet eine andere Schriftgröße angeben.

CSS liefert Ihnen eine Reihe von Möglichkeiten zur Angabe der Schriftgröße, darunter auch traditionelle typografische Maße wie Punkt, Pica und em, aber für das Web ist es normalerweise am besten, in Pixeln zu denken. Die Seitenbreite, die Breite Ihres Layouts und die Dimensionen vieler Designelemente werden in Pixeln ausgedrückt, so dass es praktisch für Sie ist, die Textgröße auf dieselbe Weise zu messen. Außerdem neigt die Größe pixelbasierter Texte in verschiedenen Browsern eher zur Konsistenz, so dass Sie zuversichtlicher sein können, dass die Besucher Ihren Text so sehen, wie Sie ihn gestaltet haben.

Der Pixel ist ein relatives Längenmaß. Vielleicht wissen Sie noch aus der Erörterung in Kapitel 5, dass durch eine Erhöhung der Auflösung mehr Pixel in denselben Raum gepackt werden, was entsprechend kleinere Pixel erzeugt.

Im Gegensatz dazu sind Punkt, Pica, Zoll und Millimeter absolute Längenmaße. Ein Punkt besitzt immer eine bestimmte, festgelegte Länge. Das mag sich für Schriftgrößen zwar vorteilhaft anhören, aber Browser können mit dieser Art von Maßen nicht sonderlich gut umgehen. Was für den IE ein Punkt ist, muss nicht notwendigerweise der Meinung von Firefox zu diesem Thema entsprechen. Aber Browser sind sehr gut im Messen von Pixeln. Das tun sie oft genug.

Punkt ist also ein absolutes Maß – was passiert, wenn Ihre Schriftgröße für einige Ihrer Besucher absolut gesehen zu klein ist? Sie haben keine einfache Möglichkeit, die Größe Ihres Texts anzupassen, weil ein Punkt immer ein Punkt ist. Bei Pixeln ist das anders. Ihre Besucher können die Schriftgrößeneinstellung in ihrem Browser erhöhen oder notfalls ihre Bildschirmauflösung verringern. In beiden Fällen wird der Text größer und ist einfacher zu lesen. Abgesehen davon stellen die meisten Computermonitore Text mit 96 oder 72 ppi dar, so dass die Pixel ohnehin für alle Ihre Besucher ungefähr gleich groß sind. Wenn Sie die Schriftgröße in Pixeln angeben, erhalten Sie eine »virtuelle« absolute Größe ohne die Nachteile.

Zum Vergleich: Die durchschnittliche Schriftgröße für Fließtext im Web beträgt etwa 12 Pixel, aber je nach Design können 12 Pixel leicht zu groß erscheinen. Bildschirmplatz ist immer eine wertvolle Ressource im Webdesign, so dass es erforderlich sein kann, möglichst kleine Schriften zu wählen. Sie sollten aber nicht so klein sein, dass Ihr Text unleserlich wird. Das Lesen am Computerbildschirm ist sowieso schon anstrengend für die Augen. Nehmen Sie die Tatsache hinzu, dass die Besucher den Text meist nur überfliegen, und Lesbarkeit wird zum entscheidenden Ziel Ihrer Online-Typografie.

Bei kleineren Schriftgrößen sind relativ breite Schriften wie Georgia und Verdana am besten geeignet.

Der beste Ansatz zur Wahl der Größe für den Text besteht darin, während des Aufbaus Ihrer Site mit verschiedenen Werten zu experimentieren. Viele variable Faktoren beeinflussen die allgemeine Lesbarkeit Ihres Texts, unter anderem die Hintergrundfarbe der Seite und die Schriftenauswahl. Allerdings beträgt die kleinste benutzbare Schriftgröße selbst im besten Fall etwa 8 Pixel.

 Unterschreiten Sie nicht die Schriftgröße von 8 Pixeln.

Abstände festlegen

Sie brauchen Abstände? Sie bekommen Abstände. CSS stellt Ihnen Abstände in jeder erdenklichen Bedeutung dieses Begriffs zur Verfügung, wie dieser Abschnitt verdeutlicht.

Als Erstes sollten Sie wissen, dass ein Textblock im Web, ob nun eine einzelne Zeile oder ein ganzer Absatz, in einem Rechteck oder einer *Box* liegt. Standardmäßig ist die Box völlig transparent, aber ihre rechteckige Form wird offenbar, wenn Sie ihr einen Rahmen oder eine Hintergrundfarbe zuweisen (siehe den Abschnitt »Farben und Rahmen auswählen« weiter unten in diesem Kapitel). Es ist wichtig, das bereits jetzt zu erwähnen, da die Vorstellung von Text in einer Box Ihnen hilft, einige der verfügbaren Abstandsoptionen zu verstehen.

Ein Blick auf die Zeilenhöhe

Normalerweise sind Textzeilen auf der Seite ungefähr so hoch wie die Schriftgröße. Falls Sie also 16-Pixel-Text darstellen, sind Ihre Zeilen etwa 16 Pixel hoch. Aber mit CSS können Sie die *Zeilenhöhe* ändern, wie Abbildung 6-6 zeigt.

Da Ihre Zeilen normalerweise so hoch sind wie Ihre Schrift, können Sie sehr leicht die Zeilenhöhe für verschiedene Abstände berechnen. Falls Sie etwa 16-Pixel-Text haben, ist eine Zeilenhöhe von 16 Pixeln das Äquivalent des normalen Texts mit einfachem Zeilenabstand. Eine Zeilenhöhe von 24 Pixeln führt zu anderthalbfachem Zeilenabstand (16 mal 1,5). Für den doppelten Abstand müssen Sie die Zeilenhöhe auf 32 erhöhen (16 mal 2).

 Um die Lesbarkeit Ihres Fließtexts (und die Möglichkeit, ihn zu überfliegen) zu steigern – besonders, wenn mehrere Absätze aufeinanderfolgen –, könnten Sie es mit anderthalbfachem Zeilenabstand probieren. Setzen Sie die Zeilenhöhe dazu auf das 1,5-Fache der Schriftgröße.

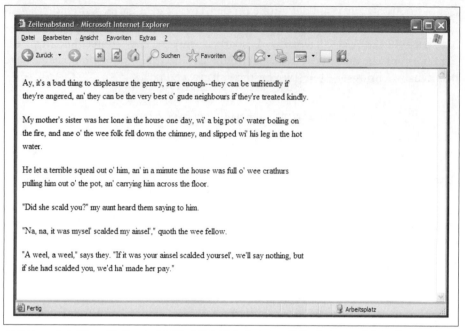

Abbildung 6-6: Diese Absätze in 16-Pixel-Schrift haben eine Zeilenhöhe von 24 Pixel.

Ein Blick auf Wort- und Zeichenabstände

Sie können die Abstände zwischen den Wörtern in einer Textzeile steuern. In Abbildung 6-7 hat der zweite Absatz einen Wortabstand von drei Pixeln zusätzlich, was die Lesbarkeit bei dieser kleinen Schriftgröße erleichtert.

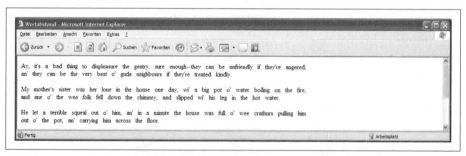

Abbildung 6-7: Eine Erhöhung der Wortabstände verbessert die Lesbarkeit.

Im Allgemeinen gilt, dass höhere Schriftgrößen auch größerer Wortabstände bedürfen. Es ist ratsam, den Wortabstand für Überschriften und ähnlichen Text zu verringern, damit Sie mehr Text in einer einzelnen Zeile unterbringen können. Wenn Ihr Fließtext dagegen 8 oder 9 Pixel groß ist, könnten Sie es sich wahrscheinlich leisten, den Wortabstand zu erhöhen, um die Lesbarkeit zu verbessern.

Breite Schriften wie Verdana sehen mit zusätzlichen Wort- und Zeichenabständen oft besser aus. Schmale Schriften sehen dagegen mit weniger von beidem besser aus.

Auf ähnliche Weise können Sie die Abstände zwischen den Zeichen in einer Textzeile steuern, wie Abbildung 6-8 zeigt. Für den Zeichenabstand gelten dieselben Richtlinien wie für den Wortabstand, was die Gründe zur Erhöhung oder Verringerung angeht. Bei größeren Schriftgrößen funktionieren geringere Zeichenabstände gut. In Abbildung 6-8 haben die Wörter in der zweiten Überschrift einen Zeichenabstand von zwei Pixeln weniger, so dass sie kompakter aussieht und leichter zu lesen ist.

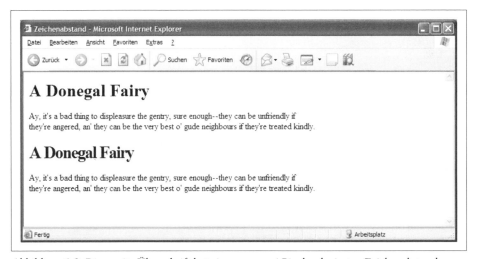

Abbildung 6-8: Die zweite Überschrift hat einen um zwei Pixel reduzierten Zeichenabstand.

Ein Blick auf Ränder

Normalerweise ist die Box eines Textelements so groß, wie Sie sein muss, damit der Text hineinpasst. Die vier Randattribute (genauer gesagt Außenränder oder englisch *margins*) – oben, unten, links und rechts (in CSS *top*, *bottom*, *left* und *right*) – bestimmen die Größe einer Box, die über ihre normale Größe hinausgeht beziehungsweise von dieser abgezogen wird. Am häufigsten verwenden Sie Ränder, um den »bedruckbaren« Bereich der gesamten Seite festzulegen, aber auch einzelne Textelemente wie Absätze können Ränder besitzen. Sie können die Absätze beispielsweise so gestalten, dass sie kürzere Ränder haben als die Seite, was Ihren Text abgesetzt erscheinen lässt. In Abbildung 6-9 haben die Absätze auf der Seite einen Rand von 30 Pixeln mehr als der linke Rand der Seite und einen rechten Rand von 60 Pixeln weniger als der rechte Seitenrand.

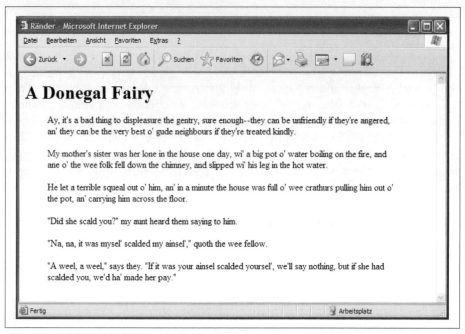

Abbildung 6-9: Text durch Anpassen des linken und des rechten Rahmens absetzen

Ein Blick auf Innenabstände

Das Attribut *Innenabstand* (englisch *padding*) steuert die Menge an Leerraum zwischen dem Rand der Box und den Kanten des darin befindlichen Inhalts. Genau wie die Ränder gibt es auch den Innenabstand in vier Sorten: oben, unten, links und rechts. In Abbildung 6-10 hat der obere Absatz keinen Innenabstand, während der untere Absatz einen Innenabstand von 10 Pixeln auf allen vier Seiten hat.

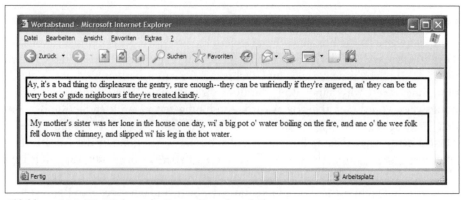

Abbildung 6-10: Die Wirkung des Innenabstands auf Absätze

Verwenden Sie den Innenabstand, um Inhalte innerhalb ihrer Box zu positionieren. Da die Bereiche Ihres Designs direkt nebeneinander liegen, ist der Innenabstand ein wichtiges Attribut, um dem Design Luft zu verschaffen. Etwas geschmackvoller Innenabstand am oberen und linken Rand des Hauptinhaltsbereich verschafft Ihnen ein nettes Polster aus Platz, das dabei hilft, die Inhalte von den Steuerelementen in Ihrem Design zu trennen.

Farben und Rahmen auswählen

Um Ihrem Text zusätzliche optische Wirkung zu verleihen, können Sie sowohl ihm als auch auch seiner Box Farben zuweisen und die Box mit diversen Arten von Rahmen umranden.

Ein Blick auf die Textfarbe

Verwenden Sie irgendeinen der 16 Millionen verschiedenen Farbtöne des Computers, um Ihren Text einzufärben. Wenn Sie der Box des Textelements eine Farbe zuweisen, erscheint auf der Seite ein deckendes Rechteck mit dem Text darin, wie in Abbildung 6-11 zu sehen ist. Sie können auch den Text selbst unabhängig von der Farbe der Box (oder dem Nichtvorhandensein derselben) einfärben.

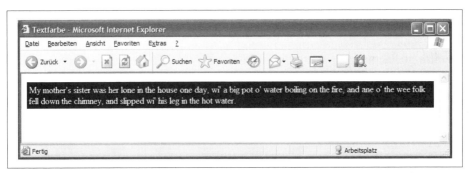

Abbildung 6-11: Dieser Absatz enthält weißen Text vor einem schwarzen Hintergrund.

Aber dass Sie etwas tun *können*, heißt noch nicht, dass Sie es tun sollten. Während das Einfärben der Box eines Textelements angebracht ist, wann immer Sie diesen Effekt benötigen, kann das Einfärben des Texts selbst Probleme verursachen, besonders, wenn Sie hier und da einzelne Wörter mit einer anderen Farbe versehen. Text einer Farbe mitten in Text einer anderen sieht für Ihre Besucher verdächtig nach einem Hyperlink aus, und sie werden zweifellos versuchen, ihn anzuklicken. Wenn nichts passiert, werden sie frustriert – und das ist nicht gut.

Denken Sie daran, dass Ihr Text sowohl lesbar als auch leicht überfliegbar sein muss. Egal, welches Farbschema Sie für Ihre Site wählen, sollte der Hauptinhaltsbereich stets einen scharfen Vordergrund/Hintergrund-Kontrast besitzen. Dunkler Text auf einem hellen Hintergrund funktioniert am besten. Heller Text auf dunklem Hintergrund ist vertretbar, wenngleich er leichter zur Augenermüdung führt, besonders bei kleineren Schriftgrößen. Und vermeiden Sie vor allem schreiende oder grelle Kontraste wie Grüngelb auf Magenta. Es ist unwahrscheinlich, dass Ihre Zielliste den Punkt »Brechreiz erregen und bohrende Kopfschmerzen verursachen« enthält.

Nichtsdestotrotz können Sie oft mit farbigem Text klarkommen, wenn Sie ihn konsistent verwenden. Beispielsweise führt es normalerweise nicht zu Verwirrung, wenn Sie allen Ihren Überschriften eine andere Farbe zuweisen als dem Fließtext, weil die Überschriften eine andere Aufgabe auf der Seite haben als der Fließtext. Sie dienen dazu, Inhaltsabschnitte voneinander zu trennen, so dass Ihre Besucher einen Kontrast zum Fließtext erwarten und deshalb nicht unbedingt davon ausgehen, dass es sich um Hyperlinks handelt.

 Vermeiden Sie den Einsatz von zwei oder mehr verschiedenen Farben innerhalb desselben Textelements.

Ein Blick auf Rahmen

Wenn Sie einem Textelement einen Rahmen zuweisen, umranden Sie seine Box, wie Abbildung 6-12 zeigt. Der Rahmen kann jede Farbe und Dicke annehmen, und Sie können aus diversen Stilen wählen, darunter durchgezogen, gestrichelt und gepunktet.

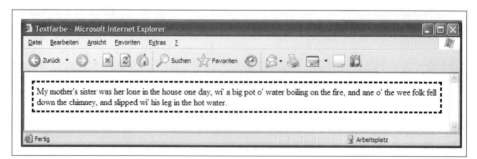

Abbildung 6-12: Dieser Absatz hat einen gestrichelten Rahmen

Rahmen um Textelemente wirken besonders gut, wenn Sie auch die Box des Elements einfärben. Der Effekt ist hervorragend für Sidebars, spezielle Ankündigungen und Ähnliches geeignet.

Sie können jede Seite des Rahmens unabhängig einstellen. Beispielsweise könnten der obere und der linke Rahmen einen Wert für Farbe, Dicke und Stil haben, der rechte und der untere dagegen andere. Sie können auch jede der vier Seiten weglassen, aber die restlichen behalten.

Text-Hyperlinks gestalten

Die besten Hyperlinks sind wie schlechte Krawatten, denn sie heben sich genauso vom Hintergrund ab und drängen sich eifrig in den Vordergrund. Deshalb ist die Gestaltung von Hyperlinks nicht dazu geeignet, Ihren Feinsinn und Ihre sensible Künstlernatur zu demonstrieren. Die Links müssen den umherstreifenden Blick des Besuchers einfangen und die Maus zum alles entscheidenden Ritual des Klicks bewegen. Das erreichen sie, indem sie mit deutlichem Kontrast von ihrer Umgebung abweichen. Ein alter Webdesignertrick besteht darin, sich knapp zwei Meter vom Monitor entfernt hinzustellen und stark zu schielen. Wenn Sie dann nur noch die grobe Form Ihres Layouts, die diffuse Hauptnavigation und die im Fließtext des Hauptinhaltsbereichs verteilten Hyperlinks wahrnehmen, können Sie sich zu einem gelungenen Werk beglückwünschen.

Ein Blick auf Link-Zustände

Hyperlinks besitzen drei verschiedene Erscheinungsbilder oder *Zustände*: den unbesuchten Zustand, den besuchten Zustand und den aktiven Zustand. Der *unbesuchte Zustand* ist das Erscheinungsbild des Links, wenn der Besucher dessen Ziel noch nicht besucht hat, zumindest nicht innerhalb der Zeitspanne, an die sich der Browser erinnert. Einleuchtenderweise ist der *besuchte Zustand* das Erscheinungsbild des Links, wenn der Besucher dieses Ziel bereits aufgesucht hat. Der *aktive Zustand* schließlich ist das Erscheinungsbild des Links, wenn der Besucher gerade auf den Link klickt oder, im Fall des Internet Explorers, wenn der Besucher dem Link durch Drücken der Tab-Taste den Fokus zuweist.

Traditionell verwenden Webdesigner verschiedene Farben, um die drei Linkzustände zu unterscheiden. Blau ist die Standardfarbe für unbesuchte Links, während Violett oder Magenta der Standard für besuchte Links und Rot derjenige für aktive Links ist. Wenngleich Sie die Farben der drei Zustände leicht auf jeden gewünschten Wert setzen können, sollten Sie in Ihrem Design nach Möglichkeit die Standardfarben verwenden. Die meisten Ihrer Besucher wissen bereits, was diese Farben bedeuten, was die Benutzung Ihrer Site erheblich vereinfacht. Sollten Sie dennoch von den Standards abweichen, sorgen Sie dafür, dass Sie Ihre Farbwahl konsistent über alle Seiten Ihrer Site anwenden. Es ist schlecht, für unbesuchte Hyperlinks auf einer Seite Grün und auf der nächsten Gelb zu verwenden. Färben Sie sie alle grün oder alle gelb. Ihre Besucher werden es Ihnen danken.

Die Unterstreichung loswerden

Die meisten Links sind unterstrichen. Zusammen mit der Link-Zustandsfarbe hilft die Unterstreichung dabei, die Aufmerksamkeit auf den Link zu lenken, wenn er irgendwo mitten im Fließtext steht.

Früher ließ sich die Unterstreichung eines Links nicht entfernen. Der Browser fügte sie automatisch allen Links hinzu, und so blieb es. Aber durch die Einführung von Cascading Style Sheets wurde die allgegenwärtige Unterstreichung optional. Nun können Sie die Unterstreichung durch eine einfache Anweisung in Ihrem Stylesheet entfernen.

Es lässt sich allerdings darüber streiten, ob das ein weiser Entschluss ist. Die Unterstreichung ist im Konzeptvokabular des Webs ein Synonym für den Hyperlink, und zwar in einem solchen Maß, dass Besucher alles Unterstrichene anklicken, selbst wenn es kein Link ist. Wenn Sie die Unterstreichung unter den Links entfernen, kann Ihr Design nicht von dieser mächtigen, universellen *Ergonomie*[1] profitieren.

Wenn Sie dennoch darauf bestehen, die Unterstreichung zu entfernen, stellen Sie sicher, dass sie durch mehr als nur eine andere Farbe ersetzt wird. Eine der Richtlinien für Benutzerfreundlichkeit ist, dass Sie nichts allein durch seine Farbe kennzeichnen sollten. Wenn Sie die Unterstreichung unter Ihren Hyperlinks entfernen, könnten sie für farbenblinde Personen und für diejenigen mit den letzten zwei oder drei im Einsatz befindlichen Schwarz-WeißMonitoren unsichtbar werden. Sicher ist auch, dass die Links für einen Besucher weniger nützlich werden, der Ihre Seite auf etwas anderem als einem Farbdrucker ausdruckt. Falls die Unterstreichung also verschwinden soll, ersetzen Sie sie durch Fett- oder Kursivdarstellung oder etwas anderes, das sich auch auf einem farbfreien Medium darstellen lässt, und verwenden Sie Ihre neue Link-Ergonomie konsistent, damit die Besucher ihre Bedeutung erfassen können.

Rollover-Effekte hinzufügen

Cascading Style Sheets stellen einen vierten Link-Zustand zur Verfügung: den *Hover-Zustand* oder das Erscheinungsbild eines Links, während der Besucher ihn mit dem Mauszeiger berührt. Links können schwerlich noch stärker zum Klicken einladen, als wenn Sie mit Hover-Zuständen auf sich aufmerksam machen. Ein Link, der auf die Maus mit einer Änderung seines Aussehens reagiert, verstärkt den Eindruck, dass er etwas bewirkt.

---

1 Das Wort »affordance«, das hier im Original verwendet wurde, ist eine Wortneuschöpfung, die ein Gerät oder Benutzeroberflächenelement beschreibt, dessen Verwendung sich selbsterklärend aus seiner Form ergibt. Es gibt keine richtige Übersetzung dafür, aber »Ergonomie« geht in eine ähnliche Richtung. (Anm. d.Ü.)

Wie der Link sich genau ändert, bleibt vollständig Ihnen überlassen, aber hier sind einige Tipps, die Sie in Betracht ziehen können:

Entfernen Sie die Unterstreichung nicht
Wenn der Besucher einen unterstrichenen Link berührt und die Unterstreichung dadurch verschwindet, senden Sie eine gemischte Botschaft. Der Link sollte aussehen, als würde er verstärkt, nicht abgeschwächt. Wenn überhaupt, dann fügen Sie die Unterstreichung *hinzu*, sobald der Besucher den Link berührt – aber stellen Sie sicher, dass etwas anderes als nur Farbe die Aufmerksamkeit auf die nicht unterstrichene Version lenkt (siehe dazu den Abschnitt »Die Unterstreichung loswerden« auf der gegenüberliegenden Seite).

Farbwechsel sind prima
Wählen Sie für beste Ergebnisse eine Rollover-Farbe, die Aktivität verspricht. Eine helle Farbe mit hoher Energie sollte genau das Richtige sein.

Fett- und Kursivdarstellung sind im Allgemeinen in Ordnung
Rollover-Links können fett oder kursiv werden, wenn Sie möchten, aber passen Sie auf, wie und wo Sie diesen Effekt einsetzen. Fette und kursive Schrift nehmen normalerweise ein wenig mehr Platz auf dem Bildschirm ein als die normale Schrift. Um Platz zu schaffen, zeichnet der Browser die Textzeile mit dem Hyperlink neu, was neue Umbrüche in den umgebenden Zeilen erzwingen könnte. Wenn das passiert, verliert der Besucher den Link vielleicht plötzlich aus den Augen.

Vermeiden Sie Änderungen der Schriftgröße
Geringfügige Größenänderungen im Rahmen von etwa ein bis zwei Pixeln könnten – abhängig von Ihrer Site – in Ordnung sein. Alles, was noch größer ist, erzwingt neue Umbrüche und Sie erhalten eine wackelige Seite – bewegliche Lettern im Wortsinn.

In diesem Kapitel:
- Die Site definieren
- Die Struktur aufbauen
- Vorschaubrowser einrichten
- Dialogfelder für Eingabehilfen-Attribute einrichten

KAPITEL 7
Richten Sie Ihre Website ein

Alles klar, Sie haben jetzt lange genug über alles nachgedacht. Sie haben Ihren Platz im World Wide Web reserviert. Sie wissen, wie die Struktur Ihrer Site aussehen wird. Sie haben das allgemeine Layout der Seiten skizziert. Sie haben Ihre Optionen für Bilder und Text ausgelotet. Nun ist es Zeit, ans Werk zu gehen. In diesem Kapitel richten Sie Ihre Site in Dreamweaver ein.

Die Site definieren

Der erste Schritt zur Erstellung einer neuen Site in Dreamweaver besteht darin, ein paar wichtige Details über Ihr Projekt anzugeben, etwa wo die Dateien gespeichert werden sollen und wie Sie die Verbindung zu Ihrem Webhoster herstellen. In der Dreamweaver-Terminologie wird dies als *Definition* Ihrer Site bezeichnet. Wenn Sie eine neue Site definieren, kalibrieren Sie Dreamweaver sozusagen – Sie richten das Programm ein, um mit der Site zu arbeiten.

Wenngleich Sie keine Site zu definieren brauchen, um mit dem Konstruieren und Bearbeiten von Webseiten zu beginnen, sollten Sie diesen wichtigen Schritt niemals überspringen. Viele der nützlichsten Funktionen von Dreamweaver wie die Überprüfung auf fehlerhafte Links oder die Verwaltung Ihrer Bilder stehen Ihnen erst zur Verfügung, wenn Sie eine Site definiert haben. Wenn Sie darüber hinaus mehr als eine Site zur gleichen Zeit verwalten, werden Ihre Site-Definitionen um so wichtiger. Dreamweaver kann mit mehreren Sites gleichzeitig umgehen, aber dazu muss er wissen, welche Site welche ist.

Eine Site zu definieren ist nicht schwierig. Die schwierigste Arbeit haben Sie im Übrigen schon erledigt, als Sie Ihre Site im ersten Teil dieses Buches geplant haben. Was Sie nun tun müssen, ist, Dreamweaver Ihren Plan zu beschreiben. Dieses Kapitel führt Sie durch diesen Prozess.

Die Grundlagen

Um mit Ihrer Site-Definition zu beginnen, wählen Sie *Site → Sites verwalten* aus dem Hauptmenü. Das Dialogfeld *Sites verwalten* erscheint, wie in Abbildung 7-1 gezeigt. Klicken Sie auf *Neu* und wählen Sie *Site* aus dem Drop-down-Menü. Dies führt Sie zu dem in Abbildung 7-2 gezeigten Dialogfeld *Site-Definition*.

Abbildung 7-1: Klicken Sie im Dialogfeld Sites verwalten auf Neu, um eine Site zu definieren.

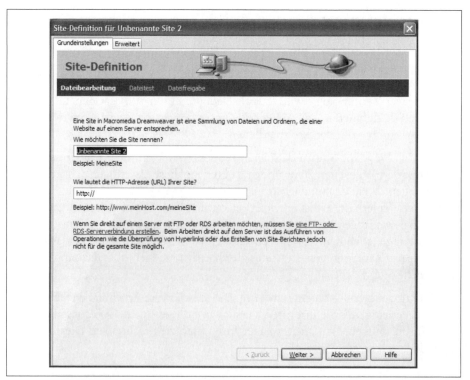

Abbildung 7-2: Verwenden Sie das Dialogfeldfeld Site-Definition, um eine neue Site zu definieren.

Um das Dialogfeld *Sites verwalten* zu umgehen und direkt in das Dialogfeld *Site-Definition* zu springen, wählen Sie *Site → Neue Site*. Aber im Abschnitt »Ihre Definition duplizieren« weiter unten in diesem Kapitel lernen Sie einen guten Grund kennen, das Dialogfeld *Sites verwalten* trotzdem bereitzuhalten.

Beachten Sie die beiden Registerkarten am oberen Rand des Dialogfelds *Site-Definition*: *Grundeinstellungen* und *Erweitert*. Der Modus *Grundeinstellungen* funktioniert genau wie ein Assistent, Dreamweaver leitet Sie also Schritt für Schritt durch die wichtigsten Punkte der Site-Definition. Dies ist für Anfänger eine hervorragende Methode zum Lernen, also klicken Sie auf die Registerkarte *Grundeinstellungen*, falls sie noch nicht ausgewählt ist.

Geben Sie als Erstes einen Namen für die Site in das entsprechende Feld ein. Das kann der Domainname Ihrer Site sein, muss es aber nicht. Wählen Sie einen beliebigen Namen, der Ihnen gefällt, und zögern Sie nicht, Leerzeichen zur Worttrennung zu verwenden. Sie müssen nicht unbedingt etwas eingeben, das wie ein Dateiname aussieht. Außerdem ist der Site-Name nicht für alle Zeiten festgelegt. Sie können ihn jederzeit bearbeiten oder ändern, sogar nach Fertigstellung Ihrer Site.

Das nächste Feld fragt nach der URL der Site – dem Uniform Resource Locator, einer anderen Bezeichnung für die Webadresse, die dasselbe ist wie Ihr Domainname. Sie haben Ihren Domainnamen in Kapitel 2 reserviert, also kennen Sie Ihre URL. Geben Sie sie hier mitsamt dem *http://*-Teil ein und klicken Sie auf *Weiter*.

Der nächste Bildschirm im Dialogfeld *Site-Definition* fragt, ob Sie eine Site mit Servertechnologie wie ColdFusion oder PHP erstellen, wie in Abbildung 7-3 gezeigt. Sie wissen aus Kapitel 1, dass serverseitige Technologie für den Aufbau dynamischer, datenbankgesteuerter Websites wichtig ist, aber dass diese zusätzliche Leistungsfähigkeit eine Portion zusätzlicher Verantwortung und technischer Herausforderungen mit sich bringt. Für Ihre erste Dreamweaver-Site ist reine Client-Technologie zu bevorzugen, also wählen Sie hier *Nein*, falls es noch nicht ausgewählt ist, und klicken Sie auf *Weiter*.

 Wenn Sie die Frage nach der Servertechnologie bejahen, fordert das Dialogfeld *Site-Definition* Sie auf, Ihre Serversoftware zu wählen, bevor Sie *Weiter* anklicken.

Nun fragt Dreamweaver Sie nach Ihren Produktionseinstellungen, wie in Abbildung 7-4 gezeigt. Der genaue Text dieses Bildschirms variiert je nach Ihrer vorherigen Auswahl, aber solange Sie die Site-Dateien nicht über ein lokales Netzwerk gemeinsam nutzen oder mit einem Remote-Testserver arbeiten, sollten Sie die Option für lokale Bearbeitung wählen. Lokale Bearbeitung heißt, dass Sie die Site-Dateien auf Ihrem eigenen Computer speichern. Sie nehmen die Änderungen an

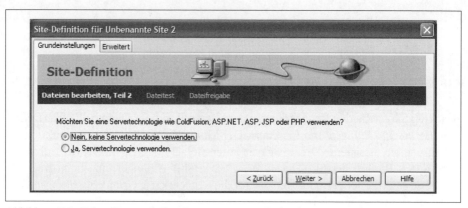

Abbildung 7-3: Geben Sie an, ob Ihre Site serverseitige Technologie verwendet.

Ihrer Website offline vor und laden die geänderten Seiten dann auf den Webserver hoch, um Ihre Änderungen zu veröffentlichen.

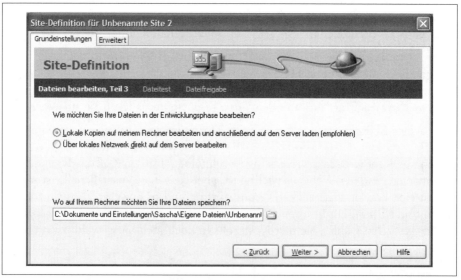

Abbildung 7-4: Wählen Sie Ihre Produktionseinstellungen.

Der zweite Teil dieses Bildschirms fragt nach dem *lokalen Stammordner* oder dem Ordner auf Ihrem persönlichen Rechner, in dem Sie die Dateien Ihrer Site speichern. Dreamweaver gibt ein Standardverzeichnis vor und erstellt automatisch den Ordner für Sie. Auf Windows-Computern erstellt Dreamweaver den lokalen Stammordner in *Eigene Dateien*, einem überaus komfortablen Ort. Wenn Sie sich anderes entscheiden möchten, klicken Sie das Ordnersymbol an und navigieren Sie zu Ihrem bevorzugten Verzeichnis. Ansonsten bleiben Sie bei der Dreamweaver-Vorgabe und klicken zum Schluss in jedem Fall auf *Weiter*.

Der nächste Bildschirm der Site-Definition fragt nach Ihrer Verbindung zum Remote-Server. Erinnern Sie sich, dass ein Remote-Computer ein anderer ist als Ihr lokaler, persönlicher Rechner. In diesem Kontext ist der Remote-Server der Rechner Ihres Webhosters. Solange Sie nicht einen eigenen Webserver besitzen und Ihre Site selbst hosten, wählen Sie *FTP* aus dem Drop-down-Menü. Im Dialogfeld *Site-Definition* erscheinen die zugehörigen Felder, wie Abbildung 7-5 zeigt.

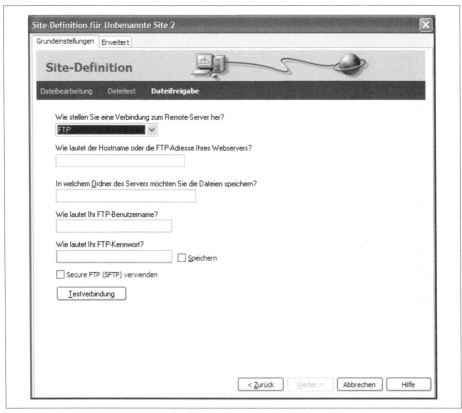

Abbildung 7-5: Geben Sie Informationen über Ihren Webhost an.

Um diesen Screen auszufüllen, halten Sie sich an die E-Mail »Wichtige Account-Informationen«, die Sie bei der Anmeldung von Ihrem Webhoster erhalten haben. Wenn Sie diese E-Mail nicht finden können oder nie eine solche erhalten haben, besuchen Sie die Website Ihres Hosters und suchen Sie dort nach den Informationen. Wenn Sie sie immer noch nicht finden können, rufen Sie den Kundendienst an.

Sie haben vielleicht bemerkt, dass das Dialogfeld *Site-Definition* direkt von den Bildschirmen der *Dateibearbeitung* zur *Dateifreigabe* gesprungen ist, ohne *Dateitest* aufzurufen. Der Teil *Dateitest* in der Site-Definition dient der Einrichtung eines Testservers – des Computers, auf dem die serverseitige Software für eine dynamische Site läuft –, den Sie nicht brauchen, wenn Sie eine Website erstellen, die nur clientseitige Technologien verwendet.

Wenn Sie das Optionsfeld *Speichern* neben dem Feld für das FTP-Kennwort ankreuzen, brauchen Sie Ihr Kennwort nicht bei jedem Upload von Änderungen der Website erneut einzugeben. Bedenken Sie aber, dass Sie es Störenfrieden in Ihrem Haushalt durch Speichern des Kennwortes erleichtern, in Dreamweaver einzubrechen und unautorisierte Änderungen an Ihrer Site vorzunehmen.

Schenken Sie dem Feld mit der Beschriftung »In welchem Ordner des Servers möchten Sie die Dateien speichern?« besondere Beachtung. Hier fragt Dreamweaver nach dem *Remote-Stammordner*. So wie der lokale Stammordner der Ordner auf Ihrem eigenen Rechner ist, in dem Sie die privaten Website-Dateien speichern, ist der Remote-Stammordner der Ordner auf Ihrem Webserver, in dem Sie Ihre öffentlichen Site-Dateien speichern – diejenigen, die die Besucher tatsächlich durchblättern, wenn sie auf Ihre Site kommen. Ihr Webhoster könnte verlangen, dass Sie Ihre Remote-Dateien unter einer bestimmten Adresse speichern. Falls dem so ist, geben Sie diese Adresse hier an. Andernfalls lassen Sie dieses Feld leer. Geben Sie nicht automatisch den Namen Ihres lokalen Stammordners ein! Die Ordnernamen sind nicht notwendigerweise (sogar sehr wahrscheinlich nicht) identisch.

Wenn Sie fertig sind, klicken Sie auf *Testverbindung*. Versuchen Sie zunächst, dies mit der Option *Secure FTP (SFTP) verwenden* zu tun; dies sorgt dafür, dass Ihre FTP-Anmeldeinformationen und die Daten Ihrer Site verschlüsselt übertragen werden. Wenn Dreamweaver keine Verbindung herstellen kann, überprüfen Sie ansonsten die Informationen von Ihrem Webhoster erneut und stellen Sie sicher, dass Sie sie genau nach seinen Anweisungen eingegeben haben, bis hin zum letzten Punkt und Slash. Wenn Sie sicher sind, dass alle Eingaben richtig sind, versuchen Sie es notfalls ohne SFTP – manche Hoster unterstützen diese Option leider nicht.

Die Windows-Firewall sendet Ihnen möglicherweise eine Sicherheitswarnung, wenn Sie Ihre Verbindung das erste Mal testen, und informiert Sie, dass sie »einige Funktionen« von Dreamweaver »zu Ihrem Schutz« blockiert habe. Die Funktionen, die Windows blockiert hat, sind diejenigen, die Ihnen die Verbindung zum Webhoster und das Veröffentlichen Ihrer Site erlauben. Dreamweaver ist keine bösartige Software, also klicken Sie auf den Button zum Aufheben der Blockierung.

Klicken Sie auf *Weiter*, um zum nächsten Bildschirm zu gelangen, in dem Dreamweaver Sie über das *Ein- und Auschecken* befragt, wie in Abbildung 7-6 zu sehen ist. Diese Funktion ist praktisch, wenn Sie als Mitglied eines Design-Teams arbeiten und verhindern müssen, dass mehrere Teammitglieder dieselbe Webseite zur selben Zeit bearbeiten. Wenn Sie eine Ein-Personen-Produktion sind, ist Ein- und Auschecken sinnlos, also wählen Sie in diesem Fall *Nein*.

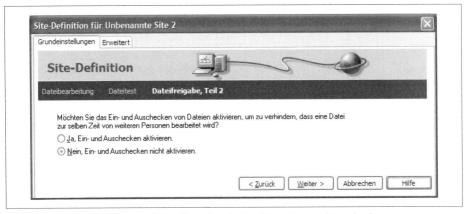

Abbildung 7-6: Geben Sie Ihre Einstellung für die Funktion Ein- und Auschecken an.

Wenn Sie *Weiter* anklicken, erhalten Sie eine Zusammenfassung Ihrer Site-Definition, wie Abbildung 7-7 zeigt. Überprüfen Sie diese Informationen auf Korrektheit. Wenn Sie Änderungen durchführen müssen, klicken Sie auf die Schaltfläche *Zurück*, um die diversen Bildschirme in umgekehrter Reihenfolge durchzublättern. Bevor Sie auf *Fertig* klicken, lesen Sie aber im nächsten Abschnitt dieses Buchs weiter, weil Sie noch nicht ganz fertig mit der Site-Definition sind.

 Auf dem Zusammenfassungsbildschirm teilt Dreamweaver Ihnen mit, dass Sie den Zugriff auf Ihren Testserver später einrichten werden. Glauben Sie das nicht. Wenn Sie eine Nur-Client-Website erstellen, brauchen Sie keinen Testserver, so dass Sie diese rätselhafte Bemerkung ignorieren können.

Die Lücken schließen

Die Methode *Grundeinstellungen* zur Definition einer Site erfüllt alle zwingend erforderlichen Kategorien, aber sie fragt Sie nicht nach jeder Dreamweaver-Funktion, die Sie aktivieren oder deaktivieren könnten. Sobald Sie also den Zusammenfassungsbildschirm erreichen und bevor Sie auf *Fertig* klicken, wechseln Sie zur erweiterten Ansicht des Dialogfelds *Site-Definition*, indem Sie die Registerkarte *Erweitert* anklicken, wie in Abbildung 7-8 gezeigt.

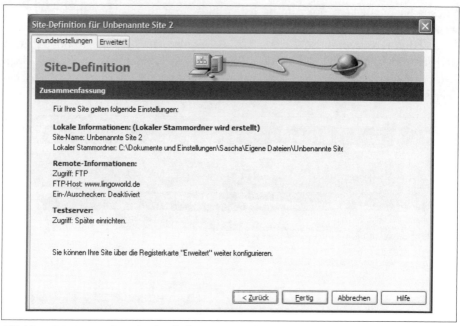

Abbildung 7-7: Begutachten Sie Ihre bisherige Site-Definition.

Wie Sie sehen, ist die erweiterte Ansicht kein Schritt-für-Schritt-Assistent. Stattdessen wählen Sie Kategorien aus einer Liste aus, und die entsprechenden Felder erscheinen im Dialogfeld. Beim Durcharbeiten der *Grundeinstellungen* haben Sie bereits viele dieser Informationen angegeben, so dass kein Anlass besteht, jede Kategorie erneut aufzusuchen. Sie werden hier also ein wenig umherspringen.

Wählen Sie zunächst die Kategorie *Lokale Infos*. Halten Sie im unteren Bereich des Dialogfelds Ausschau nach dem Optionsfeld *Groß-/Kleinschreibung bei Hyperlinks beachten*. Wenn Sie diese Funktion aktivieren, wird nach Abweichungen in der Groß- und Kleinschreibung Ihrer Links gesucht (etwa *products.html* im Code, obwohl der eigentliche Dateiname *Products.html* lautet). Falsche Groß- und Kleinschreibung kann auf manchen Webservern Probleme verursachen.

 Nachdem Sie einige Site-Definitionen durchgeführt haben, bekommen Sie wahrscheinlich langsam das Gefühl, dass die Methode *Grundeinstellungen* Sie ausbremst. Wenn das so ist, können Sie den Assistenten jederzeit umgehen und direkt in die Ansicht *Erweitert* springen.

Direkt unter dieser Option finden Sie das Optionsfeld *Cache*, das Sie ebenfalls ankreuzen sollten. Der Cache ist der interne Speicher, in dem sich Dreamweaver die

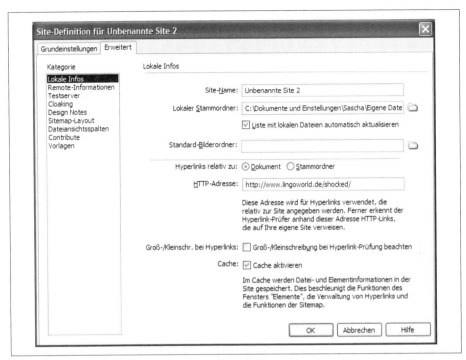

Abbildung 7-8: Nehmen Sie in der Ansicht Erweitert die Feineinstellungen Ihrer Site-Definition vor.

Elemente Ihrer Site merkt – Links, Bilder, Multimedia-Dateien, Skripten, Vorlagen und so weiter. Die Aktivierung des Caches beschleunigt Site-Verwaltungsoperationen.

Wechseln Sie nun zur Kategorie *Cloaking*; das Dialogfeld *Site-Definition* zeigt den Bildschirm aus Abbildung 7-9. Stellen Sie sicher, dass unter *Optionen* das Auswahlfeld *Cloaking aktivieren* angekreuzt ist. Cloaking versteckt im Wesentlichen bestimmte Dateitypen vor Dreamweaver. Wenn Sie diese Dateien in Ihrem lokalen Stammordner speichern, ignoriert Dreamweaver sie; das ist überaus praktisch für Dateien, die Sie nicht auf den Webserver hochladen möchten, die aber dennoch in den lokalen Stammordner hineingehören.

Klicken Sie das Kontrollkästchen *Cloaking von Dateien mit der Erweiterung* an, und Sie sehen, dass das Ignorieren von FLA- und PNG-Dateien – Flash- beziehungsweise Fireworks-Arbeitsdateien – voreingestellt ist. Sie können diese Liste je nach Bedarf ergänzen. Denken Sie nur daran, die Dateitypen durch einfache Leerzeichen zu trennen, und vergessen Sie nicht den Punkt zu Beginn jedes Dateityps. Tabelle 7-1 listet einige der wichtigsten Dateitypen für Cloaking auf.

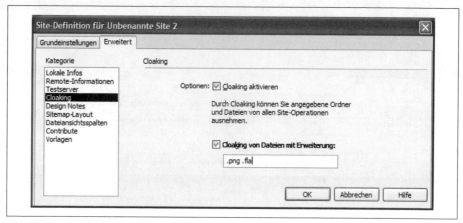

Abbildung 7-9: Cloaking versteckt bestimmte Dateitypen in Ihrem lokalen Stammordner.

Tabelle 7-1: Dateitypen für Cloaking

Zu ignorierende Datei	Dateityp
Director	.dir
Encapsulated PostScript Format (EPS)	.eps
Fireworks	.png
Flash	.fla
FreeHand MX	.fh11
Illustrator	.ai
Photoshop	.psd

 Wenn Sie auf den Seiten Ihrer Site zusätzlich oder alternativ zu GIFs PNG-Bilder verwenden, sorgen Sie dafür, dass PNG-Dateien nicht ignoriert werden!

Wählen Sie zu guter Letzt die Kategorie *Design Notes*, und das Dialogfeld *Site-Definition* zeigt den Bildschirm aus Abbildung 7-10. Design Notes sind ein System zum Hinzufügen von Kommentaren auf den Seiten, die Sie erstellen. Diese Funktion ist nützlich, wenn Sie in einem Produktionsteam arbeiten. Mit Hilfe von Design Notes können Sie Ideen austauschen, konstruktive Kritik üben und Seiten zur Begutachtung weitergeben. Zusätzlich verwendet Dreamweaver Design Notes intern, um die Zusammenarbeit mit den beiden anderen Webdesign-Softwareprodukten Fireworks und Flash zu verbessern. Wenn Sie kein Fireworks oder Flash haben und allein arbeiten, sollten Sie das Optionsfeld *Design Notes verwalten* deaktivieren.

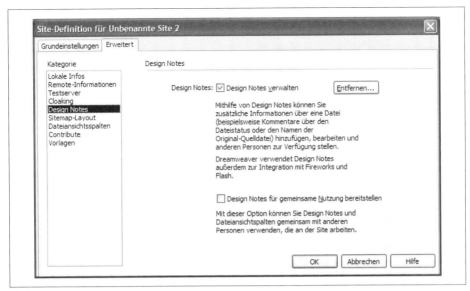

Abbildung 7-10: Design Notes aktivieren

Nachdem Sie den Status dieser Funktionen überprüft haben, sind Sie mit der Site-Definition fertig, also klicken Sie auf OK. Das Dialogfeld *Site-Definition* wird geschlossen und Dreamweaver fügt Ihre neue Site zum Dialogfeld *Sites verwalten* hinzu.

Ihre Definition duplizieren

Ihre Daten sind wertvoll und Speichermedien sind billig, also gewöhnen Sie sich an, von allem Sicherheitskopien anzufertigen, auch von Ihrer Site-Definition. Klicken Sie dazu im Dialogfeld *Sites verwalten* auf *Exportieren*. (Falls das Dialogfeld *Sites verwalten* noch nicht offen ist, wählen Sie Site → Sites verwalten aus dem Hauptmenü). Das Dialogfeld *Site ... wird exportiert* erscheint, wie Abbildung 7-11 zeigt. Wählen Sie die Option, Ihre Einstellungen zu sichern, und klicken Sie auf OK. Das Dialogfeld *Site ... wird exportiert* verschwindet, dafür erscheint das Dialogfeld *Site exportieren*.

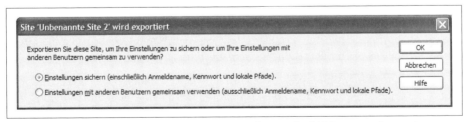

Abbildung 7-11: Sichern Sie Ihre Site-Definition mit dem Dialogfeld Site ... wird exportiert.

Dreamweaver speichert Ihre Site-Definition in einer speziellen Datei vom Typ STE. Wählen Sie einen geeigneten Speicherort auf Ihrem Computer und klicken Sie *Speichern*, um Ihre Sicherheitskopie anzufertigen.

Wenn Sie jemals eine verlorene Site-Definition zurückspielen müssen, wählen Sie *Site → Sites verwalten* aus dem Hauptmenü, klicken Sie im Dialog *Sites verwalten* auf *Import*, verwenden Sie das Dialogfeld *Site importieren*, um zu der STE-Datei zu navigieren, die Sie gespeichert hatten, und klicken Sie auf *Öffnen*.

Denken Sie daran, Ihre Sicherheitskopien auf dem neuesten Stand zu halten! Jedes Mal, wenn Sie Ihre Site-Definition bearbeiten, exportieren Sie eine neue Kopie Ihrer STE-Datei.

Nachdem Sie Ihre Definition nun gesichert haben, klicken Sie im Dialogfeld *Sites verwalten* auf *Fertig*.

Die Struktur aufbauen

Erinnern Sie sich an die Gliederung für Ihre Site, die Sie in Kapitel 3 erstellt haben? Zu diesem Zeitpunkt diente sie dazu, Ihre Gedanken über die beste Organisationsmöglichkeit für den Content zu ordnen. Diese Gliederung ist ein bleibendes Geschenk, wie Sie bald sehen werden.

Während des Prozesses der Definition der Site hat Dreamweaver einen lokalen Stammordner erstellt, in dem Sie die Dateien Ihrer Site speichern. Sie fragen sich vielleicht, wie Sie diese Dateien organisieren sollen. Um Ihre Website sauber zu halten, ist es gängige Praxis, innerhalb des lokalen Stammordners eine Reihe von Unterordnern zu erstellen: je einen Unterordner für jeden Hauptbereich der Site. Die Hauptbereiche ergeben sich direkt aus Ihrer Gliederung. Alles, was Sie tun müssen, ist, diese Unterordner zu erzeugen.

Verwenden Sie für diese Aufgabe das Dreamweaver-Bedienfeld *Dateien*, wie in Abbildung 7-12 gezeigt. Das Bedienfeld *Dateien* listet den Inhalt des lokalen Stammordners auf (oder den Inhalt des Remote-Stammordners, je nach Ihrer Auswahl im Drop-down-Menü rechts). Wenn Sie das Bedienfeld *Dateien* im Dreamweaver-Arbeitsbereich nicht sehen, wählen Sie *Fenster → Dateien* aus dem Hauptmenü.

Das Wichtigste zuerst: Stellen Sie sicher, dass das Bedienfeld *Dateien* auf die *Lokale Ansicht* Ihrer neu definierten Site eingestellt ist. Wenn nicht, ändern Sie die Drop-down-Menüs am oberen Rand des Bedienfelds entsprechend.

Nehmen Sie nun Ihre Site-Gliederung zur Hand und schauen Sie sich die Hauptinhaltskategorien an. Vielleicht sind es *Produkte*, *Presse*, *Über uns* und *Kontakt*. Vier Hauptkategorien entsprechen vier Ordnern innerhalb des lokalen Stammordners.

Abbildung 7-12: Das Bedienfeld Dateien listet den Inhalt Ihres lokalen Stammordners auf.

 Drücken Sie **F8**, um das Bedienfeld *Dateien* ein- und auszuschalten.

Um die Unterordner zu erstellen, klicken Sie im Bedienfeld *Dateien* den lokalen Stammordner an, damit dieser ausgewählt ist. Klicken Sie dann mit der rechten Maustaste, um das Kontextmenü aufzurufen, und wählen Sie *Neuer Ordner*. Dreamweaver fügt einen Unterordner namens *untitled* zum lokalen Stammordner hinzu. Geben Sie dem Ordner nun einfach einen sprechenderen Namen. Hier die Regeln:

- Versuchen Sie, den Namen nicht länger zu machen als acht Zeichen; verwenden Sie keine Satzzeichen oder typografischen Symbole.
- Verwenden Sie keine Leerzeichen. Benutzen Sie stattdessen Unterstriche (_) oder Bindestriche (-).
- Bleiben Sie bei Kleinbuchstaben. Vermeiden Sie Großbuchstaben.

Wenn Ihre erste Inhaltskategorie *Produkte* ist, dann lautet ein logischer Ordnername *produkte*. Geben Sie diesen Namen ein und drücken Sie **Enter** oder **Return**.

Beachten Sie, dass Ihr neuer Ordner im Bedienfeld *Dateien* ausgewählt ist. Das ist sehr wichtig: Stellen Sie sicher, dass Sie wieder den lokalen Stammordner wählen, bevor Sie einen neuen Unterordner erstellen. Warum? Weil Dreamweaver Unterordner jeweils zu dem Ordner hinzufügt, der gerade ausgewählt ist. Ihre zweite Inhaltskategorie soll sich nicht innerhalb der ersten befinden. Stattdessen sollen sich beide Inhaltskategorie-Ordner auf derselben Ebene innerhalb des lokalen Stammordners befinden.

Einige Ihrer Hauptinhaltskategorien haben möglicherweise Unterkategorien. Beispielsweise könnte Ihr Produkte-Bereich in Produkte/Aktuell und Produkte/Archiv unterteilt sein. Natürlich können Sie innerhalb des Unterordners *produkte* wiederum Unterordner namens *aktuell* und *archiv* anlegen, aber in der Regel ist diese Organisationsstufe nicht nötig, solange Sie keine äußerst umfangreiche Site erstellen.

Nachdem Sie wieder den Stammordner ausgewählt haben, klicken Sie erneut mit rechts und wählen Sie *Neuer Ordner*. Dreamweaver erstellt einen neuen, unbenannten Ordner. Geben Sie diesem Ordner einen beschreibenden Namen und wiederholen Sie den Vorgang, bis Sie Unterordner für alle Hauptkategorien haben.

Zum Abschluss brauchen Sie noch einen weiteren Unterordner. Wählen Sie wieder den lokalen Stammordner aus, klicken Sie mit rechts, wählen Sie *Neuer Ordner* und nennen Sie diesen Ordner *bilder*, *images* oder *img*. Dieser Unterordner wird alle Bilder und Multimedia-Dateien Ihrer Site enthalten.

Das mag Ihnen zu Anfang wenig intuitiv erscheinen. Es könnte logischer scheinen, Produktbilder in Ihrem Unterordner *produkte* und Digitalfotos des Hauptbüros in *ueberuns* zu speichern. Von der Logik abgesehen ist es aus drei Gründen praktischer, einen einzelnen Unterordner für alle Bilder zu verwenden. Erstens brauchen Sie nicht darüber nachzudenken, welcher Unterordner eine bestimmte Bilddatei enthält. Wenn alle Bilder im selben Ordner liegen, wissen Sie immer, wo Sie nachschauen müssen. Zweitens brauchen Sie ein Bild nicht in einen anderen Ordner zu verschieben, wenn Sie beschließen, es in einem anderen Bereich Ihrer Site zu platzieren – diesen Komfort werden Sie zu schätzen lernen, wenn Sie jemals eine grundlegende Strukturüberholung vornehmen. Drittens verbessern Sie die Performance Ihrer Site. Wenn zwei oder mehr Seiten dieselbe Bilddatei verwenden, lädt der Besucher sie nur einmal herunter.

Wenn Sie fertig sind, sieht Ihr Bedienfeld *Dateien* etwa so aus wie in Abbildung 7-13.

Möchten Sie die erste Änderung an Ihrer Site-Definition vornehmen? Richten Sie einen Standard-Bilderordner ein. Wählen Sie *Site → Sites verwalten* aus dem Hauptmenü, wählen Sie im Dialogfeld *Sites verwalten* Ihre Site aus und klicken Sie auf *Bearbeiten*. Wechseln Sie in die Anisicht *Erweitert*, falls sie noch nicht ausgewählt ist, und wählen Sie die Kategorie *Lokale Infos*. Klicken Sie auf das Ordnersymbol neben dem Feld *Standard-Bilderordner*. Navigieren Sie zu Ihrem Bilder-Unterordner, doppelklicken Sie, um ihn zu öffnen, und klicken Sie auf *Auswählen*. Vergessen Sie nicht, eine neue Sicherungskopie Ihrer Site-Definition zu exportieren, bevor Sie im Dialogfeld *Sites verwalten* auf *Fertig* klicken.

Wenn Sie nun Bilder zu Ihren Webseiten hinzufügen, speichert Dreamweaver automatisch Kopien der Bilddateien in Ihrem Standard-Bilderordner.

Abbildung 7-13: Fügen Sie Unterordner für die Hauptinhaltsbereiche und für Bilder hinzu.

Vorschaubrowser einrichten

In Kapitel 1 haben Sie sich ein kleines Arsenal von Webbrowsern zu Testzwecken zugelegt. Es ist sinnvoll, Dreamweaver jetzt, zu Beginn des Produktionsprozesses, für die Zusammenarbeit mit diesen Browsern zu konfigurieren.

Wählen Sie *Bearbeiten* → *Voreinstellungen* aus dem Hauptmenü, um das Dialogfeld *Voreinstellungen* zu öffnen. Das Dialogfeld *Voreinstellungen* funktioniert genauso wie die erweiterte Ansicht des Dialogfelds *Site-Definition*, denn auch hier erhalten Sie auf der linken Seite eine Liste von Kategorien. Sobald Sie eine Kategorie wählen, erscheinen die zugehörigen Felder und Optionen. Um Vorschaubrowser zu wählen, brauchen Sie die Kategorie *Vorschau in Browser*, also klicken Sie sie an.

 Drücken Sie **Strg + U** beziehungsweise **Befehl + U**, um das Dialogfeld *Voreinstellungen* zu öffnen.

Dreamweaver ermittelt automatisch den Standard-Webbrowser Ihres Computers und stellt ihn als primären Vorschaubrowser ein. Auf Windows-Rechnern ist das standardmäßig der Microsoft Internet Explorer, so dass Sie nicht überrascht sein sollten, den IE vorkonfiguriert in der Liste der Vorschaubrowser zu finden. Die Markierung *Primärbrowser* besagt, dass dieser Browser mit dem Tastenkürzel **F12** verknüpft ist. Wenn Sie eine Webseite in Dreamweaver bauen, können Sie also jederzeit **F12** drücken, um die Seite in Ihrem primären Vorschaubrowser zu betrachten.

Ungeachtet Ihrer persönlichen Browserpräferenzen sollte der Microsoft Internet Explorer *immer* Ihr primärer Vorschaubrowser sein. Die große Mehrheit der Leute im Web benutzt den IE. Die meisten Besucher Ihrer Site werden den IE verwenden. Wenn Ihre Site im IE nicht gut aussieht oder nicht korrekt funktioniert, dann sieht sie nicht gut aus oder funktioniert nicht korrekt, Punkt.

Um einen Vorschaubrowser hinzuzufügen – etwa Mozilla Firefox –, klicken Sie die Plus-Schaltfläche an. Das Dialogfeld *Browser hinzufügen* erscheint, wie Abbildung 7-14 zeigt. Klicken Sie auf *Durchsuchen* und navigieren Sie zum Ordner mit der EXE-Datei Ihres Vorschaubrowsers (für Firefox ist es auf einem Windows-Rechner normalerweise *C:\Programme\Mozilla Firefox\firefox.exe*.) Doppelklicken Sie auf die EXE-Datei, und Dreamweaver füllt die Felder *Name* und *Anwendung* im Dialogfeld *Browser hinzufügen* aus. Wenn Sie eine weniger technisch klingende Bezeichnung bevorzugen, tun Sie sich keinen Zwang an und ändern Sie den Wert des Feldes *Name* in *Mozilla Firefox*, *Firefox-Browser*, *FF* oder Ähnliches, aber ändern Sie nichts im Feld *Anwendung*.

Abbildung 7-14: Fügen Sie mit Hilfe des Dialogfelds Browser hinzufügen einen Vorschaubrowser hinzu.

Sie könnten Sie in Erwägung ziehen, unter *Standard* Firefox zu Ihrem *sekundären Vorschaubrowser* zu machen, der geöffnet wird, wenn Sie **Strg + F12** beziehungsweise **Befehl + F12** drücken, und die Webseite lädt, die Sie gerade erstellen. Kreuzen Sie zu diesem Zweck *Sekundärbrowser* an.

Wenn Sie auf *OK* klicken, wird das Dialogfeld *Browser hinzufügen* geschlossen, und Dreamweaver fügt Ihren neuen Vorschaubrowser der Liste im Dialogfeld *Voreinstellungen* hinzu.

Wiederholen Sie diesen Vorgang für Netscape und Opera, so dass vier Vorschaubrowser eingestellt sind, wie in Abbildung 7-15 gezeigt ist. Mit IE als primärem und Firefox als sekundärem Vorschaubrowser besitzen Netscape und Opera keine Tastenkürzel, aber Sie können sie noch immer mit ein paar schnellen Klicks von Dreamweaver aus starten, wie Sie in Kapitel 8 sehen werden.

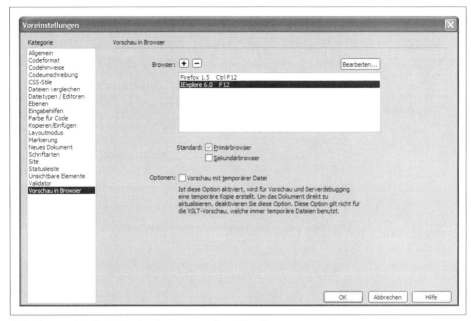

Abbildung 7-15: Ihre Vorschaubrowser sind zu allem bereit.

Dialogfelder für Eingabehilfen-Attribute einrichten

Bevor Sie das Dialogfeld *Voreinstellungen* schließen, müssen Sie noch einen kurzen Abstecher machen. Klicken Sie links in die Kategorie *Eingabehilfen*, und der Dialog *Voreinstellungen* zeigt einige praktische Optionen an, die Sie in Abbildung 7-16 sehen können.

Die Inhalte, die Sie zu Ihrer Site hinzufügen, sollten für Behinderte so gut zugänglich wie möglich sein. Sie wissen wahrscheinlich noch aus Kapitel 4, dass die beste Methode, rein visuelle Inhalte zugänglicher zu machen, darin besteht, Textentsprechungen oder ausführliche Textbeschreibungen der visuellen Elemente bereitzustellen. Standardisierungsorganisationen wie das World Wide Web Consortium (W3C) empfehlen, dass Sie im HTML-Code zusätzliche Maßnahmen ergreifen, um genau zu beschreiben, was auf der Ausgabeseite geschieht. Wenn Sie beispielsweise ein Bild einfügen, das auch als Hyperlink dient, empfiehlt das W3C, eine *lange Beschreibung* oder die komplette URL anzugeben, die erscheint, wenn der Besucher das Bild anklickt.

Um Sie an diese kleinen Details zu erinnern, stellt Dreamweaver Ihnen vier Dialogfelder für Eingabehilfen-Attribute zur Verfügung. Diese Dialoge öffnen sich, wenn Sie eine bestimmte Art von Inhalt auf Ihrer Seite platzieren. Um sie auszufüllen, geben Sie die relevanten Eingabehilfe-Informationen an. Wenn Sie beispielsweise

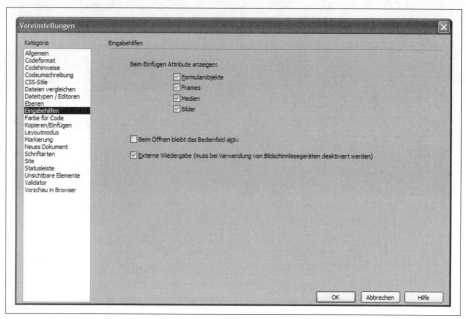

Abbildung 7-16: Betrachten Sie die Eingabehilfen-Optionen.

ein Bild platzieren, erscheint das Dialogfeld *Eingabehilfen-Attribute für Image-Tag* und fragt nach der Textentsprechung des Bilds sowie nach der langen Beschreibung. Sie füllen diese Informationen aus, und Dreamweaver fügt die korrekten Auszeichnungen zum HTML-Code hinzu.

Machen Sie auf jeden Fall Gebrauch von diesen Dialogen. Kreuzen Sie unter *Beim Einfügen Attribute anzeigen* alle vier an und klicken Sie auf *OK*, um das Dialogfeld *Voreinstellungen* zu schließen.

TEIL 2
Gestalten Sie Ihre Site

In Teil 1 dieses Buchs haben Sie eine Vorlage für Ihre Site erstellt. In diesem Teil setzen Sie diese Vorlage in Aktion. Sie beginnen mit dem Öffnen eines neuen Dokumentfensters. Dann wandeln Sie Ihre Layoutskizze in ein funktionierendes Seitendesign um, das danach zur Basis für alle Seiten Ihrer Site wird, und Sie setzen Ihre Ideen zur Textdarstellung in ein vollwertiges Cascading Style Sheet um.

Dreamweaver ist bereit, und Sie sind es auch. Blättern Sie um und fangen Sie an, Ihren Traum zu weben.

In diesem Kapitel:
- Das Dialogfeld Neues Dokument verwenden
- Ein Dokumentfenster mit Aussicht
- Seiteneigenschaften einstellen
- Seitenvorschau im Browser

KAPITEL 8
Eine neue Seite öffnen

In den meisten Anwendungen klicken Sie ein Symbol an, um ein neues Dokument zu öffnen. Da gibt es nicht viel nachzudenken. In Dreamweaver ist es nicht ganz so einfach – das liegt an der immensen Vielzahl von Dokumenttypen, die Sie mit dieser Software erstellen können. Wenn Sie begierig sind, endlich eine neue Webseite zu eröffnen und mit dem Bauen anzufangen, haben Sie wohl kaum Lust, Dutzende von Optionen zu durchwaten.

Dieses Kapitel weist Ihnen den Weg durch die Wildnis des Dialogfelds *Neues Dokument* und zeigt Ihnen, wie Sie die grundlegenden Eigenschaften Ihrer frisch angelegten Webseite festlegen.

Das Dialogfeld Neues Dokument verwenden

Wählen Sie *Datei → Neu* aus dem Hauptmenü, und Sie erhalten das Dialogfeld *Neues Dokument*, wie Abbildung 8-1 zeigt. Dieses Dialogfeld ist ein ziemlicher Brocken. Die verschiedenen Kategorien von Dreamweaver-Dokumenten erscheinen in einer Liste auf der linken Seite. Wenn Sie eine auswählen, füllen die entsprechenden Dokumenttypen mit ihren Symbolen die Liste rechts.

Tabelle 8-1 bietet einen Schnellüberblick über die Kategorien, damit Sie eine Vorstellung davon bekommen, was Sie in Dreamweaver erstellen können.

Tabelle 8-1: Dreamweaver-Dokumentkategorien

Dokumentkategorie	Umfasst
Einfache Seite	Standard-Client-Dokumenttypen wie HTML, ActionScript, CSS, JavaScript und XML
Dynamische Seite	Standard-Server-Dokumenttypen wie ASP, ASP.NET, ColdFusion, JSP und PHP
Vorlagenseite	Leere Dreamweaver-Dokumentvorlagen für statische und dynamische Sites
Andere	Spezielle Client-Dokumenttypen wie Java, WML, C#, VB, VBScript und einfacher Text
CSS-Stylesheets	Vorgefertigte Stylesheets
Framesets	Vorgefertigte Framesets

Tabelle 8-1: Dreamweaver-Dokumentkategorien (Fortsetzung)

Dokumentkategorie	Umfasst
Seitendesign (CSS)	Vorgefertigte Layouts mit CSS-Layern
Start-Webseiten	Vorgefertigte Layouts mit Bildern
Seitendesign	Vorgefertigte Layouts mit Tabellen

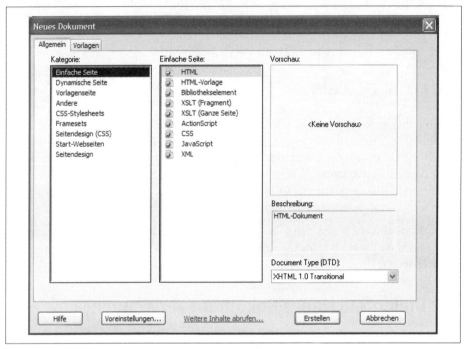

Abbildung 8-1: Das Dialogfeld Neues Dokument erforschen

Bleiben Sie zunächst bei den Grundlagen. Sie möchten eine rein clientbasierte Standard-Webseite erstellen, also brauchen Sie ein HTML-Dokument. Wählen Sie aus der Kategorienliste *Einfache Seite*. Wählen Sie dann *HTML* aus der Liste für einfache Seiten. Klicken Sie auf *Erstellen*, und Dreamweaver öffnet eine neue, leere Webseite, wie Abbildung 8-2 zeigt.

 Drücken Sie **Strg + N** beziehungsweise **Befehl + N**, um das Dialogfeld *Neues Dokument* zu öffnen.

Bevor Sie irgendetwas anderes tun, speichern Sie diese Datei. Der HTML-Code, den Dreamweaver schreibt, ist in gespeicherten Dokumenten sauberer als in ungespeicherten Dokumenten. Wählen Sie als Dateinamen *index.html*. Dies ist der Standard-Dateiname der *Startseite* oder *Homepage* Ihrer Site – die geladen wird, wenn ein Besucher Ihre URL in das Adressfeld des Browsers eingibt. Natürlich gibt es auf

Abbildung 8-2: Ein neues Webseiten-Dokument in Dreamweaver

Ihrem Dokument noch nicht viel zu sehen, aber mit der Zeit wird es Ihre Startseite werden.

Was die Ordnerwahl angeht, speichern Sie dieses Dokument direkt innerhalb Ihres lokalen Stammordners. Speichern Sie die Datei nicht in irgendeinem der Unterordner. Ihre Startseite sollte sich ganz oben in der Struktur befinden.

Alle anderen Seiten in Ihrer Site können beschreibende Dateinamen Ihrer Wahl haben, etwa *produkte.html* oder *ueberuns.html*, aber Ihre Startseite sollte immer den Standardnamen *index.html* erhalten. Andernfalls weiß der Browser möglicherweise nicht, welche Seite er laden soll, wenn der Besucher auf Ihrer URL landet.

Wählen Sie also *Datei* → *Speichern* aus dem Hauptmenü, um zum Dialogfeld *Speichern unter* zu gelangen, stellen Sie sicher, dass als Speicherort unmittelbar Ihr lokaler Stammordner eingestellt ist (das sollte Standard sein), geben Sie in das Feld *Dateiname* den Namen *index* ein und klicken Sie auf *Speichern*, wie Abbildung 8-3 zeigt. Sie brauchen nicht die Erweiterung *.html* anzugeben – Dreamweaver erledigt das automatisch für Sie.

Drücken Sie **Strg + S** beziehungsweise **Befehl + S**, um das aktuelle Dokument zu speichern.

Abbildung 8-3: Speichern Sie Ihre neue Seite immer direkt nach dem Öffnen.

 Nachdem Sie der Datei nun einen Namen gegeben haben, überspringt Dreamweaver jedes Mal das Dialogfeld *Speichern unter* und speichert Ihre Datei einfach unter dem ursprünglichen Namen. Wenn Sie das Dokument zu diesem Zeitpunkt unter einem anderen Namen speichern möchten, wählen Sie *Datei → Speichern unter*.

Ein Dokumentfenster mit Aussicht

Dreamweaver stellt drei verschiedene Ansichten auf Ihr Dokumentfenster zur Verfügung:

Entwurfsansicht
  In der Entwurfsansicht zeigt Dreamweaver Ihre Seite so ähnlich an, wie sie in einem Webbrowser erscheinen wird (siehe Abbildung 8-4). Verwenden Sie die Entwurfsansicht, um Ihre Seite visuell zu konstruieren, aber verlassen Sie sich nicht darauf, dass es eine völlig exakte Darstellung Ihrer Seite ist. Es ist eher eine verlässliche Schätzung. Die beste Möglichkeit, festzustellen, wie Ihre Seite wirklich aussieht, besteht darin, sie in Ihren Vorschau-Browsern zu testen.

Codeansicht
  In der Codeansicht stellt Dreamweaver den zu Grunde liegenden Code (zum Beispiel HTML, CSS, JavaScript) Ihrer Webseite dar, wie Abbildung 8-5 zeigt. Die Codeansicht funktioniert wie ein Texteditor, da Sie den Code darin direkt bearbeiten können.

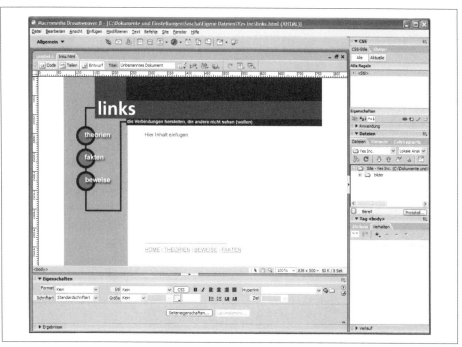

Abbildung 8-4: Die Entwurfsansicht liefert Ihnen eine grafische Ansicht Ihrer Seite.

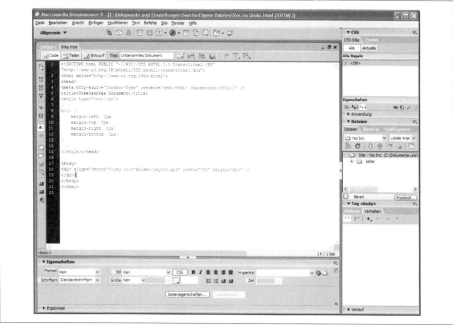

Abbildung 8-5: Die Codeansicht zeigt den zu Grunde liegenden Code Ihrer Seite.

Geteilte Ansicht (Code- und Entwurfsansicht)
In der geteilten Ansicht wird das Dokumentfenster in zwei Bereiche unterteilt. Der obere Bereich zeigt den zu Grunde liegenden Code der Seite, und der untere Bereich liefert die visuelle Darstellung, wie Abbildung 8-6 zeigt. Die geteilte Ansicht bietet eine großartige Möglichkeit, HTML zu lernen. Sie können das Layout Ihrer Seite zeichnen, Inhalte im visuellen Bereich hinzufügen und anschließend in den Codebereich klicken, um zu sehen, was hinter den Kulissen geschieht – oder Sie können HTML direkt im Codebereich eingeben und dann in den visuellen Bereich klicken, um die Ergebnisse zu sehen.

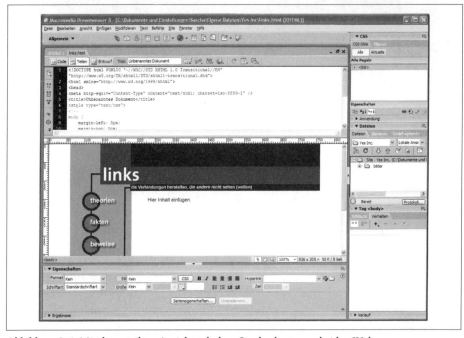

Abbildung 8-6: Mit der geteilten Ansicht erhalten Sie das beste aus beiden Welten.

Um zwischen den Ansichten zu wechseln, verwenden Sie die Schaltflächen in der linken, oberen Ecke des Dokumentfensters, wie Abbildung 8-7 zeigt. Für dieses Buch werden Sie die meiste Zeit im Entwurfsmodus verbringen, der voreingestellt ist.

Abbildung 8-7: Diese Schaltflächen schalten zwischen den Dokumentansichten um.

Seiteneigenschaften einstellen

Nun, da Sie ein neues Dokumentfenster haben, können Sie einige grundlegende Eigenschaften der Seite einstellen. Gehen Sie dazu ins Hauptmenü und wählen Sie *Modifizieren* → *Seiteneigenschaften*. Das Dialogfeld *Seiteneigenschaften* erscheint, wie Abbildung 8-8 zeigt.

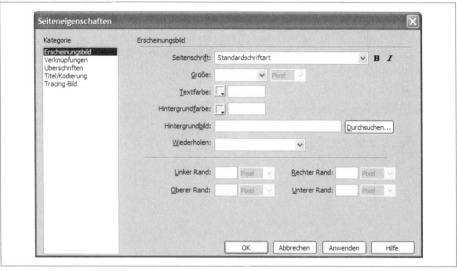

Abbildung 8-8: Stellen Sie die Formatattribute der Seite ein.

Viele der Kategorien auf der linken Seite des Dialogfelds *Seiteneigenschaften* sind jetzt noch nicht interessant. Sie sind eher für die Elemente wichtig, die Sie in Kapitel 12 zu Ihrem Stylesheet hinzufügen (und Sie werden eine etwas andere Methode verwenden, um sie hinzuzufügen). Im Moment sollten Sie nur die allgemeinsten Formatattribute der Seite einstellen, und Sie beginnen mit den Rändern.

 Drücken Sie **Strg + J** beziehungsweise **Befehl + J**, um das Dialogfeld *Seiteneigenschaften* zu öffnen.

Standardmäßig fügt ein Browser ein wenig Abstand zwischen dem Seiteninhalt und dem Browserfenster ein, wenn er eine Seite anzeigt. Dieses kleine Bisschen Leerraum kann sich zu einem mächtigen Ärgernis auswachsen, weil verschiedene Browser es unterschiedlich groß machen. Wenn Sie versuchen, die Bereiche Ihres Designs mit pixelgenauer Präzision aneinanderzufügen, was Sie in den nächsten beiden Kapiteln tun werden, ist eine variable Menge Leerraum, der Ihre Maße durcheinanderbringt, das Letzte, was Sie brauchen können.

Aus diesem Grund ist es gut, die Standard-Seitenränder des Browsers vollständig zu entfernen, so dass Ihre Seite nahtlos in das Browserfenster passt. Wenn Ihr Design dadurch ein wenig klaustrophob wird, können Sie immer noch zum Dialogfeld *Seiteneigenschaften* zurückkehren und Randwerte Ihrer Wahl eingeben, wodurch Sie den Unsicherheitsfaktor der Browser-Standardeinstellungen ebenfalls loswerden.

Um die Standard-Seitenränder des Browsers zu entfernen, klicken Sie links im Dialogfeld *Seiteneigenschaften* die Kategorie *Erscheinungsbild* an und bewegen Sie sich ganz nach unten in den Ränder-Abschnitt. Stellen Sie im Feld *Linker Rand* den Wert 0 ein und wählen Sie aus dem Drop-down-Menü rechts daneben die Maßeinheit *Pixel*. Verfahren Sie mit den anderen drei Seitenrändern ebenso, bis Ihr Dialogfeld *Seiteneigenschaften* so aussieht wie in Abbildung 8-9.

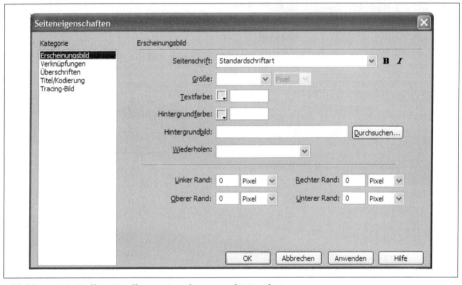

Abbildung 8-9: Stellen Sie alle vier Randwerte auf 0 Pixel ein.

Legen Sie nun den Titel der Seite fest. Wählen Sie im Dialogfeld *Seiteneigenschaften* die Kategorie *Titel/Kodierung*.

Der *Titel* einer Webseite erscheint in der Titelleiste am oberen Rand des Browserfensters. Er erscheint nicht irgendwo auf der Seite selbst. Sie fügen diese Information nicht so sehr aus Gründen des Designs als vielmehr aus Gründen guter Codepraxis hinzu. Geben Sie in das Feld *Titel* zunächst den Namen Ihrer Website ein. Verwenden Sie denselben Namen, den Sie in Kapitel 7 im Dialogfeld *Site-Definition* verwendet haben, wie Abbildung 8-10 zeigt. Wenn Sie neue Seiten für Ihre Site erstellen, werden Sie diesen Titel anpassen, damit er den Seiteninhalt widerspiegelt.

Falls Sie in Kapitel 6 ein Tracing-Bild für Ihre Site erstellt haben, können Sie es zu guter Letzt mit dem Hintergrund des Dokumentfensters verknüpfen.

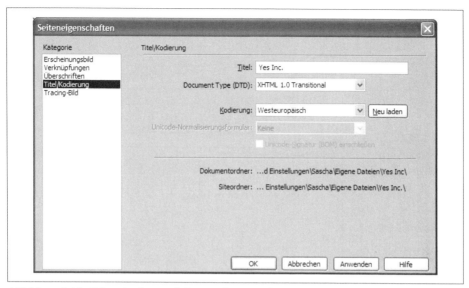

Abbildung 8-10: Geben Sie den Titel Ihrer Webseite in das Feld Titel ein.

Wählen Sie die Kategorie *Tracing-Bild* des Dialogfelds *Seiteneigenschaften*. Klicken Sie die Schaltfläche *Durchsuchen* neben dem Feld *Tracing-Bild* an und navigieren Sie im Dialogfeld *Bildquelle auswählen* zu der Stelle, wo Sie Ihr Tracing-Bild gespeichert haben. Klicken Sie die Bilddatei an, um sie auszuwählen, und klicken Sie auf *OK*, um zum Dialogfeld *Seiteneigenschaften* zurückzukehren.

Beachten Sie, dass Sie die Transparenz des Tracing-Bilds mit dem Schieberegler im Dialogfeld *Seiteneigenschaften* anpassen können. Belassen Sie das Tracing-Bild im Moment auf 100 Prozent Deckkraft. Wenn Sie Probleme damit haben, zu sehen, was Sie tun, weil das Tracing-Bild zu dominant ist, können Sie jederzeit zum Dialogfeld *Seiteneigenschaften* zurückkehren und die Deckkraft verringern.

Klicken Sie im Dialogfeld *Seiteneigenschaften* auf *OK*, und Dreamweaver passt die Eigenschaften Ihrer Seite entsprechend an, wie Abbildung 8-11 zeigt. Wählen Sie *Datei → Speichern*, um Ihre Änderungen zu speichern.

Seitenvorschau im Browser

Sie wissen aus Kapitel 7, dass Dreamweaver Ihren Vorschaubrowser öffnet und die aktuelle Seite lädt, wenn Sie **F12** drücken. Ihren sekundären Vorschaubrowser starten Sie mit **Strg + F12** beziehungsweise **Befehl + F12**.

Um Ihre Webseite mit anderen Browsern als dem primären oder sekundären Vorschaubrowser zu betrachten, klicken Sie das Symbol *Vorschau/Debug im Browser* am oberen Rand des Dokumentfensters an. Ein Menü erscheint, wie Abbildung 8-12 zeigt. Wählen Sie einen Browser und klicken Sie darauf.

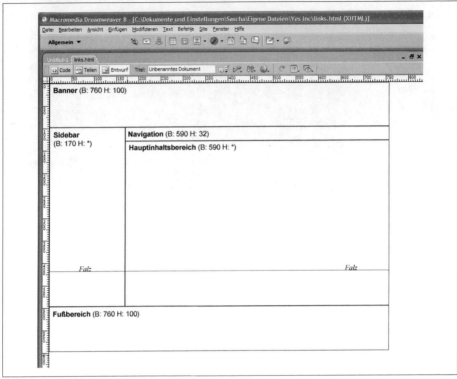

Abbildung 8-11: Eine Seite mit eingestellten Rändern, Titel und Tracing-Bild

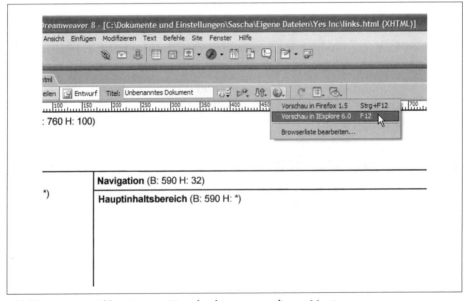

Abbildung 8-12: Wählen Sie einen Vorschaubrowser aus diesem Menü.

Wenn Sie den HTML-Code sehen möchten, den Dreamweaver für Ihre Seite erzeugt hat, wählen Sie im Internet Explorer *Ansicht → Quelltext* oder in Firefox *Ansicht → Seitenquelltext anzeigen*. Wenn Sie dieses Listing mit demjenigen in der Dreamweaver-Codeansicht vergleichen, werden Sie feststellen, dass sie identisch sind.

Testen Sie Ihre Seite in allen verfügbaren Vorschaubrowsern, um sicherzustellen, dass sie überall sauber arbeitet. Bis jetzt gehen die Browser mit Ihrem Layout konsistent um. Beachten Sie, dass der Seitentitel sich wie erwartet in der Titelleiste befindet, dass aber kein Tracing-Bild im Browserfenster zu sehen ist. Das liegt daran, dass Ihr Tracing-Bild ein Dreamweaver-internes Hilfsmittel ist. Sie werden es verwenden, um in den nächsten beiden Kapiteln Ihr Layout zu gestalten, und dann werden Sie es aus dem Dokumentfenster entfernen.

KAPITEL 9
Mit Tabellen gestalten

In diesem Kapitel:
- Entwurfsmodus de luxe
- Das Layout erstellen
- Ein Festbreitenlayout zentrieren
- Ein Liquidlayout erstellen

Sie gestalten also mit Tabellen, ja? Sie haben sich für die solide Methode entschieden. Herzlichen Glückwunsch zu Ihrer vernünftigen Denkweise. Tabellen sind sehr stabil, sehr einfach zu konstruieren und lassen sich sehr leicht in ein Liquidlayout umwandeln. Dieses Kapitel zeigt, wie das geht.

Entwurfsmodus de luxe

Bewegen Sie sich zunächst zur Registerkarte *Dateien* und doppelklicken Sie auf die Datei *index.html* aus Kapitel 8. Dreamweaver lädt diese Datei in ein Dokumentfenster.

Um nun eine Layouttabelle zu zeichnen, sollten Sie in den Layoutmodus wechseln. Der *Layoutmodus* ist ein spezieller Modus der Entwurfsansicht, der Werkzeuge zum Zeichnen von Tabellen bereitstellt. Wenn Sie in Dreamweaver eine Tabelle hinzufügen, erhalten Sie normalerweise ein Dialogfeld, das besser für Datentabellen geeignet ist, also eines der klassischen Art mit Datenzeilen und -spalten. Im Layoutmodus zeichnen Sie eine neue Tabelle im wahrsten Sinne des Wortes in das Dokumentfenster, was für Seitenlayouts sinnvoller ist.

Der Layoutmodus platziert über der Oberkante des Dokumentfensters ein Rechteck mit einem *Beenden*-Link, das teilweise das Tracing-Bild überdeckt. Abgesehen von diesem Ärgernis kann es noch dazu die Pixelmaße des Layouts, das Sie zeichnen, durcheinanderbringen.

Die Höhen der Bereiche sind nicht so wichtig wie die Breiten, so dass eventuelle Größenverschiebungen, die Dreamweaver verursacht, letztendlich nicht zu schwerwiegenden Problemen führen. Trotzdem nerven sie, aber wenn sie überhand nehmen, können Sie leicht Abhilfe schaffen. Bewegen Sie sich zur Kopfzeile des Dokumentfensters und klicken Sie die Schaltfläche *Visuelle Hilfsmittel* an – die mit dem Augensymbol. Wählen Sie *Alle visuellen Hilfsmittel ausblenden* aus dem Menü, das sich öffnet. Stellen Sie nach dem Zeichnen des Layouts sicher, dass Sie die visuellen Hilfsmittel wieder einblenden, indem Sie das Menü *Visuelle Hilfsmittel* öffnen und erneut *Alle visuellen Hilfsmittel ausblenden* wählen.

Um den Layoutmodus einzuschalten, bewegen Sie sich zur Einfügen-Leiste und wählen Sie *Layout* aus dem Objektmenü, wie Abbildung 9-1 zeigt, und die anklickbaren Objekte in der Einfügen-Leiste wechseln. Wenn Sie die Einfügen-Leiste nicht sehen, wählen Sie *Fenster* → *Einfügen* aus dem Hauptmenü.

Drücken Sie **Strg + F2** beziehungsweise **Befehl + F2**, um die Einfügen-Leiste ein- oder auszuschalten.

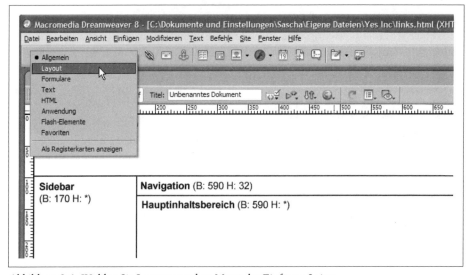

Abbildung 9-1: Wählen Sie Layout aus dem Menü der Einfügen-Leiste.

Klicken Sie nun die mit *Layout* beschriftete Schaltfläche an, und Dreamweaver aktiviert den Layoutmodus, den Abbildung 9-2 zeigt.

Drücken Sie **Strg + F6** beziehungsweise **Befehl + F6**, um den Layoutmodus zu aktivieren.

Das Layout erstellen

Um es genau zu nehmen, platzieren Sie den Inhalt Ihrer Seite nicht direkt in der Layouttabelle. Die Tabelle selbst ist einfach eine Containerstruktur für *Layoutzellen* –

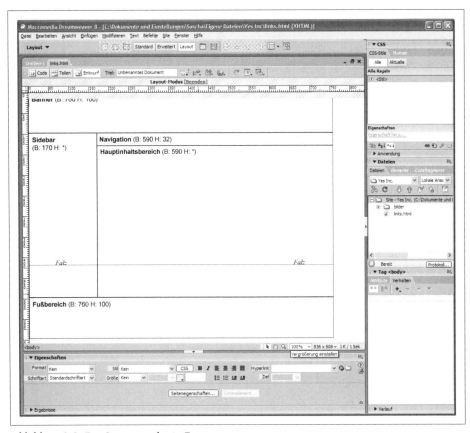

Abbildung 9-2: Der Layoutmodus in Dreamweaver

rechteckige Bereiche, die innerhalb der Tabelle liegen. Die Zellen bilden das Layout, und Sie platzieren Ihren Inhalt darin.

Das Zeichnen einer Layouttabelle in Dreamweaver ist also ein zweistufiger Prozess:

1. Zunächst zeichnen Sie die Layouttabelle in das Dokumentfenster.
2. Als Nächstes fügen Sie die Layoutzellen zur Tabelle hinzu, eine nach der anderen.

Für die meisten Arten von Layouts erzeugt Dreamweaver beim Zeichnen der Zellen Ihrer Tabelle *Rowspans* und *Colspans*, das sind HTML-Attribute, die es den Tabellenzellen ermöglichen, sich im Gitter der Tabelle über mehr als eine Zeile (Rowspans) beziehungsweise mehr als eine Spalte (Colspans) zu erstrecken. Bei dem Tracing-Image in Abbildung 9-2 und Abbildung 9-1 besitzt die Tabellenzelle, die den Bannerbereich repräsentiert, einen Colspan von 2, weil die Zelle zwei Spalten umfasst: die mit der Sidebar und die mit den Bereichen Navigation und Inhalt. Dasselbe gilt für den Fußbereich. Auf ähnliche Weise hat die Tabellenzelle, die die Sidebar repräsentiert, einen Rowspan von 2, weil diese Zelle sich über zwei Zeilen erstreckt: die mit der Navigationszelle und die mit der Inhaltszelle.

Colspans und Rowspans sind gut für Datentabellen geeignet, also die »guten« Tabellen nach W3C-Maßstäben, aber für Layouttabellen sind sie äußerst frustrierend (ein weiterer Grund, warum Tabellen nicht für Grafikdesign geeignet sind, wie viele Kritiker ausführen). Wenn eine Layouttabelle Colspans und Rowspans verwendet, fügen die Zellen der Tabelle oft an den ungünstigsten Stellen im Design Platz ein, wenn Sie mit dem Einfügen von Inhalten beginnen.

Glücklicherweise beseitigt die Technik der verschachtelten Tabellen den Bedarf für Colspans und Rowspans in Ihrem Layout vollständig. Eine *verschachtelte Tabelle* ist eine Tabelle, die sich innerhalb einer Zelle einer anderen Tabelle befindet. Das ist korrekt – die Zellen Ihrer Layouttabelle können alles enthalten: Text, Bilder, Flash-Filme und, ja, sogar andere Tabellen. Der Trick funktioniert so: Sie unterteilen das Layout in Zeilen, die sich über die gesamte Breite des Designs erstrecken. (Die Layoutbereiche innerhalb jeder Zeile sollten ebenfalls keine Colspans oder Rowspans enthalten! Sonst würde das Ganze seinen Sinn verlieren.) Dann platzieren Sie in jeder Zeile, die Spalten braucht, eine verschachtelte Tabelle.

Diese Technik lässt sich leichter in einem Bild zeigen als mit Worten erklären, also machen Sie sich keine Sorgen, wenn der obige Text wie Gestammel klingt, und werfen Sie stattdessen einen Blick auf Abbildung 9-3. Um Colspans und Rowspans zu vermeiden, unterteilen Sie diese Tabelle in vier Zeilen, die Sie *A* bis *D* nennen. Die zweite Zeile (B) unterteilt die Sidebar-Zelle, aber das ist unvermeidbar. Andernfalls hätten Sie in der Sidebar-Zelle einen Rowspan. Nun können Sie die Spalten für das Layout in verschachtelten Tabellen erstellen.

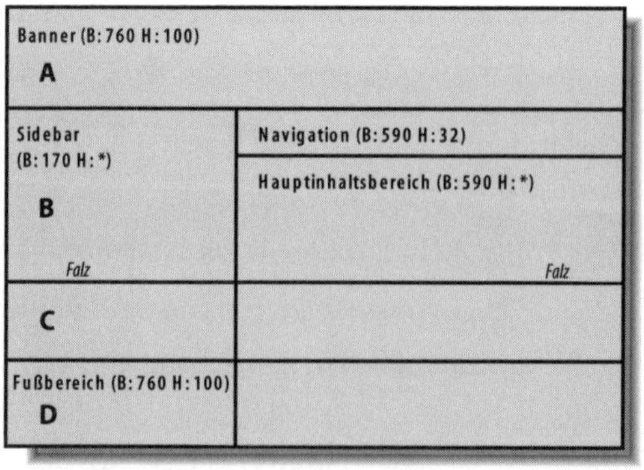

Abbildung 9-3: Die dicken grauen Linien kennzeichnen die vier Zeilen.

 Wenn Sie den Trick mit den verschachtelten Tabellen die ersten Male probieren, stellen Sie sicher, dass Sie das Layout zuerst in Zeilen unterteilen und die verschachtelten Tabellen für die Spalten funktionieren. Das ist die einfachste Möglichkeit, mit Verschachtelungen zu konstrieren, weil Sie es sich leicht merken können und es *immer* funktioniert.

Wenn Sie mit dieser Technik vertrauter werden, können Sie komplexere Verschachtelungsschemata ausprobieren, die manchmal Spalten und manchmal Zeilen benötigen. Beispielsweise könnten Sie das Layout in Abbildung 9-3 mit drei Zeilen erstellen: eine für den Bannerbereich, eine für den Fußbereich und eine für alles dazwischen. Dann wird in der mittleren Zeile eine verschachtelte Tabelle eingefügt, die zwei Spalten erhält: eine für die Sidebar und eine für die Bereiche Navigation und Inhalt. Dann erhält die Spalte auf der rechten Seite eine weitere verschachtelte Tabelle, die Sie in zwei Zeilen unterteilen: eine für die Navigation und eine für den Hauptinhaltsbereich. Mit diesem komplexeren Plan umgehen Sie das Problem, die Sidebar in zwei Tabellenzellen unterteilen zu müssen.

In jede Zeile kommt eine verschachtelte Tabelle, die Spalten benötigt:

- Die oberste Zeile (A) enthält nur den Bannerbereich. Sie brauchen keine Spalten, also brauchen Sie in dieser Zeile keine verschachtelte Tabelle.
- Die zweite Zeile (B) enthält einen Teil des Sidebar-Bereichs und den Navigationsbereich. Das macht zwei Spalten, so dass Sie in dieser Zeile eine verschachtelte Tabelle brauchen.
- Die dritte Zeile (C) enthält einen Teil des Sidebar-Bereichs und den Hauptinhaltsbereich. Das sind wieder zwei Spalten, so dass Sie in dieser Zeile eine verschachtelte Tabelle benötigen.
- Die unterste Zeile (D) enthält nur den Fußbereich. Hier gibt es keine Spalten, so dass in dieser Zeile keine verschachtelte Tabelle benötigt wird.

Die Layouttabelle zeichnen

Beginnen Sie mit der Layouttabelle. Bewegen Sie sich wieder in die Einfügen-Leiste und klicken Sie das Objekt *Layouttabelle* ( ) an. Es liegt unmittelbar rechts neben der Schaltfläche *Layout*.

Bewegen Sie den Mauszeiger in das Dokumentfenster, und der Mauszeiger wird zum Fadenkreuz. Positionieren Sie das Fadenkreuz in der oberen linken Ecke des Dokumentfensters, drücken Sie die Maustaste und ziehen Sie die Maus. Halten Sie die Maustaste beim Ziehen gedrückt. Wenn das Rechteck ungefähr genauso groß aussieht wie Ihr Tracing-Bild im Hintergrund, lassen Sie die Maustaste los, und Dreamweaver fügt ein grünes Rechteck zu Ihrer Seite hinzu, das die Layouttabelle darstellt, wie Abbildung 9-4 zeigt.

Es ist in Ordnung, die Größe der Tabelle per Augenmaß an Ihr Tracing-Bild anzupassen, aber anschließend sollten Sie sicherstellen, dass sie genau so breit ist, wie sie sein muss. Also nehmen Sie die Layoutskizze zur Hand, die Sie bereits in Kapitel 4 angefertigt haben, und merken Sie sich die dort gewählte Seitenbreite: 760 Pixel, 955

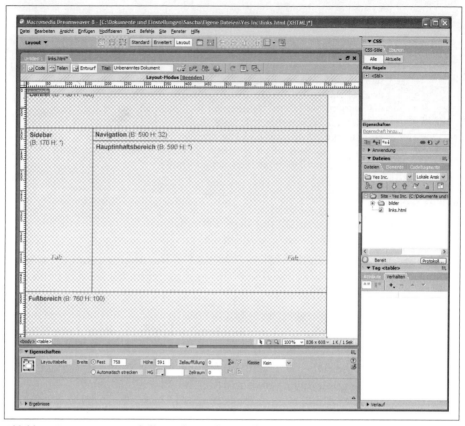

Abbildung 9-4: Die Layouttabelle wird grün dargestellt.

Pixel oder was auch immer. (Wenn Sie ein Liquidlayout planen, wählen Sie die Seitenbreite, auf die Sie Ihren ursprünglichen Entwurf aufgebaut haben.)

Wechseln Sie anschließend in den *Eigenschafteninspektor* (oder die *Eigenschaftenleiste*, wenn Ihnen diese Bezeichnung lieber ist), der sich direkt unterhalb des Dokumentfensters befindet. Wenn Sie ihn nicht sehen, wählen Sie *Fenster* → *Eigenschaften* aus dem Hauptmenü, um die in Abbildung 9-5 dargestellte Leiste zu erhalten.

Abbildung 9-5: Passen Sie die Layouttabelle im Eigenschafteninspektor an.

Drücken Sie **Strg + F3** beziehungsweise **Befehl + F3**, um den Eigenschafteninspektor (auch Eigenschaftenleiste genannt) ein- und auszuschalten.

Ersetzen Sie im Feld *Breite* des Eigenschafteninspektors den aktuellen Wert durch die genaue Seitenbreite und drücken Sie Enter oder Return. Das Layout ist nun genau so breit, wie Ihr Design es braucht (siehe Abbildung 9-5). Was auch immer Sie tun, ändern Sie diesen Wert nicht! Wenn Sie glauben, dass Sie zum komfortablen Arbeiten mehr Höhe brauchen, können Sie den Wert *Höhe* nach Belieben erhöhen. Die Höhe Ihrer Tabelle ist nicht so wichtig wie die Breite. Die tatsächliche Höhe ist ohnehin Schwankungen unterworfen, je nachdem, wieviel Inhalt Ihre Seite enthält. Aber die Breite sollte stets genau an ihrem aktuellen Wert festhalten.

Layoutzellen für die Zeilen hinzufügen

Sie haben eine Layouttabelle. Nun sind Sie bereit, die einzelnen Zellen hinzuzufügen, die die Zeilen Ihres Layouts darstellen. Bewegen Sie sich in die Einfügen-Leiste und klicken Sie auf das Symbol *Layoutzelle zeichnen* ( ).

Bewegen Sie den Mauszeiger in die Layouttabelle, und der Zeiger wird wieder zum Fadenkreuz. Positionieren Sie den Mauszeiger in der linken oberen Ecke der Tabelle, halten Sie die Maustaste gedrückt und ziehen Sie die Maus, um die erste Zelle zu zeichnen. Denken Sie daran, dass Sie gerade die Zeilen zeichnen, die die verschachtelten Tabellen enthalten sollen, also sollten sich alle Ihre Zellen zu diesem Zeitpunkt über die gesamte Breite des Designs erstrecken.

Wenn die Höhe der Layoutzelle gemäß Ihres Tracing-Bilds oder der Layoutskizze korrekt aussieht, lassen Sie die Maustaste los, und Dreamweaver fügt die Zelle zur Tabelle hinzu. Sie sollten die genaue Größe der Zelle anpassen, also klicken Sie ihre Außenkante an, um sie auszuwählen. Die Tabellenzelle wird blau und der Eigenschafteninspektor zeigt ihre Eigenschaften an.

 Im Laufe Ihrer Arbeit können Sie die Position einer Layoutzelle anpassen, indem Sie an ihrem Rand ziehen, und Sie können die Größe der Zelle ändern, indem Sie einen der quadratischen Anfasserpunkte am Rand ziehen, wenngleich diese Vorgänge nicht immer so einfach vonstatten gehen, wie es sich anhört. Wenn Sie erst einige Layoutzellen in die Tabelle eingefügt haben, kann es schwierig werden, sie zu verschieben und ihre Größe zu ändern, aber nicht unmöglich.

Alle grauen Bereiche in der Layouttabelle stellen freien Platz dar – hier können Sie eine Zelle verschieben oder ihre Größe verändern. Wenn Sie feststellen, dass die Tabelle zu eng zum rangieren wird, skalieren Sie die angrenzenden Zellen einfach herunter. Verschieben oder vergrößern Sie die ursprüngliche Zelle, bis Sie das gewünschte Ergebnis erzielt haben, und stellen Sie anschließend die vorherigen Positionen oder Größen der umliegenden Zellen wieder her.

Alles in Ordnung? Gehen Sie nun zurück zur Einfügen-Leiste und nehmen Sie wieder das Objekt *Layoutzelle zeichnen* zur Hand. Bewegen Sie den Mauszeiger auf die Layouttabelle und zeichnen Sie die nächste Layoutzelle. Wiederholen Sie das, bis alle Zeilen Ihrer Tabelle fertig sind, wie Abbildung 9-6 zeigt. Sie sollten zwischen den Kanten von zwei nebeneinander liegenden Zellen keine grauen Kanäle oder Korridore übrig lassen, also sorgen Sie dafür, dass sich alle Zellen nahtlos aneinander fügen.

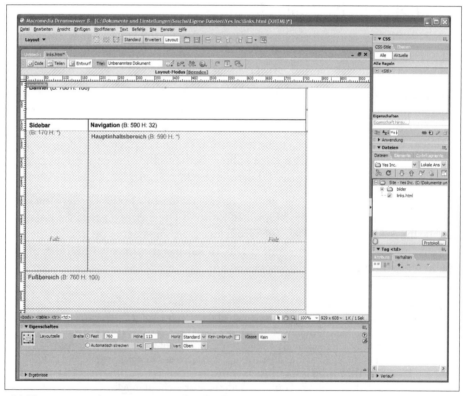

Abbildung 9-6: Zeichnen Sie Layoutzellen für die Zeilen des Designs.

Verschachtelte Tabellen hinzufügen

Nun, da die Zeilen fertig sind, können Sie für diejenigen von ihnen, die Spalten brauchen, verschachtelte Tabellen einfügen. Verschieben Sie den Mauszeiger in die erste

Zelle, die Spalten benötigt, klicken Sie auf die Maustaste und zeichnen Sie die Tabelle so, dass sie die gesamte Zelle ausfüllt.

Wenn Sie eine weitere Zeile haben, die Spalten benötigt, kehren Sie zurück, nehmen Sie erneut das Layouttabellen-Objekt auf und zeichnen Sie die nächste verschachtelte Tabelle.

Layoutzellen für die Spalten hinzufügen

Die Zellen für die Spalten werden in den verschachtelten Tabellen erstellt. Als Sie die verschachtelten Tabellen gezeichnet haben, hat Dreamweaver automatisch eine einzelne Zelle in jede von ihnen eingefügt, so dass Ihre erste Aufgabe darin besteht, die Größe der bestehenden Zelle zu ändern, so dass sie der Breite einer der Spalten entspricht. Wie Abbildung 9-7 zeigt, klicken Sie den Rand der Zelle an, um sie auszuwählen und ziehen Sie den quadratischen Anfasser, um die Größe der Spalte zu ändern, und passen Sie den Wert *Breite* bei Bedarf im Eigenschafteninspektor an.

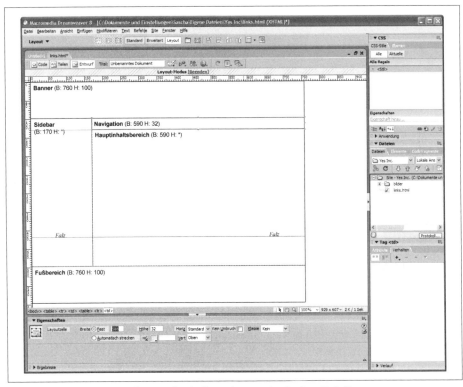

Abbildung 9-7: Die Breite der Standardzelle in der verschachtelten Tabelle anpassen

Fügen Sie dann mit dem Objekt *Layoutzelle zeichnen* Spaltenzellen ein, wie es in Abbildung 9-8 gezeigt wird.

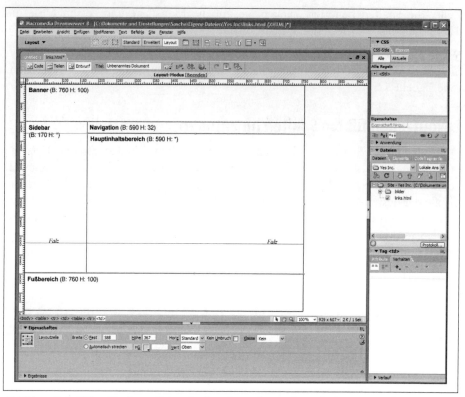

Abbildung 9-8: Füllen Sie die restlichen Spalten der Zeile mit dem Objekt Layoutzelle zeichnen.

Machen Sie mit der nächsten Zeile weiter, die eine verschachtelte Tabelle enthält. Wenn Sie mit dem Hinzufügen der Spalten fertig sind, entspricht das Layout Ihrer Skizze oder Ihrem Tracing-Bild, wie Abbildung 9-9 zeigt.

Das Tracing-Bild entfernen

Da Sie Ihr Layout nun erstellt haben, können Sie das Tracing-Bild sicher entfernen. Es hat seinen Zweck vollständig erfüllt.

Wählen Sie *Modifizieren → Seiteneigenschaften*, um das Dialogfeld *Seiteneigenschaften* zu öffnen. Wählen Sie die Kategorie *Tracing-Bild* auf der linken Seite des Dialogfelds. Markieren Sie dann den Inhalt des Felds *Tracing-Bild* und drücken Sie **Entf** oder **Backspace**, um ihn zu löschen. Klicken Sie dann auf *OK*, um Ihre Änderung anzuwenden und das Dialogfeld *Seiteneigenschaften* zu schließen, und Dreamweaver entfernt das Tracing-Bild, so dass nur die grünen Tabellenumrisse übrig bleiben, wie Abbildung 9-10 zeigt.

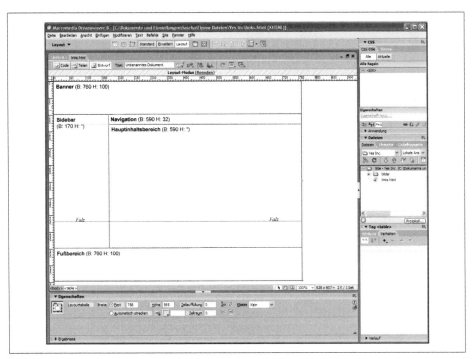

Abbildung 9-9: Das Layout entspricht Ihrem Tracing-Bild.

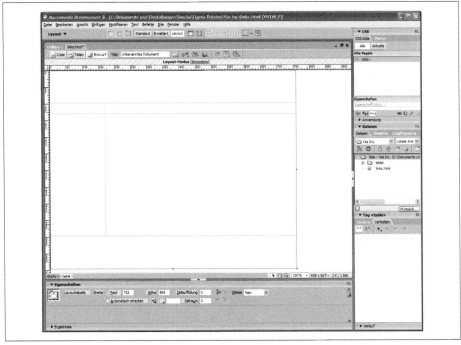

Abbildung 9-10: Das Layout nach dem Entfernen des Tracing-Bilds

Wenn Sie das Tracing-Bild für Referenzzwecke beibehalten möchten, brauchen Sie es nicht vollständig zu entfernen. Ziehen Sie einfach den Transparenz-Schieberegler ganz nach links.

Die Zellen beschriften

Zu diesem Zeitpunkt des Arbeitsprozesses könnten Sie es nützlich finden, jede Tabellenzelle zur einfachen Identfikation mit kurzen Textmarkierungen zu versehen.

Klicken Sie mit dem Mauszeiger in eine Layoutzelle Ihrer Wahl, und ein blinkender Cursor erscheint in der linken oberen Ecke der Zelle. Sehen Sie in Ihrem Tracing-Bild oder Ihrer Layoutskizze nach und geben Sie den Namen des Bereichs ein. Drücken Sie danach nicht Enter oder Return, sondern tippen Sie nur den Namen ein. Klicken Sie dann in eine andere Layoutzelle, geben Sie ihren Namen ein, und wiederholen Sie dies, bis Sie alle Zellen im Layout beschriftet haben, wie Abbildung 9-11 zeigt.

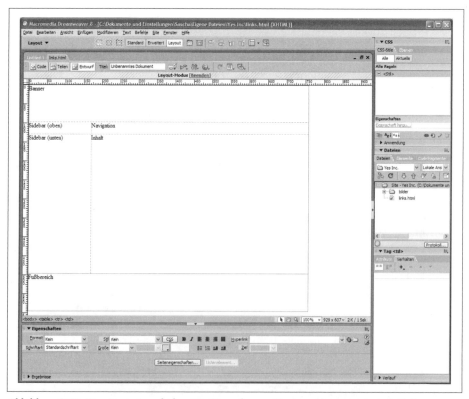

Abbildung 9-11: Das Layout nach dem Eintippen kurzer Textmarkierungen in jede Zelle

Ein Festbreitenlayout zentrieren

Sie wissen sicher noch aus Kapitel 4, dass Designer oft ein Festbreitenlayout im Browserfenster zentrieren möchten. Dieser kleine Trick hilft, die Wirkung von zu viel Leerraum zu verringern, der entsteht, wenn die Breite des Besucherbildschirms die des Designs übersteigt.

Um Ihr Festbreitenlayout im Browserfenster zu zentrieren, folgen Sie einfach diesen Schritten:

1. Wählen Sie die Layouttabelle aus, indem Sie auf die Registerkarte *Layouttabelle* in der linken oberen Ecke der Tabelle klicken. Sie wissen, dass Sie sie ausgewählt haben, wenn die Beschriftung des Eigenschafteninspektors »Layouttabelle« statt »Layoutzelle« lautet.
2. Sie befinden sich zurzeit im Layoutmodus. Bewegen Sie sich zur Einfügen-Leiste und klicken Sie auf die Schaltfläche *Standard*, um in den Standardmodus zu wechseln.
3. Wechseln Sie in den Eigenschafteninspektor und wählen Sie *Zentriert* aus dem Menü *Ausrichten*.
4. Wechseln Sie wieder in den Layoutmodus.

Dreamweaver zentriert Ihr Festbreitenlayout, wie Abbildung 9-12 zeigt.

Ein Liquidlayout erstellen

Um ein Liquidlayout zu erstellen, konvertieren Sie die Liquid-Bereiche – diejenigen mit der Breite *Sternchen* (*) oder *beliebig* – in *sich automatisch streckende* Spalten. Das ist überhaupt nicht schwer. Sie wählen einen Liquid-Bereich und klicken im Eigenschafteninspektor die Option *Automatisch strecken* an, und ändern dann nötigenfalls die Größe der benachbarten Spalten.

 Automatisch strecken ist der Dreamweaver-Begriff für eine Layouttabelle oder Layoutzelle, die ihre Breite abhängig von der Breite des Browserfensters ändert.

Probieren Sie es aus. Stellen Sie im Dokumentfenster sicher, dass Sie sich im Layoutmodus befinden, und wählen Sie die Tabellenzelle eines Liquid-Bereichs, indem Sie die Kante der Zelle anklicken. Wechseln Sie dann in den Eigenschafteninspektor und klicken Sie die Option *Automatisch strecken* an. Das in Abbildung 9-13 gezeigte Dialogfeld *Platzhalterbild wählen* erscheint.

Ein *Platzhalterbild* ist die bescheidenste aller denkbaren Bilddateien. Es ist ein 1 mal 1 Pixel großes transparentes GIF. Aber was ihm an Inhalt fehlt, macht es durch Nützlichkeit wett. Das Platzhalterbild hilft, die Breiten Ihrer Festbreitenzellen einzu-

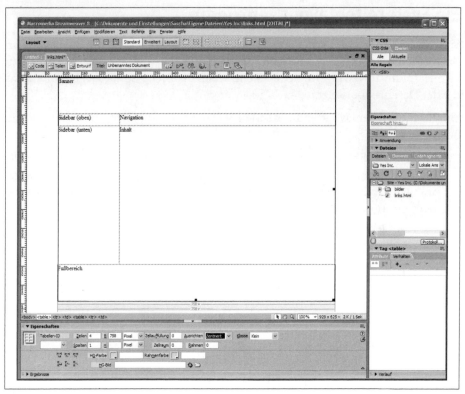

Abbildung 9-12: Zentrieren Sie Ihr Festbreitenlayout.

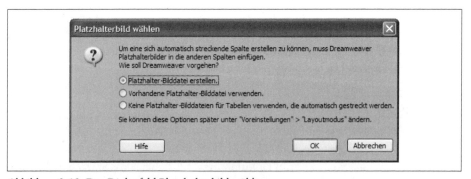

Abbildung 9-13: Das Dialogfeld Platzhalterbild wählen

halten. Ohne einen Platzhalter sind Liquidlayouttabellen allerlei Browserfehlverhalten ausgesetzt. Die Festbreitenzellen bleiben nicht immer fest. Sie ändern ihre Größe auf eigenartige Weise und zerfallen manchmal sogar ganz. Ihr Besucher kann den Platzhalter nicht sehen, weil er völlig transparent ist, aber für den Browser wirkt er wie ein Abstandhalter innerhalb der Layoutzellen und verhindert, dass sie zusammengedrückt werden.

Im Dialogfeld *Platzhalterbild wählen*, das in Abbildung 9-13 gezeigt wird, wählen Sie die Option *Platzhalter-Bilddatei erstellen*, falls sie noch nicht ausgewählt ist, und klicken Sie auf *OK*. Das Dialogfeld *Platzhalter-Bild speichern unter* erscheint. Doppelklicken Sie auf Ihren Bilderordner, um ihn zu öffnen, und klicken Sie auf die Schaltfläche *Speichern*, um das Bild zu erstellen und in diesem Ordner zu speichern. Dreamweaver fügt das Platzhalterbild zu Ihrem Bilderordner hinzu und erzeugt die Liquid-Spalte, wie Abbildung 9-14 zeigt.

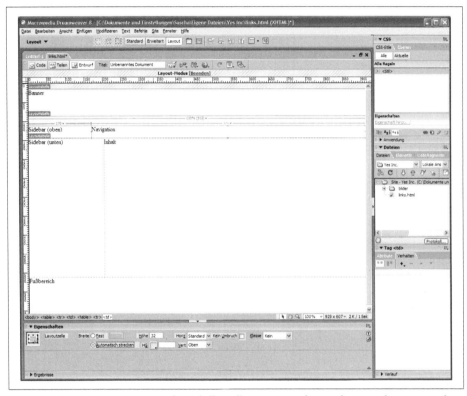

Abbildung 9-14: Konvertieren Sie die Tabellenzellen von Liquid-Bereichen in sich automatisch streckende Spalten.

Machen Sie mit den restlichen Liquid-Bereichen des Designs weiter. Wenn die Breite einer festen Zelle an irgendeiner Stelle aus dem Leim geht, was bei der Verwendung verschachtelter Tabellen sehr wahrscheinlich ist, ändern Sie einfach die Größen der Zellen, wie Abbildung 9-15 zeigt.

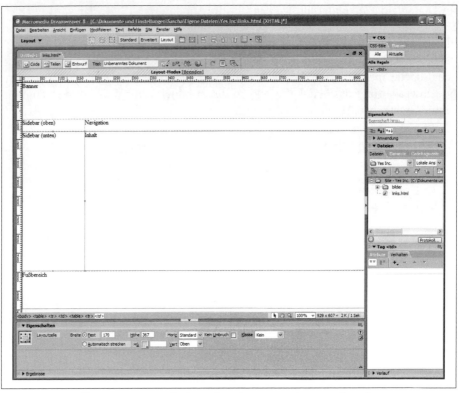

Abbildung 9-15: Ändern Sie die Größe der Zellen, deren Ausrichtung nicht mehr stimmt.

KAPITEL 10
Mit Ebenen gestalten

In diesem Kapitel:
- Das Layout erstellen
- Die Ebenen beschriften
- Ein Festbreitenlayout in ein Liquidlayout konvertieren

Sie gestalten also mit Ebenen, ja? Sie haben sich für die Zukunft entschieden. Herzlichen Glückwunsch zu Ihrem vorwärtsgewandten Denken. Es ist ein Kinderspiel, in Dreamweaver Festbreitenlayouts mit Hilfe von Ebenen zu erstellen (solange Sie sie nicht zentrieren müssen; in Kapitel 4 können Sie Ihre Erinnerung auffrischen). Liquidlayouts benötigen ein wenig mehr Arbeit, aber Sie wussten ja schon vorher, dass das mit den Ebenen kompliziert sein würde, und wenn es Sie nicht abgeschreckt hat, sind Sie offensichtlich bereit für diese Herausforderung.

Wann immer Sie in Dreamweaver mit Ebenen arbeiten, tun Sie sich selbst einen Gefallen und öffnen Sie das Bedienfeld *Ebenen* aus Abbildung 10-1, indem Sie *Fenster → Ebenen* aus dem Hauptmenü wählen. Dieses Bedienfeld hilft Ihnen, den Überblick über die diversen Ebenen auf Ihrer Seite zu behalten. In dieser Palette können Sie Ihre Ebenen außerdem am Überlappen hindern, was praktisch ist, wenn Sie die Bereiche Ihres Designs zeichnen. Stellen Sie sicher, dass Sie die Option *Überlappungen verhindern* ankreuzen, bevor Sie irgendetwas anderes tun.

Abbildung 10-1: Verwenden Sie das Bedienfeld Ebenen, um einen Überblick über die Ebenen zu erhalten und Überlappungen zu verhindern.

Die Option *Überlappungen verhindern* im Ebenen-Bedienfeld betrifft nur Ebenen, die Sie manuell im Dokumentfenster ziehen. Wenn Sie die Positionen von Ebenen über den Eigenschafteninspektor ändern, können Sie Ebenenüberlappungen erzeugen, die Dreamweaver nicht abfängt.

Wenn Ebenenüberlappungen entstehen, wird der Rand der überlappenden Ebene im Dokumentfenster als gestrichelte Linie angezeigt. Wenn Sie ein Seitenlayout erstellen, sollte es keine gestrichelten Linien geben! Alle Ihre Ebenen sollten durchgezogene Ränder haben.

Sie sollten auch die Einfügen-Leiste öffnen und *Layout* aus ihrem Menü wählen, wie Abbildung 10-2 zeigt. Die Sammlung der Layoutobjekte enthält eines zum Zeichnen von Ebenen. Wenn Sie das Bedienfeld *Einfügen* nicht auf dem Bildschirm sehen, wählen Sie *Fenster → Einfügen* aus dem Hauptmenü.

 Drücken Sie **F2**, um das Bedienfeld *Ebenen* ein- und auszuschalten.

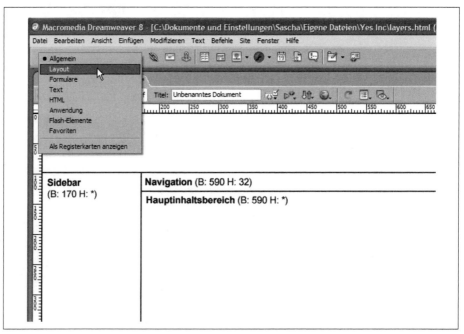

Abbildung 10-2: Wählen Sie Layout aus dem Menü der Einfügen-Leiste.

Wenn sich Ihr Dokumentfenster im Layoutmodus befinden sollte (siehe Kapitel 9), sollten Sie in den Standard-Modus wechseln, indem Sie die Schaltfläche *Standard* in der Einfügen-Leiste anklicken. Wenn Sie sich im Layoutmodus befinden, ist das Objekt zum Zeichnen von Ebenen deaktiviert.

 Drücken Sie **Strg + F2** beziehungsweise **Befehl + F2**, um die Einfügen-Leiste ein- oder auszublenden.

Wenn diese Einstellungen gemacht sind, sind Sie bereit, das Layout zu zeichnen.

Das Layout erstellen

Bewegen Sie sich als Erstes in die Einfügen-Leiste und klicken Sie das Symbol *Ebene zeichnen* () an. Bewegen Sie den Mauszeiger in das Dokumentfenster, und er wird zum Fadenkreuz.

Wählen Sie zu Anfang den obersten Bereich. Positionieren Sie das Fadenkreuz in der linken oberen Ecke. Halten Sie dann die Maustaste gedrückt und ziehen Sie die Maus, um die Ebene zu zeichnen. Wenn die Größe der Ebene ungefähr derjenigen in Ihrem Tracing-Bild oder Ihrer Layoutskizze entspricht, lassen Sie die Maustaste los, und Dreamweaver fügt die Ebene zur Seite hinzu, wie Abbildung 10-3 zeigt.

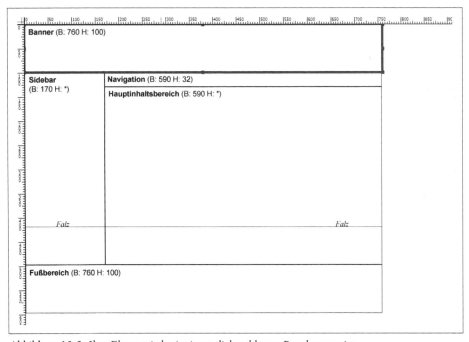

Abbildung 10-3: Ihre Ebene wird mit einem dicken blauen Rand angezeigt.

Drücken Sie **Strg** + **F3** beziehungsweise **Befehl** + **F3**, um den Eigenschafteninspektor (auch Eigenschaften-Leiste genannt) ein- und auszublenden.

Während diese Ebene ausgewählt ist, bewegen Sie sich zum Eigenschafteninspektor (auch Eigenschaften-Leiste genannt) am unteren Bildschirmrand. Wenn Sie ihn nicht sehen, wählen Sie *Fenster → Eigenschaften* aus dem Hauptmenü.

Beachten Sie die vier wichtigsten Felder im Eigenschafteninspektor: *L*, *O*, *B* und *H*. Diese stehen für *Links*, *Oben*, *Breite* und *Höhe*. Die Werte in den Feldern *L* und *O* bestimmen die Position der Ebene auf dem Bildschirm. Eine Ebene mit einem linken Abstand von 10 Pixeln und einem oberen Abstand von 20 Pixeln erscheint beispielsweise 10 Pixel von der linken Seite des Browserfensters und 20 Pixel von der oberen Kante entfernt. Die Werte in den Feldern *B* und *H* bestimmen die Größe der Ebene, wie Sie wahrscheinlich schon erwartet haben.

Alle Ebenen, die die oberste Zeile Ihres Layouts bilden, wie diejenige mit dem Banner, sollten den O-Wert 0 erhalten – den Abstand null von oben, was die Ebene ganz am oberen Rand des Browserfensters positioniert. Entsprechend benötigen alle Ebenen, die die linke Spalte Ihres Layouts bilden, wie die Navigationsleiste bei einem Design mit Seitennavigation, einen L-Wert von 0, um sie nahtlos am linken Rand des Browserfensters zu positionieren. Wenn Ihre Ebene den oben Rand des Browserfensters berührt *und* am linken Rand entlang verläuft, sollte sowohl der O- als auch der L-Wert 0 sein.

Wenn Sie nicht gerade eine sehr ruhige Hand haben, weicht Ihre erste Ebene wahrscheinlich um ein paar Pixel von Rand ab. Sie können das in Ordnung bringen, indem Sie *0px* in eines der Felder O oder L des Eigenschafteninspektors oder in beide eintippen. Denken Sie daran, dass Sie *px* (für *Pixel*) hinter dem Wert hinzuzufügen, und trennen Sie den Wert und die Einheit nicht durch ein Leerzeichen. Das ist das passende Format für CSS, aus dem die Ebenen ihre Formatattribute ableiten.

Wenn Sie gerade dabei sind, die Werte im Eigenschafteninspektor zu überprüfen, sorgen Sie dafür, dass Breite und Höhe der Ebene den Maßen Ihres Tracing-Bilds oder Ihrer Layoutskizze entsprechen. Wenn sie das nicht tun, geben Sie einfach die korrekten Werte in die Felder *B* und *H* ein.

Beachten Sie auch, dass Dreamweaver Ihrer Ebene die allgemein gültige ID *Layer1* verpasst hat. Die ID ist genau das, wonach es sich anhört: eine eindeutige Markierung zur Kennzeichnung der Ebene. Wird Dreamweaver sich selbst überlassen, nummeriert er die Ebenen einfach in der Reihenfolge durch, in der Sie sie zeichnen. Wenngleich die allgemein gültige, von Dreamweaver bereitgestellte ID in Ordnung ist, sollten Sie sie besser in etwas Sprechenderes ändern, etwa den Namen des Bereichs, den Sie gerade gezeichnet haben. Auf diese Weise brauchen Sie nicht darüber nachzudenken, welche Ebenennummer welchem Bereich Ihres Layouts entspricht. Also tippen Sie *banner* oder *nav* oder Ähnliches in das Feld *Ebenen-ID* des Eigenschafteninspektors ein, wie Abbildung 10-4 zeigt. Stellen Sie nur sicher, dass jede Ebene eine eindeutige ID besitzt. Verwenden Sie dieselbe ID mit anderen Worten nicht mehr als einmal.

Abbildung 10-4: Passen Sie Ihre Ebene im Eigenschafteninspektor an.

Sie haben nun die erste Ebene zum Layout hinzugefügt. Gehen Sie zurück zur Einfügen-Leiste und klicken Sie erneut auf das Objekt *Ebene zeichnen*. Bewegen Sie den Mauszeiger in das Dokumentfenster, positionieren Sie ihn und zeichnen Sie die nächste Ebene in Ihr Layout. Erstellen Sie für beste Ergebnisse zuerst die obere und die linke Seite des Layouts und arbeiten Sie sich dann nach unten und nach rechts vor.

Überprüfen Sie die Positionierung und die Größe jeder neuen Ebene stets im Eigenschafteninspektor, bevor Sie mit dem nächsten Bereich Ihres Designs weitermachen. Richten Sie besonderes Augenmerk auf die Werte O und L. Ihre Ebenen sollten auf der Seite nahtlos aneinanderstoßen. Wenn sich der Hauptinhaltsbereich beispielsweise direkt unter dem Banner befindet und das Banner eine Höhe von 100 Pixeln besitzt, wissen Sie, dass der korrekte obere Abstand für den Hauptinhaltsbereich genau 100px beträgt. Wenn der Hauptinhaltsbereich sich entsprechend direkt rechts neben dem Navigationsbereich befindet und die Navigationsebene eine Breite von 150 Pixeln besitzt, dann beträgt der korrekte L-Wert für die Inhaltsebene genau 150px.

 Jedes Seitenelement kann eine ID besitzen: ein Bild, ein Absatz, eine Überschrift, eine Liste, eine Tabelle und so weiter; aber jede ID auf der Seite sollte eindeutig sein. Es sollte keine Ebene geben, die *nav* heißt, wenn ein Bild ebenfalls *nav* heißt.

Während der Arbeit können Sie eine Ebene visuell verkleinern, indem Sie ihren Rand anklicken, um sie auszuwählen, und an einem der kleinen quadratischen Anfasser an ihren Seiten zu ziehen. Verschieben Sie eine Ebene, indem Sie sie auswählen und dann an dem großen Anfasser in ihrer linken oberen Ecke ziehen. Da Sie im Bedienfeld *Ebenen* die Option *Überlappungen verhindern* gewählt haben, können Sie die Größe oder Position einer Ebene nicht so verändern, dass sie das Gebiet einer anderen Ebene überlagert – daher kann es sein, dass Sie die Größen- und Positionsattribute der benachbarten Ebenen vorübergehend ändern müssen, um genug Platz für Anpassungen zu schaffen, die Sie durchführen müssen. Sorgen Sie nur dafür, dass Sie die angrenzenden Ebenen wieder dorthin zurückverschieben, wo sie hingehören.

Wenn Sie fertig sind, sieht Ihr Dokumentfenster etwa so aus wie Abbildung 10-5.

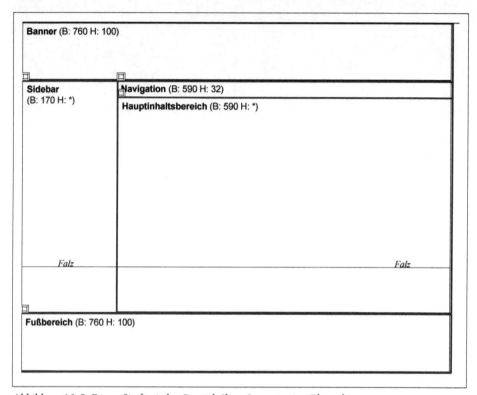

Abbildung 10-5: Fügen Sie für jeden Bereich Ihres Layouts eine Ebene hinzu.

Herzlichen Glückwunsch! Sie haben jetzt ein ebenenbasiertes Festbreitenlayout, das zu allem bereit ist. Um nun noch das Tracing-Bild zu entfernen, öffnen Sie *Modifizieren → Seiteneigenschaften*, wählen Sie im Dialogfeld *Seiteneigenschaften* die Kategorie *Tracing-Bild*, löschen Sie entweder den Inhalt des Felds *Tracing-Bild* oder ziehen Sie den *Transparenz*-Schieberegler ganz nach links und klicken Sie zum Schluss auf *OK*.

 Der z-Index-Wert einer Ebene bestimmt ihre Stapelreihenfolge auf der Seite. Die Ebene mit dem höchsten z-Index-Wert wird ganz im Vordergrund der Seite angezeigt. Die Ebene mit dem niedrigsten Wert erscheint ganz im Hintergrund. Die Werte dazwischen liefern verschiedene Tiefengrade. In einem Seitenlayout hat der z-Index-Wert keine so große Bedeutung, da es sowieso keine überlappenden Ebenen geben sollte.

Die Ebenen beschriften

Jetzt ist eine gute Zeit, um jede Ebene in Ihrem Layout zu beschriften. Sie haben bereits IDs für die Ebenen angegeben, aber IDs sind eher für den technischen Aspekt der Sache eine Hilfe. Textbeschriftungen dienen ausschließlich Ihrem Komfort, denn Sie können auf einen Blick sehen, was wohin kommt. Sie werden diese Beschriftungen entfernen, wenn Sie die eigentlichen Inhalte zu Ihrer Seite hinzufügen.

Um eine Textmarkierung hinzuzufügen, klicken Sie in eine Ebene hinein und geben Sie ihren Namen ein, wie Abbildung 10-6 zeigt. Drücken Sie danach nicht **Enter** oder **Return**, sondern machen Sie einfach mit der nächsten Ebene weiter. Wenn Sie fertig sind, wählen Sie *Datei → Speichern*.

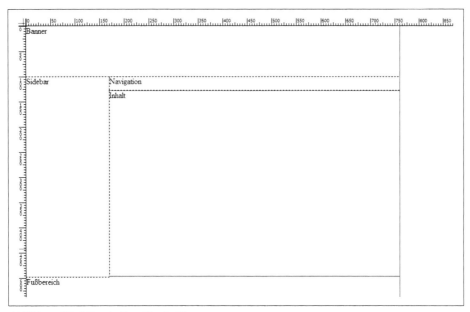

Abbildung 10-6: Beschriften Sie die Ebenen.

Ein Festbreitenlayout in ein Liquidlayout konvertieren

Wenn Sie Kapitel 9 durchgeblättert haben, ist Ihnen vielleicht aufgefallen, dass das Erstellen von Liquidlayouts relativ einfach ist. Das liegt daran, dass alle Zellen einer Tabelle miteinander verknüpft sind. Sie befinden sich sozusagen alle im selben Gitter und sind durch das übergeordnete Gerüst der Tabelle miteinander verbunden. Wenn Sie eine ändern, folgen die anderen automatisch. Stellen Sie es sich wie ein Ökosystem vor oder wie eine Gemeinschaft, oder fügen Sie hier Ihre Lieblingsmetapher der politischen Linken ein.

Mit Liquid-Ebenen haben Sie nicht so viel Glück. Jede Ebene ist eine unabhängige Einheit auf der Seite, vollständig autonom und ohne Beziehungen zu den anderen. Wenn Sie die Liquid-Eigenschaft einer Ebene aktivieren, geschieht mit den anderen gar nichts. Deshalb müssen Sie eine Ebene nach der anderen auswählen und ihre Formatattribute vorsichtig anpassen. Die Frage, wo die Ebene sich relativ zu den anderen Ebenen des Designs befindet, bestimmt, wie Sie bei der Positionierung im Kontext eines Liquidlayouts vorgehen.

Einige dieser Änderungen sind so fein, dass der Eigenschafteninspektor selbst nicht dafür geeignet ist. Dafür brauchen Sie die Hilfe des Dreamweaver-Bedienfelds *CSS-Stile*, das Abbildung 10-7 zeigt. Wählen Sie *Fenster → CSS-Stile*, um es zu öffnen. Machen Sie das Bedienfeld sogar so groß wie möglich, indem Sie alle anderen Bedienfeldgruppen auf dem Bildschirm zuklappen. Klicken Sie dazu einfach den Namen jeder aufgeklappten Bedienfeldgruppe an.

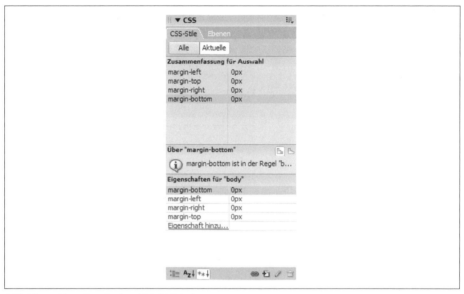

Abbildung 10-7: Das Bedienfeld CSS-Stile

Beginnen Sie auf der *rechten* Seite des Layouts, nicht auf der linken, und arbeiten Sie sich von rechts nach links und dann von oben nach unten im Design vor. Wählen Sie also die oberste Ebene aus, die den rechten Rand des Layouts berührt, und stellen Sie sich folgende Fragen:

- Erstreckt sich die gewählte Ebene über die gesamte Breite des Layouts, von der linken Seite bis ganz nach rechts, wie die in Abbildung 10-8 ausgewählte? Wenn ja, sehen Sie sich den Abschnitt »Nach Plan A vorgehen« auf Seite 167 weiter unten in diesem Kapitel an.

Drücken Sie **Umschalt + F11**, um das Bedienfeld *CSS-Stile* ein- und auszuschalten.

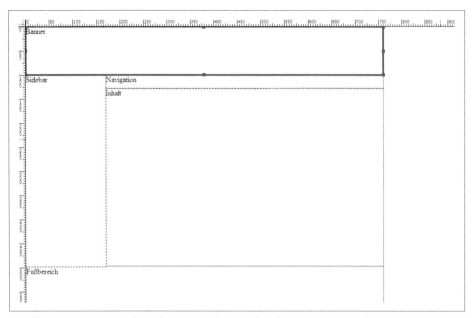

Abbildung 10-8: Die gewählte Ebene erstreckt sich über die gesamte Breite des Layouts.

- Liegt direkt links neben der gewählten Ebene eine weitere Ebene?
  - Soll die gewählte Ebene eine feste Breite erhalten, wie die in Abbildung 10-9 ausgewählte? Wenn ja, blättern Sie zum Abschnitt »Nach Plan B vorgehen« auf Seite 168 vor.
  - Soll die gewählte Ebene eine variable Breite (Liquid) erhalten, wie die in Abbildung 10-10 ausgewählte? Wenn ja, springen Sie zum Abschnitt »Nach Plan C vorgehen« auf Seite 170.
- Liegt die Ebene am linken Rand des Layouts und befindet sich eine Ebene direkt rechts daneben, wie bei der in Abbildung 10-11 ausgewählten? Wenn ja, tun Sie nichts. Sie brauchen die Eigenschaften dieser Ebene nicht zu ändern.

Wiederholen Sie diesen Vorgang für jede Ebene Ihres Designs. Wenn Sie fertig sind, wählen Sie *Datei → Speichern* aus dem Hauptmenü.

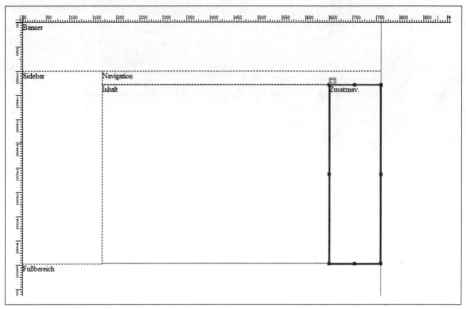

Abbildung 10-9: Die gewählte Ebene soll eine feste Breite erhalten.

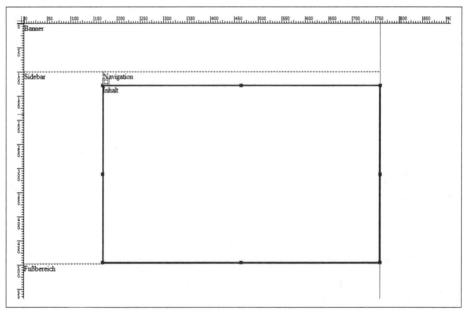

Abbildung 10-10: Die gewählte Ebene soll eine variable Breite erhalten.

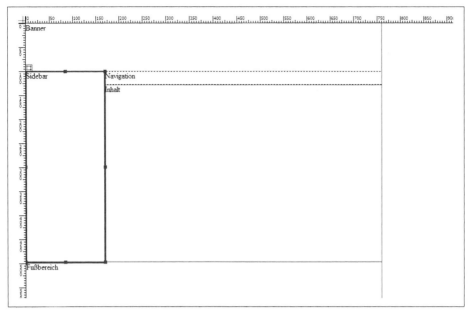

Abbildung 10-11: Diese Ebene liegt ganz links und besitzt rechts eine benachbarte Ebene.

 Wenn diese Vorgehensweise für Ihr spezielles Layout keine zufrieden stellenden Ergebnisse liefert, versuchen Sie vielleicht etwas, das sich von Dreamweaver zu schwierig in CSS ausdrücken lässt. Versuchen Sie, Ihr Design stattdessen mit Tabellen zu erstellen, oder überdenken Sie die Komplexität Ihres Layouts.

Nach Plan A vorgehen

Um eine Liquid-Ebene zu erstellen, die sich über die gesamte Breite des Layouts erstreckt, folgen Sie diesen Schritten:

1. Suchen Sie den Eintrag *width* in der Eigenschaften-Liste des Bedienfelds *CSS-Stile* (in der unteren Liste, nicht in der oberen, die mit *Zusammenfassung* beschriftet ist).
2. Klicken Sie in das Feld rechts neben diesem Eintrag.
3. Tippen Sie in das erste Feld »100« ein und wählen Sie im zweiten Feld % aus dem Menü, wie Abbildung 10-12 zeigt.

Wenn Sie dies tun, konvertiert Dreamweaver die Festbreiten-Ebene in eine Liquid-Ebene.

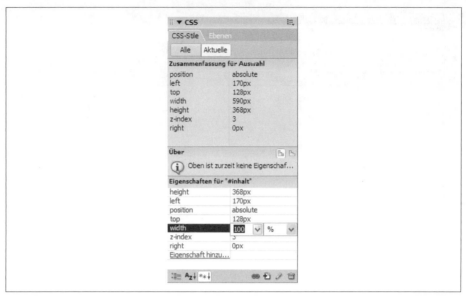

Abbildung 10-12: Eine Ebene mit Hilfe des Bedienfelds CSS-Stile variabel machen

Nach Plan B vorgehen

Wenn Sie rechts in Ihrem Layout eine Ebene haben und möchten, dass sie ihre feste Breite beibehält, folgen Sie diesen Schritten:

1. Suchen Sie in der Eigenschaftenliste des Bedienfelds *CSS-Stile* (der unteren Liste, nicht der oberen mit der Beschriftung *Zusammenfassung*) den Eintrag *left*. Wählen Sie diese Eigenschaft aus, indem Sie ihren Namen anklicken.

2. Bewegen Sie sich im Bedienfeld *CSS-Stile* ganz nach unten und klicken Sie die Schaltfläche *CSS-Eigenschaft löschen* an – das ist die mit dem Mülleimer-Symbol. Dreamweaver entfernt die Eigenschaft *left* aus der Liste und positioniert Ihre Ebene mit einem linken Abstand von 0 Pixeln neu.

3. Klicken Sie nun direkt unter dem letzten Element in der Eigenschaftenliste den Link *Eigenschaft hinzufügen* an. Der Link wird zum Drop-down-Menü. Wählen Sie *right* aus diesem Menü, und zwei Felder erscheinen.

4. Geben Sie in das erste Feld »0« ein und wählen Sie im zweiten *Pixel*, wie Abbildung 10-13 zeigt. Wenn *Pixel* bereits ausgewählt ist, drücken Sie einfach **Enter** oder **Return**.

Im Ergebnis verschiebt Dreamweaver die Ebene auf die rechte Seite des Dokumentfensters. Warum? Weil Sie angegeben haben, dass diese Ebene keinen rechten Abstand haben soll; ihre korrekte Position ist also 0 Pixel von der rechten Seite des Browserfensters entfernt.

Abbildung 10-13: Eine rechts ausgerichtete Festbreiten-Ebene erstellen

5. Wählen Sie die Ebene direkt links neben derjenigen, die Sie soeben angepasst haben.
6. Soll die neu ausgewählte Ebene eine Liquid-Ebene oder eine Festbreiten-Ebene werden? Wenn sie variabel werden soll, machen Sie bei Schritt 7 weiter. Wenn sie eine feste Breite haben soll, gehen Sie zurück zu Schritt 1 – aber anstatt den rechten Abstand in Schritt 4 auf 0 zu setzen, setzen Sie ihn auf den Wert, der an die rechts daneben liegende Ebene (oder Ebenen) anschließt.

Wenn Sie also rechts in Ihrem Design zwei Festbreiten-Ebenen nebeneinander haben möchten, benötigt die weiter rechts stehende einen rechten Abstand von 0 Pixeln, um sie ganz rechts im Browserfenster zu positionieren. Allerdings muss die Ebene links daneben einen rechten Abstand haben, damit die beiden Ebenen einander nicht überlappen. Wenn die Ebene ganz rechts eine Breite von 100 Pixeln hat, dann sind 100 Pixel der richtige Wert für den rechten Abstand der links daneben liegenden Ebene.

7. Suchen Sie in der Eigenschaftenliste des Bedienfelds *CSS-Stile* den Eintrag *width* und klicken Sie in die Box rechts neben diesem Eintrag. Zwei Felder erscheinen.
8. Wählen Sie *auto* aus dem Menü unter dem ersten Feld, wie Abbildung 10-14 zeigt.
9. Klicken Sie erneut auf den Link *Eigenschaft hinzufügen* und wählen Sie *right* aus diesem Menü.

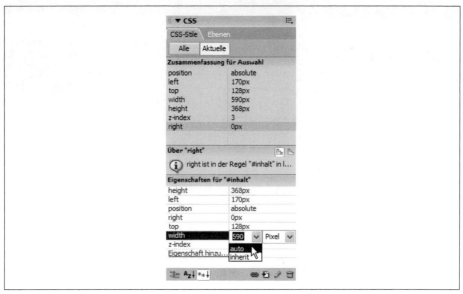

Abbildung 10-14: Die Breite einer Ebene auf Automatisch einstellen

10. Stellen Sie den rechten Abstand auf die Summe der Breiten aller Ebenen (in Pixeln) ein, die sich im Design weiter rechts befinden.

Dies verhindert, dass die Liquid-Ebene die weiter rechts stehende Ebene oder Ebenen überlappt.

Machen Sie sich keine Sorgen, wenn Ihre Liquid-Ebene auf die Breite ihres Inhalts zusammenschrumpft – in diesem Fall die Beschriftung, die Sie im vorigen Abschnitt eingetippt haben. Das ist ein notwendiger Nebeneffekt von Liquid-Ebenen nach Dreamweaver-Art. Glücklicherweise wird sie sich wieder auf die größtmögliche Breite ausdehnen, wenn Sie Inhalte hinzufügen.

Nach Plan C vorgehen

Wenn Sie auf der rechten Seite Ihres Layouts eine Ebene haben, die zur Liquid-Ebene werden soll, folgen Sie diesen Schritten:

1. Suchen Sie den Eintrag *width* in der Eigenschaften-Liste des Bedienfelds *CSS-Stile* (in der unteren Liste, nicht in der oberen, die mit *Zusammenfassung* beschriftet ist).

2. Klicken Sie in das Feld rechts neben diesem Eintrag. Zwei Felder erscheinen.

3. Wählen Sie aus dem Drop-down-Menü unter dem ersten Feld *Auto*.

4. Klicken Sie nun direkt unter dem Listenelement in der Eigenschaften-Liste den Link *Eigenschaft hinzufügen* an. Der Link wird zu einem Drop-down-Menü. Wählen Sie aus diesem Menü *right*, und es erscheinen zwei Felder.
5. Tippen Sie in das erste Feld »0« ein und wählen Sie aus dem zweiten *Pixel*. Wenn *Pixel* bereits ausgewählt ist, drücken Sie einfach **Enter** oder **Return**.

Auch hier schrumpft die Breite der Liquid-Ebene auf die Breite Ihres aktuellen Inhalts, was vollkommen in Ordnung ist. Sie wird sich auf die Breite dessen dehnen, was Sie hineinsetzen.

In diesem Kapitel:
- Vorbereitungen
- Ihre Seite als Vorlage speichern
- Bearbeitbare Bereiche definieren
- Die Vorlage auf eine existierende Seite anwenden
- Neue Seiten aus der Vorlage erstellen

KAPITEL 11
Vorlagen erstellen

Wenn Sie sich das Layout anschauen, das Sie in Kapitel 9 oder Kapitel 10 erstellt haben und als Nächstes darüber nachdenken, was diese Bereiche eigentlich enthalten sollen, werden Sie feststellen, dass viele oder sogar fast alle auf jeder Seite Ihrer Site genau denselben Inhalt zeigen werden. Beispielsweise wird Ihr Logo oder Banner sich vermutlich nicht von Seite zu Seite ändern. Ihre Hauptnavigation gehört wahrscheinlich ebenfalls zu dieser Kategorie, genau wie Teile des Hauptinhaltsbereichs, wie der Platz ganz unten für die Sekundärnavigation oder eine Stelle am oberen Rand für Navigationselemente der zweiten oder dritten Ebene. Es ist sogar sehr wahrscheinlich, dass die einzigen Informationen, die sich von Seite zu Seite ändern werden, der Inhalt in der Mitte des Hauptinhaltsbereichs und die Elemente der Sidebar sind, falls Sie eine haben. Wäre es nicht schön, diese sich wiederholenden Inhalte nur ein einziges Mal einzufügen und Dreamweaver anzuweisen, sie automatisch im Dokumentfenster darzustellen, sobald Sie eine neue Seite für Ihre Site öffnen, anstatt immer wieder dieselben Inhalte zu jeder Seite Ihrer Site hinzufügen zu müssen?

Wunsch erfüllt! Eine Dreamweaver-Vorlage tut genau das. Eine *Dreamweaver-Vorlage* ist ein spezielles Dokument, das alle permanenten Elemente Ihrer Site enthält, beispielsweise das Layout, das Logo, das Banner, die Hauptnavigation und alles andere, das für ihr spezielles Projekt zu dieser Kategorie gehört. Sie fügen diese Elemente zur Vorlage hinzu und Dreamweaver setzt sie fest. Wenn Sie ein neues Dokumentfenster aus dieser Vorlage öffnen, platziert Dreamweaver den gesamten permanenten Inhalt genau da, wo Sie ihn haben möchten.

Was ist mit den Bereichen, die sich von Seite zu Seite ändern, wie etwa dem Mittelteil des Hauptinhaltsbereichs? Sie können in Ihrer Vorlage leicht Platz für diese Bereiche schaffen, indem Sie sie als *bearbeitbare Bereiche* definieren: variable Bereiche ohne festgelegten Inhalt. Innerhalb eines bearbeitbaren Bereichs können Sie beliebige Inhalte einfügen, die am besten zur jeweiligen Seite passen.

Es wird noch besser: Stellen Sie sich vor, Sie sind mit der Produktion halb fertig und merken dann, dass Sie die Breite Ihres Hauptinhaltsbereichs vergrößern müssen. Diese Änderung lässt sich in Dreamweaver sehr einfach durchführen, aber es ist immer noch lästig, jede Seite Ihrer Site durchzugehen und jeweils dieselben Werte im Eigenschafteninspektor anzupassen. Oder vielleicht möchten Sie das Bild im Banner-Bereich wechseln. Auch das ist wieder eine leichte Dreamweaver-Aufgabe – aber dasselbe Bild siebzigmal auf 80 verschiedenen Seiten austauschen? Wer hat Zeit für sowas? Aber wenn Sie Ihre Site aus einer Vorlage erstellen, können Sie solche Änderungen einmal im Vorlagendokument selbst durchführen, und Dreamweaver aktualisiert alle Seiten Ihrer Site mit einem Mausklick – ohne die variablen Inhalte in den bearbeitbaren Bereichen im Geringsten zu beeinflussen.

Dieses Kapitel beschränkt sich auf eine einzelne Design-Vorlage, die Aussehen und Funktion der Mehrheit Ihrer Seiten festlegt. Einige Sites, besonders größere, verwenden allerdings verschiedene Layouts für unterschiedliche Inhaltsbereiche oder unterschiedliche Seitenebenen. Wenn dies auf Ihre Site zutrifft, können Sie leicht für jedes Ihrer Layouts eine separate Vorlage erstellen.

Dreamweaver-Vorlagen sind so nützlich und effektiv, dass man sich fragt, warum irgendjemand eine Dreamweaver-Seite ohne sie erstellen sollte. Dieses Kapitel zeigt, wie Sie Ihr *index.html*-Dokument in eine Vorlage konvertieren.

Vorbereitungen

Starten Sie zuerst Dreamweaver und öffnen Sie Ihr *index.html*-Dokument aus Kapitel 9 oder Kapitel 10. Diese Seite enthält das Layoutgrundgerüst für Ihre Site.

Das Geheimnis effektiver Vorlagen besteht darin, zu wissen, welche Inhalte fest und welche variabel sind, so dass es nützlich ist, den Plan für Ihre Site zur Hand zu nehmen und das Vorlagendokument entsprechend einzurichten. Als Beispiel zeigt Abbildung 11-1 das grobe Modell für die Website Ihres neuen Kunden, und Abbildung 11-2 zeigt das zugehörige tabellenbasierte Layout, das Sie bisher erstellt und als *index.html* gespeichert haben. Nun, wenn Sie sich dieses Design anschauen, welche Bereiche (oder Teile von Bereichen) sind festgelegt und welche variabel?

Sie beschließen, dass das Banner ein fester Inhalt ist, weil es von Seite zu Seite unverändert bleibt. Dasselbe gilt für die Sekundärnavigation (das heißt die Liste von Links am Fuß des Hauptinhaltsbereichs).

Die Links der zweiten Ebene ganz oben im Hauptinhaltsbereich ändern sich dagegen von Seite zu Seite, genau wie alles, was im Abschnitt »Hier Inhalt einfügen« erscheint, so dass diese Elemente sich innerhalb bearbeitbarer Bereiche der Vorlage befinden müssen.

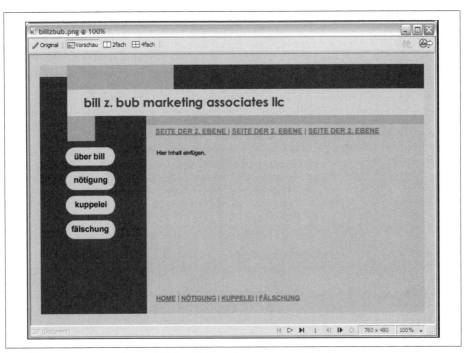

Abbildung 11-1: Das grobe Modell der Webseite Ihres neuesten Kunden

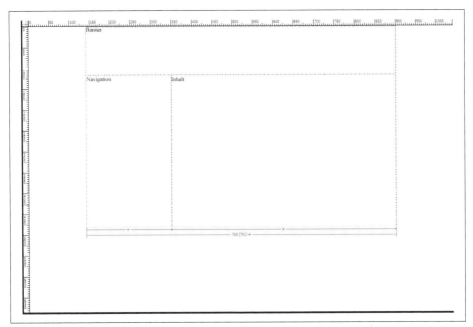

Abbildung 11-2: Das Layout, das Sie für diese Site erstellt haben

Was ist mit der Navigationsleiste? Ist sie fest oder variabel? Das hängt vom Stil der Navigationsleiste ab, die Sie zu erstellen planen.

Nehmen Sie an, Sie planen eine Navigationsleiste wie die in Abbildung 11-3, in der die Navigationsschaltflächen ihr Standardaussehen je nach der aktuellen Seite nicht ändern. In einem solchen Fall ist die Navigationsleiste festgelegter Inhalt.

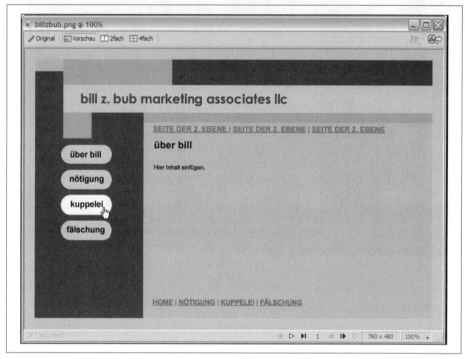

Abbildung 11-3: Ein Beispiel für eine Navigationsleiste mit festem Inhalt

Eine Navigationsleiste wie die in Abbildung 11-4 dagegen ist variabler Inhalt, weil der Standardstil der Schaltfläche sich je nach der aktuellen Seite *ändert*. In diesem Design wird die Schaltfläche *Über Bill* zu einfachem Text, wenn der Besucher auf der *Über Bill*-Seite landet, um den Gedanken »Sie befinden sich hier« zu verdeutlichen. Gemäß dieser Logik wird die Schaltfläche *Über Bill* auf der Nötigung-Seite wieder normal, während der *Nötigung*-Button zur einfachen Beschriftung wird; ein entsprechendes Verhalten zeigt sich auf allen Seiten der Site.

 Wenn die Schaltflächen in der Navigationsleiste ihr Standardaussehen je nach der aktuellen Seite nicht ändern, dann ist die Navigationsleiste fester Inhalt. Wenn sie sich doch ändern, ist sie variabel.

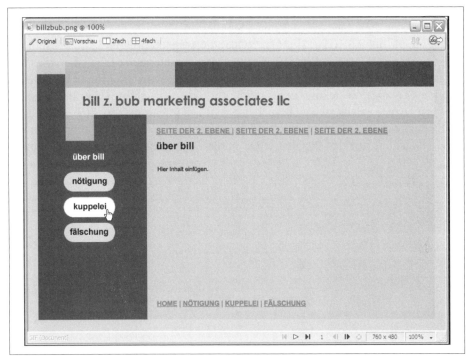

Abbildung 11-4: Ein Beispiel für eine Navigationsleiste mit variablem Inhalt

Nehmen Sie im Zweifelsfall an, Sie planen eine Navigationsleiste wie die in Abbildung 11-3, also fügen Sie den Navigationsbereich zu Ihrer Liste der festen Elemente hinzu. Ihr mentales Arbeitsblatt sieht etwa so aus:

- Festgelegte Inhalte
  - Bannerbereich
  - Navigationsbereich
  - Sekundärnavigation (ganz unten im Inhaltsbereich)
- Variable Inhalte
  - Links auf Seiten der zweiten Ebene (ganz oben im Inhaltsbereich)
  - »Hier Inhalt einfügen«-Abschnitt (Mitte des Inhaltsbereiches)

Um das Maximum aus Ihrer Vorlagenbau-Sitzung herauszuholen, sollten Sie einige Inhaltsplatzhalter zu Ihrem Dreamweaverlayout hinzufügen. Das Ziel besteht hier darin, den Hauptinhaltsbereich in spezielle Abschnitte zu unterteilen, damit Sie etwas später auswählen können, welche von ihnen bearbeitbare Bereiche werden sollen.

Dem Augenschein nach besteht Ihr Inhaltsbereich aus drei Abschnitten: Den Links der zweiten Ebene ganz oben, dem »Hier Inhalt Einfügen«-Abschnitt in der Mitte und der Sekundärnavigation ganz unten. Klicken Sie in Dreamweaver also in den Inhaltsbereich Ihres Layouts und fügen Sie diese Abschnitte hinzu, wie Abbildung 11-5 zeigt. Sie brauchen die Sekundärnavigation nicht am unteren Rand des Inhaltsbereichs zu positionieren. Erinnern Sie sich, dass die Höge des Inhaltsbereichs von der tatsächlichen Inhaltsmenge abhängt, die eingefügt wird. Im Moment ist alles in Ordnung, solange die Sekundärnavigation unter dem Abschnitt »Hier Inhalt einfügen« erscheint. Genauso wenig brauchen Sie sich momentan damit zu beschäftigen, die Elemente in Links umzuwandeln oder den Text nach Ihren Wünschen zu formatieren. Fügen Sie nur den Platzhaltertext in das Layout ein, um die drei Abschnitte darzustellen.

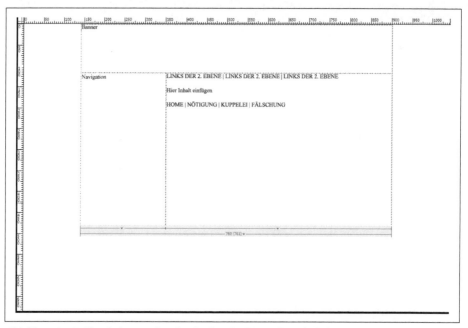

Abbildung 11-5: Platzhaltertext beschreibt die Abschnitte des Inhaltsbereichs.

Wenn Sie **Enter** oder **Return** drücken, um die Zeilen von Platzhaltertext zu trennen, kennzeichnet Dreamweaver die Platzhalterelemente automatisch als Absätze, was Sie im Menü *Format* des Eigenschafteninspektors überprüfen können. Das ist ein wichtiger Punkt, an den Sie denken müssen, wenn Sie bearbeitbare Bereiche zur Vorlage hinzufügen (siehe den Abschnitt »Bearbeitbare Bereiche definieren« weiter unten in diesem Kapitel).

Vergleichen Sie nun die Punkte in Ihrem mentalen Fest/Variabel-Arbeitsblatt mit den Elementen, die Sie zu Ihrem Dreamweaverlayout hinzugefügt haben, und Sie werden eine Eins-zu-eins-Entsprechung feststellen, genau, wie es sein soll.

Ihre Seite als Vorlage speichern

Der nächste Schritt besteht darin, Ihre geänderte *index.html*-Seite als Vorlagendatei zu speichern. Gehen Sie ins Hauptmenü und wählen Sie *Datei → Als Vorlage speichern*. Das Dialogfeld *Als Vorlage speichern* erscheint, wie Abbildung 11-6 zeigt.

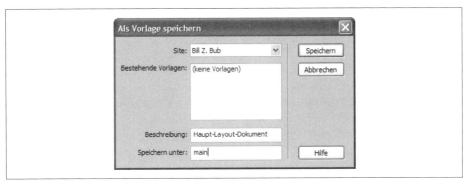

Abbildung 11-6: Das Dialogfeld Als Vorlage speichern

Im Feld *Site* sollte die aktuelle Dreamweaver-Site erscheinen. Wenn nicht, öffnen Sie das Menü und wählen Sie die korrekte Site aus.

Geben Sie im Feld *Speichern unter* einen Namen für die Vorlage ein. Wählen Sie etwas Kurzes und Beschreibendes wie *haupt*, *main* oder *layout*. Wenn Sie vorhaben, mehrere unterschiedliche Vorlagen für diverse Seitenstile in der Site zu erstellen, sollten Sie im Feld *Beschreibung* auch eine kurze Textberschreibung dieser Vorlage hinzufügen, wenngleich Sie dieses Feld auch problemlos freilassen können.

Wenn Sie fertig sind, klicken Sie auf *Speichern*. Das Dialogfeld *Als Vorlage speichern* wird geschlossen. Dreamweaver fügt ein neues Verzeichnis namens *Templates* zu Ihrem lokalen Stammordner hinzu und speichert Ihre Vorlage darin mit der Erweiterung *.dwt*, wie Abbildung 11-7 zeigt.

 Wenn Sie Ihre Seite als Vorlage speichern, erhalten Sie möglicherweise ein Dialogfeld, das Sie fragt, ob Links aktualisiert werden sollen. Falls dem so ist, klicken Sie auf *Ja*. Dieses Dialogfeld erscheint, wenn Ihre Seite Hyperlinks oder Verweise auf externen Content enthält, etwa auf das Platzhalterbild in einem tabellenbasierten Layout.

Bearbeitbare Bereiche definieren

Dreamweaver geht davon aus, dass alle Inhalte in der Vorlage festgelegt sind, solange Sie nichts anderes angeben, so dass Sie nun, da Sie eine Vorlagendatei haben, die bearbeitbaren Bereiche hinzufügen können.

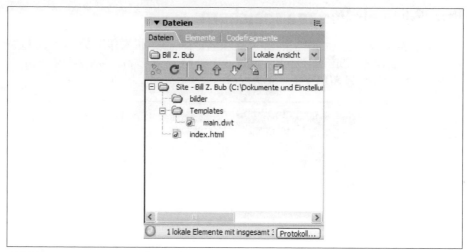

Abbildung 11-7: Das neue Zuhause Ihrer Vorlage

In diesem Layout gibt es zwei bearbeitbare Bereiche: Den Abschnitt für die Links der zweiten Ebene und den »Hier Inhalt einfügen«-Bereich. Sie können einfach oben anfangen. Klicken Sie im Vorlagen-Dokumentfenster in den Abschnitt für Links der zweiten Ebene. Der blinkende Cursor sollte irgendwo innerhalb dieser Textzeile erscheinen.

Bewegen Sie sich nun zum Tag-Wähler, der sich ganz unten im Dokumentfenster befindet, wie in Abbildung 11-8 gezeigt, und klicken Sie das <p>-Tag an. Das <p>-Tag steht für Absatz (englisch *paragraph*), wie Sie vielleicht noch aus Kapitel 1 wissen. Wenn Sie das tun, wählt Dreamweaver den gesamten Absatz aus, der die Links der zweiten Ebene enthält.

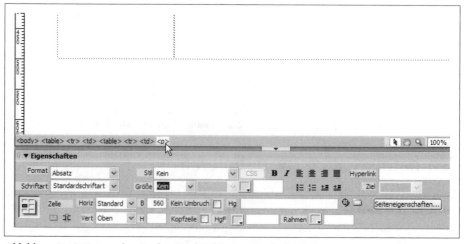

Abbildung 11-8: Verwenden Sie den Tag-Wähler, um Teile des Dokuments auszuwählen.

Der Tag-Wähler hilft Ihnen, sehr genaue Auswahlen im Dokumentfenster zu treffen. Wenn Sie den Text einfach nur durch Ziehen mit der Maus ausgewählt hätten, hätte Dreamweaver das Tag selbst womöglich nicht in die Auswahl eingeschlossen.

Wenn der Absatz ausgewählt ist, gehen Sie zur Einfügen-Leiste und stellen Sie gegebenenfalls die Kategorie *Allgemein* ein. Klicken Sie dann das kopfstehende Dreieck rechts neben den Vorlagenobjekten an, wie Abbildung 11-9 zeigt. Wählen Sie aus dem sich öffnenden Menü das Objekt *Bearbeitbarer Bereich*, und Sie erhalten das Dialogfeld *Neuer Bearbeitbarer Bereich*, das in Abbildung 11-10 erscheint.

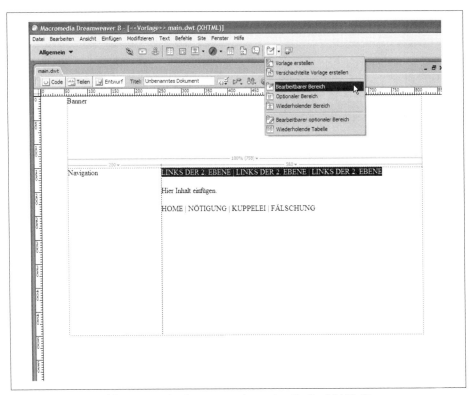

Abbildung 11-9: Wählen Sie Bearbeitbarer Bereich aus dem Bedienfeld Einfügen.

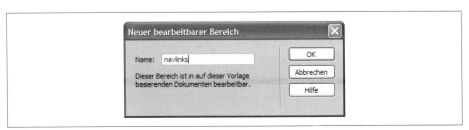

Abbildung 11-10: Fügen Sie einen neuen bearbeitbaren Bereich in Ihre Vorlage ein.

Geben Sie einen kurzen, sprechenden Namen für den bearbeitbaren Bereich in das Feld *Name* ein, etwa *unternav* oder *navlinks*, und klicken Sie auf *OK*. Dreamweaver kennzeichnet diesen Absatz durch einen Kasten als bearbeitbaren Bereich, wie Abbildung 11-11 zeigt.

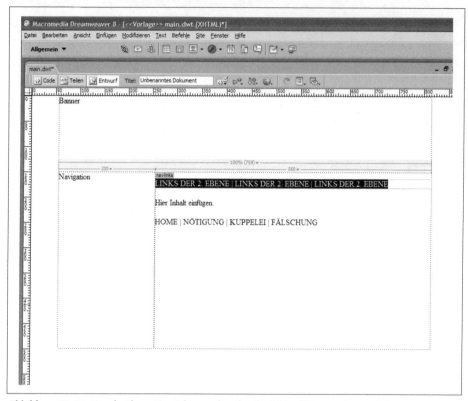

Abbildung 11-11: Bearbeitbare Bereiche werden durch türkise Kästen gekennzeichnet.

Soweit der erste bearbeitbare Bereich. Weiter geht's mit dem zweiten! Klicken Sie irgendwo in den Platzhalter »Hier Inhalt einfügen«. Gehen Sie dann zum Tag-Wähler und wählen Sie das Absatz-Tag <p>, um den gesamten Absatz auszuwählen. Bewegen Sie sich nun zur Einfügen-Leiste und klicken Sie das Objekt *Bearbeitbarer Bereich* an, um das Dialogfeld *Neuer Bearbeitbarer Bereich* zu öffnen. Geben Sie einen Namen wie etwa *inhalt* in das Feld *Name* ein und klicken Sie auf *OK*. Dreamweaver definiert den neuen bearbeitbaren Bereich, und Ihr Dokumentfenster sieht so aus wie Abbildung 11-12.

Aber was ist, wenn Ihre Navigationsleiste variabel statt fest ist oder wenn der Bannerbereich variabel ist? Kein Problem. Verwenden Sie einfach die existierende Beschriftung als Platzhalter für einen bearbeitbaren Bereich, mit einer kleinen Änderung: Wenn Sie innerhalb der Navigations- oder Banner-Beschriftung klicken, gehen Sie in den Eigenschafteninspektor und wählen Sie *Absatz* aus dem Menü *Format*,

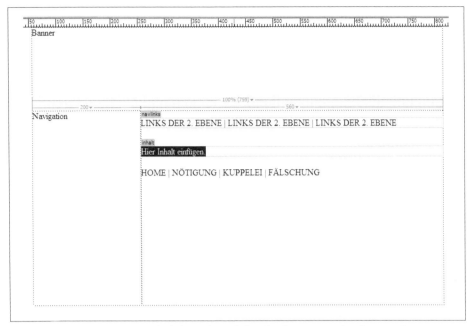

Abbildung 11-12: Der Hauptinhaltsbereich ist als bearbeitbarer Bereich gekennzeichnet.

wenn dieser Text noch nicht das Format *Absatz* besitzt. (Das ist wahrscheinlich noch nicht der Fall, weil Sie beim Erstellen Ihrer Design-Bereiche nicht **Enter** oder **Return** gedrückt haben. Sie haben nur den Namen eingegeben und dann mit dem nächsten Bereich weitergemacht.) So erhalten Sie ein spezielles <p>-Tag, das Sie im Tag-Wähler anklicken können; dies garantiert, dass Sie ein komplettes Element auswählen. Wenn ein Absatz ausgewählt ist, brauchen Sie nur noch das Objekt *Bearbeitbarer Bereich* anzuklicken, den Bereich *nav* oder *banner* zu nennen oder ihm einen anderen sinnvollen Namen zu geben und schließlich auf *OK* zu klicken, um ihn zur Vorlage hinzuzufügen, wie Abbildung 11-13 zeigt.

Wenn Sie mit dem Hinzufügen der bearbeitbaren Bereiche fertig sind, wählen Sie *Datei → Speichern* aus dem Hauptmenü, um Ihre Vorlage zu speichern.

Die Vorlage auf eine existierende Seite anwenden

Ihre Vorlagendatei und die Seite *index.html* sind nun zwei separate Dokumente. Um *index.html* mit der Vorlage zu verknüpfen, damit die Startseite automatische Aktualisierungen erhält, wenn Sie den Inhalt der Vorlage bearbeiten, müssen Sie die Vorlage nun auf die Startseite anwenden.

Bewegen Sie sich dazu in das Bedienfeld *Dateien* und doppelklicken Sie auf *index.html*. Dreamweaver öffnet die Startseite in einem neuen Dokumentfenster. (Sie brauchen das Dokumentfenster der Vorlage nicht zu schließen, können es aber,

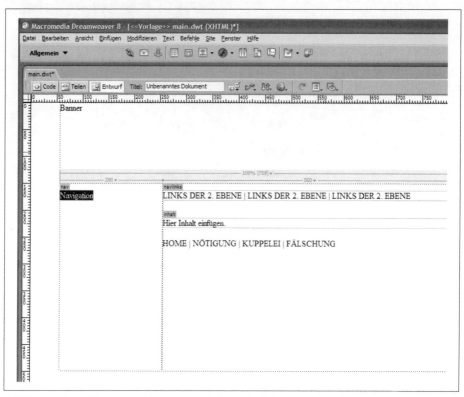

Abbildung 11-13: Eine variable Navigationsleiste, die als bearbeitbarer Bereich eingesetzt wurde

wenn Sie möchten.) Wählen Sie dann aus dem Hauptmenü *Modifizieren* → *Vorlagen* → *Vorlage auf Seite anwenden*. Das in Abbildung 11-14 gezeigte Dialogfeld *Vorlage auswählen* erscheint. Klicken Sie den Namen der Vorlage an, die Sie anwenden möchten, und klicken Sie dann auf *Auswählen*.

Abbildung 11-14: Wählen Sie die Vorlage, die angewendet werden soll.

Stellen Sie im Dialogfeld *Vorlage auswählen* sicher, dass Sie die Option *Seite bei Vorlagenänderung aktualisieren* auswählen. Wenn Sie den Inhalt des Vorlagendokuments ändern, wird Dreamweaver andernfalls auf dieser speziellen Seite Ihrer Site den Inhalt der alten Vorlage beibehalten.

Höchstwahrscheinlich erhalten Sie das in Abbildung 11-15 gezeigte Dialogfeld *Inkonsistente Bereichsnamen*, was einfach bedeutet, dass Dreamweaver nicht sicher ist, was er mit dem bestehenden Inhalt der Startseite machen soll. Es ist Ihre Aufgabe, Dreamweaver zu erklären, wie er mit den einzelnen inkonsistenten Elementen umgehen soll – sie zu verschieben, zu löschen, zu ersetzen oder zu ignorieren.

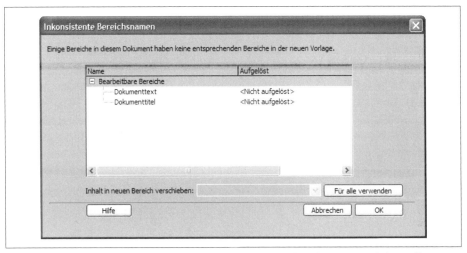

Abbildung 11-15: Wählen Sie, was mit den bestehenden Inhalten der Seite geschehen soll.

- Sie sollten den aktuellen Inhalt des Dokumenttextes ersetzen. Wählen Sie im Dialogfeld *Dokumenttext* aus und wählen Sie *Nirgends* aus dem Menü.
- Sie sollten den aktuellen Inhalt des Titels in den entsprechenden bearbeitbaren Bereich verschieben. Wählen Sie im Dialogfeld *Dokumenttitel* aus und wählen Sie *head* aus dem Menü.

 Sie können sich nicht erinnern, einen bearbeitbaren Bereich namens *head* eingefügt zu haben, weil Sie diesen Bereich nicht hinzugefügt haben! Dreamweaver hat das automatisch erledigt, als Sie Ihre Vorlage erstellten.

Klicken Sie auf *OK*, und Dreamweaver wendet die Vorlage auf Ihre Startseite an, wie Abbildung 11-16 zeigt.

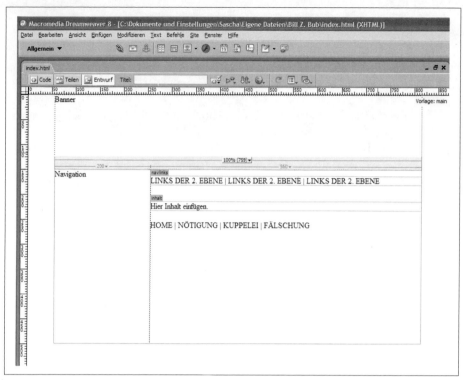

Abbildung 11-16: Dreamweaver wendet die Vorlage auf die Startseite an.

Wandern Sie mit dem Mauszeiger über das Layout und sehen Sie, wie er sich in ein »Verboten«-Zeichen verwandelt, sobald Sie irgendeinen nicht bearbeitbaren Bereich überqueren. Das ist permanenter, durch die Vorlage festgelegter Inhalt – Sie können ihn natürlich immer noch ändern, aber dazu müssen Sie ihn im Vorlagendokument selbst ändern.

Wählen Sie *Datei* → *Speichern* aus dem Hauptmenü, um Ihre Änderungen an der Startseite zu speichern.

Neue Seiten aus der Vorlage erstellen

Nun, da Sie eine Vorlage haben, ist es überaus einfach, neue Seiten zu erstellen, die auf dieser Vorlage basieren. Angenommen, Sie möchten anfangen, die Struktur Ihrer Site zu füllen, indem Sie Startseiten für alle übergeordneten Inhaltskategorien einfügen: *Über Bill*, *Nötigung*, *Kuppelei* und *Fälschung*. Sie haben in Kapitel 7 Ordner für diese Bereiche Ihrer Site erstellt, aber diese Ordner sind noch leer.

Aber nicht mehr lange! Gehen Sie ins Hauptmenü und wählen Sie *Datei* → *Neu*. Das Dialogfeld *Neues Dokument* erscheint, wie gehabt. Klicken Sie diesmal die Registerkarte *Vorlagen* am oberen Rand des Dialogfelds an, und Sie erhalten neue Optionen, wie Abbildung 11-17 zeigt.

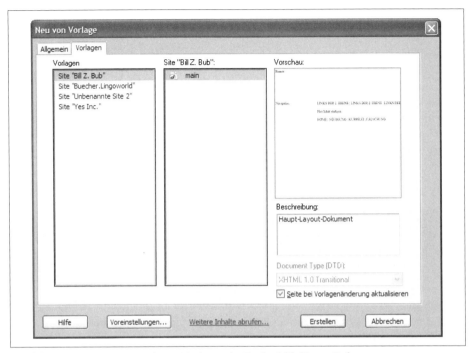

Abbildung 11-17: Die Registerkarte Vorlagen des Dialogfelds Neues Dokument

Wählen Sie die gewünschte Vorlage aus der Liste aus und klicken Sie dann auf *Erstellen*. Dreamweaver öffnet ein neues Dokumentfenster und füllt es automatisch mit allen Inhalten der Vorlagendatei, wie Abbildung 11-18 zeigt.

Angenommen, Sie möchten diese Seite als Hauptseite unter der Kategorie *Über Bill* speichern. Geben Sie im Feld *Titel* des Dokumentfensters an, dass es sich um die Seite *Über Bill* handelt. Die beste Option besteht wahrscheinlich darin, *Über Bill* durch einen Doppelpunkt (:) oder ein Größer-Zeichen (>) getrennt an den bestehenden Titel anzuhängen.

Gehen Sie nun zurück zum Hauptmenü und wählen Sie *Datei → Speichern*. Das Dialogfeld *Speichern unter* erscheint. Das ist die Seite *Über Bill*, also wechseln Sie in den Unterordner für *Über Bill*. Geben Sie einen passenden Namen für die Datei ein, etwa *ueber*, und klicken Sie auf *Speichern*. Dreamweaver fügt die neue Seite zum entsprechenden Unterordner im Bedienfeld *Dateien* hinzu.

Hören Sie jetzt nicht auf! Bearbeiten Sie das *Titel*-Feld des Dokumentfensters, so dass es der nächsten übergeordneten Kategorie entspricht, in diesem Fall *Nötigung*. Wählen Sie *Datei → Speichern unter* aus dem Hauptmenü und navigieren Sie in den

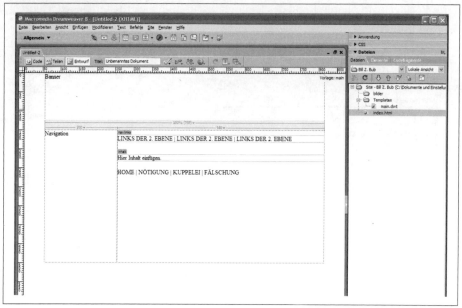

Abbildung 11-18: Erstellen Sie eine neue Seite, die auf Ihrer Vorlage basiert.

Unterordner für *Nötigung*. Speichern Sie diese Datei als *noet*, und Sie haben eine weitere neue Seite. Wiederholen Sie diesen Vorgang für die restlichen übergeordneten Inhaltskategorien, und in kürzester Zeit strotzt Ihre Site vor Seiten. Und das sind nicht einfach mickrige Beispielseiten, sondern voll ausgearbeitete Produktionsdokumente. Es sind sogar (wahrscheinlich) genau die Dokumente, die Sie am Ende dieses Buchs im Web veröffentlichen werden. Da Sie sie aus einer Vorlage erstellt haben, wachsen sie automatisch mit dem Vorlagendokument.

 Denken Sie daran, auf *Ja* zu klicken, wenn Sie ein Dialogfeld erhalten, das nach der Aktualisierung von Links fragt.

In diesem Kapitel:
- Eingebettete Stile exportieren
- Stilregeln für bestimmte Elemente definieren
- Allgemein gültige Stilregeln definieren
- Eine Stilregel bearbeiten

KAPITEL 12
Ein Stylesheet erstellen

In Kapitel 11 haben Sie eine Dreamweaver-Vorlage für Ihre Site erstellt und sie verwendet, um eine Auswahl neuer Seiten ins Leben zu rufen, aber das allgemeine Design sieht noch immer recht schlicht aus. Es ist Zeit, mit dem Hinzufügen einiger Formatattribute für die Elemente Ihrer Seite zu beginnen, und das kann nur eins heißen: Es wird Zeit, mit dem Erstellen Ihrer Cascading Style Sheets anzufangen. Dieses Kapitel zeigt Ihnen, wie es geht.

Eingebettete Stile exportieren

Es gibt zwei Möglichkeiten, Cascading Style Sheets in eine Webseite einzufügen: durch Einbetten oder durch Verknüpfen. *Einbetten* bedeutet, dass der CSS-Code direkt in die HTML-Datei geschrieben wird – entweder als separater Block im Kopfbereich:

```
<html>
<head>
  <title>Hallo!</title>
  <style type="text/css">
   p {
      font-family: Arial, Helvetica, sans-serif;
   }
  </style>
</head>
<body>
   <p>Hallo zusammen.</p>
</body>
</html>
```

oder in das style-Attribut eines bestimmten HTML-Tags:

```
<html>
<head>
  <title>Hallo!</title>
</head>
```

```
<body>
   <p style="font-family: Arial, Helvetica, sans-serif;">Hallo zusammen.</p>
</body>
</html>
```

Verknüpfen bedeutet, dass der CSS-Code in eine separate Datei geschrieben wird und dass das HTML-Dokument anschließend auf diese Datei verweist:

```
<html>
<head>
  <title>Hallo!</title>
  <link href="hallostil.css" rel="stylesheet" type="text/css">
</head>
<body>
  <p>Hallo zusammen.</p>
</body>
</html>
```

Einfügen und Verknüpfen erzeugen identische Ergebnisse; Sie sehen sie in Abbildung 12-1. Welche Methode ist also besser?

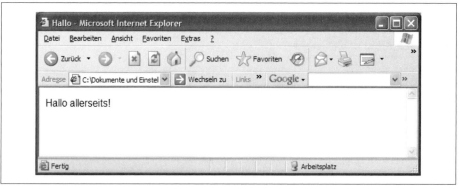

Abbildung 12-1: Externes und eingebettetes CSS sehen gleich aus.

Einbetten mag hier wie die bessere Wahl aussehen, weil die Webseite auf diese Weise unabhängiger wird, aber die Verknüpfung mit einer externen Datei ist üblicherweise praktischer – aus demselben Grund, warum es normalerweise klüger ist, neue Seiten aus einer Dreamweaver-Vorlage zu erstellen. Anstatt denselben alten Block von CSS-Code auf jeder Seite, die Sie schreiben, zu duplizieren, bewahren Sie alle Stilregeln an einem zentralen Ort auf. Wenn Sie dann Änderungen an Ihren Stilen vornehmen möchten, bearbeiten Sie einfach Ihr CSS-Dokument, und alle Seiten, die mit dem externen Stylesheet verknüpft sind, werden automatisch aktualisiert.

Standardmäßig wählt Dreamweaver allerdings eingebettetes CSS, weil sich das Einbetten ein wenig leichter automatisieren lässt. Der erste Schritt zur Erstellung Ihres Stylesheets besteht deshalb darin, den bisher eingebetteten CSS-Code aus Ihrer Vorlage als externe CSS-Datei zu exportieren. Als Erstes löschen Sie den eingebetteten Codeblock, dann verknüpfen Sie das Vorlagendokument mit der CSS-Datei.

Verknüpfungen mit einer externen CSS-Datei sind fast immer besser, als den CSS-Code direkt in die HTML-Seite einzubetten.

So wird's gemacht:

1. Bewegen Sie sich in Dreamweaver in das Bedienfeld *Dateien*, öffnen Sie den *Templates*-Ordner der aktuellen Site und doppelklicken Sie auf die Dreamweaver-Vorlage, die Sie in Kapitel 11 erstellt haben. Dreamweaver öffnet die Vorlage in einem neuen Dokumentfenster.

2. Öffnen Sie das Bedienfeld *CSS-Stile*, indem Sie *Fenster* → *CSS-Stile* aus dem Hauptmenü wählen oder **Umschalt + F11** drücken. Das Bedienfeld *CSS-Stile* hilft Ihnen, durch die diversen Stilregeln auf der Seite zu navigieren. Sie haben bereits einige davon; Dreamweaver hat beispielsweise eine Stilregel erstellt, als Sie in Kapitel 8 die Seitenränder eingestellt haben. Und falls Sie Ihr Layout mit Ebenen entworfen haben, besitzt jede Ebene eine zugehörige Stilregel.

 Wenn Sie die Seitenränder nicht eingestellt haben und Ihr Layout mit Tabellen anstatt mit Ebenen entworfen haben, haben Sie wahrscheinlich noch keine eingebetteten Stilregeln, so dass Sie diesen Vorgang überspringen können.

3. Um den zurzeit eingebetteten CSS-Code als externe Datei zu exportieren, wählen Sie *Text* → *CSS-Stile* → *Exportieren* aus dem Hauptmenü. Das Dialogfeld *Stile als CSS-Datei exportieren* erscheint. Navigieren Sie bis zur obersten Ebene Ihres lokalen Stammordners, so dass Sie alle Unterordner Ihrer Seite sehen. Das ist ein guter Speicherort für Ihre CSS-Datei.

4. Geben Sie im Feld *Dateiname* etwas Kurzes, aber Beschreibendes ein, für die *Bill Z. Bub Marketing Associates*-Website beispielsweise *bill* oder *billstil*, und klicken Sie auf *Speichern*. Dreamweaver erstellt das externe Stylesheet, verknüpft die Vorlage aber noch nicht damit.

5. Entfernen Sie nun den bestehenden eingebetteten Code. Klicken Sie die Schaltfläche *Alle* im Bedienfeld *CSS-Stile* an. Wählen Sie dann in der Stilregel-Liste des Bedienfelds das Element `<Stil>` aus und klicken Sie das Mülleimer-Symbol in der rechten unteren Ecke des Bedienfelds an. Das Bedienfeld CSS-Stile zeigt an, dass *keine Stile definiert* sind.

6. Erstellen Sie zuletzt die Verknüpfung zu der externen CSS-Datei. Klicken Sie die Schaltfläche *Stylesheet anfügen* am Fuß des Bedienfelds CSS-Stile an. (Es handelt sich um die Schaltfläche mit dem Kettensymbol.) Das Dialogfeld *Entferntes Stylesheet hinzufügen* erscheint, wie Abbildung 12-2 zeigt.

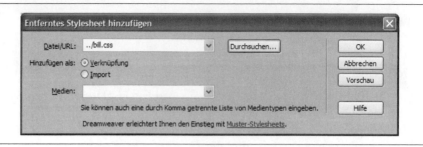

Abbildung 12-2: Stellen Sie mit dem Dialogfeld Entferntes Stylesheet hinzufügen die Verknüpfung mit einer CSS-Datei her.

Aus dem Menü *Medien* im Dialogfeld *Entferntes Stylesheet hinzufügen* können Sie das Zielmedium (oder mehrere Zielmedien) festlegen, wodurch Sie ein medienabhängiges Stylesheet erzeugen. Wie Sie vielleicht vermuten, bezieht sich ein medienabhängiges Stylesheet nur auf das gewählte Medium oder die gewählten Medien. Um beispielsweise ein Stylesheet anzufügen, das nur zur Anwendung kommt, wenn der Besucher Ihre Seite ausdruckt, wählen Sie *Druck* aus dem Menü *Medien*. Wenn Sie möchten, dass sich das Stylesheet sowohl auf den Druck als auch auf den Bildschirm bezieht, geben Sie im Feld *Medien* print, screen ein. Wenn sich das Stylesheet auf alle Medien beziehen soll, lassen Sie das Feld *Medien* frei.

Um mehr über medienabhängige Stylesheets zu erfahren, besuchen Sie *http://www.w3.org/TR/CSS21/media.html/*.

7. Klicken Sie auf die Schaltfläche *Durchsuchen* und navigieren Sie zu der CSS-Datei, die Sie in Schritt 3 erstellt haben. Doppelklicken Sie auf diese Datei und klicken Sie dann im Dialogfeld *Entferntes Stylesheet hinzufügen* auf *OK*. Dreamweaver stellt eine Verknüpfung zu dieser Datei her und fügt ihre Stilregeln zu der Liste im Bedienfeld *CSS-Stile* hinzu.

8. Wählen Sie *Datei → Speichern* aus dem Hauptmenü. Das Dialogfeld *Vorlagendateien aktualisieren* aus Abbildung 12-3 erscheint und zeigt eine Liste aller HTML-Seiten an, die Dreamweaver gemäß Ihren Änderungen an der Vorlage aktualisieren wird.

9. Klicken Sie auf *Aktualisieren*. Dreamweaver schließt das Dialogfeld *Vorlagendateien aktualisieren* und öffnet das Dialogfeld *Seiten aktualisieren*, um Ihnen eine kurze Zusammenfassung der Ergebnisse anzuzeigen, wie in Abbildung 12-4 gezeigt. Klicken Sie auf *Schließen*.

Herzlichen Glückwunsch! Sie sind erfolgreich von eingebetteten Stilen auf verknüpfte umgestiegen. (Sie sind auch das erste Mal Zeuge der Segnungen von Vorlagen geworden. Jede Ihrer bestehenden Seiten hat sich durch eine einzige Korrektur geändert.) Nun sind Sie bereit, mit dem Erstellen neuer Stilregeln zu beginnen.

Abbildung 12-3: Diese Seiten werden modifiziert.

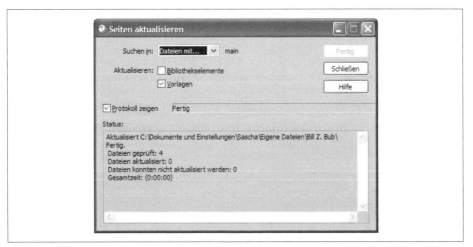

Abbildung 12-4: Ein kurzer Statusbericht im Dialogfeld Seiten aktualisieren

Stilregeln für bestimmte Elemente definieren

Die Elemente einer Webseite lassen sich grob in zwei Kategorien unterteilen: Layoutelemente wie Tabellenzellen und Ebenen einerseits und Inhaltselemente wie Text und Bilder andererseits. Beide Arten können Formatattribute aus einem Cascading Style Sheet erhalten, so dass Sie sich vielleicht fragen, wann Sie eine Stilregel auf ein Layoutelement anwenden sollten und wann Sie sie eher auf den Inhalt beziehen sollten.

Die direkte Anwendung von Stilregeln auf die Elemente Ihres Layouts – das heißt auf Ihre Tabellenzellen oder Ebenen – ist in Situationen wie diesen besonders sinnvoll:

- Sie möchten die Hintergrundfarbe eines Bereichs in Ihrem Layout einstellen.
- Sie möchten den Innenabstand im Hauptinhaltsbereich oder in der Sidebar steuern.

- Sie möchten Ränder zum Hauptinhaltsbereich oder zur Sidebar hinzufügen.
- Sie möchten um einen Bereich Ihres Layouts einen sichtbaren Rahmen zeichnen.

 Erstellen Sie speziell dann eine Stilregel für ein Layoutelement, wenn Sie das Aussehen des Layouts selbst bestimmen möchten, und nicht das Aussehen des Inhalts, der in dieses Layout eingefügt wird.

Beachten Sie, dass Sie in allen oben genannten Fällen das Aussehen des Layouts selbst bestimmen und nicht das Aussehen des Inhalts, der in dieses Layout eingefügt wird. Diese Formatattribute bleiben gleich; es spielt mit anderen Worten keine Rolle, welche Art von Inhalt Sie zufälligerweise innerhalb der Tabellenzelle oder Ebene platzieren.

Wenn Sie im Gegensatz dazu das Aussehen des Inhalts selbst und nicht das Aussehen seines Containers steuern möchten, sind Sie im Allgemeinen besser bedient, wenn Sie Stilregeln speziell für den Inhalt selbst erstellen. Wenn die Stilregel mit anderen Worten gleich bleibt, wo auch immer Sie den Inhalt zufälligerweise platzieren, dann sollten Sie die Stilregel auf das Inhaltselement anwenden.

 Erstellen Sie eine Stilregel für ein Inhaltselement speziell dann, wenn Sie das Aussehen des Inhalts bestimmen möchten, wo auch immer dieser Inhalt in Ihrem Layout erscheint.

Stile für Inhaltselemente kommen im Allgemeinen häufiger vor. Im Moment gehören die meisten Elemente Ihrer Dreamweaver-Vorlage allerdings noch zur Kategorie Layout. Sie haben vielleicht einige Inhaltselemente wie etwa die Liste der Sekundärnavigationslinks am Fuß des Hauptinhaltsbereichs, aber noch nicht viele. Seien Sie versichert, dass diese Anzahl sich dramatisch vergrößern wird, wenn Sie in Teil 3 dieses Buches ankommen. Fürs Erste werden Sie sich im nächsten Abschnitt »Einen Stil für ein Inhaltselement erstellen« nur ein Beispiel für einen Inhaltsstil anschauen, um zu sehen, wie es gemacht wird. Sie werden im Rest dieses Buchs noch zahlreiche weitere Stile für andere Arten von Inhaltselementen erstellen.

Einen Stil für ein Layoutelement erstellen

Nehmen Sie an, Sie möchten ein wenig Innenabstand in den Hauptinhaltsbereich einfügen, um zu verhindern, dass der Inhalt nahtlos an die Kanten stößt. Sie experimentieren mit Ihrer Layoutskizze und entscheiden sich für die folgenden Werte:

- Am oberen und unteren Rand des Hauptinhaltsbereichs 20 Pixel Innenabstand
- Auf der linken Seite des Hauptinhaltsbereichs 60 Pixel Innenabstand
- Auf der rechten Seite des Hauptinhaltsbereichs 0 Pixel Innenabstand

Folgen Sie diesen Schritten, um das zu tun:

1. Klicken Sie im Dokumentfenster der Vorlage irgendwo in den Hauptinhaltsbereich.
2. Bewegen Sie sich zum Tag-Wähler am Fuß des Dokumentfensters und wählen Sie das Tag des entsprechenden Layoutelements. Bei einem tabellenbasierten Layout handelt es sich um das `<td>`-Tag, wie es in Abbildung 12-5 ausgewählt ist. Bei einem ebenenbasierten Layout ist es dagegen das `<div>`-Tag. Wenn Sie das jeweilige Tag anklicken, wird das Tag selbst ausgewählt, nicht sein Inhalt.

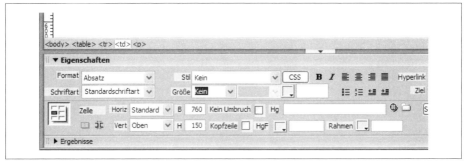

Abbildung 12-5: Im Tag-Wähler ist das `<td>`-Tag ausgewählt.

 Um die Attribute der Seite selbst zu bearbeiten, etwa die Hintergrundfarbe oder die Standardschriftart für die gesamte Seite, wählen Sie im Tag-Wähler das `<body>`-Tag aus.

3. Wenn die Tabellenzelle oder Ebene ausgewählt ist, bewegen Sie sich zum Bedienfeld *CSS-Stile* und klicken Sie die Schaltfläche *Neue CSS-Regel* an. (Das ist die Schaltfläche mit dem Seiten-Symbol.) Dreamweaver öffnet das Dialogfeld *Neue CSS-Regel*, wie Abbildung 12-6 zeigt.

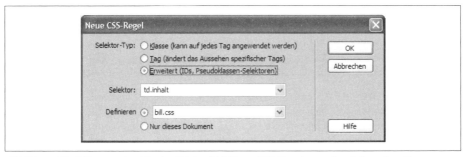

Abbildung 12-6: Verwenden Sie das Dialogfeld Neue CSS-Regel, um eine Stilregel zu Ihrer externen CSS-Datei hinzuzufügen.

Stellen Sie sicher, dass Sie im Dialogfeld *Neue CSS-Regel* unter *Definieren* die Option für Ihre externe CSS-Datei wählen. Andernfalls bettet Dreamweaver den CSS-Code ein.

4. Wenn Sie Ihre Stilregel auf alle Tabellenzellen auf der Seite anwenden möchten, stellen Sie *Tag* unter *Selektor-Typ* ein und wählen Sie dann td beziehungsweise div aus dem *Selektor*-Menü, aber das ist nur selten der Fall. Wahrscheinlich möchten Sie nicht, dass Navigations- oder Bannerbereich dieselben Innenabstände erhalten wie der Inhaltsbereich. Wählen Sie stattdessen *Erweitert* und geben Sie im Feld *Selektor* den Namen des Tags (entweder td oder div), einen Punkt (.) und dann einen kurzen, aber prägnanten Namen für den Stil ein. Da Sie diesen Stil für den Hauptinhaltsbereich einrichten, ist *inhalt* ein geeigneter Name, also geben Sie td.inhalt oder div.inhalt ein.

5. Klicken Sie auf *OK*. Das Dialogfeld *Neue CSS-Regel* wird geschlossen, dafür wird das Dialogfeld *CSS-Regel-Definition* aus Abbildung 12-7 geöffnet. Tabelle 12-1 listet die Attributtypen auf, die unter den jeweiligen Kategorien dieses Dialogfelds erscheinen.

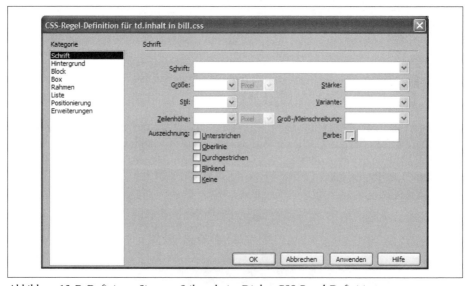

Abbildung 12-7: Definieren Sie neue Stilregeln im Dialog CSS-Regel-Definition.

Tabelle 12-1: Formatattribute im Dialogfeld CSS-Regel-Definition nach Kategorien

Kategorie	Enthält
Schrift	Schrift, Größe, Stärke (fett), Stil (kursiv), Variante (Kapitälchen), Zeilenhöhe, Groß-/Kleinschreibung, Farbe, Auszeichnung (Unterstrichen, Durchgestrichen usw.)
Hintergrundfarbe	Hintergrundfarbe, Hintergrundbild

Tabelle 12-1: Formatattribute im Dialogfeld CSS-Regel-Definition nach Kategorien (Fortsetzung)

Kategorie	Enthält
Block	Wortabstand, Zeichenabstand, Textausrichtung, Texteinzug
Box	Breite, Höhe, Auffüllen (Innenabstand), Rand
Rahmen	Rahmenstil, Rahmenbreite, Rahmenfarbe
Liste	Listentyp, Aufzählungszeichen
Positionierung (diese Attribute beziehen sich insbesondere auf die Ebenen eines ebenenbasierten Designs)	Position auf dem Bildschirm, Beschnitt, Stapelreihenfolge, Sichtbarkeit, Überlaufverhalten
Erweiterungen (diese Attribute beziehen sich auf Internet Explorer 4.0 oder neuer, wenngleich viele von ihnen von keiner Version irgendeines Browsers unterstützt werden)	Seitenumbruch, visueller Effekt

6. Sie möchten Innenabstände zum Hauptinhaltsbereich hinzufügen, also konsultieren Sie Tabelle 12-1 und finden Sie heraus, dass die Innenabstände zur Kategorie *Box* gehören. Klicken Sie im Dialogfeld *CSS-Regel-Definition* die Kategorie *Box* an.

7. Deaktivieren Sie unter *Auffüllen* das Kontrollkästchen *Für alle gleich*. Geben Sie dann 20 in das Feld *Oben*, 0 in das Feld *Rechts*, 20 in das Feld *Unten* und 60 in das Feld *Links* ein. Stellen Sie sicher, dass alle Einheitenmenüs auf *Pixel* eingestellt sind, wie in Abbildung 12-8 gezeigt.

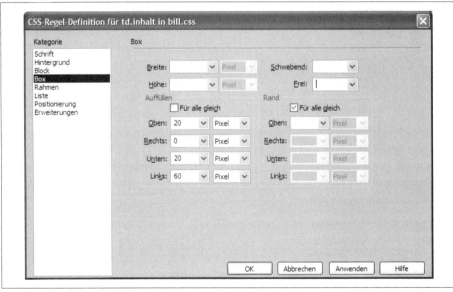

Abbildung 12-8: Definieren Sie die Innenabstände des Hauptinhaltsbereichs unter der Kategorie *Box*.

8. Klicken Sie auf *OK*. Dreamweaver öffnet die CSS-Datei als separates Dokumentfenster und fügt die neue Stilregel hinzu. Klicken Sie auf ihre Registerkarte und wählen Sie *Datei* → *Speichern* aus dem Hauptmenü, um Ihre Änderungen an dem Stylesheet zu speichern.

9. Schalten Sie nun wieder zurück zum Dokumentfenster der Vorlage und wenden Sie die neue Stilregel auf das Layoutelement an. Bewegen Sie sich zum Eigenschafteninspektor, solange die Tabellenzelle oder Ebene noch ausgewählt ist, und wählen Sie den Namen Ihres Stils aus dem Menü *Klasse*. Dreamweaver wendet den Stil auf das Layoutelement an, wie Abbildung 12-9 zeigt.

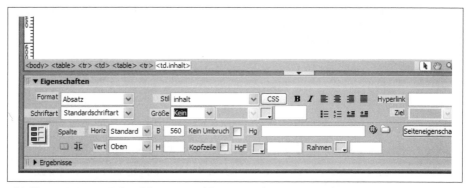

Abbildung 12-9: Den Stil auf das ausgewählte Layoutelement anwenden

10. Wählen Sie *Datei* → *Speichern* aus dem Hauptmenü und aktualisieren Sie die Seiten Ihrer Site.

Einen Stil für ein Inhaltselement erstellen

Probieren Sie eine weitere Stildefinition aus, nur stellen Sie diesmal das Aussehen eines Inhaltselements wie beispielsweise der Sekundärnavigationslinks am Fuß des Hauptinhaltsbereichs ein. Sie schauen sich noch einmal Ihre Notizen aus Kapitel 6 an und entscheiden sich für folgende Spezifikationen:

- Schriftart Verdana, Helvetica oder die serifenlose Standardschrift des Besuchers
- Schriftgröße 12 Pixel
- Fett

 Hüten Sie sich, die Menüs und Schaltflächen des Eigenschafteninspektors zu verwenden, um die Formatattribute für Text einzustellen, weil Dreamweaver diesen CSS-Code in die Seite einbettet.

So wird's gemacht:

1. Klicken Sie im Dokumentfenster der Vorlage irgendwo in den Absatz, der die Sekundärnavigationslinks enthält.
2. Bewegen Sie sich zum Tag-Wähler und klicken Sie das <p>-Tag an, um den gesamten Absatz auszuwählen.
3. Bewegen Sie sich zum Bedienfeld *CSS-Stile* und klicken Sie auf die Schaltfläche *Neue CSS-Regel*. Das Dialogfeld *Neue CSS-Regel* wird geöffnet.
4. Auch diesmal möchten Sie diesen Stil wahrscheinlich nicht auf alle Absätze Ihrer Seite anwenden, also wählen Sie die Option *Erweitert* und geben Sie p.sekundaernav oder etwas Ähnliches in das Feld *Selektor* ein.
5. Klicken Sie auf *OK*. Das Dialogfeld *Neue CSS-Regel* wird geschlossen, dafür wird das Dialogfeld *CSS-Regel-Definition* geöffnet.
6. Sie sehen in Tabelle 12-1, dass diverse Schriftattribute unter der Kategorie *Schrift* erscheinen, also wählen Sie im Dialogfeld *CSS-Regel-Definition* die Kategorie *Schrift* aus, falls sie nicht bereits ausgewählt ist.
7. Wählen Sie aus dem Menü *Schrift* die Schriftenliste, die *Verdana, Arial, Helvetica, sans-serif* lautet.

Sie wissen wahrscheinlich noch aus Kapitel 6, dass Sie für die Schriftart eine Liste von Schriften anstatt einer einzelnen Schrift angeben. Die Schriften erscheinen in der Reihenfolge, in der Sie sie bevorzugen. Betrachten Sie eine Schriftenliste, die *Verdana, Helvetica, sans-serif* lautet. Für den Browser heißt das: »Die bevorzugte Schrift für dieses Element ist Verdana, aber wenn Verdana auf dem System des Besuchers nicht verfügbar ist, dann versuche es mit Helvetica. Ist auch Helvetica nicht vorhanden, dann nimm einfach die serifenlose Standardschrift des Besuchers.«

Dreamweaver enthält bereits ab Werk einige gängige und verlässliche Schriftenlisten, aber wenn Sie Ihre eigene erstellen möchten, wählen Sie *Schriftliste bearbeiten* aus dem Menü *Schrift* und fangen Sie an, Schriften auszuwählen. Stellen Sie sicher, dass Sie Ihre Liste mit *serif*, *sans-serif* oder *monospaced* abschließen. Das sind allgemein gültige Platzhalter, die der jeweiligen Standardschrift (Serifenschrift, serifenlose Schrift oder Nichtproportionalschrift) des Besuchers entsprechen, welche es auch immer sein mag. Auf diese Weise wählt der Browser, wenn alles andere scheitert, die Standard-Systemschrift in Ihrem gewählten Stil, so dass Ihre Seite noch immer ungefähr so aussieht, wie Sie es sich vorgestellt haben.

8. Stellen Sie die Schriftgröße im Menü *Größe* auf 12 Pixel ein.
9. Wählen Sie *fett* aus dem Menü *Stärke*. Ihr Dialogfeld sieht nun so aus wie in Abbildung 12-10.

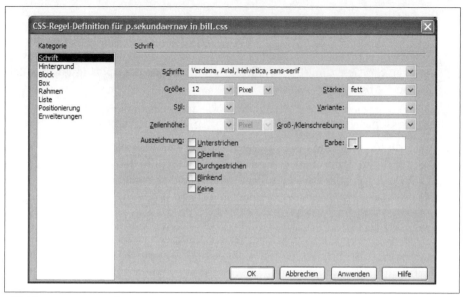

Abbildung 12-10: Erstellen Sie nun eine Stilregel für den Sekundärnavigationstext.

10. Klicken Sie auf *OK*, um die Stilregel zum Stylesheet hinzuzufügen.
11. Wechseln Sie zum Dokumentfenster des Stylesheets und wählen Sie *Datei → Speichern* aus dem Hauptmenü.
12. Schalten Sie zurück zum Dokumentfenster der Vorlage und wählen Sie, solange der Absatz noch ausgewählt ist, im Menü *Stil* des Eigenschafteninspektors den Namen des soeben erstellten Stils aus. Dreamweaver wendet den Stil auf den ausgewählten Absatz an, wie Abbildung 12-11 zeigt.
13. Wählen Sie *Datei → Speichern* aus dem Hauptmenü und aktualisieren Sie die Seiten Ihrer Site.

Allgemein gültige Stilregeln definieren

Gelegentlich kann es vorkommen, dass Sie eine allgemein gültige Stilregel erstellen möchten, die sich auf mehr als nur ein Element anwenden lässt. Vielleicht benötigen Sie beispielsweise einen speziellen Stil, der den jeweils von ihm formatierten Text durchstreicht, sei es nun ein Absatz, eine Überschrift oder eine Liste.

Wenn dem so ist, erstellen Sie einen Klassenstil, der sich auf jedes Element anwenden lässt. Das geht so:

1. Klicken Sie im Bedienfeld *CSS-Stile* auf die Schaltfläche *Neue CSS-Regel*. Sie brauchen vorher nichts im Dokumentfenster auszuwählen. Klicken Sie einfach auf die Schaltfläche, so dass das Dialogfeld *Neue CSS-Regel* erscheint.

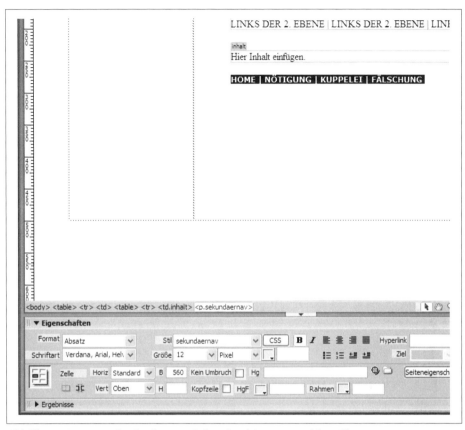

Abbildung 12-11: Wenden Sie die neue Stilregel auf den ausgewählten Absatz an.

2. Wählen Sie unter *Selektor-Typ* die Option *Klasse* und geben Sie einen kurzen, aber prägnanten Namen für den Stil ein, etwa *durchgestrichen* oder *durchgestr*, wie in Abbildung 12-12 gezeigt.

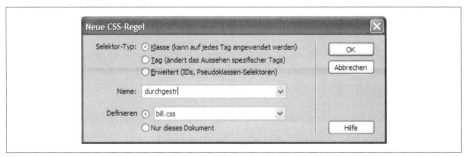

Abbildung 12-12: Erstellen Sie einen Klassenstil, wenn Sie die Stilregel auf beliebige Elemente anwenden möchten.

3. Klicken Sie auf *OK*. Das Dialogfeld *Neue CSS-Regel* wird geschlossen und das Dialogfeld *CSS-Regel-Definition* geöffnet.

4. Kreuzen Sie in der Kategorie *Schrift* unter *Auszeichnung* die Option *Durchgestrichen* an.

5. Klicken Sie auf *OK*. Dreamweaver fügt die Stilregel zu Ihrer externen CSS-Datei hinzu. Wechseln Sie in deren Dokumentfenster und wählen Sie *Datei → Speichern*. Schalten Sie dann zurück zum Dokumentfenster Ihrer Vorlage, aber Sie brauchen nicht zu speichern, weil Sie darin noch nichts geändert haben. Sie haben nur die externe CSS-Datei modifiziert.

6. Wenn Sie diesen Stil anwenden möchten, wählen Sie im Dokumentfenster etwas Text aus, indem Sie die Maus darüberziehen. Gehen Sie dann ins Menü *Stil* des Eigenschafteninspektors und wählen Sie Ihren *durchgestrichen*-Stil. Dreamweaver streicht den Text gehorsam durch, wie Abbildung 12-13 zeigt.

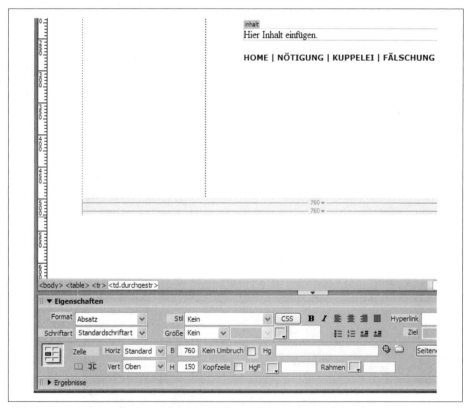

Abbildung 12-13: Den Klassenstil durchgestrichen auf einen Textbereich anwenden

Eine Stilregel bearbeiten

Nachdem Sie eine Stilregel erstellt haben, können Sie ihre Definition jederzeit bearbeiten. Sie können die Werte der zuvor definierten Attribute ändern oder Sie können Attribute zum existierenden Stil hinzufügen oder aus ihm löschen.

Es gibt eine bessere Möglichkeit, Layoutelementen Hintergrundfarben zuzuweisen, wenn diese Bereiche keine eigene Stilregel haben. Mehr darüber erfahren Sie in Kapitel 13.

Nehmen Sie an, Sie möchten zu dem Stil für den Hauptinhaltsbereich eine Hintergrundfarbe hinzufügen. Dies sind die Arbeitsschritte:

1. Klicken Sie im Bedienfeld *CSS-Stile* auf die Schaltfläche *Alle*, falls sie noch nicht ausgewählt ist.
2. Wählen Sie aus der Liste der Stilregeln im Bedienfeld *CSS-Stile* den Namen des Stils für den Hauptinhaltsbereich aus.
3. Klicken Sie ganz unten im Bedienfeld *CSS-Stile* auf die Schaltfläche *Stile Bearbeiten*. Es handelt sich um die Schaltfläche mit dem Bleistiftsymbol. Das Dialogfeld *CSS-Regel-Definition* erscheint, vorausgefüllt mit den aktuellen Attributen des Stils.
4. Sie möchten eine Hintergrundfarbe hinzufügen, also wählen Sie die Kategorie *Hintergrund* des Dialogfelds *CSS-Regel-Definition*.
5. Klicken Sie das farbige Qudrat neben *Hintergrundfarbe* an und wählen Sie aus dem erscheinenden Menü mit Farbfeldern eine Hintergrundfarbe aus.
6. Klicken Sie auf *OK*. Abbildung 12-14 zeigt, dass Dreamweaver den Stil zum Stylesheet hinzufügt und gleichzeitig das Vorlagen-Dokumentfenster aktualisiert, weil der Hauptinhaltsbereich bereits so eingestellt ist, dass dieser Stil auf ihn wirkt.
7. Wechseln Sie zum Dokumentfenster der CSS-Datei und wählen Sie *Datei → Speichern*. Schalten Sie dann zurück zum Dokumentfenster der Vorlage. Sie brauchen die Vorlage diesmal nicht zu speichern, weil sich kein einziges Byte ihres Codes geändert hat. Ihre Bearbeitung hat die CSS-Datei beeinflusst, nicht die Vorlagendatei.

Um eine Stilregel zu löschen, wählen Sie sie aus der Liste im Bedienfeld *CSS-Stile* aus und klicken Sie dann auf das Mülleimer-Symbol des Bedienfelds. Denken Sie daran, Ihre externe CSS-Datei danach zu speichern.

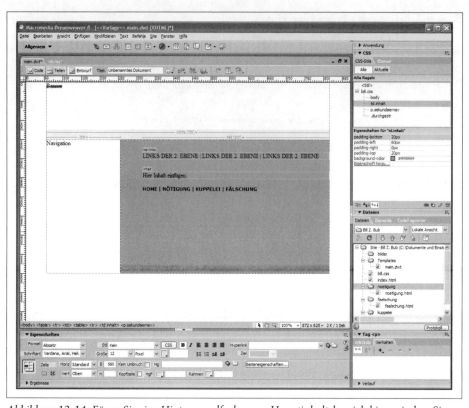

Abbildung 12-14: Fügen Sie eine Hintergrundfarbe zum Hauptinhaltsbereich hinzu, indem Sie seine Stilregel bearbeiten.

TEIL 3
Erstellen Sie Ihre Site

In Teil 2 dieses Buchs haben Sie die wichtigsten Produktionsdokumente für Ihre Site erstellt: die Design-Vorlage und das Cascading Style Sheet. Nun ist die Zeit gekommen, diese Dokumente zum beabsichtigten Einsatz zu bringen. Nun beginnt offiziell die Produktion.

Die nächsten paar Kapitel zeigen Ihnen, wie Sie Inhalte aller Art zu den Seiten Ihrer Site hinzufügen. Navigation, Text, Bilder, Flash-Filme, Hyperlinks, Formulare – es wird alles besprochen. Sie bauen auf das Fundament auf, das Sie in Teil 2 gelegt haben, und Sie werden bald sehen, dass dieses Fundament stabil ist. Ihre Site nimmt fast augenblicklich Gestalt an. Selbst Ihr Kunde wird von den Ergebnissen begeistert sein.

In diesem Kapitel:
- Die Schaltflächen
- Eine Navigationsleiste mit zwei Zuständen erstellen
- Eine Navigationsleiste mit vier Zuständen erstellen
- Eine Hintergrundfarbe zum Navigationsbereich hinzufügen
- Angepasste Meldungen in der Statusleiste platzieren

KAPITEL 13
Eine Navigationsleiste hinzufügen

Der Aufbau einer Navigationsleiste geschieht in zwei verschiedenen Phasen. Zuerst erstellen Sie die Schaltflächenbilder im Bildbearbeitungsprogramm Ihrer Wahl. Als Zweites fügen Sie die Schaltflächen zu Ihrem Vorlagendokument hinzu und verknüpfen sie mit den Seiten Ihrer Site. Während Sie arbeiten, kümmert Dreamweaver sich um den gesamten notwendigen HTML-Code und schreibt das JavaScript für Ihre Rollover-Effekte. Dieses Kapitel führt Sie durch den gesamten Prozess.

Aber zunächst ein Programmhinweis: Dieses Kapitel behandelt grafische Navigationsleisten – die mit anklickbaren Bildern und Schaltflächenzuständen. Wenn Sie an der Verwendung der guten alten Text-Links in Ihrer Hauptnavigation interessiert sind, lesen Sie Kapitel 14 für die Details bezüglich des Hinzufügens von Text und Kapitel 17 für die Geheimnisse der Link-Verknüpfung.

Die Schaltflächen

Eine *Navigationsleiste* (englisch *navigation bar* oder kurz *nav bar*) beginnt ihr Leben als Modell in Ihrem Bildbearbeitungsprogramm. Abbildung 13-1 zeigt ein typisches Beispiel. Angenommen, es soll eine schlichte Navigationsleiste mit einem einfachen Rollover-Verhalten der Schaltflächen werden; Sie möchten nicht, dass die Schaltflächen ihr Standardaussehen je nach der aktuellen Seite ändern.

Um diese Buttons in separate Navigationsleisten zu unterteilen, machen Sie von einer Technik namens *Segmentieren* Gebrauch, die genau das ist, wonach ihr Name klingt: Sie zerschneiden das Bild in kleinere rechteckige Bereiche, die Sie jeweils in einer separaten Bilddatei speichern. (In Ihrer Dreamweaver-Vorlage werden Sie die Navigationsleiste am Ende wieder zusammenbauen, genau wie man die Teile eines Puzzles zusammenfügt.) Abbildung 13-2 zeigt die Segmente, die Sie in Ihrer Bildbearbeitung erstellen, nachdem Sie den überflüssigen Raum am Fuß des Modells abgeschnitten haben.

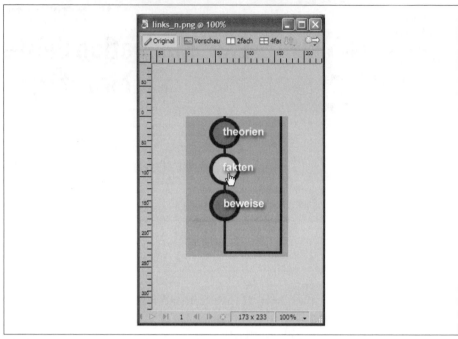

Abbildung 13-1: Das ist die Navigationsleiste, die Sie erstellen möchten.

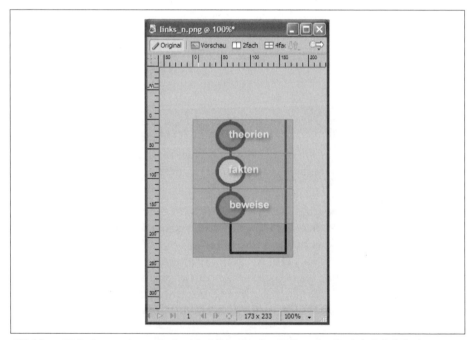

Abbildung 13-2: Segmentieren Sie das Modell in einzelne Teile – eins für jede Schaltfläche.

Diese Navigationsleiste soll einen Rollover-Effekt erhalten. Sie wissen noch aus Kapitel 4, dass eine Rollover-Grafik in Wirklichkeit aus zwei separaten Bilddateien besteht – eine für die Standardschaltfläche oder den *Up-Zustand* und eine für den *Over-Zustand* oder das Aussehen der Schaltfläche, wenn der Besucher mit dem Mauszeiger darüberfährt. Indem Sie Ihr Modell segmentiert haben, haben Sie separate Bilddateien für den Up-Zustand erstellt, aber Sie brauchen noch immer die Bilddateien für den Over-Zustand. Hellen Sie die Oberflächenfarbe der Schaltflächen auf und speichern Sie die Segmente als separate Bilddateien. Abbildung 13-3 zeigt, was Sie erhalten, wenn alles segmentiert und einsatzbereit ist. Beachten Sie, dass Sie keinen Over-Zustand für die Dekoration am Fuß der Navigationsleiste erstellen müssen, weil diese keinen Rollover-Effekt braucht.

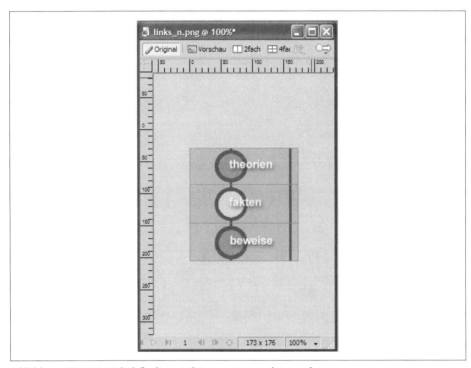

Abbildung 13-3: Die Schaltflächen sind Segmentiert und einsatzbereit.

Ihre Navigationsleiste besteht nun aus sieben einzelnen Bilddateien, die in Abbildung 13-4 gezeigt werden:

- Drei Up-Zustand-Schaltflächen
- Drei Over-Zustand-Schaltflächen
- Eine Dekoration für den unteren Bereich der Naviagtionsleiste

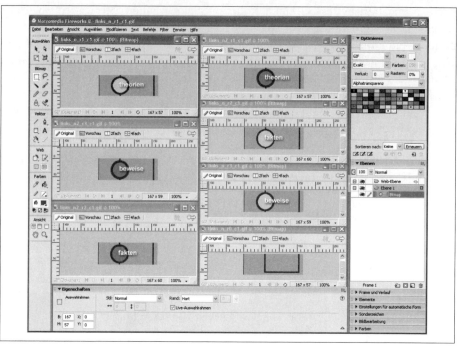

Abbildung 13-4: Ihre Navigationsleiste besteht nun aus sieben einzelnen Bilddateien.

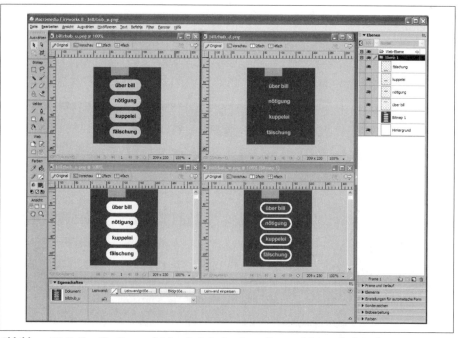

Abbildung 13-5: Der Up-Zustand (oben links), der Over-Zustand (unten links), der Down-Zustand (oben rechts) und der Over-bei-Down-Zustand (unten rechts)

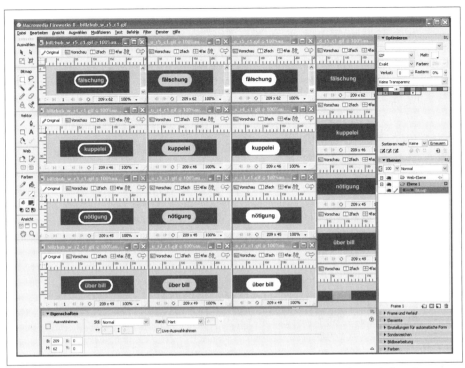

Abbildung 13-6: Speichern Sie die Segmente als separate Bilddateien, und Sie erhalten diese siebzehn Grafiken.

Das genügt für eine Standardnavigationsleiste mit zwei Zuständen, die genau Ihren Vorgaben entspricht. Es sollte aber auch erwähnt werden, dass Dreamweaver-Navigationsleisten bis zu vier Schaltflächenzustände haben können. Zusätzlich zum Up- und zum Over-Zustand können Sie auch einen Down-Zustand definieren; dies ist das Aussehen der Schaltfläche, wenn der Benutzer sich auf der entsprechenden Seite oder im entsprechenden Bereich der Site befindet. Als Viertes gibt es den Over-bei-Down-Zustand; dies ist der Rollover-Effekt für eine Schaltfläche im Down-Zustand. Abbildung 13-5 zeigt das segmentierte Navigationsleistenmodell für eine Navigationsleiste mit vier Zuständen: den Up-Zustand (oben links), den Over-Zustand (unten links), den Down-Zustand (oben rechts) und den Over-bei-Down-Zustand (unten rechts). Abbildung 13-6 zeigt die resultierenden einzelnen Bilddateien; es sind siebzehn (vier Schaltflächen mal vier Zustände plus eine Grafik für die Dekoration am oberen Rand).

Navigationsleisten mit zwei Zuständen werden generell schneller geladen als solche mit vier Zuständen. In einer Navigationsleiste mit zwei Zuständen benötigt jede Schaltfläche nur zwei Grafikdateien, nicht vier.

Eine Navigationsleiste mit zwei Zuständen erstellen

Das Wichtigste zuerst: Bevor Sie auch nur daran denken, die Navigationsleiste zu erstellen, müssen Sie alle Bilddateien im Bilderordner Ihrer Site speichern. Wenn Sie diese Dateien irgendwo anders auf Ihrem Computer gespeichert haben, machen Sie Kopien davon und verschieben Sie die Kopien in den Bilderordner. Das ist lebenswichtig! Wenn Sie die Bilddateien in irgendeinem anderen Ordner verwenden, erzeugt Ihre Site überall defekte Bilder, wenn Sie sie ins Web hochladen.

Haben Sie Ihre Grafiken am richtigen Platz? Gut. Die nächste Frage lautet: Wo erstellen Sie die Navigationsleiste? Kommt sie in das Vorlagendokument oder in die eigentlichen Seiten Ihrer Site? Die Antwort können Sie wahrscheinlich schon erraten. Dies ist eine Navigationsleiste mit zwei Zuständen, das bedeutet, sie ist fester Inhalt – der Standardzustand der Schaltflächen ist immer der Up-Zustand, egal, wo in Ihrer Site die Navigationsleiste erscheint; und fester Inhalt gehört in das Vorlagendokument, wie Sie bestimmt noch aus Kapitel 11 wissen.

Wenn die Schaltflächen Ihrer Navigationsleiste standardmäßig alle im Up-Zustand sind, fügen Sie die Navigationsleiste zum Vorlagendokument hinzu.

Sie möchten am Vorlagendokument arbeiten, also starten Sie Dreamweaver und laden Sie die Layoutvorlage für Ihre Site. Klicken Sie in den Navigationsbereich, entfernen Sie die Textbeschriftung und stellen Sie das Menü *Format* des Eigenschafteninspektors auf *Kein*. Der blinkende Cursor sollte sich nun in der linken, oberen Ecke einer leeren Tabellenzelle oder Ebene befinden, ähnlich wie in Abbildung 13-7.

Gehen Sie zur Einfügen-Leiste, klicken Sie das umgekehrte Dreieck rechts neben den Bildobjekten an, um ihr Menü zu öffnen, und wählen Sie das Objekt *Navigationsleiste* wie in Abbildung 13-8. Wenn Sie das tun, öffnet Dreamweaver den in Abbildung 13-9 gezeigten Dialog *Navigationsleiste einfügen*.

Diesen Dialog durchzuarbeiten ist überhaupt nicht schwer. Machen Sie es einfach Schritt für Schritt. Geben Sie in das Feld *Elementname* einen kurzen, aber beschreibenden Namen für die erste Schaltfläche in der Navigationsleiste ein. In diesem Fall ist es die Schaltfläche *Theorien*, so dass der Name *theorien* sinnvoll ist.

Klicken Sie dann die Schaltfläche *Durchsuchen* rechts neben dem Feld *Up-Bild* an und navigieren Sie zu Ihrem Bilderordner. Wählen Sie die Bilddatei aus, die dem Up-Zustand der Schaltfläche *Theorien* entspricht. Zögern Sie nicht, die Zustände, die Sie nicht brauchen, zu überspringen. Lassen Sie ihre Felder frei.

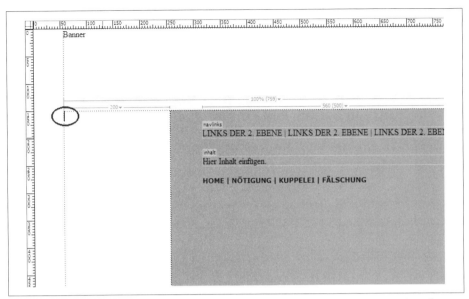

Abbildung 13-7: Leeren Sie den Navigationsbereich, so dass der blinkende Cursor sich in der linken oberen Ecke der Tabellenzelle oder Ebene befindet.

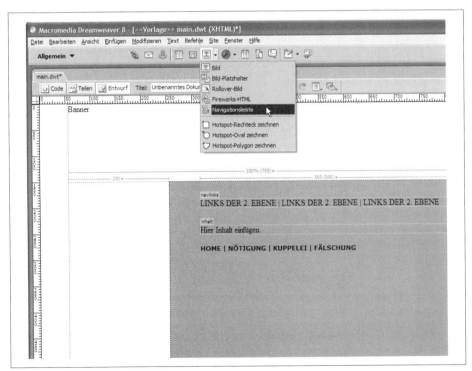

Abbildung 13-8: Suchen Sie das Objekt Navigationsleiste im Menü der Bildobjekte.

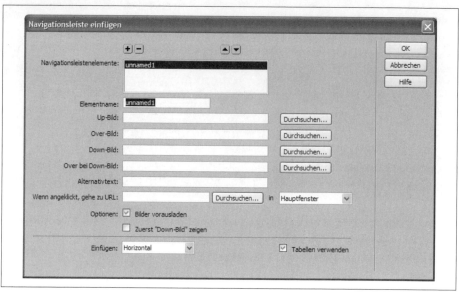

Abbildung 13-9: Verwenden Sie das Dialogfeld Navigationsleiste einfügen, um Ihre Navigationsleiste aufzubauen.

Geben Sie in das Feld *Alternativtext* »Gehen Sie zur Abteilung Theorien« oder Ähnliches ein. Wenn Sie mit einem interaktiven Element wie einer Schaltfläche arbeiten, sollte der Alternativtest stets mit einem Verb beginnen (oder zumindest eines enthalten). Schreiben Sie nicht einfach »Theorien«. Das bedeutet außerhalb eines Kontexts nichts. Erklären Sie dem Besucher, der Ihre Webseite nicht sehen kann, genau, was die Schaltfläche tut.

 Der Alternativtext für ein interaktives, anklickbares Bild sollte stets mit einem Verb beginnen.

Klicken Sie nun die Schaltfläche *Durchsuchen* neben dem Feld *Wenn angeklickt, gehe zu URL* an und navigieren Sie zum Ordner der Seite, die erscheinen soll, wenn der Besucher die Schaltfläche anklickt. In diesem Fall handelt es sich um die Schaltfläche *Theorien*, so dass Sie eine Verknüpfung zur Theorien-Hauptseite erstellen sollten.

Stellen Sie sicher, dass für dieses Element das Kontrollkästchen *Bilder vorausladen* unter *Optionen* angekreuzt ist. Das Vorausladen von Bildern hilft, die Rollover-Animation reibungslos anzuzeigen.

Ihr Dialogfeld *Navigationsleiste einfügen* sieht nun etwa so aus wie das in Abbildung 13-10.

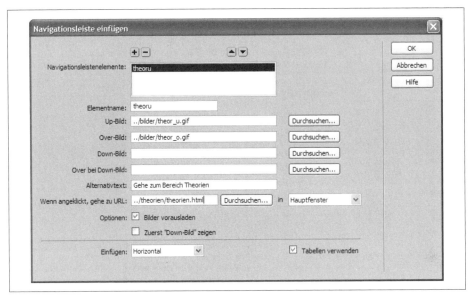

Abbildung 13-10: Füllen Sie die Optionen für die erste Schaltfläche der Navigationsleiste aus.

Das sind die Einstellungen für die erste Navigationsleistenschaltfläche. Bewegen Sie sich im Dialogfeld nach oben und klicken Sie die Plus-Schaltfläche an, um ein neues Element zur Navigationsleiste hinzuzufügen. Dieses ist für die Schaltfläche *Fakten*, also machen Sie genau dasselbe wie zuvor, nur dass Sie nun die *Fakten*-Bilder für die Schaltflächenzustände und die *Fakten*-Hauptseite als Zieladresse angeben.

Eine Navigationsleistenschaltfläche bleibt noch übrig, also klicken Sie auf die Plus-Schaltfläche ganz oben im Dialogfeld *Navigationsleiste einfügen* und füllen Sie die Felder aus.

Sie sind fast fertig. Es bleibt nur noch, sich um die Optionen am Fuß des Dialogfelds zu kümmern. Wählen Sie aus dem Menü *Einfügen* die Orientierung Ihrer Navigationsleiste: *Vertikal* für Schaltflächen von oben nach unten oder *Horizontal* für Schaltflächen von links nach rechts. Für diese Site brauchen Sie eine vertikale Navigationsleiste von oben nach unten, also sollte Ihr Dialogfeld *Navigationsleiste einfügen* so aussehen wie in Abbildung 13-11.

Um die Reihenfolge der Schaltflächen in Ihrer Navigationsleiste zu ändern, wählen Sie ein Element aus der Liste *Navigationsleistenelemente* oben im Dialogfeld und klicken Sie dann die Schaltflächen mit dem Pfeil nach oben beziehungsweise nach unten an.

Um ein Element aus der Navigationsleiste zu entfernen, markieren Sie es in der Liste *Navigationsleistenelemente* und klicken Sie die Minus-Schaltfläche an.

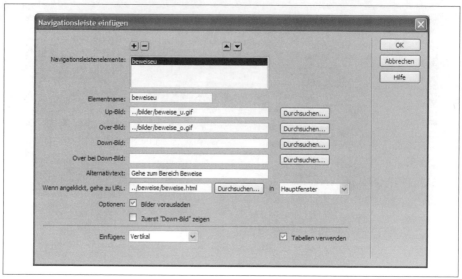

Abbildung 13-11: Diese Felder sollten ausgefüllt werden.

Klicken Sie auf OK, und Dreamweaver fügt die Navigationsleiste zum Navigationsbereich Ihres Vorlagendokuments hinzu, wie Abbildung 13-12 zeigt.

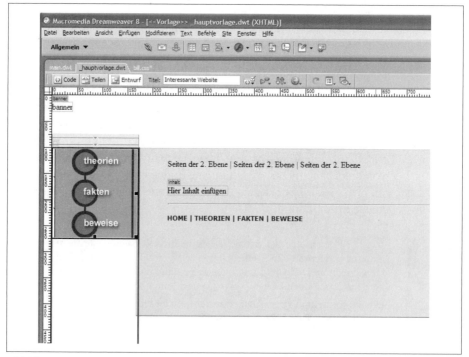

Abbildung 13-12: Dreamweaver baut die Navigationsleiste im Vorlagendokument auf.

Werfen Sie einen Blick in den Eigenschafteninspektor, solange die Navigationsleiste noch ausgewählt ist, und Sie bemerken, dass sie als Tabelle erscheint. Dreamweaver hat Ihre Navigationsleiste in einer Tabellenstruktur aufgebaut, genau wie Sie es vielleicht für das allgemeine Seitenlayout getan haben, aber selbst wenn Sie ein ebenenbasiertes Seitenlayout erstellt haben, erscheint Ihre Navigationsleiste immer noch in einer Tabelle.

Wenn allein schon der Gedanke daran, eine Tabelle für wie auch immer geartete Layoutarbeiten einzusetzen, Sie zur Raserei bringt, deaktivieren Sie die Option *Tabellen verwenden* im Dialogfeld *Navigationsleiste einfügen*, bevor Sie mit dem Erstellen der Navigationsleiste beginnen. Dies ist allerdings nicht zu empfehlen, da eine unabhängige Navigationsleiste mit Lücken zwischen den Schaltflächen angezeigt werden oder die Breite des Navigationsbereichs erhöhen könnte.

Jede Navigationsleistenschaltfläche belegt ihre eigene Zelle in dieser Tabelle. Sie haben noch eine Dekoration für den unteren Bereich der Navigationsleiste, also warum nicht eine neue Zelle zur Navigationsleistentabelle hinzufügen und die Dekorationsgrafik in dieser Zelle unterbringen? So wird's gemacht:

1. Gehen Sie zum Eigenschafteninspektor, solange die Navigationsleistentabelle noch ausgewählt ist.
2. Suchen Sie das Feld *Zeilen*. Es zeigt im Moment den Wert 3 an – drei Zeilen für drei Schaltflächen.
3. Geben Sie 4 in das Feld *Zeilen* ein und drücken Sie **Enter** oder **Return**. Dreamwaver fügt unten in der Tabelle eine neue Zeile ein.

Wenn Sie eine horizontale Navigationsleiste eingefügt haben, dann passen Sie den Wert im Feld *Spalten* an, nicht im Feld *Zeilen*.

4. Klicken Sie im Dokumentfenster in diese neue Zeile.
5. Wählen Sie *Einfügen → Bild* aus dem Hauptmenü. Das Dialogfeld *Bildquelle wählen* erscheint. Navigieren Sie zum Dekorationsbild und klicken Sie auf *OK*.
6. Das Dialogfeld *Eingabehilfen-Attribute für Image-Tag* erscheint. Da dies ein Dekorationsbild ist, das nichts zum Inhalt der Seite beiträgt, brauchen Sie keinen Alternativtext und keine lange Beschreibung anzugeben (siehe Kapitel 14 für weitere Informationen). Ein Besucher, der Ihre Webseite nicht sehen kann, verliert mit anderen Worten nichts, wenn er keine Textbeschreibung dieses speziellen Bilds erhält. Klicken Sie einfach auf *OK*, um das Dialogfeld zu schließen.

Dreamweaver fügt das Dekorationsbild zur Navigationsleistentabelle hinzu, wie Abbildung 13-13 zeigt.

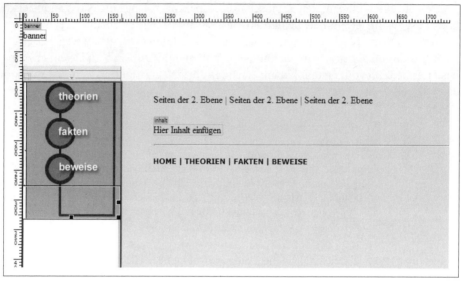

Abbildung 13-13: Fügen Sie eine neue Zeile zur Navigationsleistentabelle hinzu und fügen Sie die Dekorationsgrafik ein.

Wählen Sie *Datei* → *Speichern* aus dem Hauptmenü und aktualisieren Sie die Seiten Ihrer Site. Um Ihre Navigationsleiste zu testen, öffnen Sie Ihre Startseite in Dreamweaver und drücken Sie **F12**, um eine Live-Vorschau dieser Seite in einem Browserfenster durchzuführen, wie Abbildung 13-14 zeigt. Wenn Sie die Schaltflächen mit dem Mauszeiger berühren, tritt der Rollover-Effekt in Kraft, und wenn Sie die Schaltflächen anklicken, gelangen Sie zu den entsprechenden Seiten Ihrer Site.

 Versuchen Sie nicht, eine Vorschau Ihres Vorlagendokuments im Browser zu erzeugen. Öffnen Sie für die Vorschau immer eine richtige Seite Ihrer Site.

Eine Navigationsleiste mit vier Zuständen erstellen

Eine Navigationsleiste mit vier Zuständen zu erstellen funktioniert fast genau wie das Erstellen des Modells mit zwei Zuständen, wenngleich der Prozess vom Start bis zum Ziel ein wenig mehr Anstrengung benötigt. Als Erstes erstellen Sie die Standard-Navigationsleiste, in der sich alle Schaltflächen standardmäßig im Up-Zustand befinden. Dann erstellen Sie angepasste Navigationsleisten für jede Inhaltsseite der obersten Ebene (in diesem Fall für die Seiten *Über Bill*, *Nötigung*, *Kuppelei* und *Fälschung*), wo die Schaltfläche für die entsprechende Seite sich standardmäßig im Down-Zustand befindet.

Die Art und Weise, wie Sie dies tun, hängt davon ab, wie gut Sie mit Dreamweaver vertraut sind. Sie werden zwei verschiedene Methoden kennen lernen: den einfache-

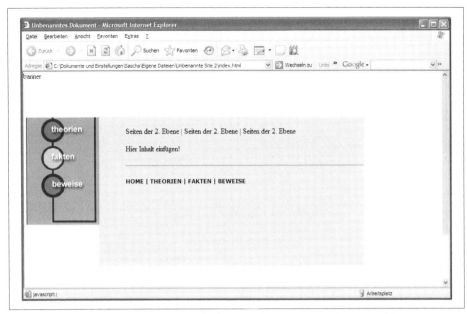

Abbildung 13-14: Ihre Navigationsleiste funktioniert live im Browserfenster perfekt.

ren Weg (der länger dauert) und den schwierigeren Weg (der schneller geht). Gehen Sie beide durch und wählen Sie dann denjenigen, der für Sie sinnvoller ist.

Der einfachere (längere) Weg

Öffnen Sie die Startseite in Dreamweaver, löschen Sie die Textbeschriftung innerhalb des bearbeitbaren Bereichs für die Hauptnavigation, stellen Sie das Format für diesen Bereich auf *Kein* und wählen Sie das Objekt *Navigationsleiste* aus der Einfügen-Leiste. Dreamweaver öffnet das Dialogfeld *Navigationsleiste einfügen*. Füllen Sie es aus wie zuvor, nur fügen Sie diesmal die Bilder für die beiden anderen Schaltflächenzustände hinzu, wie Abbildung 13-15 zeigt.

Klicken Sie auf *OK*, und Dreamweaver fügt die Standard-Navigationsleiste zur Startseite hinzu, wie Abbildung 13-16 zeigt.

Bewegen Sie sich zum Eigenschafteninspektor, solange die Navigationsleistentabelle ausgewählt ist, ändern Sie die Anzahl der Zeilen von 4 auf 5 und drücken Sie **Enter** oder **Return**. Dies liefert Ihnen eine zusätzliche Tabellenzelle für das Dekorationsbild. Allerdings erscheint die Dekoration am oberen Rand der Navigationsleiste und nicht am unteren, so dass ein wenig Drag and Drop angesagt ist. Sie werden jede Schaltfläche (zusammen mit ihrem Hyperlink) eine Zeile nach unten verschieben, um Platz für das Dekoraktionsbild am oberen Rand der Navigationsleiste zu machen.

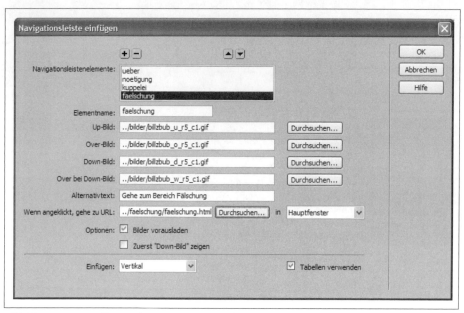

Abbildung 13-15: Füllen Sie für eine Navigationsleiste mit vier Zuständen alle Bildfelder aus.

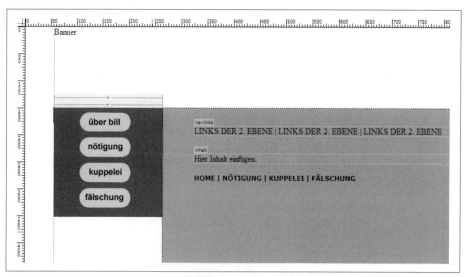

Abbildung 13-16: Dreamweaver fügt die Standard-Navigationsleiste zur Startseite hinzu.

Klicken Sie im Dokumentfenster die unterste Navigationsleistenschaltfläche an, um sie auszuwählen. Gehen Sie dann zum Tag-Wähler und klicken Sie das <a>-Tag an. Dieses Tag, das für *anchor* (Anker) steht, entspricht dem Link der Schaltfläche. Sie dürfen das Schaltflächenbild nicht ohne seinen Link verschieben, also überspringen Sie diesen wichtigen Schritt nicht.

Sobald die Schaltfläche und ihr Link augewählt sind, positionieren Sie den Mauszeiger über dem Schaltflächenbild. Halten Sie die Maustaste gedrückt und ziehen Sie die Maus in die leere Tabellenzelle. Lassen Sie los, und Sie haben die Schaltfläche mit ihrem Link verschoben, wie Abbildung 13-17 zeigt.

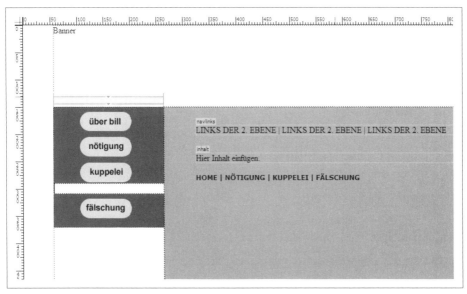

Abbildung 13-17: Fügen Sie eine neue Zeile ein, um Platz für das Dekorationsbild zu schaffen.

Sobald die oberste Zeile frei ist, klicken Sie hinein und wählen Sie *Einfügen → Bild* aus dem Hauptmenü. Wählen Sie die Bilddatei für die Dekoration aus, und Sie sind fertig, wie in Abbildung 13-18.

 Sie möchten keine Bilder und Links im Dokumentfenster durch die Gegend ziehen? Wer kann Ihnen das verübeln? Hier ist eine Abkürzung: Wählen Sie die Navigationsleistenschaltfläche aus, die der Dekoration am nächsten liegt. Wählen Sie dann *Modifizieren → Tabelle → Zeilen oder Spalten einfügen*, und Sie erhalten das gleichnamige Dialogfeld. Wählen Sie *Zeilen* unter *Einfügen*. Geben Sie unter *Anzahl der Zeilen* den Wert *1* ein. Wählen Sie dann unter *Wo* die passende Stelle. Im Fall von Abbildung 13-18 würden Sie *Oberhalb der Auswahl* wählen, im Fall von Abbildung 13-13 dagegen *Unterhalb der Auswahl*. Klicken Sie auf *OK*, und Dreamweaver fügt die Tabellenzeile genau an der Stelle ein, wo Sie sie haben möchten – es wird kein Drag-and-Drop benötigt.

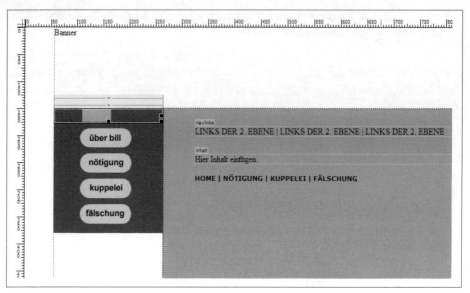

Abbildung 13-18: Fügen Sie das Dekorationsbild in die oberste Zeile der Navigationsleistentabelle ein.

Nun zu den Inhaltsseiten der obersten Ebene. Nehmen Sie sich diese einzeln nacheinander vor.

Los geht's mit *Über Bill*. Öffnen Sie diese Seite in Dreamweaver, löschen Sie die Inhalte aus dem bearbeitbaren Bereich für die Navigationsleiste, stellen Sie das Format auf *Kein* und rufen Sie das Dialogfeld *Navigationsleiste einfügen* auf, indem Sie das Objekt *Navigationsleiste* in der Einfügen-Leiste anklicken. Füllen Sie das Dialogfeld genauso aus wie zuvor. Sobald Sie aber zum Bereich *Optionen* der Schaltfläche *Über Bill* kommen, kreuzen Sie das Kontrollkästchen *Zuerst »Down-Bild« zeigen* an wie in Abbildung 13-19, da dies die Navigationsleiste für die Seite *Über Bill* ist. Alle anderen Schaltflächen auf dieser Seite sind standardmäßig im Up-Zustand, also lassen Sie diese Option für die restlichen Navigationsleistenelemente ausgeschaltet.

Wenn Sie mit der *Über Bill*-Navigationsleiste fertig sind, machen Sie mit den restlichen Inhaltsseiten der obersten Ebene weiter und denken Sie immer daran, die Schaltfläche für die entsprechende Seite standardmäßig auf den Down-Zustand einzustellen. An diesem Punkt kann der Erstellungsprozess nervtötend monoton sein, aber das ist es wert, wie Sie sehen, wenn Sie Ihre Site in einem Browserfenster betrachten. Abbildung 13-20 zeigt die Früchte Ihrer Arbeit: Die Schaltfläche *Nötigung* erscheint standardmäßig im Down-Zustand, wenn sich der Besucher auf der Seite *Nötigung* befindet.

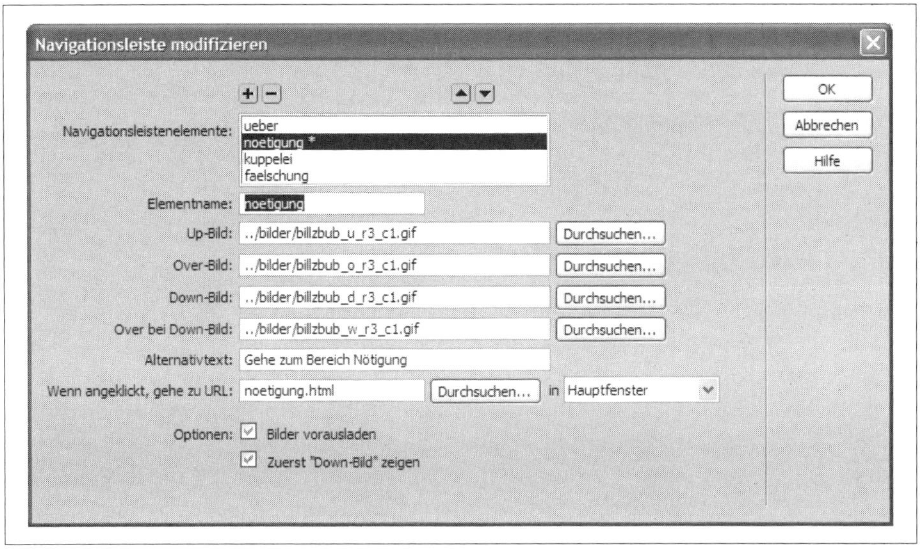

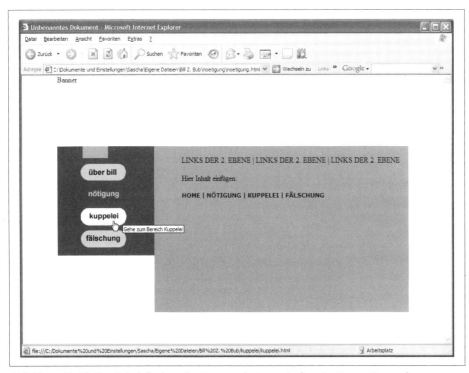

Abbildung 13-19: Kreuzen Sie die Option Zuerst Down-Bild anzeigen an.

Abbildung 13-20: Die Schaltfläche jeder Seite erscheint zu Anfang im Down-Zustand.

Nun, da Sie eine angepasste Navigationsleiste auf jeder Ihrer Hauptinhaltskategorieseiten haben, brauchen Sie für diese Site nie wieder eine Navigationsleiste zu erstellen. Wenn Sie beispielsweise eine Inhaltsseite im Bereich *Über Bill* erstellen, kopieren Sie einfach die *Über Bill*-Navigationsleistentabelle aus der *Über Bill*-Hauptseite und fügen Sie sie im Navigationsbereich der neuen Seite ein.

Der schwierigere (kürzere) Weg

Mit Hilfe der einfacheren, aber langwierigeren Methode haben Sie dieselbe Navigationsleiste auf diversen unterschiedlichen Seiten Ihrer Site aufgebaut. Mit der hier vorgestellten Methode erstellen Sie die Navigationsleiste nur einmal im Vorlagendokument, obwohl sie variabler Inhalt ist. Dann erstellen Sie neue vorlagenbasierte Seiten für die Hauptinhaltskategorien, ersetzen die ursprünglichen Seiten aus Kapitel 11 und modifizieren das Navigationsleistenverhalten auf jeder neuen Inhaltsseite. Das ist ein wenig kompliziert und technisch, also gehen Sie mit Bedacht vor, und Sie werden es gut machen.

Beginnen Sie damit, dass Sie das Vorlagendokument öffnen und die Standard-Navigationsleiste im bearbeitbaren Bereich für den Navigationsbereich aufbauen, wie Abbildung 13-21 zeigt. Wählen Sie *Datei → Speichern* aus dem Hauptmenü, wobei Sie die Seiten Ihrer Site diesmal nicht zu aktualisieren brauchen, weil Sie sie löschen werden. Sie haben ihren Zweck erfüllt. Sie haben als Ziele gedient, auf die Sie aus dem Dialogfeld *Navigationsleiste* verlinken konnten, aber nun sind sie veraltet.

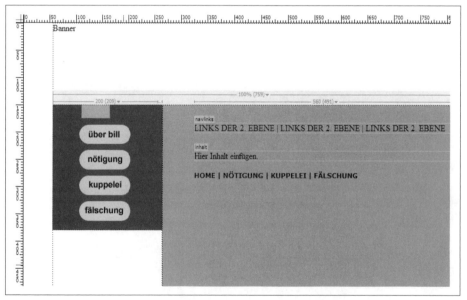

Abbildung 13-21: Erstellen Sie die Navigationsleiste im Vorlagendokument.

Wählen Sie *Datei → Neu* aus dem Hauptmenü und erstellen Sie eine neue Seite, die auf Ihrer geänderten Vorlage basiert. Wählen Sie dann *Datei → Speichern* und speichern Sie dieses Dokument als *index.html*, wobei Sie Ihre bestehende *index.html*-Seite überschreiben.

Ändern Sie den Titel im *Titel*-Feld des Dokumentfensters so, dass er dem Namen der ersten Inhaltsseite der obersten Ebene entspricht (in diesem Fall *Über Bill*) und wählen Sie *Datei → Speichern unter*. Speichern Sie diese Datei im gleichen Ordner und unter demselben Namen wie die frühere *Über Bill*-Seite, und stellen Sie sicher, dass Sie *Ja* anklicken, wenn Dreamweaver fragt, ob die Links aktualisiert werden sollen. Wiederholen Sie diesen Vorgang für die restlichen Seiten der obersten Ebene in der Site.

Nun haben Sie brandneue Inhaltsseiten der obersten Ebene sowie eine nagelneue Startseite. Was Sie nun tun müssen, ist, das Verhalten der Navigationsleiste für jede Inhaltsseite der obersten Ebene anzupassen. Um dies zu tun, brauchen Sie das Bedienfeld *Verhalten*, das Abbildung 13-22 zeigt, also gehen Sie ins Hauptmenü und wählen Sie *Fenster → Verhalten*. Das Bedienfeld *Verhalten* ermöglicht Ihnen, die mit jedem einzelnen Seitenelement verknüpften JavaScript-Funktionen zu durchsuchen und zu bearbeiten. Sie wissen aus Kapitel 4, dass der Rollover-Effekt durch JavaScript gesteuert wird, also werden Sie im Prinzip einen Teil des Rollover-Skripts neu schreiben, um die Navigationsleiste dazu zu bringen, den korrekten Standardzustand der Schaltfläche anzuzeigen.

Abbildung 13-22: Durchsuchen und bearbeiten Sie die JavaScript-Verhalten von Seitenelementen.

Beginnen Sie mit Ihrer ersten Inhaltsseite der obersten Ebene (in diesem Fall *Über Bill*). Wenn dieses Dokumentfenster noch nicht in Dreamweaver geöffnet ist, öffnen Sie es. Klicken Sie dann die entsprechende Navigationsleistenschaltfläche im Dokumentfenster an, und Dreamweaver listet die zugehörigen JavaScript-Verhalten auf. Dies ist die Seite *Über Bill*, also müssen Sie die *Über Bill*-Schaltfläche anklicken.

Gehen Sie nun zum Bedienfeld *Verhalten* und doppelklicken Sie auf das Zahnrad-Symbol neben irgendeinem der drei *Navigationsleistenbild festlegen*-Verhalten. Es spielt keine Rolle, welches Sie wählen. Sie rufen alle dasselbe Dialogfeld *Navigationsleistenbild festlegen* auf. Kreuzen Sie in diesem Dialogfeld unter *Optionen* das

Kontrollkästchen *Zuerst »Down-Bild« anzeigen* an, wie in Abbildung 13-23, und klicken Sie auf *OK*. Dreamweaver ändert das Standardaussehen der Schaltfläche *Über Bill* in den Down-Zustand, wie Sie in Abbildung 13-24 sehen.

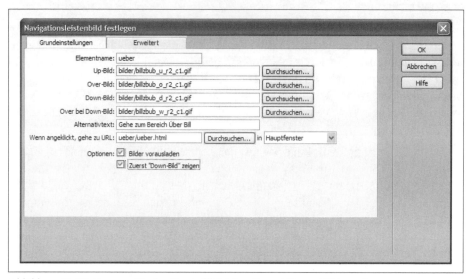

Abbildung 13-23: Kreuzen Sie das Kontrollkästchen Zuerst Down-Bild anzeigen an.

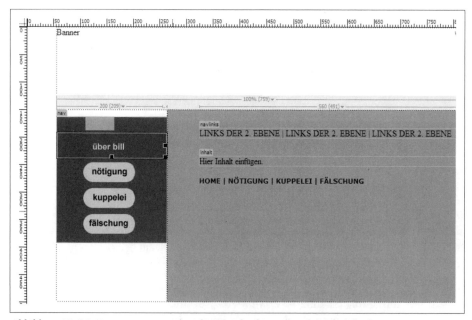

Abbildung 13-24: Dreamweaver ändert das Standardaussehen der Schaltfläche.

Wählen Sie *Datei → Speichern*. Wiederholen Sie diesen Vorgang für die restlichen Inhaltsseiten der obersten Ebene, und Sie erhalten schließlich eine angepasste Navigationsleiste für jede.

Drücken Sie **Umschalt + F4**, um das Bedienfeld *Verhalten* ein- und auszuschalten.

Eine Hintergrundfarbe zum Navigationsbereich hinzufügen

Die Navigationsleiste belegt wahrscheinlich nicht den gesamten Platz, den Sie dafür in Ihrem Layout vorgesehen haben. Warum sollten Sie diesen freien Platz nicht auffüllen, indem Sie den Hintergrund des Navigationsbereichs einfärben? Es gibt dafür zwei Möglichkeiten:

HTML-Attribute
Verwenden Sie diese Methode, wenn Ihr Layout tabellenbasiert ist, Sie noch keine Stilregel für den Navigationsbereich haben und eine mehr oder weniger harmlose Abkürzung nehmen möchten.

CSS-Attribute
Verwenden Sie diese Methode, wenn Sie ein ebenenbasiertes Layout haben oder alle Farbinformationen Ihres tabellenbasierten Layouts im externen Stylesheet unterbringen möchten. Dies ist die empfohlene Methode, aber sie braucht ein wenig mehr Zeit (falls Sie nicht bereits eine Stilregel für den Navigationsbereich haben).

Dieser Abschnitt beschreibt beide Methoden. Vergleichen Sie, suchen Sie sich eine aus und färben Sie los!

Den Navigationsbereich mit HTML-Attributen einfärben

Eine Hintergrundfarbe mit Hilfe von HTML-Attributen auf eine Tabellenzelle anzuwenden geht schneller als mit CSS, wenngleich Sie beginnen, den Unterschied zwischen Inhalt und Stil aufzuweichen, um den Sie sich bisher so sehr bemüht haben. Durch diese Methode erscheint die Farbinformation innerhalb des HTML-Codes der Vorlage, nicht in den Stilregeln des externen CSS-Dokuments. Wenn Sie daher jemals beschließen, die Farbe des Navigationsbereichs zu wechseln, können Sie nicht einfach die CSS-Datei bearbeiten, in der sich die Farbinformationen für alles andere befinden. Sie müssen wieder die Vorlagendatei öffnen, um diese eine, alberne Änderung durchzuführen. Dennoch macht eine vorlagenbasierte Seite in Dreamweaver es extrem leicht, auch mit diesen Arten von Bearbeitungsvorgängen zurechtzukommen, so dass es letzten Endes keine große Sache ist. Technikpuristen werden

CSS verwenden wollen, aber diejenigen, die eher an schnellen Ergebnissen interessiert sind, können folgende Schritte vornehmen:

1. Öffnen Sie das Vorlagendokument.
2. Klicken Sie irgendwo in den Navigationsbereich.
3. Gehen Sie zum Tag-Wähler am Fuß des Dokumentfensters und klicken Sie das <td>-Tag an.
4. Bewegen Sie sich zum Eigenschafteninspektor und klicken Sie das Farbmenü *HgF* an. Ein Menü mit Farbfeldern erscheint. Klicken Sie eines davon an oder bewegen Sie den Mauszeiger irgendwo anders auf den Bildschirm und klicken Sie, um eine Farbe aufzunehmen.

Dreamweaver wendet diese Farbe auf den Hintergrund der Tabellenzelle an, wie Abbildung 13-25 zeigt. Wählen Sie *Datei → Speichern* aus dem Hauptmenü, um die Seiten Ihrer Site zu aktualisieren.

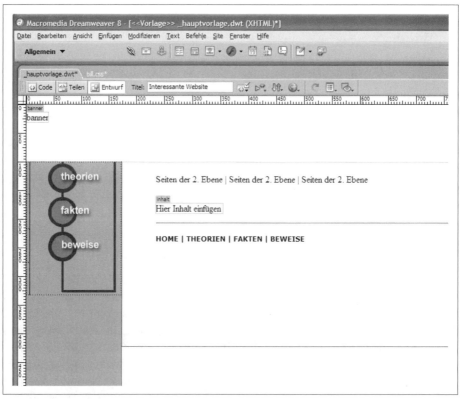

Abbildung 13-25: Weisen Sie dem Navigationsbereich der Layoutvorlage eine Hintergrundfarbe zu.

Wenn Sie bereits eine Stilregel für den Navigationsbereich haben, öffnen Sie einfach das Dialogfeld *CSS-Regel-Definition* und fügen Sie eine Hintergrundfarbe zu der existierenden Definition hinzu.

Den Navigationsbereich mit CSS-Attributen einfärben

Vom technischen Standpunkt aus ist es äußerst sinnvoll, die Farben mit dem Rest Ihrer Stile zusammenzuhalten. Wenn Sie sich für CSS-Attribute entscheiden, tun Sie Folgendes:

1. Öffnen Sie das Vorlagendokument.
2. Klicken Sie irgendwo in den Navigationsbereich.
3. Gehen Sie zum Tag-Selektor am Fuß des Dokumentfensters und klicken Sie das `<td>`- oder `<div>`-Tag an.
4. Bewegen Sie sich zum Bedienfeld *CSS-Stile* und klicken Sie die Schaltfläche *Neue CSS-Regel* an – das ist die mit dem Seiten-Symbol.
5. Wählen Sie unter *Selektor-Typ* die Option *Erweitert*.
6. Geben Sie in das Feld *Selektor* `td` beziehungsweise `div`, einen Punkt (.) und dann einen kurzen, prägnanten Namen für den Stil ein. Ein Name wie `td.nav` oder `div.nav` ist perfekt.
7. Klicken Sie auf *OK*, um zum Dialogfeld *CSS-Regel-Definition* weiterzublättern. Wählen Sie dann die Kategorie *Hintergrund*.
8. Klicken Sie das Farbfeld rechts neben dem Feld *Hintergrundfarbe* an. Der Mauszeiger wird zur Pipette.
9. Bewegen Sie die Pipette in den Navigationsbereich im Dokumentfenster und klicken Sie irgendwo auf den Hintergrund eines Schaltflächenbilds, um die Hintergrundfarbe aufzunehmen.
10. Klicken Sie auf *OK*. Dreamweaver fügt die Stilregel zu Ihrem externen Stylesheet hinzu. Wechseln Sie zu dessen Dokumentfenster und wählen Sie *Datei → Speichern*.
11. Wechseln Sie wieder zum Dokumentfenster der Vorlage. Während die Tabellenzelle oder Ebene noch ausgewählt ist, gehen Sie zum Eigenschafteninspektor und wählen Sie Ihren neuen Stil aus dem Menü *Stil*. Dreamweaver wendet ihn auf die Tabellenzelle oder Ebene an.
12. Wählen Sie *Datei → Speichern* aus dem Hauptmenü und aktualisieren Sie die Seiten Ihrer Site.

Angepasste Meldungen in der Statusleiste platzieren

Die *Statusleiste* verläuft am unteren Rand des Browserfensters entlang. Der Browser verwendet sie, um kurze Meldungen anzuzeigen, die Menschen interessieren, etwa, was der Browser gerade tut (Seite öffnen, Bilder laden) oder wohin der ausgewählte Hyperlink führt.

Das Dreamweaver-Verhalten *Statusleistentext festlegen* ermöglicht es Ihnen, stattdessen Meldungen Ihrer Wahl in der Statusleiste unterzubringen. Wenn der Besucher beispielsweise eine der Schaltflächen in Ihrer Navigation berührt, könnten Sie »Gehen Sie zum Bereich Theorien« anstatt des üblichen *http://www.meinesite.de/theorien/theorien.html* in die Statusleiste schreiben

Um eine Nachricht in der Statusleiste zu platzieren, wenn der Besucher eine Navigationsschaltfläche berührt, folgen Sie diesen Schritten:

1. Klicken Sie im Dokumentfenster auf eine Schaltfläche in Ihrer Navigationsleiste.
2. Bewegen Sie sich zum Tag-Wähler am Fuß des Dokumentfensters und klicken Sie das <a>-Tag an, um den Link der Schaltfläche auszuwählen.
3. Klicken Sie im Bedienfeld *Verhalten* auf die Plus-Schaltfläche und wählen Sie *Text definieren* → *Statusleistentext festlegen* aus dem erscheinenden Menü. Dreamweaver öffnet das Dialogfeld *Statusleistentext festlegen*, wie Abbildung 13-26 zeigt.

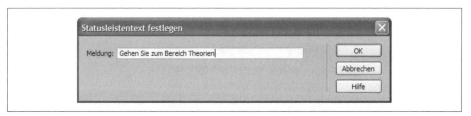

Abbildung 13-26: Geben Sie benutzerdefinierte Meldungen für die Statusleiste des Browsers ein.

4. Geben Sie in das Feld *Meldung* den Text ein, der in der Statusleiste des Browsers erscheinen soll, wenn der Besucher mit der Maus über die Schaltfläche fährt.
5. Klicken Sie auf *OK*. Dreamweaver fügt das erforderliche JavaScript zu Ihrer Seite hinzu.
6. Wählen Sie *Datei* → *Speichern* aus dem Hauptmenü und aktualisieren Sie die Seiten Ihrer Site.

Um Ihre angepassten Meldungen zu testen, öffnen Sie irgendeine Seite Ihrer Site live in einem Browser.

KAPITEL 14
Text hinzufügen

In diesem Kapitel:
- Text auf der Seite platzieren
- Das Format einstellen oder ändern
- Typografische Stile anwenden
- Listen hinzufügen
- Textausrichtung und Blocksatz
- Den Absatzabstand anpassen
- Horizontale Linien verwenden

Wenn Ihre Site so ist wie die meisten, dann besteht der größte Teil Ihrer Inhalte aus Text, so dass es sehr sinnvoll ist, den Text zuerst einzufügen. Auf diese Weise ist es für Sie einfacher, festzustellen, was los ist, und Sie erhalten einen Referenzpunkt für das Platzieren von Bildern und Flash-Filmen, was Ihnen hilft, Ihre Komponenten zu einem stimmigen Ganzen zu verknüpfen.

Dieses Kapitel zeigt Ihnen, wie Sie den Text Ihrer Site in Dreamweaver einfügen, formatieren und mit Stilen versehen.

Text auf der Seite platzieren

Eine Möglichkeit, Text hinzuzufügen, besteht darin, ihn direkt in Ihre Dreamweaver-Seite einzugeben. Für kurze Textabschnitte ist das Tippen bequem. Dreamweaver ist allerdings keine Textverarbeitung. Viele der Funktionen, die Sie für die ernsthafte Arbeit mit Text brauchen, fehlen. Vielleicht finden Sie sich auch in folgender Situation: Sie haben einen Stapel von Dokumenten aus der Marketingabteilung, und Ihr Arbeitgeber zwingt Sie, diese zur Website hinzuzufügen. Marketing-Inhalte machen ohnehin nie Spaß, aber das Abtippen von Marketing-Inhalten ist eine Form der Folter, die unter die Genfer Konvention fällt.

 Um typografische Sonderzeichen wie Bindestriche, typografische Anführungszeichen, das Copyright-Zeichen oder das Registered-Trademark-Zeichen einzufügen, wählen Sie *Einfügen → HTML → Sonderzeichen* aus dem Hauptmenü.

Glücklicherweise macht Dreamweaver es Ihnen leicht, Textblöcke aus einer Textverarbeitung einzufügen. Wenn der Text aus Microsoft Word stammt, können Sie die Word-Datei sogar direkt in Ihre Dreamweaver-Seite importieren.

Text direkt in Ihre Seite einzutippen ist für kürzere Textabschnitte in Ordnung, aber bei längeren Blöcken sind Sie besser beraten, in einem Texteditor oder einer Textverarbeitung zu schreiben und den Text dann in Dreamweaver einzufügen oder zu importieren.

Um Text aus Ihrer Textverarbeitung oder Ihrem Texteditor zu kopieren und in Dreamweaver einzufügen, folgen Sie diesen Schritten:

1. Markieren und kopieren Sie den Text, den Sie auf Ihrer Seite verwenden möchten, in Ihrer Textverarbeitung oder Ihrem Texteditor.

2. Klicken Sie in Dreamweaver die Stelle auf der Seite an, an der Sie den Text einfügen möchten, oder wählen Sie den Platzhaltertext aus, den Sie überschreiben möchten.

3. Wählen Sie *Bearbeiten* → *Inhalte einfügen*. Das in Abbildung 14-1 gezeigte Dialogfeld *Inhalte einfügen* erscheint.

Abbildung 14-1: Das Dialogfeld Inhalte einfügen

 Welche Optionen unter *Einfügen als* im Dialogfeld *Inhalte einfügen* zur Verfügung stehen, hängt von der Anwendung ab, aus der Sie den Text kopiert haben. Je fortgeschrittener der Texteditor oder die Textverarbeitung, desto mehr Optionen erhalten Sie.

4. Wählen Sie unter *Einfügen als* die Option *Text mit Struktur* oder *Text mit Struktur und einfacher Formatierung*. Normalerweise sollten Sie nicht die Option *Nur Text* wählen, es sei denn, das Dokument wurde von jemandem aus der Marketing-Abteilung schlecht formatiert. Auch *Text mit Struktur und vollständiger Formatierung* sollten Sie in der Regel nicht wählen, weil diese Option Dreamweaver die Erlaubnis gibt, eingebettete Stilregeln in Ihre Seite zu schreiben. Sie sind besser beraten, Ihre eigenen, selbst definierten Stile anzuwenden, nachdem Sie den Text eingefügt haben.

5. Klicken Sie auf *OK*, und Dreamweaver fügt den Text in die Seite ein.

Um ein Word-Dokument zu importieren, folgen Sie diesen Schritten:

1. Klicken Sie in Dreamweaver die Stelle an, wo Sie den Text einfügen möchten, oder markieren Sie den Platzhaltertext, den Sie überschreiben möchten.
2. Wählen Sie *Datei* → *Importieren* → *Word-Dokument*. Das Dialogfeld *Word-Dokument importieren* wird geöffnet.
3. Navigieren Sie zu dem Ordner des Word-Dokuments, das Sie importieren möchten, und klicken Sie es an. Wählen Sie dann *Text, Struktur, einfache Formatierung* aus dem Menü *Format* ganz unten im Dialogfeld und stellen Sie sicher, dass die Option *Abstand der Word-Absätze optimieren* angekreuzt ist.
4. Klicken Sie auf *Öffnen*. Dreamweaver importiert das Dokument in Ihre Seite, wie Abbildung 14-2 zeigt.

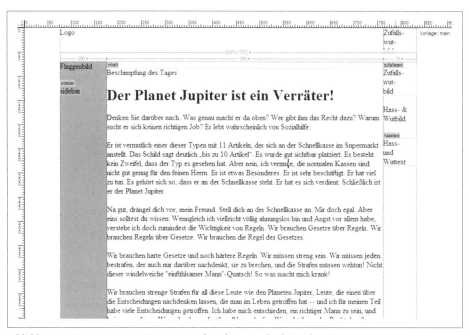

Abbildung 14-2: Importieren Sie ein Word-Dokument direkt in Ihre Seite.

Nachdem der Text auf der Seite ist, können Sie das Format und die Darstellung an Ihre Bedürfnisse anpassen.

Das Format einstellen oder ändern

Wenn Sie im Dokumentfenster eine Textzeile anklicken oder eine Zeichenfolge markieren, zeigt Ihnen das Menü *Format* im Eigenschafteninspektor das Format des

Texts, das Ihnen wiederum das HTML-Tag mitteilt, mit dem es gekennzeichnet wurde. Um das HTML-Tag des Texts und dadurch seine Formatierung zu ändern, wählen Sie einfach eine andere Option aus dem Menü *Format*, wie in Abbildung 14-3. Das Absatz-Tag ist natürlich <p> (paragraph), und die sechs Überschriften-Tags sind <h1> bis <h6>.

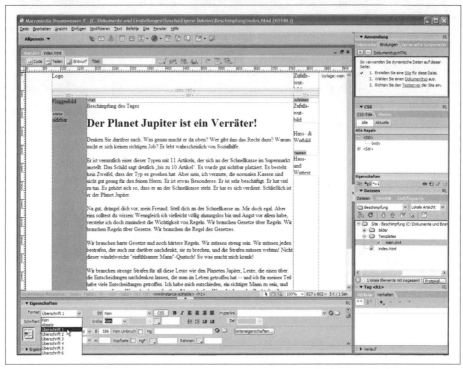

Abbildung 14-3: Stellen Sie das Format des Texts im Menü Format des Eigenschafteninspektors ein, oder ändern Sie es.

Wie Sie noch aus Kapitel 6 wissen, ist der Absatz das Allzweckformat, also wählen Sie im Zweifelsfall *Absatz* aus dem Menü *Format*. Die Überschriftformate sind speziell für Überschriften vorgesehen – das heißt, für logische Unterteilungen im Text, wie die Überschriften in diesem Buch. Sie könnten versucht sein, immer dann eine der Überschriften zu verwenden, wenn ein Stück Text groß und in Fettdruck erscheinen soll, aber solange dieser Text nicht tatsächlich als Überschrift dient, ist es besser, einen speziellen Absatzstil in Ihrem externen Stylesheet zu erstellen. Abbildung 14-4 zeigt das Ergebnis für den Seitentitel, »Beschimpfung des Tages«.

 Wählen Sie ein Format nicht danach aus, wie der Text dadurch aussieht. Wählen Sie es stattdessen auf der Grundlage dessen, was der Text eigentlich ist (z.B. ein Absatz oder eine Überschrift), und gestalten Sie das gewünschte Erscheinungsbild separat.

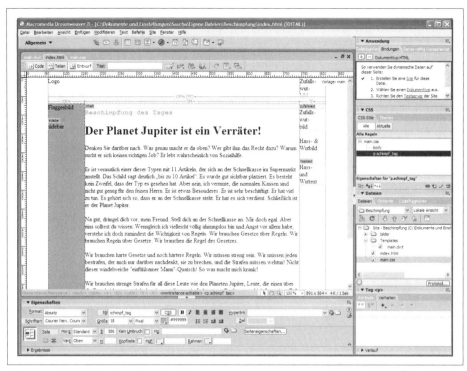

Abbildung 14-4: »Beschimpfung des Tages« ist mit CSS formatiert, nicht mit einem Überschrift-Tag.

Typografische Stile anwenden

Wenn Sie eine Site mit Cascading Style Sheets aufbauen, ist das keine Spielerei. Sie haben eine Unmenge typografischer Stile zur Verfügung: alles von Fettdruck bis hin zu Kapitälchen. Die Vorgehensweisen, um sie hinzuzufügen, variieren allerdings. Manchmal verwenden Sie den Eigenschafteninspektor. In anderen Fällen verwenden Sie das Dialogfeld *CSS-Regel-Definition*, wie die folgenden Abschnitte demonstrieren.

Fett- und Kursivdruck hinzufügen

Die Schaltflächen *B* und *I* im Eigenschafteninspektor steuern die Schriftstile fett (bold) beziehungsweise kursiv (italic). Normalerweise rate ich Ihnen davon ab, die Schaltflächen im Eigenschafteninspektor anzuklicken, wenn es um Text geht, weil Dreamweaver den zugehörigen CSS-Code in Ihre Seite einbettet, anstatt ihn in Ihr externes Stylesheet zu schreiben. Die Schriftstile fett und kursiv sind jedoch eine Ausnahme von dieser Regel, weil diese Schaltflächen keinen CSS-Code erzeugen. Wenn Sie sie anklicken, fügen Sie stattdessen die guten alten Standard-HTML-Tags ein. Also zögern Sie nicht, ein Wort oder eine Zeichenfolge zu markieren und *B* für fett oder *I* für kursiv zu drücken, wie Abbildung 14-5 zeigt.

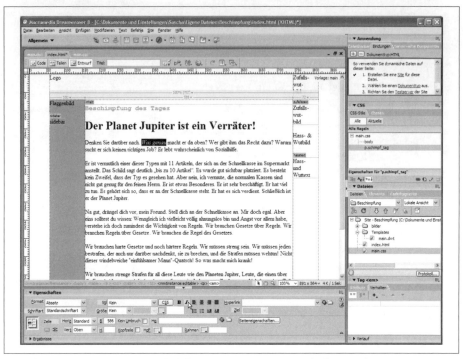

Abbildung 14-5: Klicken Sie die Schaltflächen B oder I im Eigenschafteninspektor an, um ansonsten normalen Text fett (bold) oder kursiv (italic) zu formatieren.

Die Schaltfläche B im Eigenschafteninspektor erzeugt <strong>-Tags um den ausgewählten Text, während die Schaltfläche *I* <em>-Tags erzeugt. Alle wichtigen Browser setzen <strong>-Tags als fett und <em>-Tags als kursiv um.

Nichtsdestotrotz ist es sehr sinnvoll, die Schaltflächen B und I beiseite zu lassen, wenn Sie die Schriftstile fett oder kursiv einer bestimmten Textsorte konsistent zuweisen müssen, beispielsweise dem speziellen Absatzstil für den Titel Ihrer Seite. In solchen Fällen können Sie den Fett- oder Kursivdruck einfach in die Stilregel einbauen, wenn Sie sie erstellen. Stellen Sie im Dialogfeld *CSS-Regel-Definition*, das in Abbildung 14-6 gezeigt wird, *fett* im Menü *Stärke* und *kursiv* im Menü *Stil* ein.

Zögern Sie nicht, die Schaltflächen B und I des Eigenschafteninspektors zu verwenden, um die Schriftstile fett oder kursiv auf einige Wörter hier und da in ansonsten normalem Text anzuwenden. Um Fett- oder Kursivdruck dagegen konsistent für eine bestimmte Textsorte einzustellen, bauen Sie diese Formatierung in die Stilregel ein.

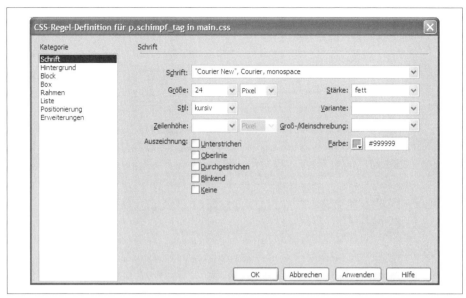

Abbildung 14-6: Die Menüs Stärke und Stil befinden sich in der Kategorie Schrift.

Sie werden sowohl im Menü *Stärke* als auch im Menü *Stil* einige interessante Auswahlmöglichkeiten finden, etwa die Stärken *fetter* und *weniger fett* oder den Stil *oblique*. Kein verbreiteter Browser verarbeitet diese Optionen derzeit, also bleiben Sie einfach bei fett und kursiv.

Kleinbuchstaben in Kapitälchen umwandeln

In Typografenkreisen beschreibt der Begriff *Kapitälchen* kleinere Versionen der Großbuchstaben (A, B, C usw.), die an Stelle von Kleinbuchstaben (a, b, c usw.) eingesetzt werden. Der Einsatz von Kapitälchen ist eine hervorragende Möglichkeit, ein altmodisches Erscheinungsbild in Überschriften und überschriftähnlichen Absatzstilen zu erzielen, wie Abbildung 14-7 zeigt.

Um Kapitälchen zu einem CSS-Stil hinzuzufügen, stellen Sie das Menü *Variante* des Dialogfelds CSS-Regel-Definition auf *Kapitälchen*, wie in Abbildung 14-8 gezeigt. Der Browser konvertiert alle Kleinbuchstaben in Text mit diesem Stil automatisch in Kapitälchen.

 Vermeiden Sie Kapitälchen im Fließtext, da dieser Stil schwer lesbar sein kann, besonders in kleineren Schriftgrößen.

Es ist wichtig, darauf hinzuweisen, dass das Dreamweaver-Dokumentfenster Kapitälchen als normale Großbuchstaben darstellt. Sie müssen eine Seitenvorschau in

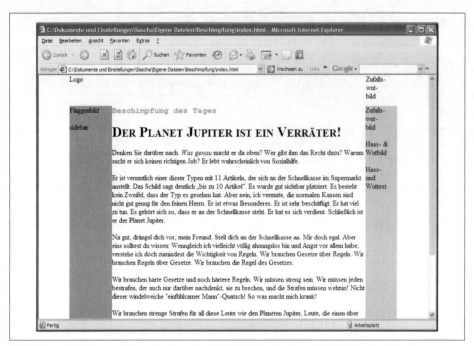

Abbildung 14-7: Konvertieren Sie für altmodische Überschriften die Kleinbuchstaben in Kapitälchen.

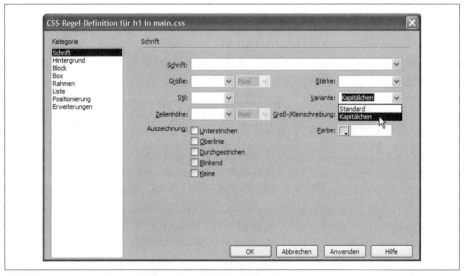

Abbildung 14-8: Wählen Sie Kapitälchen aus dem Menü Variante.

einem Live-Browser durchführen, um die Kapitälchen in Aktion zu sehen. Alle gängigen Browser unterstützen dieses Stil.

Die Groß- und Kleinschreibung konvertieren

Sie können auch die Art und Weise ändern, wie der Browser die Groß- und Kleinschreibung eines Textblocks darstellt, und zwar mit Hilfe der Werte *Erster Buchstabe groß*, *Großbuchstaben* und *Kleinbuchstaben*, die allesamt unter dem Menü *Groß-/Kleinschreibung* im Dialogfeld *CSS-Regel-Definition* erscheinen, wie Abbildung 14-9 zeigt.

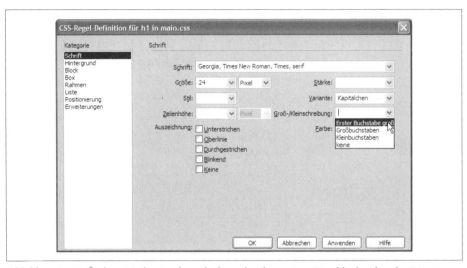

Abbildung 14-9: Ändern Sie die Groß- und Kleinschreibung eines Textblocks über das Menü Groß-/Kleinschreibung.

Tabelle 14-1 fasst die Wirkung dieser Werte zusammen, wenn Sie sie einer Stilregel zuweisen. Beachten Sie, dass Sie niemals den eigentlichen Text Ihrer Webseite ändern, sondern nur die Art und Weise, wie der Browser ihn anzeigt. Wenn Sie also etwa eine Kleinbuchstaben-Umwandlung in Ihren Standardstil für Überschriften der ersten Ebene einbauen, bleiben alle Großbuchstaben in Ihren Hauptüberschriften im HTML-Code groß. Auf dem Bildschirm zeigt der Browser sie dagegen so an, als seien sie Kleinbuchstaben.

Tabelle 14-1: Wirkung der Groß-/Kleinschreibung-Werte

Wert	Beschreibung	Im Code	Auf dem Bildschirm
Erster Buchstabe groß[a]	Wandelt den ersten Buchstaben jedes Wortes in einen Großbuchstaben um	Dies ist ein Beispieltext.	Dies Ist Ein Beispieltext.
Großbuchstaben	Wandelt alle Buchstaben in Großbuchstaben um	Dies ist ein Beispieltext.	DIES IST EIN BEISPIELTEXT.
Kleinbuchstaben	Wandelt alle Buchstaben in Kleinbuchstaben um	Dies ist ein Beispieltext.	dies ist ein beispieltext.

[a] Besonders gut für englischsprachige Überschriften geeignet

Vermeiden Sie Unterstreichungen

Viele Webdesigner sehen die Option *Unterstrichen* im Dialogfeld *CSS-Regel-Definition* und werden ganz verrückt danach. Bald ist *alles* auf ihren Webseiten unterstrichen. Dieses bescheidene Werk ermahnt Sie, diesem Drang zu widerstehen. Es geht sogar so weit, Ihnen vorzuschlagen, zu vergessen, dass Sie im Dialogfeld *CSS-Regel-Definition* jemals irgendetwas über Unterstreichungen gesehen haben.

Unterstreichungen sind für Links. Das erwarten Ihre Besucher. Wenn Sie Text unterstreichen, der kein Link ist, werden Ihre Besucher trotzdem versuchen, ihn anzuklicken, und dann frustriert sein, wenn Ihre »Links« nicht funktionieren. Wenn Sie die Links auf Ihrer Seite nicht unterstreichen möchten, ist das Ihre Entscheidung, aber kompensieren Sie dies nicht, indem Sie alles andere unterstreichen, das Ihnen ins Auge fällt. Es ist besser, diesen Stil ganz wegzulassen, als irgendetwas zu unterstreichen, das kein Link ist.

Wenn Sie Betonung brauchen, unterstreichen Sie nicht! Verwenden Sie stattdessen Fett- oder Kursivdruck.

Listen hinzufügen

Während Sie Ihren Text eintippen, können Sie über den Eigenschafteninspektor eine Liste einfügen, indem Sie die Schaltfläche *Ungeordnete Liste* (▤) für eine Aufzählung oder die Schaltfläche *Geordnete Liste* (▤) für eine Nummerierung anklicken. Klicken Sie dieselbe Schaltfläche nach dem letzten Listenelement erneut, um zum normalen Text zurückzukehren.

Gelegentlich formatiert Dreamweaver die Listen nicht korrekt, wenn Sie Text aus einem Texteditor einfügen, und Sie erhalten so etwas wie die Liste in Abbildung 14-10. Um in dieser Situation Abhilfe zu schaffen, wählen Sie den Text aus, den Sie in eine Liste konvertieren möchten, und klicken Sie die entsprechende Schaltfläche im Eigenschafteninspektor an. Dreamweaver wandelt die Punkte in eine Liste um, wie Abbildung 14-11 zeigt.

Um das Erscheinungsbild einer Liste zu modifizieren, erstellen Sie eine Stilregel:

- Wenn Sie das Erscheinungsbild aller Listen eines bestimmten Typs auf Ihrer Site ändern möchten, wählen Sie *Tag* als *Selektor-Typ* im Dialogfeld *Neue CSS-Regel*. Um alle geordneten Listen zu ändern, tippen Sie ol in das Feld *Tag* ein. Um alle ungeordneten Listen zu ändern, geben Sie ul ein.

- Wenn Sie das Erscheinungsbild einer bestimmten Liste ändern möchten, ohne die anderen zu beeinflussen, wählen Sie *Erweitert* als Selektor-Typ im Dialogfeld *Neue CSS-Regel*. Tippen Sie in das Feld *Selektor* ol oder ul, einen Punkt (.) und einen kurzen, treffenden Namen für die Liste ein, etwa hassliste.

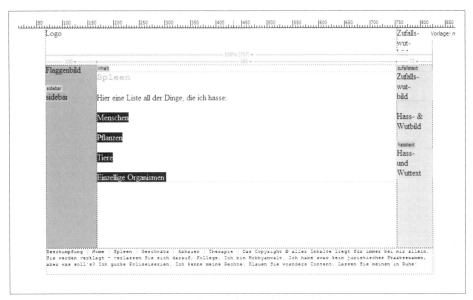

Abbildung 14-10: Markieren Sie im Dokumentfenster den Text, den Sie in eine Liste konvertieren möchten.

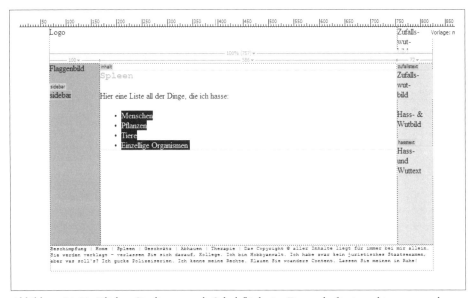

Abbildung 14-11: Klicken Sie die passende Schaltfläche im Eigenschafteninspektor an, um den ausgewählten Text in eine Liste umzuwandeln.

Die speziell auf Listen bezogenen Stildefinitionen erscheinen in der Kategorie *Liste* des Dialogfelds *CSS-Regel-Definition*, wie in Abbildung 14-12 gezeigt.

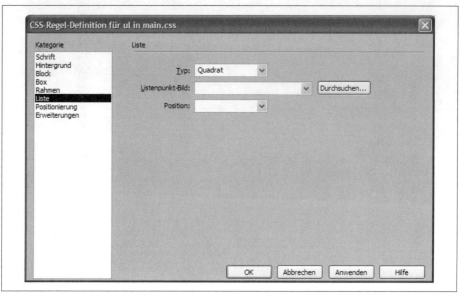

Abbildung 14-12: Erstellen Sie unter der Kategorie Liste eine Stilregel für Ihre Liste.

Die Werte im Menü *Typ* beschreiben die Aufzählungszeichen der Liste. Die Optionen *Listenpunkt*, *Kreis* und *Quadrat* eignen sich speziell für ungeordnete Listen, während *dezimal* (1, 2, 3), *klein-römisch* (i, ii, iii), *groß-römisch* (I, II, III), *Kleinbuchstaben* (a, b, c) und *Großbuchstaben* (A, B, C) besser für geordnete Listen geeignet sind.

Bei einer ungeordneten Liste können Sie auch Ihr eigenes *Listenpunkt-Bild* verwenden. Klicken Sie die Schaltfläche *Durchsuchen* an und navigieren Sie zu der Bilddatei, die Sie verwenden möchten. Stellen Sie sicher, dass die Bilddatei sich im Bilderordner Ihrer Site befindet, weil Ihre selbst definierte Grafik ansonsten nicht angezeigt wird, wenn Sie Ihre Site im Web veröffentlichen.

 Wählen Sie im Menü *Typ* die Option *keine*, um eine schmuck- oder aufzählungspunktlose ungeordnete Liste zu erstellen.

Die Werte im Menü *Position* bestimmen die Platzierung des Aufzählungszeichens, egal, ob es nun ein Punkt, eine Zahl oder ein Buchstabe ist. Der Wert *innerhalb* bezieht sich auf den inneren Rand der Liste, während *außerhalb* sich auf den äußeren Rand bezieht.

Mit CSS können Sie natürlich auch alle anderen Aspekte der Listendarstellung ändern. Durchsuchen Sie die anderen Kategorien des Dialogfelds *CSS-Regel-Definition*, um Schriftart, Schriftstärke, Farbe, Schriftgröße und so weiter zu ändern.

Textausrichtung und Blocksatz

Abbildung 14-13 zeigt vier weitere gefahrlos anklickbare Schaltflächen des Eigenschafteninspektors. Diese bestimmen die Ausrichtung und die Blocksatz-Einstellungen des aktuell ausgewählten Texts. Um also einen bestimmten Absatz in seinem Bereich rechtsbündig auszurichten, klicken Sie zuerst im Dokumentfenster irgendwo in den Absatz, bewegen Sie sich dann zum Eigenschafteninspektor und klicken Sie die Schaltfläche *Rechtsbündig* an. Um entsprechend eine Überschrift oder einen Titelabsatz zu zentrieren, wählen Sie das Element aus und klicken Sie auf *Zentrieren*.

Abbildung 14-13: Linksbündig, Zentrieren, Rechtsbündig und Blocksatz

Beim Blocksatz erhöht der Browser die Abstände in den Textzeilen, so dass diese gleich lang werden, außer in der letzten Zeile in einem Absatz.

Beim *Blocksatz* erhöht der Browser die Abstände in den Textzeilen, so dass diese alle gleich lang werden, mit Ausnahme der letzten Zeile in einem Absatz, wie in Abbildung 14-14 gezeigt. Dieser Effekt wirkt im Web bei Weitem nicht so gut wie im Druck, also gehen Sie zurückhaltend damit um.

Den Absatzabstand anpassen

Standardmäßig fügt der Browser zwischen Absätzen einen Zeilenumbruch ein. Sie haben das bestimmt schon mal gesehen. Sie wissen auch aus Kapitel 6, dass Sie CSS verwenden können, um den Abstand, den der Browser einfügt, anzupassen. So wird's gemacht:

Wie zuvor gelten dieselben Regeln:

- Wenn Sie den Abstand zwischen allen Absätzen auf der Seite ändern möchten, wählen Sie *Tag* als Selektor-Typ im Dialogfeld *Neue CSS-Regel* und tippen Sie p in das Feld *Tag* ein.
- Wenn Sie dagegen den Abstand einer bestimmten Art von Absätzen ändern möchten, wählen Sie *Erweitert* als Selektor-Typ. Geben Sie p, einen Punkt (.) und einen kurzen, prägnanten Namen für den Stil ein, etwa `fliesstext`.

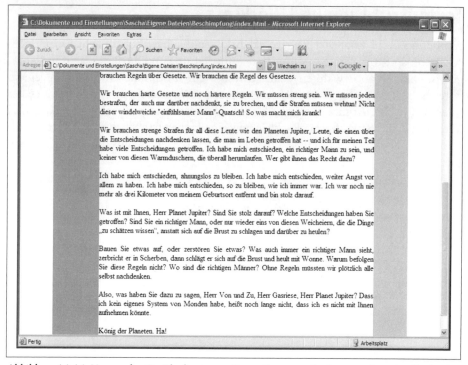

Abbildung 14-14: Verwenden Sie Blocksatz, um Textzeilen zu verbreitern, so dass sie alle gleich lang sind.

Wenn das Dialogfeld *CSS-Regel-Definition* geöffnet ist, wählen Sie die Kategorie *Box* und deaktivieren Sie die Option *Für alle gleich* unter *Rand*. Geben Sie dann Werte für die Felder *Oben* und *Unten* an, wie Abbildung 14-15 zeigt. Sie brauchen nicht unbedingt denselben Wert zu erhalten, aber für ein ausgeglichenes Erscheinungsbild sollten Sie dennoch gleiche Werte verwenden.

Je weniger Platz Sie zwischen Absätzen einfügen, desto größer wird der Bedarf, die erste Zeile jedes Absatzes einzurücken. Andernfalls wird Ihr Text sehr schwer lesbar. Um die erste Zeile einzurücken, wählen Sie im Dialogfeld *CSS-Regel-Definition* die Kategorie *Block* und geben Sie einen Wert in das Feld *Texteinzug* ein, wie Abbildung 14-16 zeigt.

Die Beispielwerte erzeugen einen Absatzstil, der demjenigen in Abbildung 14-17 sehr ähnlich sieht.

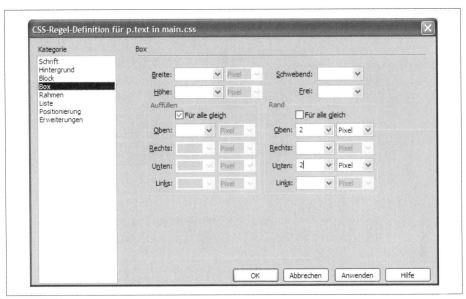

Abbildung 14-15: Um den Abstand zwischen Absätzen zu steuern, stellen Sie Werte für den oberen und unteren Rand ein

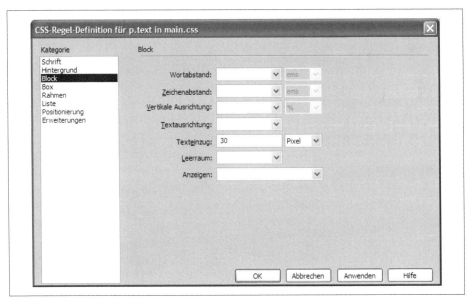

Abbildung 14-16: Rücken Sie die erste Zeile Ihrer Absätze über das Feld Textausrichtung ein.

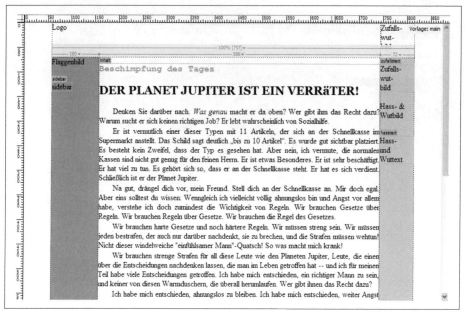

Abbildung 14-17: Der Texteinzug beträgt 30 px, die vertikalen Ränder je 2 Pixel.

Der Trick mit dem Abstand funktioniert mit Elementen aller Art, darunter Überschriften (<h1> bis <h6>) und den Elementen in einer Liste (<li>). Seien Sie nur vorsichtig bei der Anwendung: Absätze im Buchstil sehen im Druck hervorragend aus, aber die zusätzliche Leerzeile zwischen Standard-HTML-Absätzen hilft, die Lesbarkeit am Bildschirm zu verbessern.

Horizontale Linien verwenden

Die oft vernachlässigte, stets bescheidene *horizontale Linie* ist eine Linie, die die Seite von links nach rechts überquert. Der Browser erzeugt dieses Element komplett allein – Sie brauchen keine spezielle Bilddatei zu erstellen oder einen speziellen Stil in Ihrem externen Stylesheet einzurichten.

Horizontale Linien sind nützlich, um Abschnitte auf Ihrer Seite zu unterteilen. Mit ein wenig Formatierung ergeben Sie eine elegante Möglichkeit, Ihre Sekundärnavigation vom Inhalt der Seite zu trennen, wie Abbildung 14-18 zeigt.

Um eine horizontale Linie einzufügen, wählen Sie *Einfügen → HTML → Horizontale Linie* aus dem Hauptmenü und bewegen Sie sich dann zum Eigenschafteninspektor, um ihre Eigenschaften einzustellen. Sie können ihre Breite und Höhe sowie ihre Ausrichtung auf der Seite festlegen. Zusätzlich können Sie ihre Schattierung – den 3D-

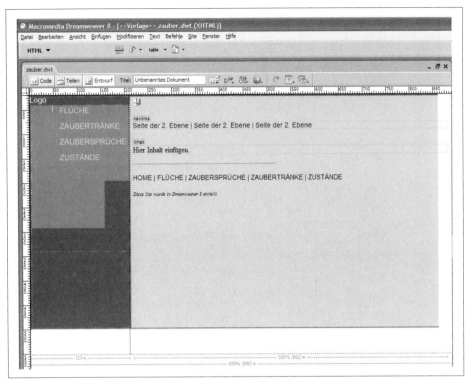

Abbildung 14-18: Eine horizontale Linie trennt den Inhalt von der Sekundärnavigation.

Effekt, den der Browser hinzufügt – ein- oder ausschalten. Bei ausgeschalteter Schattierung wirkt die Linie weniger klobig und fehl am Platz.

KAPITEL 15

Bilder hinzufügen

In diesem Kapitel:
- Bilder auf der Seite platzieren
- Bilder relativ zu anderen Inhalten positionieren
- Bildgröße ändern

Sind Sie bereit für Bilder? Natürlich.

Sie haben bereits in Kapitel 13 einen kurzen Abstecher ins Bilderland gemacht, als Sie eine grafische Navigationsleiste zu Ihrer Vorlage hinzugefügt haben. Dieses Kapitel behandelt die statischen Bilder Ihrer Site: die nicht anklickbaren, Inhalte transportierenden Bilder, die im Body Ihrer Seite erscheinen, und die »Berufskleidung« wie Logos und Banner, die in bestimmte Layoutbereiche eingefügt werden. (Wenn anklickbare Bilder aller Art Sie interessieren, dann brauchen Sie nur noch ein wenig Geduld zu haben, da diese in Kapitel 17 an die Reihe kommen.)

Nebenbei erfahren Sie auch, wie Sie Ihre Bilder in Relation zu dem in Kapitel 14 hinzugefügten Text ausrichten können, wie Sie sie für diejenigen zugänglicher machen, die sie nicht sehen können und wie Sie die Größe Ihrer Bilder ändern und umrechnen können, damit sie perfekt sitzen.

Bilder auf der Seite platzieren

Bilder auf der Seite zu platzieren ist einfach. Klicken Sie als Erstes in das Dokumentfenster, um einen Einfügepunkt zu setzen (und eventuellen Platzhaltertext für das Bild zu löschen). Bewegen Sie sich dann zur Einfügen-Leiste und klicken Sie das Symbol *Bild* an. Wenn dieses Symbol nicht sichtbar ist, wählen Sie es aus seinem Menü aus, wie Abbildung 15-1 zeigt.

Das Dialogfeld *Bildquelle auswählen* erscheint. Navigieren Sie zu Ihrem Bilderordner (*bilder*, *images* oder *img*; siehe Kapitel 7) und wählen Sie die Bilddatei, die Sie platzieren möchten. Verwenden Sie nie ein Bild aus irgendeinem anderen Ordner! Alle Bilder für Ihre Site sollten in diesem Ordner liegen. Wenn das Bild, das Sie brauchen, nicht dort ist, klicken Sie auf *Abbrechen*, verlassen Sie Dreameaver für eine Minute, suchen Sie die Bilddatei und verschieben Sie sie in den Bilderordner Ihrer Site.

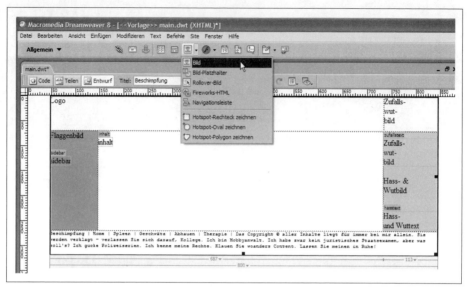

Abbildung 15-1: Wählen Sie das Bild-Objekt aus seinem Menü in der Einfügen-Leiste.

Klicken Sie auf *OK*, und Dreamweaver ruft das Dialogfeld *Eingabehilfen-Attribute für Image-Tag* auf (siehe Abbildung 15-2). Geben Sie im Feld *Alternativtext* eine genaue Textbeschreibung für das Bild an. Geizen Sie nicht dabei! Um den Nutzen Ihrer Bilder für diejenigen zu steigern, die sie nicht sehen können, sollten die Worte Ihrer Beschreibung ein klares geistiges Bild der Grafikdatei erzeugen. »Mars-Foto« sagt wenig aus. Probieren Sie etwas wie: »Auf diesem Foto zeigt der Planet Mars eine felsige, rostrote Oberflächenstruktur und einen rosa Himmel. Eine Reihe zerklüfteter Berge verläuft in der Ferne. Der graue Schatten des Marsmobils erscheint ganz im Vordergrund.«

Abbildung 15-2: Das Dialogfeld Eingabehilfen-Attribute für Image-Tag

Wenn Sie vorhaben, dieses Bild anklickbar zu machen, klicken Sie das Ordnersymbol rechts neben dem Feld *Lange Beschreibung* an und navigieren Sie zu der Seite, auf die der Link zeigen soll. Das Attribut longdesc oder die lange Beschreibung des

Image-Tags gibt die Adresse der Seite an, auf die das Bild verweist. Denken Sie aber daran, dass Sie das Bild zu diesem Zeitpunkt in Wirklichkeit noch nicht mit der Seite verknüpfen. Siehe Kapitel 17 erfahren Sie mehr über dieses Thema. Im Moment fügen Sie diese Information nur zum Nutzen von Barrierefreiheitssoftware wie Screenreader und Text-Sprach-Konverter in das Image-Tag ein. Den eigentlichen Link werden Sie zu einem späteren Zeitpunkt hinzufügen. Wenn Sie nicht vorhaben, dieses Bild anklickbar zu machen, dann lassen Sie das Feld *Lange Beschreibung* frei.

Klicken Sie auf *OK*, und Dreamweaver fügt Ihr Bild an der Cursorposition ein, wie Abbildung 15-3 zeigt.

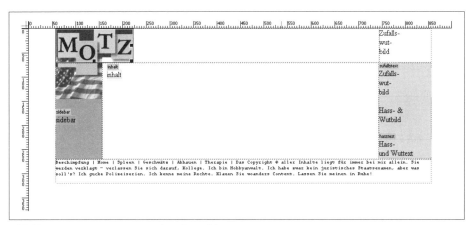

Abbildung 15-3: Dreamweaver fügt das Bild ein.

Bilder relativ zu anderen Inhalten positionieren

Die Bilder Ihrer Benutzeroberfläche haben bestimmt alle vorbestimmte Bereiche, so dass dort nichts positioniert zu werden braucht. Sie klicken in den Logo-Bereich, um das Logo zu platzieren, oder in den Banner-Bereich, um das Banner zu platzieren, und fügen das Bild ein.

Bei Bildern, die im Hauptinhaltsbereich erscheinen, sieht die Sache anders aus: Wenn die Bilder nicht den gesamten Bereich einnehmen, müssen Sie das Bild relativ zu den restlichen Inhalten im Bereich positionieren.

Es gibt zwei grundlegende Ansätze dafür. Der erste besteht darin, das Bild direkt in den umliegenden Inhalt einzufügen und es dann vom Inhalt umfließen zu lassen. Der zweite ist, eine Tabelle in den Hauptinhaltsbereich einzufügen und dann das Bild in einer der Zellen zu platzieren und den restlichen Inhalt in einer anderen. Dieser Abschnitt beschreibt beide Methoden.

Inline-Bilder verwenden

Ein *Inline-Bild* ist ein Bild, das sich innerhalb von umgebendem Inhalt befindet. Eigentlich können Sie sich ein Inline-Bild wie ein ziemlich großes Zeichen in der Textzeile vorstellen, in der es erscheint, denn genauso behandelt der Browser es.

Um ein Bild inline zu platzieren, wählen Sie einen Einfügepunkt innerhalb des Hauptinhaltsbereichs (normalerweise links neben dem umgebenden Text) und klicken Sie das Bildobjekt in der Einfügen-Leiste an. Nachdem Sie die Eingabehilfe-Informationen ausgefüllt haben, fügt Dreamweaver das Bild an der entsprechenden Stelle ein, wie Abbildung 15-4 zeigt.

Abbildung 15-4: Ein Inline-Bild befindet sich innerhalb von umgebendem Inhalt.

Möglicherweise möchten Sie den großzügiggen Leerraum behalten, den das Inline-Bild erzeugt, aber wahrscheinlich eher nicht. Um ihn loszuwerden, können Sie das Bild am umgebenden Text ausrichten, indem Sie das Menü *Ausrichten im Eigenschafteninspektor* verwenden. Markieren Sie das Bild und wählen Sie eine Ausrichtungseinstellung, dann wird der umgebende Inhalt das Bild umfließen.

Es sind verschiedene Optionen verfügbar, aber die interessantesten sind *Links* und *Rechts*. Wählen Sie *Links* aus dem Menü *Ausrichten*, damit das Bild ganz links im Bereich erscheint und vom umgebenden Inhalt umflossen wird (siehe Abbildung 15-5). Wenn Sie *Rechts* wählen, verhält es sich umgekehrt: Das Bild erscheint rechts im Bereich und wird vom Inhalt umflossen, wie Abbildung 15-6 zeigt.

Abbildung 15-5: Das Bild ist links ausgerichtet.

Abbildung 15-6: Das Bild ist rechts ausgerichtet.

Um den Abstand zwischen dem Bild und dem umgebenden Inhalt anzupassen, geben Sie Werte in die Felder *V-Abstand* und *H-Abstand* im Eigenschafteninspektor ein. Das Feld *V-Abstand* erzeugt zusätzlichen Abstand am Kopf und am Fuß des Bilds, während das Feld *H-Abstand* zusätzlichen Abstand auf der linken und rechten Seite schafft, wie in Abbildung 15-7 gezeigt. Die Maßeinheit ist in beiden Pixel, aber Sie brauchen nicht px einzutippen. Dies ist ein HTML-Attribut, kein CSS.

Abbildung 15-7: Dieses Bild besitzt den V-Abstand 2 und den H-Abstand 4.

 Um ein Inline-Bild zu zentrieren, platzieren Sie es zuerst in seiner eigenen Zeile: Markieren Sie es, wählen Sie *Standard* aus dem Menü *Ausrichten* im Eigenschafteninspektor, drücken Sie die rechte Pfeiltaste, so dass der blinkende Cursor direkt rechts neben dem Bild im Dokumentfenster liegt, und drücken Sie dann **Enter** oder **Return**. Wählen Sie das Bild dann erneut aus, drücken Sie die linke Pfeiltaste, so dass sich der blinkende Cursor direkt links neben dem Bild befindet, und klicken Sie die Schaltfläche *Zentrieren* im Eigenschafteninspektor an.

Eine Tabelle verwenden

Die Alternative zur Verwendung von Inline-Bildern besteht darin, eine Tabelle einzufügen, ähnlich, wie es Dreamweaver in Kapitel 13 mit Ihrer Navigationsleiste gemacht hat. Das Bild wird in die eine Zelle der Tabelle gesetzt und der umgebende Inhalt in die andere.

Standardisierungsgremien wie das World Wide Web Consortium (W3C) können diese Praxis natürlich nicht gutheißen, weil sie dem streng ausgelegten Wortlaut der HTML-Spezifikation widerspricht. Tabellen dienen nicht dem Seitenlayout. Sie sind für Zeilen und Spalten mit Daten reserviert. Wenn Sie nichtsdestotrotz einen Zweispalten-Effekt benötigen, sind Tabellen die bequemste Methode, diesen in Dreamweaver zu erzielen.

Um eine Tabelle hinzuzufügen, wählen Sie einen Einfügepunkt im Dokumentfenster und verwenden Sie die Einfügen-Leiste. Klicken Sie das Tabellen-Objekt (▦) an, und Dreamweaver öffnet den Dialog *Tabelle*, wie Abbildung 15-8 zeigt.

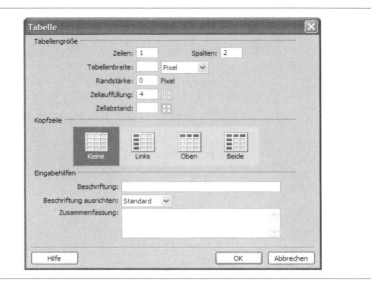

Abbildung 15-8: Die im Dialogfeld Tabelle verfügbaren Tabellenoptionen

Sie können die meisten Felder im Dialogfeld *Tabelle* überspringen, da sie eher für Datentabellen gedacht sind – Tabellen, wie sie das W3C bevorzugt, mit Informationen in einem Gitter. Sie sollten sich allerdings die Felder unter *Tabellengröße* anschauen. Wenn Bild und Inhalt nebeneinander stehen sollen, wählen Sie eine Tabelle mit einer Zeile und zwei Spalten.

Lassen Sie das Feld *Tabellenbreite* frei, weil die Breite des Bilds und des Inhalts die Tabellengröße automatisch bestimmen werden.

Wenn Sie einen sichtbaren Rahmen um die Zellen der Tabelle haben möchten, geben Sie einen Wert in das Feld *Randstärke* ein – je höher der Wert, desto dicker der Rand (in Pixeln). Geben Sie andernfalls 0 ein.

Genau wie bei Inline-Bildern sollten Sie auch hier ein wenig Abstand im Feld *Zellauffüllung* hinzufügen, um das Aussehen des Bilds in Relation zu seinem umgebenden Inhalt zu verbessern. Es braucht nicht viel zu sein. Einige Pixel sind für gewöhnlich genug.

Der Wert im Feld *Zellabstand* bestimmt den Abstand zwischen den Zellen in der Tabelle. Hier ist null normalerweise der beste Wert.

Wenn Sie fertig sind, klicken Sie auf *OK*, und Dreamweaver fügt eine Tabelle ein, wie in Abbildung 15-9.

Klicken Sie nun innerhalb einer der Zellen der Tabelle und fügen Sie dort das Bild ein. Wählen Sie als Nächstes den umgebenden Inhalt aus, ziehen Sie ihn mit der Maus und fügen Sie ihn so in die andere Zelle ein. Wie Sie in Abbildung 15-10 sehen, wird die niedrigere Spalte (in diesem Fall diejenige mit dem Bild) vertikal zentriert an der

Abbildung 15-9: Dreamweaver fügt die Tabelle ein.

höheren Spalte ausgerichtet. Um das Bild in seiner Zelle oben auszurichten, wählen Sie es aus, bewegen Sie sich zum Tag-Wähler und klicken Sie das Tag <td> an, um die Tabellenzelle mit dem Bild auszuwählen. Gehen Sie dann zum Menü *Vert* im Eigenschafteninspektor und wählen Sie *Oben*, wie Abbildung 15-11 zeigt.

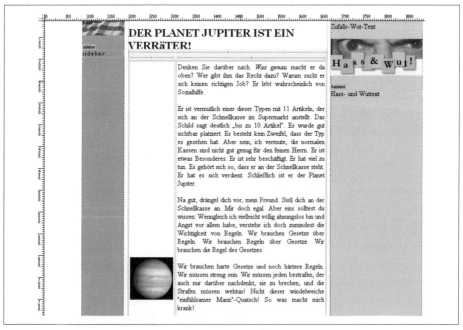

Abbildung 15-10: Das Bild wird zunächst vertikal zentriert.

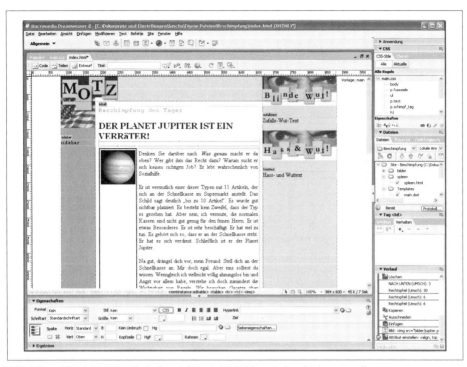

Abbildung 15-11: Die vertikale Ausrichtung des Bildes wird auf Oben gestellt.

Bildgröße ändern

Idealerweise kommen Bilder genau in der richtigen Größe auf Ihre Seite. Allerdings wissen Sie möglicherweise nicht, was die richtige Größe ist, bis Sie das Bild im Kontext Ihrer Seite sehen. Wie Sie noch aus Kapitel 5 wissen, können Sie ein Bild, das zu groß ist, immer herunterskalieren und auf seine neuen Dimensionen umrechnen.

Sie können die Größe eines Bilds auch erhöhen, aber das ist im Allgemeinen weniger effektiv als eine Größenreduzierung.

Bitmap-Bilder wie GIF, PNG oder JPEG enthalten festgelegte Mengen an visueller Information. Es gibt mit anderen Worten eine bestimmte Anzahl von Pixeln. Wenn Sie ein Bild herunterskalieren, verlieren Sie etwas von der bestehenden Information, indem Sie einige Pixel verwerfen, aber Dreamweaver kann dies normalerweise recht gut kompensieren, so dass das Bild mehr oder weniger so aussieht wie mit der früheren Größe, nur eben kleiner. Wenn Sie ein Bild hochskalieren, muss Dreamweaver allerdings visuelle Information hinzufügen. Er erhöht tatsächlich die Pixelanzahl des Bildes, normalerweise durch die Verdopplung benachbarter Pixel, so dass Sie nichts Neues dazugewinnen. Letztendlich verschlechtern Sie das Bild sogar, weil Sie die im Kleinen eventuell bereits vorhandene Körnigkeit verstärken.

Eine *geringfügige* Vergrößerung ist manchmal in Ordnung, je nach Art des Bilds, aber versuchen Sie bloß nicht, ein kleines Symbolbild auf die Größe Ihrer Seite aufzublähen.

Betrachten Sie das Bild in Abbildung 15-12. Es ist zu groß für seine Umgebung. Es muss verkleinert werden. Sie können die Bildverkleinerung durch eine von zwei Methoden erreichen:

- Wählen Sie das Bild aus und gehen Sie zum Eigenschafteninspektor. Die Felder *B* und *H* stellen die Breite beziehungsweise Höhe des Bilds dar. Geben Sie kleinere Werte in diese Felder ein. Um das Bild proportional zu skalieren, müssen Sie die Mathematik dafür selbst berechnen.

- Wählen Sie das Bild aus und ziehen Sie an einem seiner quadratischen Anfasser. Ziehen Sie am Anfasser unter dem Bild, um die Höhe zu skalieren. Ziehen Sie am Anfasser rechts neben dem Bild, um die Breite zu skalieren. Ziehen Sie am Anfasser in der unteren rechten Ecke, um sowohl die Breite als auch die Höhe zu skalieren. Um das Bild proportional zu skalieren, halten Sie beim Ziehen die **Umschalt**-Taste gedrückt.

Abbildung 15-12: Dieses riesige Bild muss kleiner werden.

Um zu den ursprünglichen Dimensionen des Bilds zurückzukehren, klicken Sie das Kurvenpfeil-Symbol an, das neben den Feldern B und H des Eigenschafteninspektors erscheint. Beachten Sie bitte, dass die neuen Dimensionen des Bilds nach einer Neuberechnung zu seinen Originaldimensionen werden, also stellen Sie sicher, dass Ihnen die neue Größe wirklich gefällt, bevor Sie sie endgültig festlegen.

Nachdem Sie das Bild auf die gewünschte Größe skaliert haben, stellen Sie sicher, dass Sie die Schaltfläche *Neu auflösen* (🖼️) im Eigenschaftsinspektor betätigen. Bis dahin sieht das verkleinerte Bild nur kleiner aus. Die Bilddatei selbst behält ihre ursprünglichen Dimensionen bei. Wenn Sie die Schaltfläche *Neu auflösen* anklicken, speichert Dreamweaver das Bild mit seiner neuen Größe, aber erst nach einer Warnung, dass dieser Vorgang unwiderruflich ist.

Dreamweaver wird mit einigen weiteren praktischen Bildbearbeitungswerkzeugen geliefert, die in Tabelle 15-1 aufgelistet sind.

Tabelle 15-1: Die Dreamweaver-Bildbearbeitungswerkzeuge

Schaltfläche im Eigenschafteninspektor	Symbol	Beschreibung
Zuschneiden	🔲	Schneidet einen Teil des ausgewählten Bilds ab, ohne seine Größe zu ändern
Resample	🖼️	Optimiert das ausgewählte Bild und speichert es mit seiner neuen Größe
Helligkeit und Kontrast	◐	Passt die Helligkeit und den Kontrast des ausgewählten Bilds an
Scharf stellen	△	Erhöht die Schärfe oder Klarheit des ausgewählten Bilds

> **In diesem Kapitel:**
> - Flash-Filme auf der Seite platzieren
> - Flash-Schaltflächen erstellen
> - Flash-Text erstellen
> - Eine Flash-Diashow erstellen

KAPITEL 16
Flash-Inhalte hinzufügen

Allgegenwärtig ist das passende Wort für das Multimedia-Format Flash. Das Flash Player-Plugin ist auf so gut wie jedem Computer, der zum Surfen genutzt wird, installiert, und zahlreiche moderne Websites verwenden Flash für lebenswichtige Dinge wie Navigation und Werbung, ohne zweimal darüber nachzudenken. Die Verbreitung von Flash garantiert der Software förmlich einen Ehrenplatz unter den Dreamweaver-Tools zur Website-Erstellung. Die Tatsache, dass Macromedia sowohl Flash als auch Dreamweaver herstellt, schadet in diesem Zusammenhang sicher auch nicht.

Dieses Kapitel zeigt Ihnen, wie Sie Flash-Filme in ästhetisch ansprechender und gut bedienbarer Form auf den Seiten Ihrer Site platzieren können. Es bietet Ihnen auch eine Tour durch die speziellen Flash-Funktionen in Dreamweaver, die keine externen Autorenwerkzeuge benötigen.

Flash-Filme auf der Seite platzieren

Was ihre Platzierung angeht, können Sie Flash-Filme genau so behandeln wie Bilder. Setzen Sie sie in die dafür vorgesehenen Bereiche Ihres Layouts oder platzieren Sie sie inline und passen Sie ihre Ausrichtung in Relation zum umgebenden Inhalt an. Der Hauptunterschied besteht darin, dass Sie in der Einfügen-Leiste nicht das Bild-Objekt anklicken, sondern das in Abbildung 16-1 gezeigte Flash-Objekt.

Wenn Sie das tun, erscheint das Dialogfeld *Datei auswählen*. Navigieren Sie zum Ordner des Flash-Films in Ihrem lokalen Stammordner. Flash-Filme haben die Erweiterung *.swf*, so dass Sie hier nach SWF-Dateien suchen. Sie könnten aus Bequemlichkeitsgründen in Erwägung ziehen, Ihre Flash-Filme in Ihrem Bilderverzeichnis zu speichern.

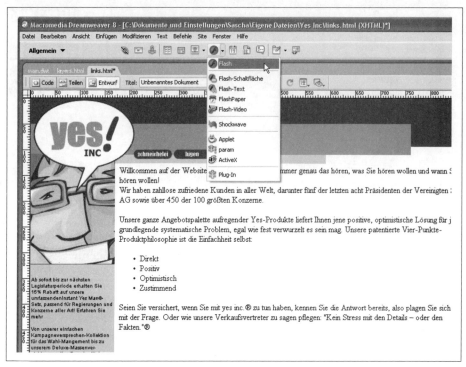

Abbildung 16-1: Das Flash-Objekt befindet sich im Menü Flash der Einfügen-Leiste.

Klicken Sie auf OK, und das Dialogfeld *Eingabehilfen-Attribute für Object-Tag* in Abbildung 16-2 erscheint. Geben Sie im Feld *Titel* einen kurzen Titel für den Film ein.

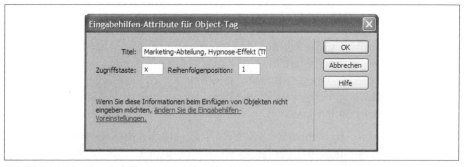

Abbildung 16-2: Eingabehilfe-Optionen für Flash-Filme

Geben Sie in das Feld *Zugriffstaste* die Taste auf der Tastatur ein, die der Besucher zusammen mit der **Alt**-Taste drücken kann, um den Flash-Film im Browserfenster auszuwählen. Wenn Sie beispielsweise x in das Feld *Zugriffstaste* eingeben, kann der Benutzer **Alt + X** drücken, um den Film auszuwählen. Die Zugriffstaste funktioniert nur auf Windows-Rechnern.

Geben Sie im Feld *Reihenfolgenposition* die Nummer des Flash-Films in der Tab-Reihenfolge ein. Die *Reihenfolgenposition* (englisch *tab index*) eines Elements ist die Reihenfolge, in der der Browser das Element auswählt, wenn der Besucher auf einer Webseite die **Tab**-Taste drückt. Die Reihenfolgenposition 1 bedeutet daher, dass der Flash-Film als erstes Element ausgewählt wird, wenn der Besucher sich mit Tab durch die Seite bewegt. Die Reihenfolgenposition 10 bedeutet, dass der Film als zehntes Element ausgewählt wird. (Weitere Informationen über das Setzen der Reihenfolgenposition erhalten Sie in Kapitel 17.)

Zugriffstasten und Reihenfolgenpositionen sind wichtige Navigationshilfen für diejenigen, die ohne Maus im Web surfen. Für einige Besucher ist es eine Frage der persönlichen Vorliebe. Für andere ist es eine Notwendigkeit. Sie greifen vielleicht über Nicht-Standard-Geräte wie Handys, PDAs oder MSNTV zu oder sind nicht in der Lage, eine Maus zu benutzen; in diesen Fällen verbessern Zugriffstasten und Reihenfolgenpositionen die Barrierefreiheit Ihrer Site.

Wenn Sie fertig sind, klicken Sie auf *OK*, und Dreamweaver fügt den Flash-Film in Ihr Dokumentfenster ein. Standardmäßig erscheint der Film in einer grauen Platzhalterbox, wie Abbildung 16-3 zeigt. Um den Film am umgebenden Inhalt auszurichten, wählen Sie einen Wert aus dem Menü *Ausrichten* im Eigenschafteninspektor. *Links* und *Rechts* sind die nützlichsten Wahlmöglichkeiten für Inline-Filme.

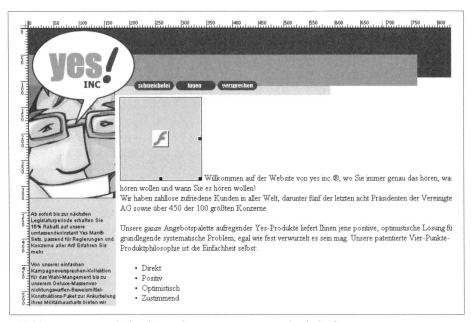

Abbildung 16-3: Der Flash-Film erscheint in einer grauen Platzhalterbox.

Um den Flash-Film schließlich im Dokumentfenster abzuspielen, wie in Abbildung 16-4, klicken Sie auf die Schaltfläche *Abspielen* im Eigenschafteninspektor. Drücken Sie *Stop*, um zur Platzhalterbox zurückzukehren.

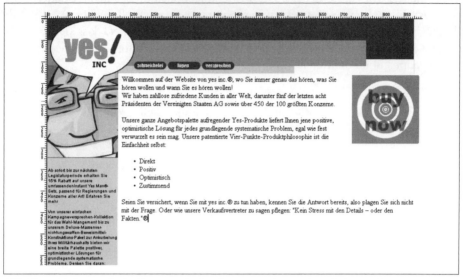

Abbildung 16-4: Der Flash-Film ist rechtsbündig ausgerichtet und wird abgespielt.

Um den Flash-Film daran zu hindern, automatisch abgespielt zu werden, wenn die Webseite geladen wird, deaktivieren Sie die Option *Auto-Wdg* im Eigenschafteninspektor. Um den Film daran zu hindern, immer wieder abgespielt zu werden, deaktivieren Sie die Option *Schleife*.

Multimedia aller Art führt zu Problemen mit streng ausgelegter Barrierefreiheit, und Flash-Filme sind da keine Ausnahme. Selbst wenn Sie den Dialog *Eingabehilfen-Attribute für Object-Tag* ausfüllen, werden Sie den Bedürfnissen nach Barrierefreiheit, die das World Wide Web Consortium (W3C) und andere empfehlen, nicht gerecht.

Zur Verteidigung von Dreamweaver ist anzuführen, dass die meisten dieser Erfordernisse nichts damit zu tun haben, wie die Platzierung des Flash-Films auf der Seite codiert wird. Sie betreffen vielmehr den Inhalt des Films selbst. Multimedia-Präsentationen wie Flash-Filme benötigen Ersatzinhalte für diejenigen, die sie nicht sehen können. Dies läuft in vielen Fällen auf Textbeschriftungen oder einen gesprochenen Soundtrack hinaus, der in Worten beschreibt, was der Film visuell darstellt, und das kann kein noch so aufwändig codierter Dreamweaver-Inhalt leisten. Sie müssen die Beschriftungen oder den Soundtrack in den Film selbst einbauen, und wenn Sie sich für Beschriftungen entscheiden, müssen Sie sicherstellen, dass Screenreader sie finden und vorlesen.

Wenn es Ihnen mit der Barrierefreiheit ernst ist, tun Sie sich einen Gefallen und lesen Sie die Multimedia-Richtlinien des W3C unter *http://www.w3.org/TR/WCAG20/#media-equiv*. Suchen Sie auch auf der Macromedia-Website (*http://www.macromedia.com/*) nach Eingabehilfe-Empfehlungen, die speziell das Flash-Format betreffen.

Flash-Schaltflächen erstellen

Wie Sie sicher noch aus Kapitel 4 wissen, ist eine Flash-Schaltfläche ein kurzer Flash-Film, der genau so funktioniert und aussieht wie eine Rollover-Grafik. Sie können Flash-Schaltflächen direkt in Dreamweaver erstellen – ohne externe Autorenwerkzeuge. Allerdings besitzen Flash-Schaltflächen einige Nachteile bezüglich Barrierefreiheit und Performance.

Flash-Schaltflächen funktionieren gut als einzelne Schaltflächen für Spezialfunktionen im Hauptinhaltsbereich Ihrer Seite.

Wenn Sie verstehen, worauf Sie sich einlassen, und immer noch Flash-Schaltflächen zu Ihrer Site hinzufügen möchten, kommt hier die Anleitung. Klicken Sie irgendwo in das Dokumentfenster, um einen Einfügepunkt zu erstellen, und gehen Sie dann zur Einfügen-Leiste. Öffnen Sie das Menü mit den Flash-Objekten und wählen Sie das in Abbildung 16-5 gezeigte Objekt *Flash-Schaltfläche*.

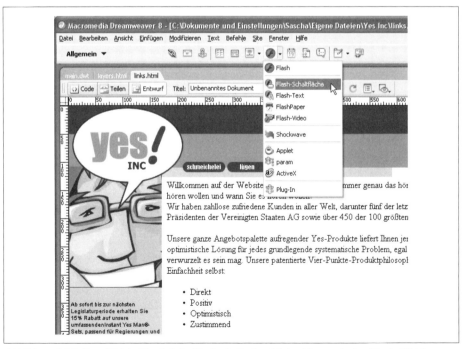

Abbildung 16-5: Das Objekt Flash-Schalfläche befindet sich im Menü mit den Flash-Objekten.

Das Dialogfeld *Flash-Schaltfläche einfügen* aus Abbildung 16-6 erscheint. Wählen Sie das grafische Erscheinungsbild für Ihren Flash-Button aus dem Menü *Stil* und schauen Sie sich die Vorschau im Bereich *Beispiel* an.

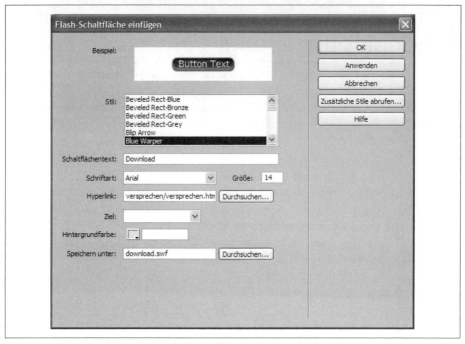

Abbildung 16-6: Erstellen Sie Ihre Flash-Schaltfläche mit dem Dialogfeld Flash-Schaltfläche einfügen.

 Speichern Sie die Flash-Schaltfläche nicht in Ihrem Bilderordner. Bleiben Sie selbst dann im selben Ordner wie die aktuelle Seite, wenn Sie Flash-Filme normalerweise mit Ihren Bildern speichern. Damit der Link der Flash-Schaltfläche korrekt funktioniert, muss die Schaltflächendatei im gleichen Ordner liegen wie ihre Seite.

Dasselbe gilt auch für Flash-Text (siehe den Abschnitt »Flash-Text erstellen« weiter unten in diesem Kapitel).

Geben Sie im Feld *Schaltflächentext* die Beschriftung ein, die auf der Schaltfläche erscheinen soll, und wählen Sie Schriftart und -größe. Sie brauchen hier nicht bei den websicheren Schriften zu bleiben. Wählen Sie die verrückteste Schriftart, die Ihnen gefällt. In jedem Fall sollte die Beschriftung kurz genug sein, um auf die ausgewählte Schaltfläche zu passen. Sie werden dies in Kürze überprüfen. Der Bereich *Beispiel* aktualisiert sich nicht, um die Schaltfläche mit Ihrem Text anzuzeigen, also warten Sie nicht darauf, dass er es tut.

Klicken Sie auf die Schaltfläche *Durchsuchen* neben dem Feld *Hyperlink* und navigieren Sie zu der Seite, auf die die Schaltfläche verweisen soll.

Wenn Sie den Hintergrund der Schaltfläche einfärben möchten, klicken Sie das Farbfeld *Hintergrundfarbe* an und wählen Sie aus dem Menü der Farbfelder. Sie können auch jede beliebige Farbe vom Bildschirm aufnehmen.

Geben Sie zuletzt einen Dateinamen für die Schaltfläche in das Feld *Speichern unter* ein. Fügen Sie hinter dem Dateinamen *.swf*, die Flash-Dateierweiterung, hinzu.

Klicken Sie auf *Anwenden*, um eine Vorschau der Schaltfläche im Dokument zu erhalten. Wenn Ihre Beschriftung nicht passt, kürzen Sie sie oder verringern Sie die Schriftgröße und klicken Sie erneut auf *Anwenden*. Sie können auch den Stil der Schaltfläche ändern, wenn das Ergebnis Sie nicht überzeugt.

Wenn der Button schließlich so aussieht, wie Sie ihn haben möchten, klicken Sie auf *OK* und füllen Sie das Dialogfeld *Flash-Eingabehilfen-Attribute* aus. Klicken Sie erneut auf *OK*, und Dreamweaver fügt die fertige Schaltfläche zu Ihrer Seite hinzu. Sie können ihre Position auf der Seite mit dem Eigenschaften-Inspektor festlegen (Abbildung 16-7).

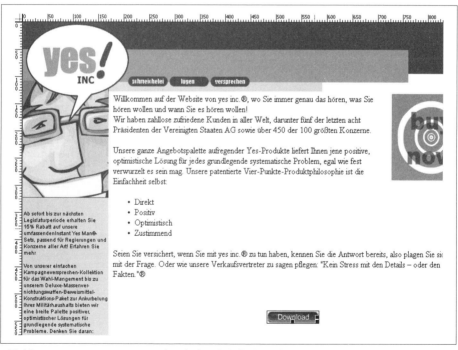

Abbildung 16-7: Positionieren Sie die Flash-Schaltfläche auf Ihrer Seite.

Drücken Sie im Eigenschafteninspektor *Abspielen*, um die interaktiven Fähigkeiten Ihrer Flash-Schaltfläche zu testen, oder – noch besser – führen Sie eine Vorschau Ihrer Seite in einem echten Browserfenster durch. Im Browser können Sie die Schaltfläche anklicken und dem Link folgen.

Um Ihre Flash-Schaltfläche zu bearbeiten, nachdem Sie sie erstellt haben, wählen Sie sie aus und klicken Sie im Eigenschafteninspektor auf *Bearbeiten*.

Flash-Text erstellen

Flash-Text ist, ähnlich wie eine Flash-Schaltfläche, ein kurzer, anklickbarer Flash-Film, den Sie in Dreamweaver erstellen, nur dass Flash-Text keinen Schaltflächenhintergrund besitzt und Ihnen das Einfügen mehrerer Zeilen Text ermöglicht.

Um Flash-Text einzufügen, klicken Sie einen Einfügepunkt in Ihrem Dokumentfenster an und wählen Sie das Objekt *Flash-Text* aus dem Flash-Menü der Einfügen-Leiste, wie in Abbildung 16-8 gezeigt.

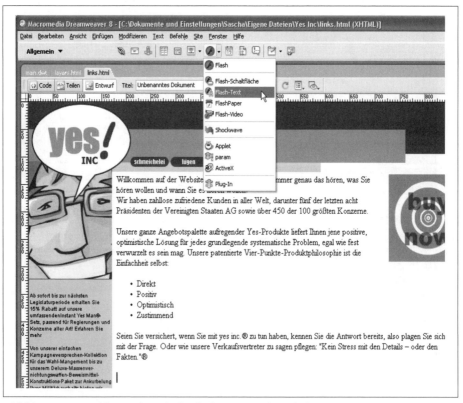

Abbildung 16-8: Wählen Sie das Objekt Flash-Text aus dem Flash-Menü.

Dreamweaver öffnet das in Abbildung 16-9 gezeigte Dialogfeld *Flash-Text einfügen*. Wählen Sie die Schriftart und -größe aus den Feldern oben. Genau wie bei Flash-Schaltflächen können Sie die Schrift Ihrer Wahl verwenden, selbst, wenn sie nicht websicher ist.

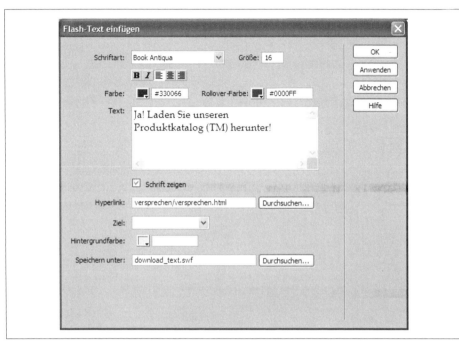

Abbildung 16-9: Erstellen Sie Flash-Text aus dem Dialogfeld Flash-Text einfügen.

Wählen Sie Format, Ausrichtung und Farben für den Text in den folgenden Feldern. Der gesamte Text in dem Flash-Film besitzt dieselben Eigenschaften, falls Sie also mehrfarbigen Text oder Text mit unterschiedlichen Format- und Ausrichtungseinstellungen benötigen, müssen Sie separate Flash-Filme erstellen.

Tippen Sie den eigentlichen Text in das Feld *Text* ein und drücken Sie **Enter** oder **Return**, um eine neue Zeile zu beginnen. Wenn Sie die Option *Schrift zeigen* ankreuzen, erscheint der Text im Feld in Ihrer ausgewählten Schrift. Allerdings zeigt das Feld *Text* nicht Ihre Format-, Ausrichtungs- und Farboptionen. Wie zuvor werden Sie vor dem Akzeptieren Ihres Flash-Texts eine Vorschau erstellen, nachdem Sie den Rest des Dialogfelds ausgefüllt haben.

Klicken Sie auf die Schaltfläche *Durchsuchen* neben dem Feld *Hyperlink* und wählen Sie die Seite, auf die der Flash-Text verweist. Wenn Sie eine *Hintergrundfarbe* für Ihren Flash-Text festlegen möchten, verwenden Sie das gleichnamige Feld, und geben Sie schließlich im Feld *Speichern unter* einen Dateinamen für den Film ein.

Sie sind bereit für eine Vorschau Ihres Texts. Klicken Sie auf *Anwenden* und überprüfen Sie das Dokumentfenster. Führen Sie alle gewünschten Änderungen an Erscheinungsbild und Formatierung Ihres Texts durch und klicken Sie auf *OK*, um das Dialogfeld *Flash-Eingabehilfen-Attribute* auszufüllen. Klicken Sie erneut auf *OK*, und Sie haben Flash-Text, wie Abbildung 16-10 zeigt.

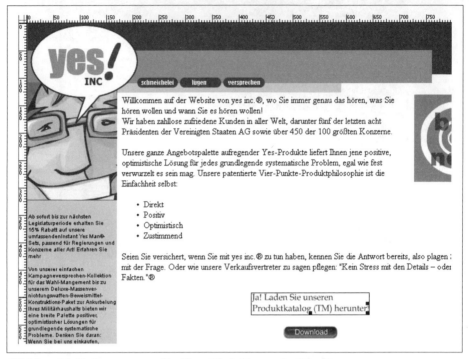

Abbildung 16-10: Dreamweaver fügt Ihren Flash-Text zu der Seite hinzu.

> Flash-Text funktioniert am besten als Anzeigefeld, wie die Schilder in einem Laden. Er ist nicht durchsuchbar oder auswählbar, also hüten Sie sich, ihn zu oft zu verwenden. Der wichtige Text Ihrer Site sollte stets in richtiger Textform erscheinen.

Eine Flash-Diashow erstellen

Eine *Diashow* (englisch *slideshow*) ist ein interaktives Element, das eine Sequenz statischer Bilder durchblättert. Dreamweaver wird mit einer praktischen, vorgefertigten, anpassbaren Diashow im Flash-Format geliefert, die nur darauf wartet, dass Sie sie auf Ihrer Seite platzieren und verwenden.

Um das zu tun, suchen Sie sich einen Einfügepunkt auf Ihrer Seite aus und wechseln Sie im Menü der Einfügen-Leiste zu den *Flash-Elementen*, wie Abbildung 16-11 zeigt. Klicken Sie dann das Objekt *Bild-Viewer* () an.

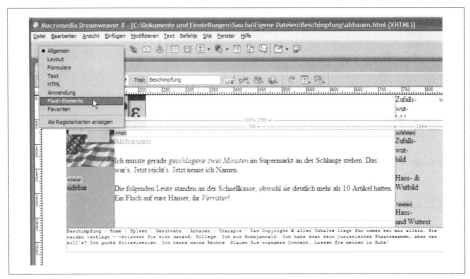

Abbildung 16-11: Wählen Sie Flash-Elemente aus dem Menü der Einfügen-Leiste.

Das Dialogfeld *Flash-Element speichern* erscheint. Navigieren Sie zu ihrem Bilderordner und geben Sie in das Feld *Dateiname* einen Namen für die Diashow ein. Klicken Sie auf *Speichern*, und Dreamweaver fügt einen großen, grauen Flash-Platzhalter in die Seite ein.

Bewegen Sie sich zu den Bedienfeldgruppen und suchen Sie das Bedienfeld *Flash-Element*, wie in Abbildung 16-12 gezeigt. Klappen Sie dieses Bedienfeld aus. Sie sollten vielleicht auch die anderen Bedienfelder einklappen, um mehr Platz zum Arbeiten zu erhalten, denn im Bedienfeld *Flash-Element* passen Sie die Diashow an. Klicken Sie die einzelnen Werte an, um sie zu bearbeiten. Tabelle 16-1 listet ihre Eigenschaften und deren jeweilige Bedeutung auf.

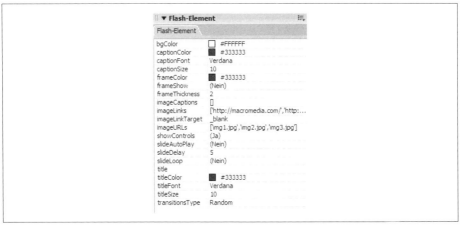

Abbildung 16-12: Passen Sie Ihre Diashow im Bedienfeld Flash-Element an.

Bei Flash-Schaltflächen und Flash-Text mussten Sie den Flash-Film im selben Ordner speichern wie die aktuelle Seite. Bei einer Flash-Diashow ist das nicht so wichtig. Speichern Sie sie einfach an einem praktischen Ort, was wahrscheinlich Ihr Bilderordner ist.

Tabelle 16-1: Flash-Element-Eigenschaften

Eigenschaft	Steuert ...
bgColor	... die Hintergrundfarbe der Diashow
captionColor	... die Farbe der Bildbeschriftungen in der Diashow
captionFont	... die Schriftart der Bildbeschriftungen in der Diashow
captionSize	... die Schriftgröße der Bildbeschriftungen in der Diashow
frameColor	... die Farbe des Randes oder Rahmens der Diashow
frameShow	... das Ein- und Ausblenden des Rahmens um die Diashow
frameThickness	... die Dicke des Rahmens um die Diashow
imageCaptions	... die Bildbeschriftungen der Diashow-Sequenz
imageLinks	... die Hyperlinks der Bilder in der Diashow-Sequenz
imageLinkTarget	... das Ziel aller Links (siehe Kapitel 15)
imageURLs	... die Bilder in der Diashow
showControls	... das Ein- und Ausblenden des DVD-artigen Steuerpults unter der Diashow
slideAutoPlay	... das automatische Abspielen der Diashow beim Laden der Seite
slideDelay	... die Sekundenanzahl zwischen den Dias
slideLoop	... die Wiederholung der Diashow nach dem letzten Bild
title	... Titel oder Beschriftung der Diashow
titleColor	... die Farbe der Titeltextes
titleFont	... die Schriftart des Titeltextes
titleSize	... die Schriftgröße des Titeltextes
transitionsType	... den Stil des Übergangs zwischen den Bildern in der Diashow

Bilder zur Diashow hinzufügen

Um Bilder zu der Diashow hinzuzufügen, klicken Sie den Wert neben dem Feld *imageURLs* im Bedienfeld *Flash-Element* an und klicken Sie auf die Schaltfläche rechts daneben. Das Dialogfeld *Array 'imageURLs' bearbeiten* erscheint, wie Abbildung 16-13 zeigt.

Wählen Sie eines der Standardbilder aus, und ein Ordnersymbol erscheint. Klicken Sie diesen Ordner an und navigieren Sie zu der Bilddatei, die Sie einfügen möchten. Sie können so viele Bilder hinzufügen, wie Sie möchten, indem Sie die Plus-Schaltfläche anklicken. Stellen Sie sicher, dass Sie alle Bilder entfernen, die Sie nicht brauchen, indem Sie sie auswählen und die *Minus*-Schaltfläche anklicken.

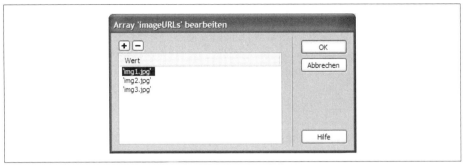

Abbildung 16-13: Fügen Sie über das Dialogfeld Array 'imageURLs' bearbeiten Bilder zur Diashow hinzu.

 Es ist praktisch, die Bilder Ihrer Diashow mit demselben allgemeinen Dateinamen plus ihrer Nummer in der Folge zu speichern, etwa *dia01*, *dia02*, *dia03* und so weiter. Das hilft Ihnen, sie in der richtigen Reihenfolge zu halten, wenn Sie sie zur Diashow hinzufügen.

Wenn Sie fertig sind, klicken Sie auf *OK*.

Hyperlinks zu den Bildern hinzufügen

Jedes Bild in der Diashow kann seinen eigenen Link haben. Um die Links hinzuzufügen, klicken Sie im Bedienfeld *Flash-Element* in das Wertfeld neben *imageLinks* und klicken Sie dann das Ordnersymbol an, um das Dialogfeld *Array 'imageLinks' bearbeiten* zu öffnen.

Wählen Sie einen Link aus, um seinen Wert zu ändern. Wählen Sie eine Adresse in Ihrer aktuellen Site, indem Sie das Ordnersymbol anklicken und zur gewünschten Seite navigieren, oder geben Sie die URL einer externen Website ein. Wenn Sie sich für das Eintippen entscheiden, stellen Sie sicher, dass sich die URL zwischen einzelnen Anführungszeichen befindet: `'http://www.meinesite.de/'` ist korrekt, `http://www.meinesite.de` nicht.

Die Reihenfolge der Links entspricht derjenigen der Bilder, also sorgen Sie dafür, dass Sie den Überblick behalten, welcher Link zu welchem Dia gehört.

 Wenn Sie keine Links für irgendein Bild brauchen, löschen Sie alle Werte.

Wenn nur bestimmte Bilder einen Link haben sollen, setzen Sie für diejenigen Bilder, die auf nichts verlinken sollen, ein Paar einfacher Anführungszeichen ('') ein.

Beschriftungen zu den Bildern hinzufügen

Entsprechend kann jedes Bild in der Diashow seine eigene Beschriftung erhalten. Klicken Sie in das Wertfeld neben *imageCaptions* im Bedienfeld *Flash-Element* und klicken Sie dann auf das Ordnersymbol, um das Dialogfeld *Array 'imageCaptions' bearbeiten* zu öffnen. Geben Sie die Beschriftungen in der Reihenfolge Ihrer Bilder ein.

Die Diashow testen

Wenn Sie mit dem Einstellen der Eigenschaften fertig sind, klicken Sie die Schaltfläche *Abspielen* im Eigenschafteninspektor an, um Ihre Diashow zu testen, und Sie werden ein Diashow-Objekt wie in Abbildung 16-14 sehen. Wenn Sie möchten, gehen Sie zurück zum Bedienfeld *Flash-Elemente* und passen Sie die Eigenschaften an, und positionieren Sie die Diashow gemäß den Regeln für Bilder und andere Flash-Filme auf der Seite.

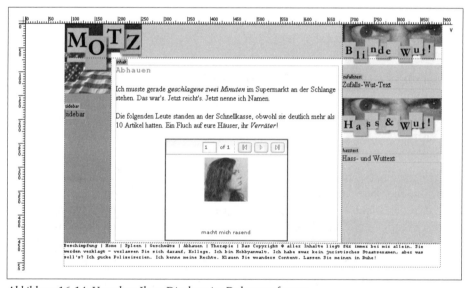

Abbildung 16-14: Vorschau Ihrer Diashow im Dokumentfenster

Die Standarddimensionen der Diashow sind recht großzügig. Zögern Sie nicht, den Film herunterzuskalieren, indem Sie ihn auswählen und an seinen Anfassern ziehen – genau wie bei Bildern, außer, dass Sie ihn nachher nicht neu auflösen müssen.

Die kleinste benutzbare Breite für die Diashow (wenn Sie das Steuerpult einfügen) beträgt etwa 200 Pixel.

KAPITEL 17

Links verknüpfen

In diesem Kapitel:
- Interne Links erstellen
- Externe Links erstellen
- Einen E-Mail-Link erstellen
- Stilregeln für Links hinzufügen
- Anklickbare Bilder erzeugen
- Die Reihenfolgenposition für Links einstellen

Ah, Hyperlinks – die Verkehrswege des Webs. Bis jetzt haben Sie wahrscheinlich eine Menge einzelner, vorlagengenerierter Seiten angesammelt. Es ist Zeit, sie mit Hilfe des kleinen, aber leistungsfähigen Hyperlinks alle zu einer voll funktionsfähigen Site zu verknüpfen.

Dieses Kapitel zeigt Ihnen, wie Sie Links zu Zielen aller Art erstellen, sowohl einfachen lokalen als auch seltsamen und entfernten. Es zeigt Ihnen Methoden zum Erzeugen von Pop-ups, zum Öffnen neuer Browserfenster, zum Gestalten von Link-Zuständen und zum Hinzufügen von Rollover-Effekten. Zum Schluss folgt eine Abhandlung über anklickbare Bilder für praktisch jeden Hyperlink-Bedarf.

Interne Links erstellen

Ein *interner Link* ist ein Hyperlink, der von einer Seite Ihrer Site auf eine andere verweist. Sie haben die wichtigsten internen Links erstellt, als Sie in Kapitel 13 Ihre Navigationsleiste gebaut haben, aber wahrscheinlich müssen Sie noch einige weitere derartige Links einrichten. Wenn es sonst keine gibt, könnten zumindest die Auswahlmöglichkeiten der Sekundärnavigation am Fuß des Hauptinhaltsbereichs einige Zielseiten benötigen.

Um einen Link auf eine Seite Ihrer Site zu erstellen, wählen Sie die Zeichenfolge aus, die Sie anklickbar machen möchten. Wenn Sie beispielsweise die Auswahl HOME in Ihrer Sekundärnavigation verlinken möchten, wählen Sie das Wort HOME aus. Gehen Sie dann in den Eigenschaftsinspektor und klicken Sie das Ordnersymbol rechts neben dem Feld *Hyperlink* an. Dreamweaver öffnet das Dialogfeld *Datei auswählen*. Navigieren Sie zur Zielseite (in diesem Fall die Startseite der Site, also *index.html*) und klicken Sie auf *OK*. Dreamweaver wandelt den ausgewählten Text in einen Link auf die angegebene Seite um, wie Abbildung 17-1 zeigt.

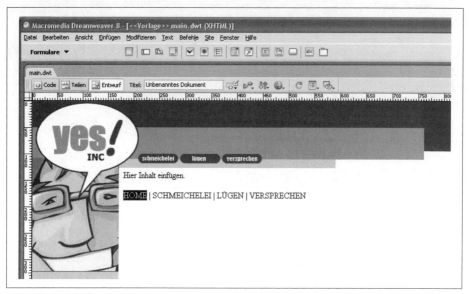

Abbildung 17-1: Dreamweaver wandelt den ausgewählten Text in einen Hyperlink um.

 Als Sie Ihre grafische Navigationsleiste erstellt haben, haben Sie Alternativtext für jedes Bild hinzugefügt. Wenn der Besucher nun beispielsweise die Schaltfläche *Komplimente* mit der Maus berührt, erscheint eine Meldung wie »Zum Bereich Komplimente«.

Sie können dasselbe mit bildlosen reinen Text-Hyperlinks machen. Klicken Sie zuerst irgendwo in den Textlink im Dokumentfenster und gehen Sie dann zum Tag-Inspektor. (Wenn Sie den Tag-Inspektor nicht auf dem Bildschirm sehen, wählen Sie *Fenster* → *Attribute* aus dem Hauptmenü oder drücken Sie **F9**.) Tippen Sie dann neben dem Attribut *title* in der Abteilung *CSS/Eingabehilfen* den Alternativtext für den Link ein.

Wenn Sie eine Bildvorschau in einem Live-Browser vornehmen, berühren Sie den Link mit der Maus und warten Sie ein oder zwei Sekunden. Der Alternativtext erscheint, genau wie bei einem Bild. Dieser Trick funktioniert in den neuesten Versionen von IE, Firefox, Netscape und Opera.

Wenn Sie an der Sekundärnavigation arbeiten, machen Sie weiter und fügen Sie die restlichen Links hinzu. Speichern Sie Ihr Vorlagendokument, wenn Sie fertig sind, und aktualisieren Sie die Seiten Ihrer Site. Öffnen Sie dann eine der eigentlichen Seiten in Dreamweaver, führen Sie die Live-Vorschau in einem Browser durch und testen Sie Ihre Links. Nichts kann Ihnen ein stärkeres Gefühl von Fortschritt vermitteln, als die Links in Gang zu setzen.

Um einen Link zu entfernen, klicken Sie irgendwo innerhalb des Textlinks ins Dokumentfenster. Wechseln Sie dann in den Eigenschafteninspektor, löschen Sie den Wert im Feld *Hyperlink* und drücken Sie **Enter** oder **Return**.

Links auf benannte Anker

Angenommen, Sie haben eine sehr lange Seite mit mehreren unterschiedlichen Inhaltsabschnitten geschrieben, beispielsweise eine Seite mit häufig gestellten Fragen oder Ähnliches. Sie möchten bestimmt gern Links von den Fragen oben auf der Seite zu den Antworten weiter unten anlegen. Ist so etwas überhaupt möglich? Natürlich. Sie brauchen nur ein paar benannte Anker.

Ein *benannter Anker* ist ein spezielles Link-Ziel irgendwo innerhalb der Seite. Benannte Anker sind unsichtbare Elemente. Der Besucher sieht sie nicht auf der Seite, aber nur weil sie unsichtbar sind, sind sie noch lange nicht nutzlos. Wenn der Besucher einem Link auf einen benannten Anker folgt, springt der Browser sofort zu dem Ankerpunkt und positioniert ihn so nah wie möglich an der Oberkante des Browserfensters.

Wenn Sie eine Seite mit häufig gestellten Fragen bauen, dann verweist der Link für jede Frage auf einen anderen benannten Anker. Alles, was Sie tun müssen, ist, die benannten Anker auf Ihrer Seite zu platzieren.

Einen benannten Anker einfügen

Um einen benannten Anker zu Ihrer Seite hinzuzufügen, wählen Sie einen Einfügepunkt im Dokumentfenster, normalerweise links neben oder direkt über dem Inhalt, zu dem Sie verlinken möchten. Klicken Sie dann das Objekt *Benannter Anker* ( ) in der Einfügen-Leiste an. Wenn Sie das Objekt *Benannter Anker* nicht sehen, stellen Sie das Menü der Einfügen-Leiste auf *Allgemein*.

Das in Abbildung 17-2 gezeigte Dialogfeld *Benannter Anker* erscheint. Geben Sie einen kurzen, prägnanten Namen für den Anker ein und klicken Sie auf *OK*. (Der Name darf keine Leerzeichen enthalten und nicht mit einer Ziffer beginnen.) Dreamweaver platziert den Anker als sichtbares Symbol auf der Seite, wie Abbildung 17-3 zeigt, aber im Browser ist das Element unsichtbar.

Abbildung 17-2: Benennen Sie einen Anker im Dialogfeld Benannter Anker.

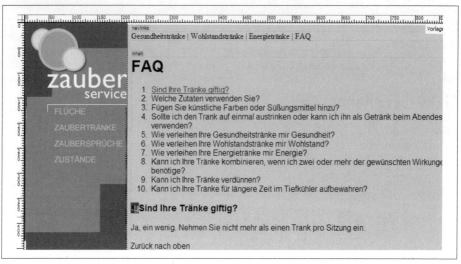

Abbildung 17-3: Das Objekt Benannter Anker sieht tatsächlich wie ein Anker aus.

Alle benannten Anker auf einer Seite sollten unterschiedliche Namen haben, aber Sie sollten ähnliche Anker verbinden, indem Sie denselben Grundnamen verwenden und dann eine Bezeichnung oder Nummer anhängen, etwa *antwort_giftig*, *antwort_zutaten* und *antwort_kuenstlich*, oder auch *antwort01*, *antwort02* und *antwort03*.

Der Browser behandelt benannte Anker mit ähnlichen Namen keineswegs als logische Gruppe. Sie tun dies nur zu Ihrem eigenen Nutzen.

Zögern Sie nicht, so viele benannte Anker einzufügen, wie Ihre Seite braucht. Stellen Sie nur sicher, dass sie alle verschiedene Namen haben.

Links zu einem benannten Anker hinzufügen

Um zu einem benannten Anker zu verlinken, wählen Sie wie gehabt den Text aus, den Sie anklickbar machen möchten. Anstatt dann aber das Ordnersymbol rechts neben dem Feld *Hyperlink* im Eigenschafteninspektor anzuklicken, drücken Sie die Maustaste auf dem Symbol *Auf Datei zeigen* zwischen dem Feld *Hyperlink* und dem Ordnersymbol.

Halten Sie die Maustaste weiter gedrückt und ziehen Sie das Symbol *Auf Datei zeigen* im Dokumentfenster auf den benannten Anker, zu dem Sie verlinken möchten. Wenn der Link im Feld *Hyperlink* des Eigenschafteninspektors erscheint, lassen Sie die Maustaste los.

Einen Rückweg bereitstellen

Wenn Sie mit einem Dutzend oder mehr benannten Ankern auf einer Seite mit häufig gestellten Fragen arbeiten, ist es bewährte Designerpraxis, hinter jedem Textabschnitt im Body der Seite einen »Zurück nach oben«-Link einzufügen, damit der Besucher zurück zur Liste der Fragen ganz oben springen kann, ohne zu scrollen.

Um das zu tun, folgen Sie diesen Schritten:

1. Öffnen Sie das Vorlagendokument in Dreamweaver.
2. Klicken Sie irgendwo in den Hauptinhaltsbereich.
3. Gehen Sie zum Tag-Wähler ganz unten im Dokumentfenster und klicken Sie das `<td>`- oder `<div>`-Tag ein.
4. Drücken Sie die linke Pfeiltaste, um den Einfügepunkt ganz an den Anfang des Hauptinhaltsbereichs zu setzen.
5. Fügen Sie an dieser Stelle einen benannten Anker namens *oben* ein.
6. Speichern Sie das Vorlagendokument und aktualisieren Sie die Seiten Ihrer Site.
7. Öffnen Sie die Seite *Häufig gestellte Fragen* in Dreamweaver. Sie sollten den neuen benannten Anker ganz oben im Hauptinhaltsbereich sehen, ähnlich wie in Abbildung 17-4.

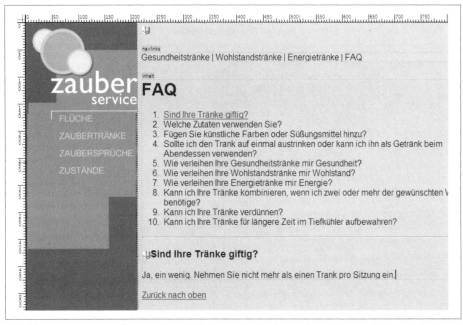

Abbildung 17-4: Der Link Zurück nach oben verweist auf einen benannten Anker ganz oben im Hauptinhaltsbereich.

8. Fügen Sie am Fuß eines Antwortabschnitts den Text »Zurück nach oben« hinzu und wählen Sie ihn aus.

9. Bewegen Sie sich zum Eigenschafteninspektor und ziehen Sie das Symbol *Auf Datei zeigen* auf den benannten Anker ganz oben im Hauptinhaltsbereich.
10. Wiederholen Sie die Schritte 8 und 9 für die restlichen Antworten auf der Seite.

Die Zielseite in einem Pop-up-Fenster öffnen

Normalerweise lädt Dreamweaver die Zielseite im Hauptbrowserfenster und ersetzt die aktuelle Seite. Wenn es Ihnen lieber ist, können Sie die Zielseite stattdessen in einem Pop-up-Fenster öffnen:

1. Wählen Sie im Dokumentfenster den Text aus, den Sie anklickbar machen möchten.
2. Gehen Sie zum Eigenschafteninspektor, tippen Sie in das Feld *Hyperlink* eine Raute # ein und drücken Sie **Enter** oder **Return**. Das Raute- oder Gitterzeichen steht für einen *selbstreferenzierten Link* – einen Link, der nirgendwohin führt.
3. Öffnen Sie die Verhalten-Leiste, während der Link im Dokumentfenster markiert ist, indem Sie *Fenster → Verhalten* aus dem Hauptmenü wählen.
4. Klicken Sie auf den Plus-Button in der Verhalten-Leiste und wählen Sie die Option *Browserfenster öffnen* aus (siehe Abbildung 17-5).

Abbildung 17-5: Wählen Sie Browserfenster öffnen aus dem Plus-Menü der Verhalten-Leiste.

Wenn Sie vorhaben, regelmäßig Pop-ups auf Ihrer Site einzusetzen, sollten Sie in Erwägung ziehen, ein spezielles Vorlagendokument für Pop-up-Seiten zu erstellen. Wenn Sie ein neues Pop-up zu der Site hinzufügen müssen, erstellen Sie einfach eine neue Seite aus der Pop-up-Vorlage.

5. Das Dialogfeld *Browserfenster öffnen* in Abbildung 17-6 erscheint. Klicken Sie auf die Schaltfläche *Durchsuchen* rechts neben dem Feld *URL anzeigen* und navigieren Sie zu der Seite, die in dem Pop-up geöffnet werden soll.

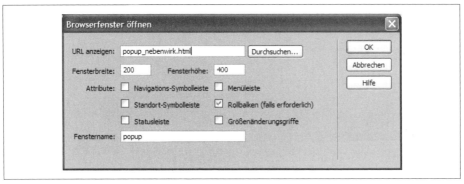

Abbildung 17-6: Das Pop-up-Fenster definieren

 Drücken Sie **Umschalt + F4**, um die Verhalten-Leiste ein- und auszuschalten.

6. Geben Sie in den entsprechenden Feldern eine Breite und eine Höhe für das Browserfenster an. Beide Werte sind in Pixeln.
7. Kreuzen Sie unter *Attribute* die Features, die Sie zu Ihrem Pop-up hinzufügen möchten. Sie brauchen keines von ihnen anzukreuzen, wenngleich zumindest die Option für *Rollbalken* eine weise Entscheidung ist.
8. Geben Sie im Feld *Fenstername* einen kurzen, aber beschreibenden Namen für das Fenster ein. Der Name *Pop-up* ist so gut wie jeder andere.
9. Klicken Sie auf *OK*. Dreamweaver fügt den notwendigen JavaScript-Code zu Ihrer Seite hinzu.

Um Ihr Pop-up zu testen, erstellen Sie eine Vorschau der Seite in einem Live-Browserfenster und klicken Sie den Pop-up-Link an, wie in Abbildung 17-7 demonstriert wird.

Um einen *Schließen*-Link zum Pop-up-Fenster hinzuzufügen, öffnen Sie die Pop-up-Seite in Dreamweaver und wählen Sie den Text aus, den der Benutzer zum Schließen

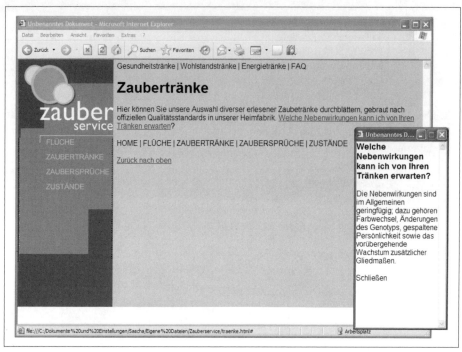

Abbildung 17-7: Testen Sie Ihr Pop-up in einem Live-Browserfenster.

des Pop-ups anklicken soll. Gehen Sie dann zum Eigenschafteninspektor und geben Sie javascript:window.close(); in das Feld *Hyperlink* ein, wie in Abbildung 17-8 gezeigt. Stellen Sie sicher, dass Sie alles genau so eingeben, wie es zu sehen ist. Lassen Sie weder den Doppelpunkt noch den Punkt, die Klammern oder das Semikolon weg!

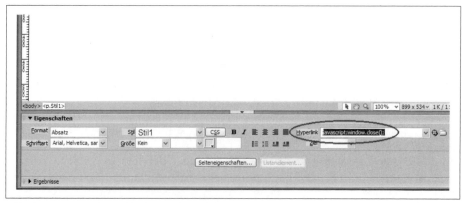

Abbildung 17-8: Einen Schließen-Link zu der Pop-up-Seite hinzufügen

Einer der Nachteile von Pop-up-Fenstern ist, dass viele Besucher sie ärgerlich finden – so sehr, dass sie Pop-up-Blocker-Software auf ihren Computern installieren könnten, um zu verhindern, dass sie diese Dinger sehen müssen.

Im Allgemeinen hassen Ihre Besucher automatische Pop-ups am meisten. Das sind die Pop-ups, die erscheinen, sobald eine Webseite geladen wird. Die meiste Blockersoftware schließt diese aus, und das aus gutem Grund. Wenn Ihre Besucher auf einer Webseite landen, wollen Sie die angeforderten Informationen haben und nicht die angeforderten Informationen plus ein Bündel Pop-up-Werbebanner. Wenn Sie Ihre Besucher wertschätzen, vermeiden Sie automatische Pop-ups um jeden Preis.

Die Pop-ups, die Sie in diesem Kapitel erstellen, sind frei wählbar, denn der Besucher klickt selbst einen Link an, um das Erscheinen des Pop-ups auszulösen. Die Standardeinstellungen der meisten Pop-up-Blocker erlauben wählbaren Pop-ups das Erscheinen. Da aber nun einmal eine Assoziation zwischen Pop-up-Fenstern und Werbung besteht, verwenden Sie auch frei wählbare Pop-ups sehr zurückhaltend auf Ihrer Site.

Ein letztes Wort der Warnung: Pop-ups verursachen oft Probleme mit Screenreadern und anderen Eingabehilfen.

Externe Links erstellen

Ein *externer Link* ist ein Hyperlink, der von Ihrer Site auf irgendeine andere Site verweist. Um einen externen Link zu Ihrer Seite hinzuzufügen, wählen Sie den Text aus, den Sie anklickbar machen möchten, und gehen Sie zum Eigenschafteninspektor. Tippen Sie im Feld *Hyperlink* die vollständige Webadresse des Ziels ein:

- Um zur Homepage der Site zu verlinken, geben Sie einfach die allgemeine URL der Site ein, etwa *http://www.macromedia.com/*.

- Um zu einer bestimmten Seite der Site zu verlinken, geben Sie die URL der fraglichen Seite ein, beispielsweise *http://www.macromedia.com/software/dreamweaver/index.html/*.

- Um zu einem bestimmten benannten Anker auf einer Seite der Site zu verlinken, tippen Sie die URL der entsprechenden Seite, das Raute-Zeichen (#) und den Namen des Ankers ein, etwa *http://www.macromedia.com/software/dreamweaver/productinfo/faq/index.html#item-2-1*.

Standardmäßig lädt der Browser die externe Seite in das aktuelle Browserfenster und ersetzt Ihre Site daher vollständig. Wenn Sie es bevorzugen, die externe Seite in ein neues Browserfenster zu laden, wählen Sie *_blank* aus dem Menü *Ziel* des Eigenschafteninspektors, wie Abbildung 17-9 zeigt.

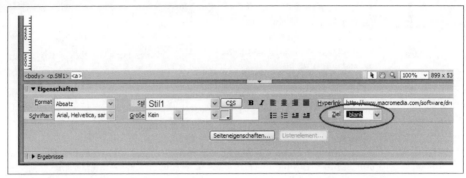

Abbildung 17-9: Wählen Sie _blank aus dem Menü Ziel des Eigenschafteninspektors.

Im Allgemeinen ist es akzeptabel, externe Sites in ein neues Browserfenster zu laden, aber vermeiden Sie es für interne Links, wenn Sie nicht gerade eine Bild- oder Multimedia-Datei verlinken, die andernfalls den Fluss Ihrer Navigation unterbrechen würde. Selbst dann ist ein Pop-up-Fenster wahrscheinlich die bessere Wahl, weil ein Pop-up einen eher zweitrangigen Eindruck vermittelt und mehr als Teil Ihrer Site erscheint als ein separates Browserfenster in vollem Ornat.

Einen E-Mail-Link erstellen

Ein *E-Mail-* oder *mailto*-Link sieht aus wie ein normaler Hyperlink, aber anstatt den Browser zu einer anderen Seite zu schicken, öffnet er das bevorzugte E-Mail-Programm des Besuchers und erzeugt eine leere Nachricht, in der die E-Mail-Adresse Ihrer Wahl in das Feld *An* eingetragen ist.

Um einen E-Mail-Link zu erzeugen, wählen Sie im Dokumentfenster den Text aus, den Sie anklickbar machen möchten, und gehen Sie dann zur Einfügen-Leiste. Klicken Sie das Objekt *E-Mail-Verknüpfung* ( ) an, um das in Abbildung 17-10 dargestellte Dialogfeld *E-Mail-Verknüpfung* zu öffnen.

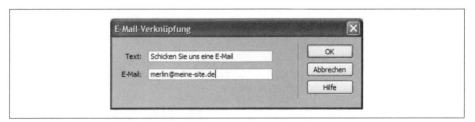

Abbildung 17-10: Linktext und Empfängeradresse eingeben

Geben Sie die Empfängeradresse für die E-Mail in das Feld *E-Mail* ein und klicken Sie auf *OK*, um den Link hinzuzufügen.

Wenn Sie den Text für den E-Mail-Link noch nicht in Ihre Seite eingegeben haben, wählen Sie einen Einfügepunkt und klicken Sie trotzdem das Objekt *E-Mail-Verknüpfung* an. Geben Sie den Text direkt in das Feld *Text* des Dialogfelds *E-Mail-Verknüpfung* ein.

Stilregeln für Links hinzufügen

Sie wissen aus Kapitel 6, dass CSS vier Link-Zustände erkennt: unbesucht, besucht, aktiv und hover. Für Ihre Seite können Sie entweder eine Stilregel erstellen, die das Erscheinungsbild aller Links ungeachtet ihres Zustands festlegt, oder Sie können unterschiedliche Stilregeln für verschiedene Link-Zustände erzeugen, was dieser Abschnitt erklärt.

Eine Stilregel für alle Link-Zustände erstellen

Für eine Pauschal-Stilregel, die alle Link-Zustände betrifft, müssen Sie das Erscheinungsbild des <a>-Tags in Ihrem Stylesheet neu definieren. Öffnen Sie das Dialogfeld *Neue CSS-Regel* und wählen Sie *Tag* als Selektor-Typ. Tippen Sie a in das Feld *Selektor* ein, wie Abbildung 17-11 zeigt, und klicken Sie auf *OK*, um zum Dialogfeld *CSS-Regel-Definition* zu gelangen.

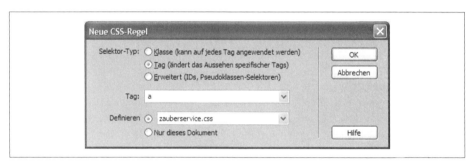

Abbildung 17-11: Eine neue CSS-Regel für das <a>-Tag erstellen

Erstellen Sie die Regeldefinition wie üblich, indem Sie beliebige Formatattribute nach Ihrem Geschmack auswählen. Wählen Sie unter *Auszeichnung* in der Kategorie *Schrift* die Option *Keine*, um die Unterstreichung zu entfernen, wie Abbildung 17-12 zeigt. Wenn Sie die Unterstreichung behalten möchten, brauchen Sie dagegen nicht die Option *Unterstrichen* zu wählen – der Browser fügt standardmäßig eine Unterstreichung hinzu.

Wenn Sie hier eine Farbe festlegen, dann gilt diese Farbe für alle Link-Zustände. Ihre Links werden nicht mehr je nach Zustand die Farbe wechseln. Wenn Sie möchten, dass die Links weiterhin wie gehabt ihre Farbe wechseln, legen Sie in dieser Stilregel keine Farbe fest.

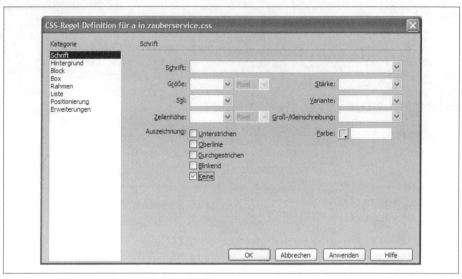

Abbildung 17-12: Wählen Sie unter Auszeichnung die Option Keine, um die Link-Unterstreichungen zu entfernen.

Klicken Sie auf *OK*, wenn Sie fertig sind, und Dreamweaver fügt die neue Stilregel zu Ihrem externen Stylesheet hinzu.

Unterschiedliche Stilregeln für verschiedene Link-Zustände hinzufügen

Um spezielle Stilregeln für die verschiedenen Link-Zustände zu erstellen, öffnen Sie das Dialogfeld *Neue CSS-Regel*, aber aktivieren Sie diesmal *Erweitert* unter *Selektor-Typ* und wählen Sie einen Link-Zustand aus dem Menü *Selektor*, wie in Abbildung 17-13 gezeigt. Die Option a:link bezieht sich auf unbesuchte Links, a:visited auf bereits besuchte und a:active auf aktive Hyperlinks. Wählen Sie jetzt noch nicht a:hover – im nächsten Abschnitt »Einen Rollover-Effekt hinzufügen« finden Sie Informationen über Rollover.

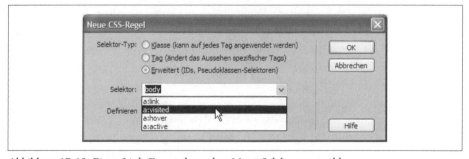

Abbildung 17-13: Einen Link-Zustand aus dem Menü Selektor auswählen

Gestalten Sie im Dialogfeld *CSS-Regel-Definition* das Erscheinungsbild des Link-Zustands und wiederholen Sie diesen Vorgang für die restlichen Zustände. Diejenigen Zustände, die Sie weglassen, erhalten die Standard-Formatattribute des Browsers.

Einen Rollover-Effekt hinzufügen

Es ist leicht, einen Rollover-Effekt zu Ihren Links hinzuzufügen, ob Sie nun eine pauschale Einheitsregel oder separate Regeln für verschiedene Zustände gewählt haben. Folgen Sie einfach diesen Schritten:

1. Öffnen Sie das Dialogfeld *Neue CSS-Regel*.
2. Wählen Sie unter *Selektor-Typ* die Option *Erweitert*.
3. Wählen Sie a:hover aus dem Menü *Selektor*. Klicken Sie auf *OK*, um mit dem Dialogfeld *CSS-Regel-Definition* weiterzumachen.
4. Gestalten Sie das Erscheinungsbild des Rollover-Effekts. Sie brauchen hier nicht Ihre bestehenden Stilregeln zu duplizieren. Beschreiben Sie nur, was speziell mit dem Link passieren soll, wenn der Besucher ihn mit der Maus berührt. Wenn der Link beispielsweise genau gleich bleiben soll, außer dass eine Unterstreichung hinzugefügt wird, kreuzen Sie die Option *Unterstrichen* unter *Auszeichnung* an, wie in Abbildung 17-14, und tun Sie sonst nichts. Wenn der Link eine Unterstreichung erhalten und fett dargestellt werden soll, kreuzen Sie die Option *Unterstrichen* an und wählen Sie *fett* aus dem Menü *Stärke*. Wenn der Link unterstrichen und fett sein und die Farbe wechseln soll,

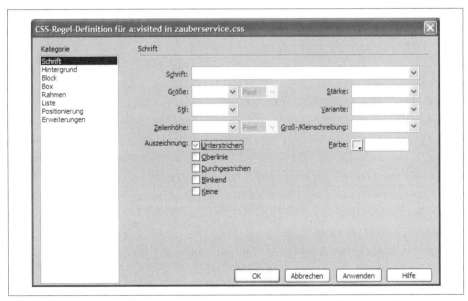

Abbildung 17-14: Der Link wird unterstrichen, wenn er mit der Maus berührt wird.

kreuzen Sie *Unterstrichen* an, wählen Sie *fett* und stellen Sie die gewünschte Farbe im Feld *Farbe* ein.

5. Klicken Sie auf *OK*. Dreamweaver fügt Ihre Rollover-Stilregel zum externen Stylesheet hinzu.

Anklickbare Bilder erzeugen

Anklickbare Bilder sind nicht nur als Schaltflächen in der Navigationsleiste geeignet. Findige Webdesigner mögen es, ihre Seiten mit jedem erdenklichen Maß an Funktionalität zu versehen, und eine einfache Möglichkeit dazu besteht darin, Bilder in Links umzuwandeln. Eine weit verbreitete Praxis besteht etwa darin, vom Logo-Bild oben im Layout auf die Startseite der Site zu verlinken.

Glücklicherweise ist nichts einfacher, als eine Bilddatei zu einem Link zu machen. Markieren Sie das Bild im Dokumentfenster und fahren Sie fort, als hätten Sie gerade einen Textbereich ausgewählt. Folgen Sie den Schritten für interne Link, Pop-up-Fenster, externe Links oder E-Mail-Links, je nachdem, was der Link tun soll.

Standardmäßig erscheint im Browser ein sichtbarer Rand um das anklickbare Bild. Die Farbe des Rahmens korrespondiert mit dem Link-Zustand. Dreamweaver deaktiviert diesen Rahmen allerdings automatisch, indem er den Wert des Felds *Rahmen* im Eigenschafteninspektor auf 0 setzt, wie Abbildung 17-15 zeigt. Wenn Sie den Rand sichtbar machen möchten, ändern Sie diesen Wert. Im Allgemeinen ist der Wert 1 ausreichend, aber je höher die Zahl, desto stärker der Rand.

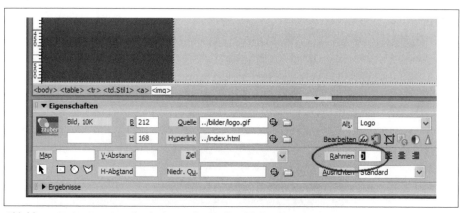

Abbildung 17-15: Der Standardrahmen des Link-Bilds hat den Wert 0.

Es gibt verschiedene Arten anklickbarer Bilder, die Sie zu Ihrer Site hinzufügen könnten. Dieser Abschnitt geht die häufigsten Typen durch.

Rollover-Bilder erstellen

Rollover-Bilder können sich überall auf Ihrer Seite befinden, nicht nur in der Navigationsleiste. Um ein Rollover-Bild hinzuzufügen, erstellen Sie verschiedene Grafiken für den Normal- und den Rollover-Zustand und speichern Sie diese Dateien im Bilderordner Ihrer Site. Wählen Sie dann einen Einfügepunkt im Dokumentfenster, öffnen Sie das Menü für Bildobjekte in der Einfügen-Leiste und wählen Sie das Objekt *Rollover-Bild*, wie in Abbildung 17-16 gezeigt.

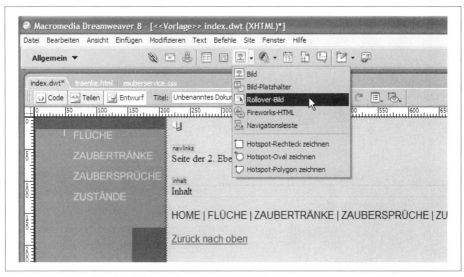

Abbildung 17-16: Wählen Sie das Objekt Rollover-Bild aus dem Menü für Bildobjekte.

 Das Objekt Rollover-Bild ist nur für das Erstellen von Rollovers mit zwei Zuständen geeignet.

Wenn Sie dies tun, erscheint das Dialogfeld *Rollover-Bild einfügen*, wie Abbildung 17-17 zeigt. Geben Sie in das Feld *Bildname* einen kurzen, prägnanten Namen für das Bild ein.

Klicken Sie die *Durchsuchen*-Schaltflächen rechts neben den Feldern *Originalbild* und *Rollover-Bild* an und navigieren Sie zu der Normal- beziehungsweise Rollover-Grafikdatei. Stellen Sie auch sicher, dass Sie für einen reibungslosen Bildwechsel die Option *Rollover-Bild vorausladen* aktivieren.

Geben Sie im Feld *Alternativtext* die Textbeschreibung des Bilds ein. Da es ein anklickbares Bild ist, sollten Sie die Beschreibung mit einem Verb beginnen. Beschreiben Sie Ihren Besuchern, was sie bei einem Klick erwartet.

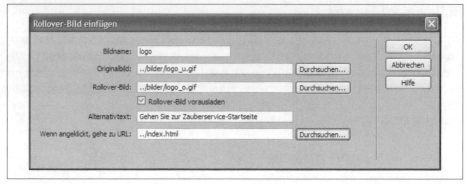

Abbildung 17-17: Fügen Sie das Rollover-Bild mit Hilfe des Dialogfelds Rollover-Bild hinzufügen ein.

Klicken Sie schließlich die Schaltfläche *Durchsuchen* neben dem Feld *Wenn angeklickt, gehe zu URL* an und navigieren Sie zu der Seite, zu der der Link führen soll. Wenn Sie zu einer externen Site verlinken, geben Sie stattdessen die URL in das Feld ein.

Wenn Sie auf *OK* klicken, fügt Dreamweaver das Rollover-Bild zur Seite hinzu.

Image-Maps erstellen

Eine *Image-Map* ist eine Grafik mit einem oder mehreren anklickbaren Bereichen oder *Hotspots*. Image-Maps sind praktisch, wenn das Banner für Ihre Site ein großes, zusammenhängendes Bild ist, von dem das Logo ein kleiner Teil ist. Anstatt das gesamte Bannerbild anklickbar zu machen, können Sie eine Image-Map definieren, die nur den Logo-Teil anklickbar macht. Das geht so:

1. Wählen Sie im Dokumentfenster das Bild aus, auf das Sie eine Image-Map anwenden möchten.
2. Gehen Sie zum Eigenschafteninspektor und wählen Sie eines der in Abbildung 17-18 gezeigten Hotspot-Werkzeuge.

Abbildung 17-18: Die im Eigenschafteninspektor verfügbaren Hotspot-Werkzeuge

3. Bewegen Sie den Mauszeiger auf das ausgewählte Bild und zeichnen Sie den Hotspot. Wenn Sie das *Tool für rechteckige Hotspots* oder das *Tool für ovale Hotspots* gewählt haben, halten Sie die Maustaste gedrückt und ziehen Sie die Maus. Haben Sie dagegen das *Tool für mehreckige Hotspots* gewählt, dann

erstellen Sie den Hotspot Punkt für Punkt. Klicken Sie die Maustaste und lassen Sie sie wieder los, um einen Punkt zum Polygon hinzuzufügen.

 Seien Sie vorsichtig mit komplexen mehreckigen Hotspots. Zu viele von ihnen können Ihre HTML-Datei erheblich vergrößern.

4. Gehen Sie zurück zum Eigenschafteninspektor und nehmen Sie das *Tool für Mauszeiger-Hotspots* zur Hand. Klicken Sie den soeben gezeichneten Hotspot an.
5. Wenn Sie wieder im Eigenschafteninspektor sind, klicken Sie das Ordnersymbol rechts neben dem Feld *Hyperlink* an und wählen Sie die Seite aus, auf die Sie verlinken möchten.
6. Geben Sie einen beschreibenden Text für den Link in das Feld *Alt.* (Alternativtext) ein. Denken Sie daran, dass dies ein anklickbares Bild ist, also beginnen Sie mit einem Verb.
7. Gehen Sie zurück zu Schritt 2 und wiederholen Sie die Prozedur für jeden Hotspot, den Sie zu der Image-Map hinzufügen möchten.

Abbildung 17-19 zeigt eine Image-Map mit einem rechteckigen Hotspot über dem Logo-Bereich des Banner-Bilds. Der Hotspot verweist auf die Startseite.

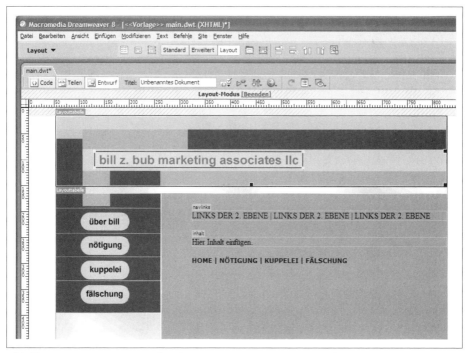

Abbildung 17-19: Ein Hotspot über dem Logo im Banner verweist auf die Homepage.

Die besten Hotspots sind die offensichtlichen: die Teile des Bilds, die anklickbar aussehen, etwa ein Logo. Wenn Sie einen Hotspot an einer unscheinbaren Stelle des Bildes erstellen, sollten Sie nicht überrascht sein, wenn Ihre Besucher nicht wissen, wohin sie klicken sollen.

Steuerschaltflächen für einen Flash-Film erstellen

Hier ein cleverer Trick für die Flash-Fanatiker unter uns: Mit Hilfe von Dreamweaver-Verhalten können Sie Schaltflächen einfügen, die das Abspielverhalten eines Flash-Films steuern. Was Sie dazu brauchen:

- Einen Flash-Film
- Einige oder alle der folgenden Schaltflächenbilder: Abspielen, Stop, Zurückspulen, Vorspulen.

Beginnen Sie mit der Auswahl eines Einfügepunkts im Dokumentfenster. Gehen Sie dann zur Einfügen-Leiste und klicken Sie das Objekt *Tabelle* an. Es geht darum, eine Tabelle zu zeichnen, die den Flash-Film und die Steuerschaltflächen enthält, um sie als Einheit zusammenzuhalten. Wenn Sie gegen einen solchen Einsatz von Tabellen sind, brauchen Sie die Tabelle nicht, damit die Schaltflächen funktionieren, aber Ihr Design könnte weniger elegant werden.

Geben Sie im Dialogfeld *Tabelle* eine Tabelle mit zwei Zeilen und einer Spalte an, wie Abbildung 17-20 zeigt. Die Werte für Rand, Zellauffüllung und Zellabstand sind Ihnen überlassen. Klicken Sie auf *OK*, um die Tabelle einzufügen.

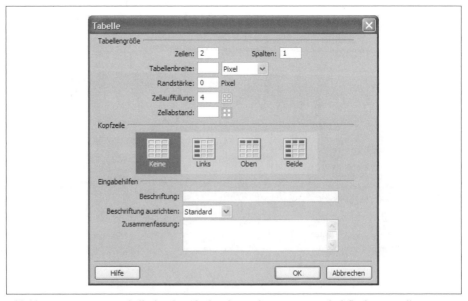

Abbildung 17-20: Eine Tabelle für den Flash-Film und seine Steuerschaltflächen erstellen

Um die Tabelle in ihrem Bereich zu zentrieren, markieren Sie sie und wählen Sie *Zentriert* aus dem Menü *Ausrichten* im Eigenschafteninspektor.

Klicken Sie in die obere Zelle der Tabelle und fügen Sie den Flash-Film ein. Gehen Sie zurück zum Eigenschafteninspektor, um eine kurze, prägnante Identifikation für den Film einzugeben und die Optionen *Schleife* und *Auto-Wdg.* zu deaktivieren, wie in Abbildung 17-21 gezeigt.

Abbildung 17-21: Die Eigenschaften des Flash-Film-Objekts einstellen

Klicken Sie nun in die untere Tabellenzelle und fügen Sie die Schaltflächenbilder ein, wie Abbildung 17-22 zeigt. Wenn Sie eine Methode verwenden, die nach einem Link-Ziel fragt, etwa das Dialogfeld *Rollover-Bild einfügen*, dann geben Sie das Raute-Zeichen (#) ein, um einen selbstreferenzierten Link zu erzeugen. Wenn Sie fertig sind, positionieren Sie die Schaltflächen nach Wunsch und weisen Sie ihnen selbstreferenzierte Links zu (falls sie nicht bereits welche haben). Wählen Sie einen Button nach dem anderen aus und geben Sie die Raute in das Feld *Hyperlink* des Eigenschafteninspektors ein.

 Ein selbstreferenzierter Link lädt die Oberkante der Seite neu, was Probleme verursachen kann, wenn der Flash-Film und seine Steuerschaltflächen sich unter dem Falz befinden. Um den Browser daran zu hindern, nach oben zu springen, probieren Sie eine dieser Lösungen aus: Fügen Sie direkt über dem Flash-Film einen benannten Anker ein und verwenden Sie diesen als Ziel der Steuerschaltflächen oder erstellen Sie einen toten JavaScript-Link statt eines selbstreferenzierten Links, indem Sie `javascript:;` eingeben (einschließlich dem Doppelpunkt und dem Semikolon).

Wählen Sie die erste Schaltfläche im Dokumentfenster aus. Gehen Sie dann zum Tag-Wähler und klicken Sie das <a>-Tag an, um den Link der Schaltfläche auszuwählen. Ihre nächste Station ist das Bedienfeld *Verhalten*. Wenn Sie das Bedienfeld *Verhalten* nicht auf dem Bildschirm sehen, wählen Sie *Fenster* → *Verhalten* aus dem Hauptmenü. Klicken Sie die Plus-Schaltfläche im Bedienfeld *Verhalten* an und wählen Sie das Verhalten *Shockwave oder Flash-Film steuern* aus dem erscheinenden Menü, wie in Abbildung 17-23 gezeigt.

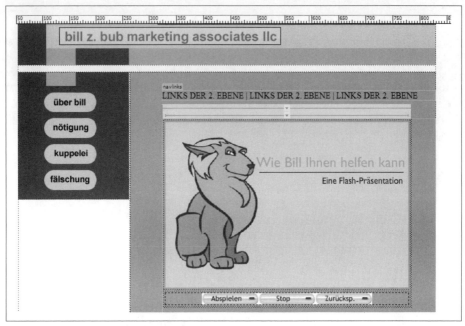

Abbildung 17-22: Fügen Sie die Schaltflächenbilder in die untere Zelle ein.

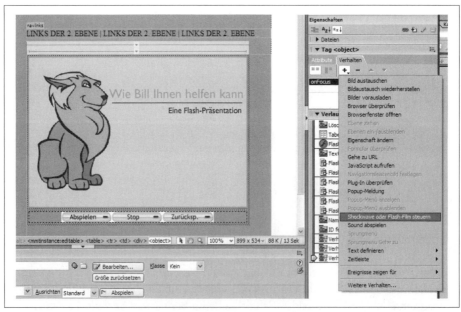

Abbildung 17-23: Fügen Sie das Verhalten Shockwave oder Flash-Film steuern nacheinander zu jedem Button hinzu.

Dies führt Sie zu dem in Abbildung 17-24 gezeigten Dialogfeld *Shockwave oder Flash-Film steuern*. Wählen Sie aus dem Menü Film die Identifikation des Films. Führen Sie dann einen der folgenden Schritte durch:

Abbildung 17-24: Das Feld Aktion bestimmt die Funktion der Schaltfläche.

- Wählen Sie für eine Abspiel-Schaltfläche die Aktion *Abspielen*.
- Wählen Sie für eine Stop-Schaltfläche die Aktion *Stopp*.
- Wählen Sie für eine Zurückspul-Schaltfläche die Aktion *Zurückspulen*.
- Wählen Sie für eine Vorwärts-Schaltfläche die Aktion *Gehe zu Bild* und geben Sie die Nummer des Bildes an, zu dem Sie springen möchten.

Klicken Sie auf *OK*, um der Schaltfläche das Verhalten zuzuweisen. Wiederholen Sie diesen Vorgang für die restlichen Schaltflächen, und Sie haben Ihr eigenes Film-Steuerpult. Speichern Sie Ihre Seite und führen Sie eine Live-Vorschau im Browser durch, um die Schaltflächen zu testen, wie in Abbildung 17-25.

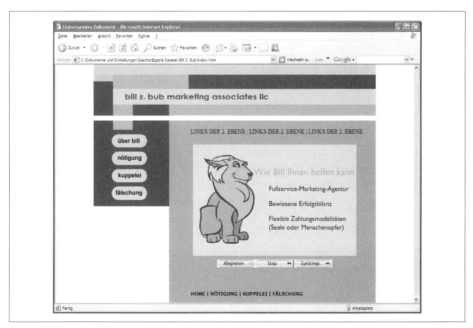

Abbildung 17-25: Testen Sie die Steuerschaltflächen in einem Live-Browserfenster.

Die Reihenfolgenposition für Links einstellen

In Kapitel 16 haben Sie sich kurz die Reihenfolgenposition für Seitenelemente angeschaut und erfahren, dass die Reihenfolgenposition die Reihenfolge bestimmt, in der die Elemente ausgewählt werden, wenn der Besucher die **Tab**-Taste drückt. Dies ist eine wichtige Eingabehilfe für diejenigen, die Ihre Site nicht mit einer Maus bedienen wollen oder können.

Es ist das Beste, die Reihenfolgenposition für alle auswählbaren Seitenelemente gleichzeitig einzustellen, wenn die Seite entweder fertig oder kurz vor der Fertigstellung ist, so dass diese Information hier ein wenig fehl am Platz ist. Um dennoch die Reihenfolgenposition für einen Link einzustellen, klicken Sie irgendwo in den Link im Dokumentfenster, gehen Sie zum Tag-Wähler, wählen Sie das <a>-Tag und bewegen Sie sich dann zum Bedienfeld *Attribute* (siehe Abbildung 17-26), das auch *Tag-Inspektor* genannt wird. Wenn Sie das Bedienfeld *Attribute* nicht sehen, wählen Sie *Fenster* → *Tag-Inspektor* aus dem Hauptmenü.

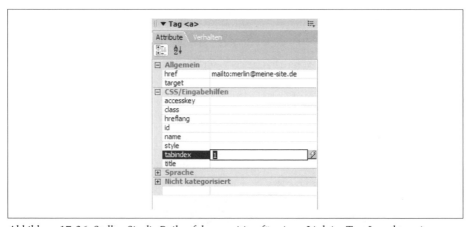

Abbildung 17-26: Stellen Sie die Reihenfolgenposition für einen Link im Tag-Inspektor ein.

Suchen Sie unter der Kategorie *CSS/Eingabehilfen* nach dem Attribut *tabindex*. Klicken Sie dann in das Feld rechts daneben und geben Sie seinen Wert an. Erinnern Sie sich an die Information aus Kapitel 16, dass der Tabindex-Wert die Reihenfolge bestimmt, in der die Elemente ausgewählt werden, so dass die Reihenfolgenposition 1 ein Element als Erstes auswählt, während der Wert 75 es zum fünfundsiebzigsten ausgewählten Element macht.

 Drücken Sie **F9**, um den *Tag-Inspektor* (auch *Attribute*-Leiste genannt) ein- und auszuschalten.

Wenn Sie keine Tabindex-Werte angeben, wählt der Browser die Seitenelemente nach der Reihenfolge aus, in der sie im HTML-Code erscheinen. Dasselbe gilt für zwei oder mehr Elemente mit demselben Tabindex-Wert.

Wenn Sie ein tabellenbasiertes Layout haben, wissen Sie aus Kapitel 4, dass die Reihenfolge der Elemente auf dem Bildschirm nicht notwendigerweise ihrer Reihenfolge im Code entspricht, also setzen Sie diese Tabindex-Werte weise und mit Bedacht.

KAPITEL 18
Formulare erstellen

In diesem Kapitel:
- Das Formular entwerfen
- Formularelemente hinzufügen
- Das Layout ausrichten
- Stilregeln auf die Formularelemente anwenden
- Formulareingaben überprüfen
- Das Formular abschicken

Möchten Sie Eingaben von Ihren Besuchern sammeln? Ein HTML-Formular ist der richtige Weg. Ein Formular ist eine Sammlung von *Feldern* (auch *Objekte* oder *Widgets* genannt) – kleine interaktive Elemente, die der Besucher anklickt oder in die er etwas eingibt. Wenn der Besucher den Absendeknopf des Formulars anklickt, verpackt der Browser die Werte der Felder und sendet sie ab. Bei einer dynamischen Site wird die Formularübertragung oft zur Verarbeitung an eine andere Seite gesendet, die mit serverseitigem Code versehen wurde. Bei einer statischen Site wie derjenigen, die Sie gerade bauen, müssen Sie den Browser anweisen, die eingegebenen Werte an eine E-Mail-Adresse zu senden.

Dieses Kapitel zeigt Ihnen, wie Sie mit Dreamweaver ein Formular erstellen, seine Felder ausrichten, Stile zuweisen und Sie sich dann die eingetragenen Werte per E-Mail zuschicken lassen.

Das Formular entwerfen

Jedes Mal, wenn Sie ein Formular erstellen, beginnen Sie damit, dass Sie das Formular-Container-Tag `<form>` einfügen. Dieses Element gruppiert alle Felder des Formulars in einer logischen Einheit, so dass der Browser nicht durcheinander kommt. Der Formular-Container wird sehr leicht vergessen, weil Sie ihn im Browserfenster eigentlich nicht sehen. Er ist eines jener unsichtbaren Elemente, die Ihnen hier und da begegnen. Das Einzige, woran Sie denken müssen, ist, es einzufügen, und das geht so:

1. Wählen Sie einen Einfügepunkt im Dokumentfenster.
2. Gehen Sie zur Einfügen-Leiste und wechseln Sie zur Gruppe *Formulare* mit den Formularelementen, wie Abbildung 18-1 zeigt.
3. Klicken Sie in der Einfügen-Leiste das Objekt *Formular* (▢) an.

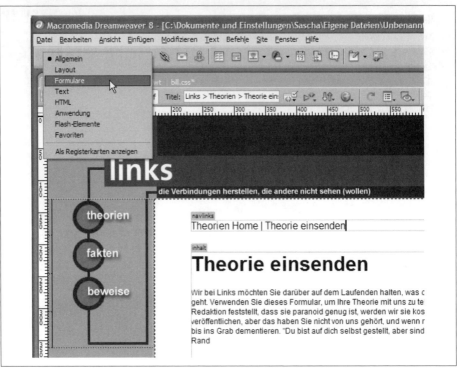

Abbildung 18-1: Stellen Sie das Menü der Einfügen-Leiste auf Formulare.

Dreamweaver fügt den Formular-Container als rotes Rechteck mit gestricheltem Rand zum Dokumentfenster hinzu, wie Abbildung 18-2 zeigt. Das Rechteck dient Ihrem Komfort, damit Sie sehen können, wo der Formular-Container in Ihrem Layout erscheint, aber in einem Browserfenster ist er vollkommen unsichtbar.

Die beste Möglichkeit, ein Formular zu gestalten, besteht darin, eine Tabelle zu verwenden, sehr zur Bestürzung der allgegenwärtigen Standardisierungsorganisationen. Also erstellen Sie eine kurze Skizze des Formulars, das Sie bauen möchten, und unterteilen Sie es in Zeilen und Spalten, wie Abbildung 18-3 zeigt.

Um die Tabelle einzufügen, klicken Sie irgendwo innerhalb des Formular-Containers und wählen Sie dann *Einfügen* → *Tabelle* aus dem Hauptmenü. Stellen Sie im Dialogfeld *Tabelle* die Anzahl der *Zeilen* und *Spalten* so ein, dass sie den Zeilen und Spalten in Ihrer Formularskizze entspricht, in diesem Fall 7 beziehungsweise 2, wie Abbildung 18-4 zeigt. Wenn Sie einen sichtbaren Rand um die Tabellenzellen wünschen, geben Sie einen Wert in das Feld *Randstärke* ein. Lassen Sie es andernfalls frei. Die Felder *Zellauffüllung* und *Zellabstand* können ebenfalls frei bleiben oder Werte nach Ihren Vorstellungen annehmen.

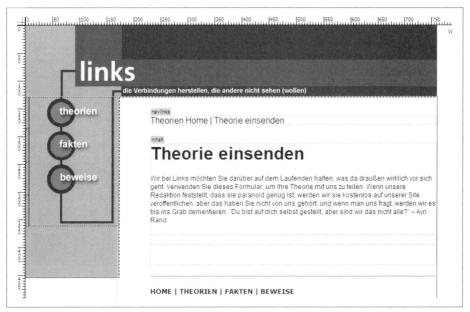

Abbildung 18-2: Dreamweaver stellt den Formular-Container als rotes Rechteck mit gestricheltem Rand dar.

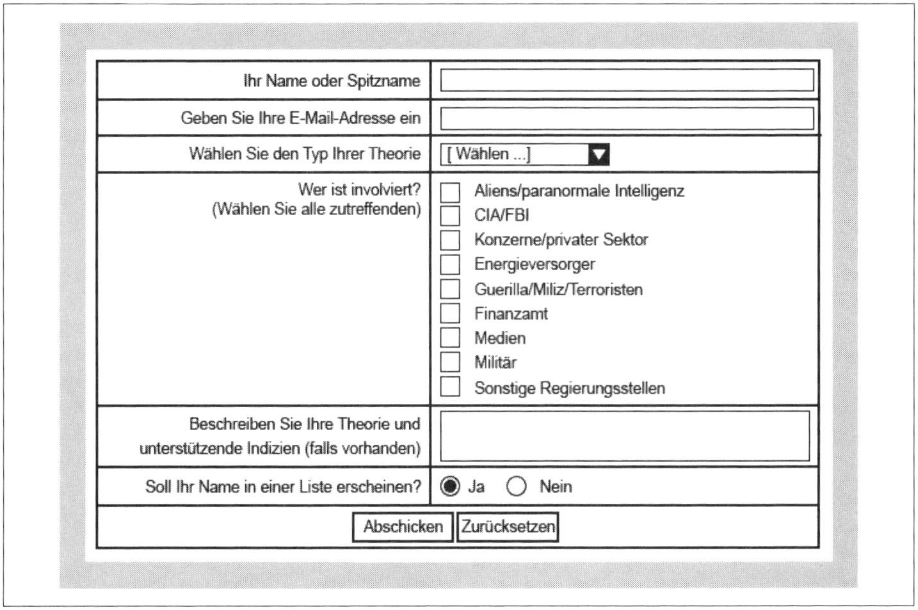

Abbildung 18-3: Skizzieren Sie ein Modell Ihres Formulars und unterteilen Sie es in Zeilen und Spalten.

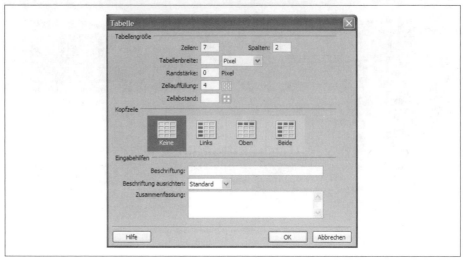

Abbildung 18-4: Stellen Sie die Anzahl der Zeilen und Spalten für die Tabelle ein.

Klicken Sie auf *OK*, und Dreamweaver platziert die Tabelle innerhalb des Formular-Containers, wie Abbildung 18-5 zeigt. Sie sind nun bereit, die Felder des Formulars einzufügen.

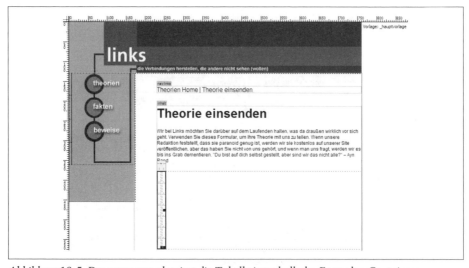

Abbildung 18-5: Dreamweaver platziert die Tabelle innerhalb des Formular-Containers.

Formularelemente hinzufügen

Klicken Sie in die erste Zelle der Tabelle Ihres Formulars und bewegen Sie sich zur Einfügen-Leiste. Wählen Sie das Formularelement, das Sie einfügen möchten. Sie haben diverse Optionen, wie Tabelle 18-1 zeigt.

Tabelle 18-1: Gängige Formularelemente in Dreamweaver

Objekt in der Einfügen-Leiste	Erzeugt	Verwendung
Textfeld	Einzeiliges, mehrzeiliges oder Kennwort-Textfeld	Texteingabe
Textbereich	Mehrzeiliges Textfeld	Texteingabe
Kontrollkästchen	Kontrollkästchen	Ein kurzer Satz von Optionen, aus denen der Besucher keine, eine oder mehrere auswählen kann
Optionsschaltergruppe	Optionsschalter	Ein kurzer Satz von Optionen, aus denen der Besucher genau eine auswählen kann
Liste/Menü	Liste oder Menü	Ein langer Satz von Optionen, aus denen der Benutzer keine, eine oder viele auswählen kann (Liste); ein langer Satz von Optionen, aus denen der Besucher genau eine auswählen kann (Menü)
Schaltfläche	Schaltfläche zum Abschicken oder Zurücksetzen	Das Formular abschicken (Absende-Button); das Formular zurücksetzen (Zurücksetzen-Schaltfläche)

Textfelder einfügen

Mit einem Blick auf die Formularskizze in diesem Beispiel erweist sich das erste Element als Textfeld, also klicken Sie das Objekt *Textfeld* (I) in der Einfügen-Leiste an. Wenn Sie das tun, erscheint das Dialogfeld *Eingabehilfen-Attribute für Input-Tag*, wie Abbildung 18-6 zeigt.

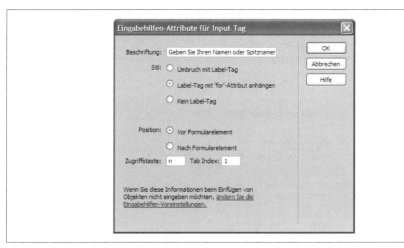

Abbildung 18-6: Stellen Sie Beschriftung und Eingabehilfe-Optionen für das Textfeld ein.

 Stellen Sie die Zugriffstaste eines Formularfelds so ein, dass sie dem ersten Buchstaben des wichtigsten Worts der Beschriftung entspricht. Für die Beschriftung »Geben Sie Ihren Namen oder Spitznamen ein« ist eine gute Wahl also *n* für »Name«.

Geben Sie in das Feld *Beschriftung* die Beschriftung aus Ihrer Formularskizze ein und wählen Sie unter *Stil* die Option *Label-Tag mit 'for'-Attribut anhängen*. Wenn Sie das Formular innerhalb einer Tabelle entwerfen, funktioniert diese Option am besten. Geben Sie auch eine Zugriffstaste und einen Tabindex für dieses Feld an. Der Tabindex-Wert sollte hier 1 sein, da es das erste Element im Formular ist.

Sie wissen aus Kapitel 17, dass Sie Tabindex-Werte eigentlich nicht einstellen sollten, bevor Ihre Seite fertig ist, aber geben Sie sie für Ihre Formularelemente trotzdem schon an, um die Reihenfolge zu bestimmen, in der sie auswählbar sein sollen. Sie müssen vielleicht später zurückkommen und die Tabindex-Werte ändern, nachdem Sie die Seite fertig gestellt haben, um Platz für andere auswählbare Elemente wie Hyperlinks zu machen, aber auf diese Weise sind Ihre Formularelemente zumindest schon einmal in der richtigen Reihenfolge, und Sie können ja gegebenenfalls ihre Tabindex-Werte einfach jeweils um denselben Wert erhöhen. Wenn Sie am Ende beispielsweise acht Links vor dem ersten Element im Formular haben, dann ändern Sie die Reihenfolgenposition des ersten Formularelements auf 9 (1 + 8), die Reihenfolgenposition des zweiten Formularelements auf 10 (2 + 8), die Reihenfolgenposition des dritten auf 11 (3 + 8) und so weiter.

Klicken Sie auf *OK*, und Dreamweaver fügt das Textfeld zu der Tabelle hinzu, wie Abbildung 18-7 zeigt.

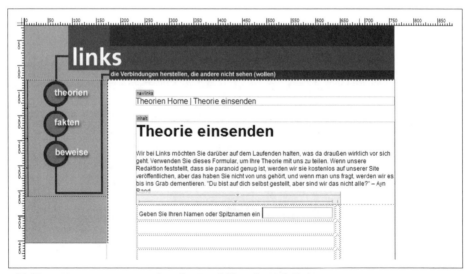

Abbildung 18-7: Dreamweaver fügt das Textfeld zu der Tabelle hinzu

Klicken Sie nun das Textfeld selbst an und ziehen Sie es in die benachbarte Tabellenzelle, wie Abbildung 18-8 zeigt. Belassen Sie die Beschriftung in ihrer aktuellen Tabellenzelle.

Abbildung 18-8: Ziehen Sie das Textfeld in die benachbarte Tabellenzelle.

Klicken Sie das Textfeld an, um es auszuwählen, gehen Sie zum Eigenschafteninspektor und füllen Sie die Attribute dieses Elements aus, wie Abbildung 18-9 zeigt:

Abbildung 18-9: Stellen Sie die Attribute des Textfelds ein.

- Geben Sie in das Feld unter der Beschriftung *Textfeld* einen kurzen, prägnanten Namen für das Element ein.
- Geben Sie in das Feld *Zeichenbreite* die Breite des Elements auf dem Bildschirm ein (in Zeichen, nicht in Pixeln).
- Geben Sie in das Feld *Zeichen max.* die maximale Anzahl von Zeichen ein, die der Benutzer in dieses Feld eingeben können soll. Dieser Wert braucht nicht mit der Zeichenbreite identisch zu sein, wenngleich es im Allgemeinen hilfreich ist, denselben Wert für beide anzugeben.
- Wählen Sie unter *Typ* die Option *Kennwort*, wenn das Textfeld die Zeichen verbergen soll, die der Benutzer eintippt.
- Geben Sie in das Feld *Anfangswert* den Text ein, der standardmäßig in dem Feld erscheinen soll (falls überhaupt).

Textbereiche einfügen

Ein *Textbereich* ist ein mehrzeiliges Textfeld. Um einen Textbereich einzufügen, klicken Sie das Objekt *Textbereich* ( ) in der Einfügen-Leiste an. Dreamweaver öffnet wieder das Dialogfeld *Eingabehilfen-Attribute für Input-Tag* an. Füllen Sie die Beschriftung und die Eingabehilfe-Optionen für dieses Feld aus, wie Abbildung 18-10 zeigt.

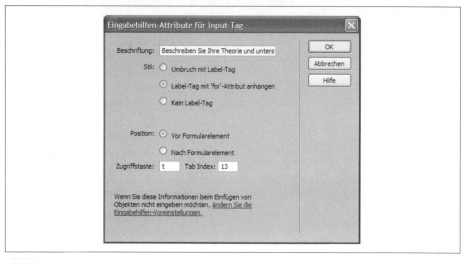

Abbildung 18-10: Stellen Sie die Eingabehilfe-Optionen für den Textbereich ein.

Ziehen Sie den Textbereich in die benachbarte Tabellenzelle. Wählen Sie dann den Textbereich aus und füllen Sie die Attributfelder im Eigenschafteninspektor so aus wie in Abbildung 18-11 zu sehen ist:

Abbildung 18-11: Geben Sie die Attribute für den Textbereich an.

Standardmäßig erzeugt dieselbe Zeichenbreite, die Sie auf ein einzeiliges Textfeld und einen mehrzeiligen Textbereich anwenden, Formularfelder unterschiedlicher Breite. Sie können diese Inkonsistenz vermindern, indem Sie diesen Feldern per CSS dieselbe Schriftart und Schriftgröße zuweisen.

- Geben Sie unter der Beschriftung *Textfeld* einen prägnanten Namen für den Textbereich ein.

- Geben Sie in das Feld *Zeichenbreite* die Bildschirmbreite des Elements ein (in Zeichen, nicht in Pixeln).
- Geben Sie in das Feld *Anz. Zeilen* die Anzahl der gleichzeitig im Textbereich sichtbaren Zeilen ein.
- Das Menü *Umbruch* steuert die Einstellung für den automatischen *Wortumbruch*, also das Verschieben zu langer Wörter vom Ende einer Zeile an den Anfang der nächsten. Wählen Sie unter Umbruch den Wert *Aus*, wenn Sie keinen automatischen Wortumbruch im Textbereich wünschen. Wählen Sie *Virtuell*, wenn Sie Wortumbrüche auf dem Bildschirm, aber nicht in der Formularübertragung möchten. Wählen Sie *Physisch*, wenn Sie Wortumbrüche auf dem Bildschirm und in der Formularübertragung benötigen.

Kontrollkästchen einfügen

Sie können Kontrollkästchen jeweils einzeln zu Ihrem Formular hinzufügen. Anstatt sie in die linke Spalte Ihrer Formulartabelle einzufügen und dann nach rechts zu verschieben, können Sie sie auch direkt in die rechte Spalte einfügen.

Um ein Kontrollkästchen einzufügen, klicken Sie das Objekt *Kontrollkästchen* (☑) in der Einfügen-Leiste an, was zu dem bereits bekannten, in Abbildung 18-12 gezeigten Dialogfeld *Eingabehilfen-Attribute für Input-Tag* führt. Die Beschriftung für ein Kontrollkästchen funktioniert besser, wenn sie hinter dem Formularelement steht, also stellen Sie sicher, dass Sie unter *Position* den Wert *Nach Formularelement* wählen. Klicken Sie auf *OK*, um das Kontrollkästchen zum Dokumentfenster hinzuzufügen.

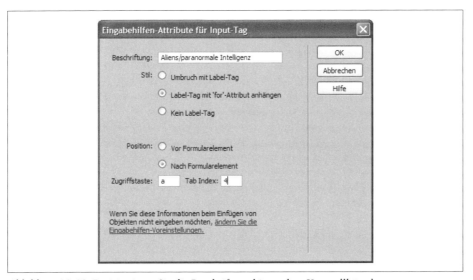

Abbildung 18-12: Positionieren Sie die Beschriftung hinter dem Kontrollkästchen.

Markieren Sie nun das Kontrollkästchen und bewegen Sie sich zum Eigenschafteninspektor, um die Attribute wie in Abbildung 18-13 auszufüllen.

Abbildung 18-13: Geben Sie die Attribute für das Kontrollkästchen an.

- Geben Sie im Namensfeld links einen Namen für das Kontrollkästchen ein. Für Ihren Komfort können alle Kontrollkästchen eines bestimmten Typs denselben Namen haben.
- Geben Sie in das Feld *Aktivierter Wert* den Wert ein, den das Formular für dieses Kontrollkästchen übermittelt, falls der Benutzer es zufälligerweise ankreuzt.
- Wählen Sie *Aktiviert* unter *Anfangszustand*, wenn Sie möchten, dass der Browser das Kontrollkästchen beim Laden der Seite ankreuzt.

Um das nächste Kontrollkästchen in die Tabellenzelle einzufügen, halten Sie die **Umschalt**-Taste gedrückt und drücken Sie **Enter** oder **Return**, um einen Zeilenumbruch anstatt eines neuen Absatzes einzufügen. Wenn Sie fertig sind, sieht Ihr Dokumentfenster etwa so aus wie in Abbildung 18-14.

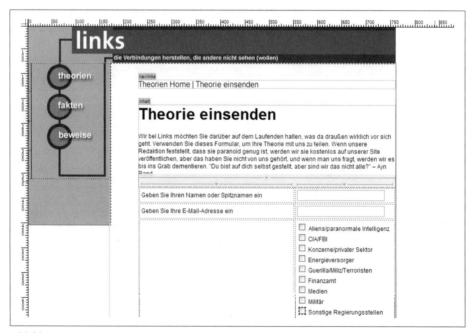

Abbildung 18-14: Die Kontrollkästchen-Optionen werden durch Zeilenumbrüche getrennt.

Optionsschaltergruppen einfügen

Anders als Kontrollkästchen, die Sie einzeln hinzufügen, können Sie eine ganze Gruppe von Optionsschaltern gleichzeitig einfügen. Um dies zu tun, wählen Sie einen Einfügepunkt in der rechten Spalte Ihrer Tabelle und klicken Sie das Objekt *Optionsschaltergruppe* ([❄]) in der Einfügen-Leiste an. Dreamweaver öffnet das Dialogfeld *Optionsschaltergruppe*, wie Abbildung 18-15 zeigt.

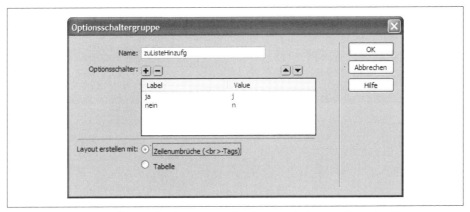

Abbildung 18-15: Erstellen Sie die Gruppe mit den Optionsschaltern und ihre Attribute.

Geben Sie in das Feld *Name* einen kurzen, prägnanten Namen für die Optionsschalter ein. Alle Buttons in der Gruppe erhalten denselben Namen.

Geben Sie unter *Optionsschalter* Beschriftungen und Werte für alle Buttons in der Gruppe an. Das *Label* ist der Text, der auf dem Bildschirm erscheint, während *Value* der Wert ist, der in die Formularübertragung kommt, wenn der Besucher den jeweiligen Optionsschalter auswählt. Verwenden Sie die Plus- und Minus-Schaltflächen, um Optionsschalter zur Gruppe hinzuzufügen beziehungsweise aus ihr zu entfernen, und verwenden Sie die Pfeil-Schaltflächen, um ihre Reihenfolge zu ändern.

Wählen Sie unter *Layout erstellen mit* entweder *Zeilenumbrüche* oder *Tabelle*. Zeilenumbrüche lassen sich leichter ändern, wenn die Optionsschalter nebeneinander statt in einer Spalte angeordnet werden sollen, aber Sie haben die Wahl.

Klicken Sie auf *OK*, und Dreamweaver fügt die Optionsschaltergruppe zum Dokumentfenster hinzu, wie Abbildung 18-16 zeigt.

Um den Zeilenumbruch hinter der Beschriftung des oberen Optionsschalters zu entfernen, platzieren Sie den Cursor am Ende der Zeile und drücken Sie die **Entf**-Taste, um das in Abbildung 18-17 gezeigte Ergebnis zu erhalten.

Jede Optionsschaltergruppe sollte eine vorausgewählte Option besitzen, also markieren Sie den Optionsschalter, den Sie zur Standardauswahl machen möchten,

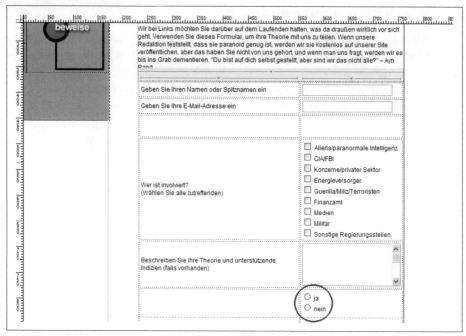

Abbildung 18-16: Dreamweaver fügt die Optionsschaltergruppe zum Dokumentfenster hinzu.

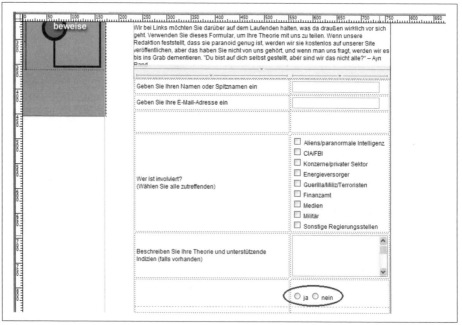

Abbildung 18-17: Ohne den Zeilenumbruch liegen die Optionsschalter nebeneinander.

bewegen Sie sich zum Eigenschafteninspektor und wählen Sie *Aktiviert* als *Anfangsstatus*, wie Abbildung 18-18 zeigt.

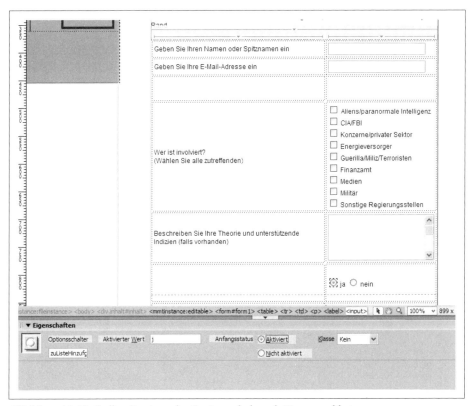

Abbildung 18-18: Stellen Sie einen der Optionsschalter als Vorauswahl ein.

 Eine Optionsschaltergruppe sollte stets eine Vorauswahl besitzen, aber eine Gruppe von Kontrollkästchen benötigt keine.

Listen und Menüs einfügen

Der Unterschied zwischen Listen und Menüs ist klein, aber bedeutend. Beide dienen dazu, Sätze von Optionen anzuzeigen. Der Unterschied besteht darin, dass eine Liste mehrere Optionen gleichzeitig anzeigt, was den Benutzer ermuntert, eine Mehrfachauswahl zu treffen, während ein Menü nur eine Option zur selben Zeit anzeigt, was den Benutzer dazu bringt, nur eine Option auszuwählen.

Eine Liste zeigt mehrere Optionen gleichzeitig und lädt so zur Mehrfachauswahl ein. Ein Menü zeigt nur eine Option zur gleichen Zeit an, was eine einzelne Auswahl begünstigt.

Um eine Liste oder ein Menü einzufügen, wählen Sie einen Einfügepunkt in der linken Spalte Ihrer Tabelle und klicken Sie das Objekt *Liste/Menü* ( ) in der Einfügen-Leiste an. Wie Sie wahrscheinlich schon vermuten, ruft Dreamweaver das Dialogfeld *Eingabehilfen-Attribute für Input-Tag* auf. Füllen Sie das Dialogfeld aus, wie in Abbildung 18-19 gezeigt.

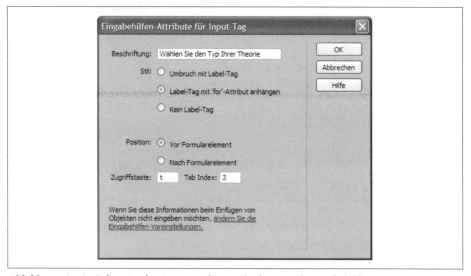

Abbildung 18-19: Geben Sie die Optionen für Beschriftung und Eingabehilfen an.

 Anweisungen wie etwa »Wählen Sie eine Option«, die über dem Menü erscheinen, sowie die Unterteilungen oder Kategorieüberschriften, die mitten in einem langen Menü stehen, werden in das Feld *Elementbezeichnung* des Dialogfelds *Listenwerte* eingegeben. Sie brauchen für diese Elemente keinen Wert anzugeben.

Klicken Sie auf *OK*, und Dreamweaver fügt das Formularfeld im Menüformat in die Seite ein. Ziehen Sie das Menü in die benachbarte Tabellenspalte. Wählen Sie das Menü dann aus und gehen Sie zum Eigenschafteninspektor. Geben Sie einen kurzen, prägnanten Namen für das Element in das Feld unter *Liste/Menü* ein und wählen Sie die Option *Liste*, falls dieses Element im Listenformat erscheinen soll.

Um die Auswahlmöglichkeiten für die Liste oder das Menü anzugeben, klicken Sie die Schaltfläche *Listenwerte* an, und das Dialogfeld *Listenwerte* in Abbildung 18-20 erscheint. Geben Sie für jede Option eine *Elementbezeichnung* ein; das ist der Text, der in der Liste oder dem Menü auf dem Bildschirm erscheint. Geben Sie außerdem einen *Wert* ein – den Text, den das Formular überträgt, wenn der Benutzer das jeweilige Element auswählt. Fügen Sie Menüpunkte hinzu oder entfernen Sie sie mit Hilfe der Schaltflächen *Plus* beziehungsweise *Minus*, und ändern Sie die Reihenfolge der Elemente mit Hilfe der Pfeil-Buttons.

Abbildung 18-20: Erstellen Sie den Optionssatz für die Liste oder das Menü.

Klicken Sie auf *OK*, und Dreamweaver fügt die Elemente zu der Liste oder dem Menü hinzu. Wenn Sie ein Menü erstellen, markieren Sie im Feld *Zuerst ausgewählt* das Element, das der Browser vorauswählen soll. Normalerweise handelt es sich um das erste Element im Menü, wie Abbildung 18-21 zeigt.

Abbildung 18-21: Wählen Sie eine Option, die im Menü vorausgewählt sein soll.

Schaltflächen einfügen

Schaltflächen gibt es in drei Sorten, von denen die ersten beiden im Moment die wichtigsten für uns sind. Es handelt sich um die Absenden-Schaltfläche und die Zurücksetzen-Schaltfläche. Eine *Absenden-Schaltfläche* schickt die Felder des Formulars ab, während eine *Zurücksetzen-Schaltfläche* ihre ursprünglichen Werte wiederherstellt.

Um eine Schaltfläche einzufügen, klicken Sie das Objekt *Schaltfläche* (☐) in der Einfügen-Leiste an, und füllen Sie das Dialogfeld *Eingabehilfen-Attribute für Input-Tag* aus wie in Abbildung 18-22. Sie brauchen keine separate Textbeschriftung anzugeben, weil Sie die Beschriftung direkt in die Schaltfläche einfügen, nachdem Sie sie erstellt haben.

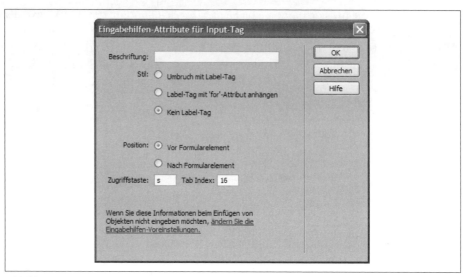

Abbildung 18-22: Sie brauchen keine separate Textbeschriftung für die Schaltfläche anzugeben.

 Wählen Sie *a* als Zugriffstaste für eine Absenden-Schaltfläche und *z* für eine Zurücksetzen-Schaltfläche.

Klicken Sie auf *OK*, um die Schaltfläche einzufügen. Wählen Sie sie nun im Dokumentfenster aus und füllen Sie dann den Eigenschafteninspektor aus, wie Abbildung 18-23 zeigt.

Abbildung 18-23: Geben Sie die Attribute der Schaltfläche an.

- Um eine Absenden-Schaltfläche zu erstellen, wählen Sie unter *Aktion* den Wert *Abschicken*. Um eine Zurücksetzen-Schaltfläche zu erstellen, wählen Sie *Zurücksetzen*.
- Geben Sie in das Feld *Wert* die Beschriftung der Schaltfläche ein. Die Beschriftungen brauchen nicht *Absenden* und *Zurücksetzen* zu lauten, wenngleich Sie zumindest ähnlich lautende Beschriftungen wie *Formular abschicken* und *Formular zurücksetzen* wählen sollten, um im Einklang mit Ihren Zugriffstasten *a* und *z* zu bleiben.

Ihr Formular sollte definitiv einen Absendeknopf enthalten. Wenn nicht, hat Ihr Besucher keine Möglichkeit, Ihnen die Formulareingaben zu schicken! Eine Zurücksetzen-Schaltfläche ist dagegen optional. Wenn Sie beide Arten brauchen, fügen Sie einfach eine weitere Schaltfläche in die Tabellenzelle ein.

Wenn Sie fertig sind, stellen Sie fest, dass die Zelle rechts leer ist, wie in Abbildung 18-24. Es gibt keinen Grund, die rechte Tabellenzelle beizubehalten, also können Sie die Zellen dieser Zeile verbinden. Das geht so:

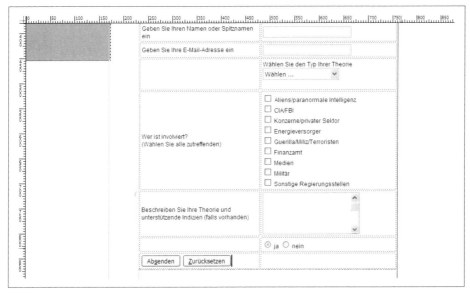

Abbildung 18-24: In der Zelle rechts neben derjenigen mit den Schaltflächen ist nichts.

1. Klicken Sie irgendwo in die Zelle mit den Schaltflächen.
2. Gehen Sie zum Tag-Wähler am unteren Rand des Dokumentfensters und markieren Sie das `<tr>`-Tag, um die gesamte Zeile auszuwählen. (Das Tag `<tr>` steht für »table row«, also Tabellenzelle.)
3. Bewegen Sie sich zum Eigenschafteninspektor und klicken Sie das Symbol *Ausgewählte Zellen verbinden* (□) an.

Dreamweaver verbindet die ausgewählten Zellen, wie Abbildung 18-25 zeigt.

Das Layout ausrichten

Nun, da Sie die Formularfelder und -beschriftungen eingefügt haben, können Sie an der Ausrichtung der diversen Zellen herumbasteln:

- Um die Beschriftung am rechten Rand ihrer Zelle auszurichten, klicken Sie irgendwo in die Zelle der Beschriftung und wählen Sie *Rechts* aus dem Menü *Horiz* im Eigenschafteninspektor.

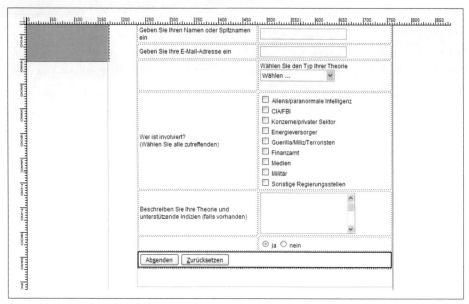

Abbildung 18-25: Dreamweaver verbindet die Tabellenzellen.

- Um die Schaltfächen in ihrer verbundenen Zelle zu zentrieren, klicken Sie irgendwo in die Zelle der Schaltflächen und wählen Sie *Zentriert* aus dem Menü *Horiz* im Eigenschafteninspektor. Um sie ganz nach rechts zu verschieben, wählen Sie *Rechts*.
- Richten Sie die Beschriftung und ihr Feld in einzeiligen Tabellenzeilen vertikal an der Grundlinie des Felds aus. Klicken Sie irgendwo in die Zeile, wählen Sie <tr> aus dem Tag-Wähler und wählen Sie *Grundlinie* aus dem Menü *Vert* im Eigenschafteninspektor.
- In mehrzeiligen Tabellenzeilen sollten Sie die Beschriftung in ihrer Zelle oben ausrichten. Klicken Sie irgendwo in die Zelle und wählen Sie *Oben* aus dem Menü *Vert* im Eigenschafteninspektor.
- Um die gesamte Formulartabelle auf dem Bildschirm zu zentrieren, klicken Sie irgendwo in die Tabelle, klicken Sie <table> im Tag-Wähler an und wählen Sie *Zentriert* aus dem Menü *Ausrichten* im Eigenschafteninspektor. Wenn Sie das tun, sollten Sie auch die Breite der Spalten ausgleichen. Wählen Sie die gesamte linke Spalte aus und geben Sie in das Feld *B* des Eigenschafteninspektors 50% ein. Verfahren Sie ebenso mit der rechten Spalte.

Wenn Sie diese Anpassungen durchführen, erhalten Sie ein Layout wie das in Abbildung 18-26.

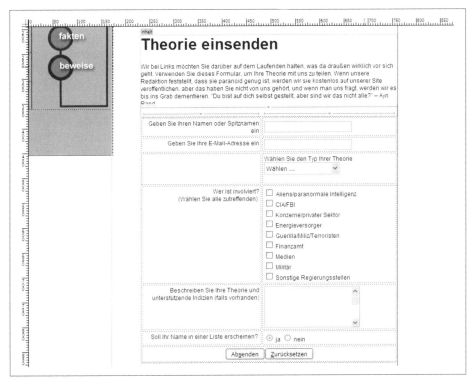

Abbildung 18-26: Das Layout, nachdem die Ausrichtung des Formularinhalts angepasst wurde

Stilregeln auf die Formularelemente anwenden

Das Standardaussehen von HTML-Formularelementen kann leicht zu Depressionen führen. Wenn es Elemente gibt, die CSS-Behandlung benötigen, dann sind es diese, also klicken Sie die Schaltfläche *Neue CSS-Regel* im Bedienfeld *CSS-Stile* an und machen Sie sich ans Werk.

Was Stilregeln angeht, steuert das `<input>`-Tag einzeilige Textfelder, Kennwortfelder, Kontrollkästchen, Optionsschalter sowie Absenden- und Zurücksetzen-Schaltflächen. Das `<textarea>`-Tag steuert Textbereiche und das `<select>`-Tag steuert Listen und Menüs, so dass hier kein besonders hohes Maß an Konsistenz gegeben ist.

 Sie können einen eigenen Stil für die Textbeschriftungen Ihres Formulars erstellen, indem Sie das Erscheinungsbild des Tags `<label>` neu definieren.

Als weitere Komplikation kommt hinzu, dass Browser dieselben Stil-Definitionen nicht konsistent auf die diversen `<input>`-Elemente anwenden. Beispielsweise hat das Hinzufügen von Text- und Hintergrundfarbe zu einem Textfeld, einer Absenden- oder einer Zurücksetzen-Schaltfläche im Internet Explorer das erwartete Ergebnis: Der Text erhält die Textfarbe und der Hintergrund des Felds nimmt die Hintergrundfarbe an. Wenden Sie dieselben Stilregeln dagegen auf ein Kontrollkästchen oder einen Optionsschalter an, erhalten Sie ein weißes Steuerelement auf einem Feld in der angegebenen Hintergrundfarbe, während das Häkchen oder der Auswahlkreis innerhalb des Elements seine Standardfarbe beibehält. (In Firefox erscheinen Textfeld, Absenden- und Zurücksetzen-Schaltfläche ungefähr so wie im IE, während die Stilregel auf Optionsschalter und Kontrollkästchen keinerlei Auswirkungen hat.)

Der beste Ansatz besteht hier darin, Klassenstile zu erstellen – Stile, die nicht an ein bestimmtes HTML-Tag gebunden sind. Sie können einen einzelnen Klassenstil verwenden, der gleichermaßen auf alle Textfelder, Textbereiche, Listen, Menüs, Absenden- und Zurücksetzen-Schaltflächen angewendet wird, oder Sie können diverse unterschiedliche Klassenstile definieren: etwa einen für Textfelder und Textbereiche, einen weiteren für Listen und Menüs und einen dritten für die Absenden- und Zurücksetzen-Schaltflächen. Wegen der enttäuschenden und inkonsistenten Auswirkung von CSS auf Optionsschalter und Kontrollkästchen sollten Sie sich nicht damit herumärgern, diese in Ihren Klassenstil einzuschließen. Aus demselben Grund sollten Sie das allgemeine Erscheinungsbild des `<input>`-Tags nicht neu definieren, weil Ihre Stilregel sonst sowohl die »guten« Elemente wie Textfelder als auch die »bösen« wie Kontrollkästchen betrifft.

Nehmen Sie sich die Freiheit, einen oder mehrere Klassenstile für Textfelder, Textbereiche, Listen, Menüs, Absendeknöpfe und Zurücksetzen-Schaltflächen zu erstellen. Ärgern Sie sich nicht mit Optionsschaltern und Kontrollkästchen herum und lassen Sie die Finger von Tag-Stilen.

Die folgende Vorgehensweise liefert Ihnen beispielsweise einen allgemein gültigen Klassenstil für alle »guten« Formularelemente:

1. Klicken Sie im Bedienfeld *CSS-Stile* die Schaltfläche *Neue CSS-Regel* an. Das Dialogfeld *Neue CSS-Regel* erscheint.
2. Wählen Sie unter *Selektor-Typ* die Option *Klasse*.
3. Geben Sie in das Feld *Name* etwas wie `formularElemente` ein. Klicken Sie auf *OK*, um zum Dialogfeld *CSS-Regel-Definition* zu gelangen.
4. Wählen Sie aus dem Menü *Schrift* in der Kategorie *Schrift* eine Schriftenliste, die die Formularelemente verwenden sollen.

5. Wählen Sie aus dem Menü *Größe* eine Schriftgröße.
6. Wählen Sie *fett* aus dem Menü *Stärke*.
7. Klicken Sie das Feld *Farbe* an und wählen Sie eine Farbe für den Text.
8. Wechseln Sie zur Kategorie *Hintergrund*, klicken Sie das Farbfeld *Hintergrundfarbe* an und wählen Sie eine Hintergrundfarbe für die Felder.
9. Klicken Sie auf *OK*. Dreamweaver fügt den Stil zu Ihrem externen Stylesheet hinzu. Wechseln Sie zu dessen Dokumentfenster und wählen Sie *Datei* → *Speichern*.
10. Wechseln Sie zurück zu dem Dokumentfenster, das Ihr Formular enthält.
11. Klicken Sie das erste Formularfeld an. Gehen Sie dann zum Eigenschafteninspektor und wählen Sie formularElemente (oder den Namen, den Sie dem Stil gegeben haben) aus dem Menü *Klasse*.
12. Wiederholen Sie Schritt 11 für die restlichen »guten« Formularelemente: Textfelder, Textbereiche, Listen, Menüs, Absenden- und Zurücksetzen-Schaltflächen.

Wenn Sie fertig sind, sieht Ihr Dokumentfenster etwa so aus wie Abbildung 18-27.

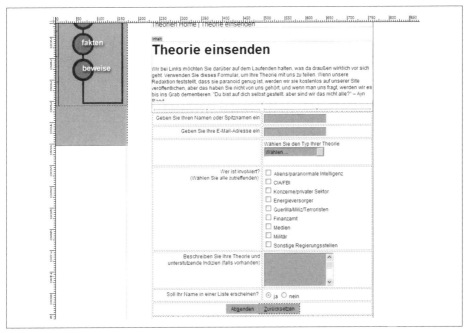

Abbildung 18-27: Einen Klassenstil auf die Formularfelder anwenden

Formulareingaben überprüfen

Die Eingaben eines Formulars zu überprüfen (Fachausdruck: *Validierung*) bedeutet, die Felder des Formulars auf technische Fehler zu untersuchen, bevor der Browser sie übermittelt. Das JavaScript-Verhalten *Formular überprüfen* in Dreamweaver erfüllt diese Aufgabe vorbildlich.

Um das Verhalten *Formular überprüfen* an Ihr Formular anzuhängen, klicken Sie irgendwo entlang des roten Rands des Formular-Containers. (Sie können auch das <form>-Tag im Tag-Wähler anklicken.) Bewegen Sie sich dann zum Bedienfeld *Verhalten*. Wenn das Bedienfeld *Verhalten* nicht offen ist, wählen Sie *Fenster → Verhalten* aus dem Hauptmenü. Klicken Sie die Plus-Schaltfläche im Bedienfeld *Verhalten* an und wählen Sie *Formular überprüfen* aus dem erscheinenden Menü, wie Abbildung 18-28 zeigt.

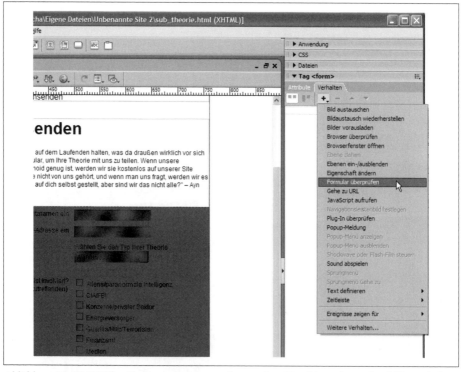

Abbildung 18-28: Wählen Sie Formular überprüfen aus dem Plus-Menü des Bedienfelds Verhalten.

Wenn Sie das tun, öffnet Dreamweaver das Dialogfeld *Formular überprüfen*, wie Abbildung 18-29 zeigt. Wählen Sie unter *Benannte Felder* ein Feld des Formulars und kreuzen Sie die Option *Erforderlich* an, wenn dieses Feld für den Versand benötigt wird. Wählen Sie dann unter *Akzeptieren* einen Werttyp. Wenn der Besucher nichts in dieses Feld eingibt oder der Wert nicht dem erforderlichen Werttyp entspricht, dann scheitert die Überprüfung und das Skript sendet dem Besucher eine Fehlermeldung. In Abbildung 18-29 sind die Felder *name*, *email* und *beschriftung* alle erforderlich, und das Feld *email* benötigt eine E-Mail-Adresse.

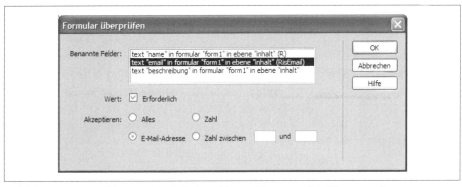

Abbildung 18-29: Wählen Sie erforderliche Felder und legen Sie ihre Werttypen fest.

Drücken Sie **Umschalt** + **F4**, um das Bedienfeld *Verhalten* ein- und auszuschalten.

Sie sollten in Erwägung ziehen, erforderliche Felder auf Ihrer Seite mit einem Sternchen (*) zu markieren. Sie könnten sogar einen erweiterten CSS-Stil namens `beschr.erforderlich` oder einem ähnlichen Namen erstellen, um das Erscheinungsbild der Textbeschriftung dieser Felder zu ändern, etwa, sie fett zu machen, während die anderen in normaler Schrift gehalten sind.

Wenn Sie fertig sind, klicken Sie auf *OK*, und Dreamweaver fügt das Verhalten zu Ihrem Formular hinzu. Testen Sie das Überprüfungsskript, indem Sie die Seite in einem Live-Browserfenster testen.

Möglicherweise stört es Sie, dass die Fehlermeldungen des Browsers bei falschen Eingaben auch in der deutschen Dreamweaver-Version englisch sind. Wenn Sie das ändern möchten, klicken Sie die Schaltfläche *Code* am Kopf des Dokumentfensters an, um in die Codeansicht zu wechseln, und suchen Sie den Bereich, der mit

```
function MM_validateForm() {
```

beginnt. Hier finden Sie Zeilen wie die folgende:

```
if (isNaN(val)) errors+='- '+nm+' must contain a number.\n';
```

Übersetzen Sie die jeweiligen Meldungstexte manuell, aber stellen Sie sicher, dass Sie die Plus- und Anführungszeichen nicht beschädigen. Beispiel:

```
if (isNaN(val)) errors+='- '+nm+' muss eine Zahl enthalten.\n';
```

Das Formular abschicken

Normalerweise wird ein Formular zur Verarbeitung an eine Webanwendung versandt. (Die Anwendung befindet sich fast immer auf einer anderen Seite der Site, deren Code mit serverseitigen Anweisungen vollgestopft ist.) Webanwendungen erfordern dynamische Sites, und Ihre Site ist statisch, was Ihre Möglichkeiten zur Verarbeitung der Benutzereingaben einschränkt.

De facto besteht Ihre einzige Option darin, die Formulardaten an Ihre E-Mail-Adresse schicken zu lassen. Beim Versand über den Internet Explorer kommen die Eingaben als Dateianhang einer leeren E-Mail an. Sie müssen diesen Anhang speichern und dann in einem Texteditor wie Microsoft Notepad öffnen, um die Informationen zu sehen, die der Besucher eingegeben hat. Beim Versand über Firefox befinden sich die Eingaben im Body der E-Mail-Nachricht, so dass Sie keinen Texteditor zu starten brauchen, um ihren Inhalt zu lesen.

In jedem Fall kommt das Datenpaket in recht technischer Form bei Ihnen an, wie Abbildung 18-30 zeigt. Lesen Sie es mit Bedacht, dann können Sie verstehen, was es bedeutet.

Abbildung 18-30: Die Formulareingaben kommen in recht technischer Form bei Ihnen an.

Irgendein Formularversand ist immer noch besser als gar keiner, deshalb hier die Vorgehensweise, wie Sie Ihr Formular einrichten können, damit es die Eingaben an Ihre E-Mail-Adresse liefert:

1. Klicken Sie im Dokumentfenster irgendwo entlang des roten Formular-Containers, um das gesamte Formular auszuwählen.

2. Gehen Sie zum Eigenschafteninspektor. Geben Sie in das Feld *Aktion* den Wert `mailto:` ein, gefolgt von der E-Mail-Adresse, an die Sie die Formulardaten versenden möchten (zum Beispiel *mailto:ich@meine-site.de*).

3. Wählen Sie *POST* aus dem Menü *Methode*. Diese Methode verpackt die Formulareingaben als eine Art E-Mail-Nachricht, und genau das möchten Sie in diesem Fall. Die andere Option, *GET*, versendet die Formulareingaben als eine Reihe von Attribut/Wert-Paaren, die an das Ende einer URL angehängt wer-

den, was für bestimmte Arten von Webanwendungen hilfreich ist, aber in diesem Fall nicht besonders viel nützt.

 Um das technische Kauderwelsch in den Formulareingaben abzumildern, beschränken Sie sich bei den Werten Ihrer Optionsschalter, Kontrollkästchen, Listen und Menüs auf alphanumerische Zeichen (auch Umlaute und ß sind tabu). Der Browser konvertiert alles, was kein Buchstabe und keine Zahl ist, in einen Zeichencode. Das Zeichen Slash (/) wird beispielsweise %2F. Indem Sie die nicht-alphanumerischen Zeichen ausschließen, schließen Sie die Zeichencodes aus.

TEIL 4
Veröffentlichen Sie Ihre Site

In Teil 3 dieses Buchs haben Sie die Produktion erledigt – keine geringe Leistung. Sie haben Ihre Inhalte platziert. Sie haben Ihre Seiten verlinkt. Sie haben eine Site-Vorschau in einem Live-Browser durchgeführt, und alles funktioniert sauber.

Ihre Site läuft, ja, aber sie läuft noch nicht *öffentlich*. Die letzten beiden Kapitel dieses Buchs helfen Ihnen, den funktionierenden Prototyp, der auf Ihrem Computer funktioniert, im Web zu veröffentlichen und der ganzen Welt zu zeigen.

In diesem Kapitel:
- Dinge, die man leicht vergisst
- Meta-Tags hinzufügen
- Automatisierte Tests durchführen

KAPITEL 19
Verfeinern, testen und Fehler beseitigen

Bevor Sie Ihre Site im Web veröffentlichen, nehmen Sie sich ein paar Minuten Zeit, um die bisherigen Arbeiten zu überprüfen, nur, um sicherzustellen, dass Ihre Seiten fertig sind. Fügen Sie einige Meta-Tags hinzu. Lassen Sie ein paar automatische Tests laufen. Ihre Aufgabe ist, die letzten übrig gebliebenen Fehler zu suchen; »isolieren und eliminieren« ist Ihr Modus Operandi.

Dinge, die man leicht vergisst

Wenn Sie in atemberaubender Geschwindigkeit Seiten herunterspulen, ist es leicht, einige weniger offensichtliche (aber nicht weniger wichtige) Details zu vergessen, nämlich diejenigen, die Professionalität ausstrahlen, sowohl für die Site als auch für ihren Designer. Hier wird niemandem ein Vorwurf gemacht. Sie *mussten* sich auf die allgemeinen Punkte konzentrieren: Inhalt, Stil, Navigation und Benutzerfreundlichkeit. Es ist verständlich, dass die kleinen Dinge hier und dort durch das Raster gefallen sind. Aber nun, da Sie die erste fertige, funktionierende Version Ihrer Site erreicht haben, liegen die großen Dinge hinter Ihnen. Sie können es sich leisten, Ihre Beobachtungsgabe auf dem mikroskopischen Niveau anzuwenden.

Jetzt ist eine hervorragende Zeit, mit einem Blick auf folgende Punkte zu Ihren Seiten zurückzukehren:

Haben alle Ihre Seiten einen Titel?
Besuchen Sie mit Ihrem Browser Ihre Lieblingssuchmaschine und suchen Sie nach »Untitled Document«. Bei meinem letzten Versuch lieferte Google knapp 90 Millionen Ergebnisse.[1] Das sind fast 90 Millionen Webseiten, bei denen der Designer vergessen hat, zurückzublättern und einen Seitentitel in das Feld *Titel* am oberen Rand des Dokumentfensters einzugeben. Finden Sie nach all der

---
1 Auch die deutsche Version »Unbenanntes Dokument« liefert immerhin über vier Millionen Ergebnisse. (Anm. d. Ü.)

Arbeit, die Sie in das Erstellen Ihrer Seiten investiert haben, nicht auch, dass sie in einem anderen (relevanteren) Satz von Suchergebnissen erhalten sein sollten?

Sind alle Ihre Seitentitel einmalig?

In einer vorlagenbasierten Website ist es einfach, einen allgemein gültigen Seitentitel für das Vorlagendokument anzulegen. Wenn Sie neue Seiten erstellen, die auf der Vorlage basieren, ist es genauso einfach, das Ändern oder Erweitern des allgemein gültigen Titels, den das Vorlagendokument bereitstellt, zu vergessen. Stellen Sie sicher, dass alle Ihre Seitentitel genau und spezifisch den Inhalt der jeweiligen Seite beschreiben.

Haben Sie die Rechtschreibung geprüft?

Dreamweaver enthält eine Rechtschreibprüfung, also besteht der einzige Grund, warum Dreamweaver-Designer die Rechtschreibung nicht prüfen, darin, dass sie keine Lust dazu haben. Machen Sie diesen dummen Fehler nicht. Denken Sie um Gottes Willen an all die schlecht geschriebenen Inhalte mit schlechter Rechtschreibung, die Sie aus der Marketingabteilung bekommen! Laden Sie Ihre Seiten und wählen Sie *Text → Rechtschreibung prüfen* aus dem Hauptmenü.

 Drücken Sie **Umschalt + F7**, um die Rechtschreibung zu prüfen.

Haben Sie für alle Bilder, die Informationen übermitteln, Alternativtexte angegeben?

Alternativtext ist die beste Möglichkeit, Ihre Bilder für diejenigen nützlich zu machen, die sie nicht sehen können. Die konsistente und korrekte Verwendung von Alternativtext verbessert auch den Rang Ihrer Seiten in Suchmaschinen und erleichtert es Suchmaschinen, Ihre Seiten zu indizieren. Sie können den Alternativtext für rein dekorative Bilder wie die kleinen Verbindungsgrafiken am Fuß Ihrer Navigationsleiste oder die Platzhalterbilder in Ihrem Layout problemlos weglassen, aber jedes Bild, das zum Inhalt Ihrer Seite beiträgt, braucht eine Textbeschreibung.

Haben Sie die Reihenfolgenposition für auswählbare Elemente eingestellt?

Zu den auswählbaren Elementen gehören alle interaktiven Objekte auf Ihrer Seite: Ihre Links, Navigationsleistenschaltflächen, anklickbare Bilder, Image-Map-Bereiche, Formularfelder und Flash-Filme. Sorgen Sie dafür, dass Sie ihnen logische Tabindex-Werte zuweisen, besonders, wenn Sie Ihr Design mit Tabellen aufgebaut haben. Eine gute Möglichkeit, dies zu überprüfen, besteht darin, die Seite in einem Live-Browserfenster zu testen und mit der **Tab**-Taste durch die Elemente zu blättern. Wenn die Elemente nicht in einer vernünftigen Reihenfolge angeordnet sind, müssen Sie definitiv zurückgehen und ihren Tabindex einstellen. Um den Tabindex für ein Element festzulegen, wählen Sie es im Dokumentfenster aus und bewegen Sie sich zum *Tag-Inspektor* (auch als Bedienfeld *Attribute* bekannt). Suchen Sie im Abschnitt *CSS/Eingabehilfen* nach dem Feld *tabindex* und geben Sie einen Wert ein.

Haben Sie Stilregeln gelöscht, die Sie nicht mehr verwenden?
Es ist kein so großes Problem, überflüssige Stilregeln in Ihren externen CSS-Dateien zu behalten, solange Sie nicht so viele davon haben, dass sie den Download merklich verlangsamen. Nichtsdestotrotz – wenn Sie diese Stilregeln nicht mehr brauchen, dann brauchen Sie sie nicht mehr, also können Sie sie genauso gut loswerden. Gehen Sie zum Bedienfeld *CSS-Stile*, wählen Sie Ihre unbenutzten Stile aus und klicken Sie auf das Mülleimer-Symbol am Fuß des Bedienfelds an.

Befinden sich alle Bilder, Filme, Skripten und Stylesheets für Ihre Site irgendwo in Ihrem lokalen Stammordner?
Das ist unabdingbar. Wenn sie sich nicht dort befinden (oder Sie Versionen aus anderen Ordnern in Ihren Seiten platziert haben, statt die aus dem Stammordner zu nehmen), erscheinen diese Elemente nicht auf Ihren veröffentlichten Seiten. Eine schnelle Möglichkeit, dies zu überprüfen, besteht darin, den Quellcode mit Hilfe der Dreamweaver-Funktion *Suchen und ersetzen* nach *file://* zu durchsuchen. Wählen Sie *Bearbeiten* → *Suchen und ersetzen* und stellen Sie die Suche so ein, dass sie im Quellcode der gesamten lokalen Site sucht. In Dreamweaver können Sie den Suchbereich auch auf den reinen Text einstellen und den zu Grunde liegenden Code ignorieren – ein praktisches Feature, aber nicht in diesem Fall. Damit diese Operation korrekt funktioniert, müssen Sie den Code in die Suche einschließen, also stellen Sie sicher, dass Sie im Dialogfeld *Suchen und ersetzen* die Option *Quellcode* aus dem Menü *Suchen* wählen.

Haben Sie alle Zellhöhen Ihrer Layouttabellen gelöscht?
Das ist optional. Es spricht diejenigen an, die keine irrelevanten HTML-Schnipsel auf ihren Seiten herumliegen lassen möchten. Viel früher, in Kapitel 9, als Sie Ihr tabellenbasiertes Layout erstellt haben, riet dieses bescheidene Werk Ihnen, sich keine zu großen Sorgen über die Höhen der Zellen zu machen, weil der Browser die korrekten Höhen anhand des Inhalts bestimmt, der in die Zellen kommt. Nun, da Ihre Site fertig ist, sind die beliebigen Höhenangaben, die Sie ursprünglich festgelegt hatten, nicht mehr gültig. Es schadet nichts, sie einfach stehen zu lassen, aber wenn Sie sie nicht mehr brauchen und sie nicht korrekt sind, warum sollten Sie sie behalten? Sie können sie leicht loswerden, wenn Sie möchten. Um das zu tun, öffnen Sie das Vorlagendokument und wählen Sie nacheinander jede Tabelle des Layouts aus. Wählen Sie für jede von ihnen *Modifizieren* → *Tabelle* → *Zellhöhen löschen* aus dem Hauptmenü. Wenn Sie fertig sind, speichern Sie die Vorlage und schreiben Sie die Änderungen in alle Seiten Ihrer Site.

Wenn Sie beschließen, die Tabellenattribute zu entfernen, löschen Sie nur die Zellhöhen, nicht die Breiten. Die Breiten sind erheblich wichtiger für das korrekte Layout Ihrer Seite, also passen Sie auf, dass Sie nicht versehentlich *Modifizieren* → *Tabelle* → *Zellbreiten löschen* aus dem Hauptmenü wählen.

Meta-Tags hinzufügen

Meta-Tags sind unsichtbare Elemente, die allgemeine Informationen über den Inhalt einer Webseite bereitstellen, insbesondere für die Nutzung durch Suchmaschinen. Ein guter Satz Meta-Tags kann die Platzierung Ihrer Seiten in Suchmaschinen verbessern, so dass es nie eine schlechte Idee ist, ein paar Meta-Informationen zu Ihrer Seite hinzuzufügen, besonders, wenn es so leicht ist, wie Dreamweaver es Ihnen macht.

Vier Arten von Meta-Tags sind hier von Interesse. Die ersten beiden – `Schlüsselwörter (keywords)` und `Beschreibung (description)` – sind diejenigen, die die größte Bedeutung für Suchmaschinen haben. Die beiden anderen haben nichts mit Suchmaschinen zu tun. Das `Refresh`-Tag stellt einen hervorragenden Aktualisierungs- oder Weiterleitungseffekt zur Verfügung, während das `Content-Type`-Tag eingesetzt werden kann, um den Zeichensatz der Seite zum Zweck der Internationalisierung festzulegen.

Schlüsselwörter hinzufügen

Schlüsselwörter sind die Thementitel Ihrer Webseite. Stellen Sie sich vor, Sie sind der Besucher, besuchen mit Ihrem Browser Ihre bevorzugte Suchmaschine und geben ein Wort oder einen kurzen Satz in das Feld *Suche* ein. Welche Wörter oder Sätze würden Sie als Suchbegriff eingeben, um Ihre Seite als Ergebnis zu erhalten? Das sollten im Wesentlichen die Schlüsselwörter sein, die Sie in Ihre Seite einbauen.

Zunächst einmal ist Quantität nicht unbedingt der Faktor, der einen guten Satz von Schlüsselwörtern ausmacht. Jede Suchmaschine ist natürlich anders, und die Betreiber der Suchmaschinen hüten ihre Geschäftsinterna wie Staatsgeheimnisse, aber fast immer funktioniert es folgendermaßen: Als Erstes vergleicht die Suchmaschine die Schlüsselwörter in Ihrem Meta-Tag mit dem Text der Seite. Anschließend führt sie eine Art von Analyse durch, und wenn es so aussieht, als hätten die Schlüsselwörter etwas mit dem Seiteninhalt zu tun, steigt der Rang Ihrer Seite in der Datenbank der Suchmaschine. Wenn es dagegen nicht den Eindruck macht, als entsprächen die Schlüsselwörter Ihrem Inhalt, könnte der Rang Ihrer Seite tatsächlich sinken. Stellen Sie sicher, dass Sie dies jedem Mitarbeiter der Marketing-Abteilung, der darauf besteht, dass Sie jedes Wort Ihrer Muttersprache als Schlüsselwort einsetzen, mindestens dreimal erklären. Es ist viel besser, ein paar wirklich passende Schlüsselwörter zu wählen als ein ganzes Lexikon nur peripher verwandter Wörter.

Sie haben eine vorlagenbasierte Site, so dass eine gute Strategie für Schlüsselwörter etwa folgendermaßen funktioniert:

- Fügen Sie im Vorlagendokument Schlüsselwörter hinzu, die zu allen Seiten Ihrer Site passen.

- Ergänzen Sie diese allgemeinen Schlüsselwörter auf jeder Seite Ihrer Site durch solche, die spezifisch für die entsprechende Seite sind.

Beginnen Sie mit dem Vorlagendokument. Öffnen Sie es in Dreamweaver, gehen Sie dann zur Einfügen-Leiste und wählen Sie *HTML* aus ihrem Menü, wie Abbildung 19-1 zeigt.

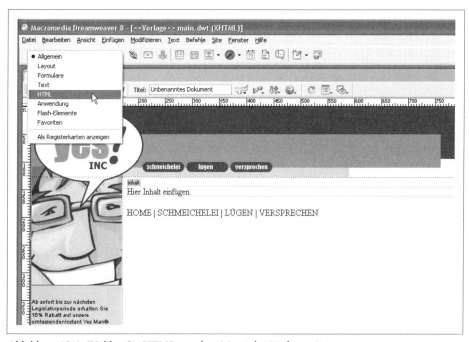

Abbildung 19-1: Wählen Sie HTML aus dem Menü der Einfügen-Leiste.

Klappen Sie nun das Menü der *Head*-Objekte auf und wählen Sie das in Abbildung 19-2 gezeigte Objekt *Schlüsselwörter*. Das Dialogfeld *Schlüsselwörter* erscheint, wie Abbildung 19-3 zeigt.

Geben Sie in das Feld *Schlüsselwörter* die Liste der allgemeinen Schlüsselwörter ein, wobei Sie jedes durch ein Komma abtrennen, und klicken Sie auf *OK*. Dreamweaver fügt sie zum Vorlagendokument hinzu. Wählen Sie *Datei → Speichern* und aktualisieren Sie die Seiten Ihrer Site. Nehmen Sie sich dann nacheinander jede einzelne Seite vor und fügen Sie eine zweite Schlüsselwörterliste hinzu, die sich speziell auf die Seite bezieht, wie Abbildung 19-4 zeigt.

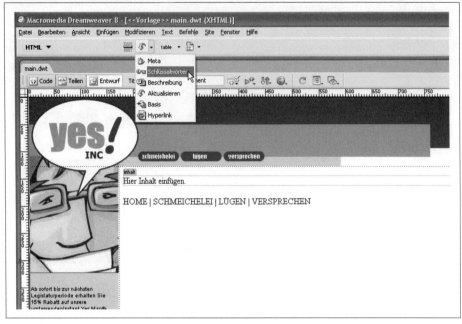

Abbildung 19-2: Wählen Sie das Objekt Schlüsselwörter aus dem Menü der Head-Objekte.

Abbildung 19-3: Eine allgemeine Liste von Schlüsselwörtern, durch Kommata getrennt

Abbildung 19-4: Fügen Sie Schlüsselwörter hinzu, die sich speziell auf die aktuelle Seite beziehen.

Beschreibungen hinzufügen

Eine *Beschreibung* ist eine kurze Zusammenfassung des Inhalts einer Seite in einem Absatz. Manche Suchmaschinen verwenden Ihre Beschreibung als den Text, der neben dem Link auf Ihre Seite in den Ergebnissen erscheint.

Da jede Seite Ihrer Site anders ist, plagen Sie sich nicht damit, eine allgemeine Beschreibung in das Vorlagendokument einzufügen. Es ist besser, eine spezifische Beschreibung für jede Seite Ihrer Site zu schreiben. In der Kürze liegt hier die Würze. Versuchen Sie, nicht mehr als drei kurze Sätze zu verwenden.

Um eine Beschreibung hinzuzufügen, wählen Sie das Objekt *Beschreibung* aus dem Menü der *Head*-Objekte in der Einfügen-Leiste, wie Abbildung 19-5 zeigt. Dreamweaver öffnet das in Abbildung 19-6 gezeigte Dialogfeld *Beschreibung*. Geben Sie die Beschreibung der Seite ein und klicken Sie auf *OK*.

Abbildung 19-5: Wählen Sie das Objekt Beschreibung aus dem Menü der Head-Objekte.

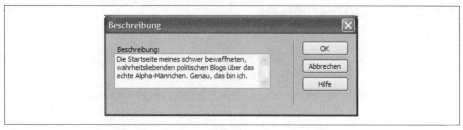

Abbildung 19-6: Geben Sie eine Seitenbeschreibung in drei Zeilen ein.

Die Seite aktualisieren oder den Browser weiterleiten

Das Meta-Tag Refresh weist den Browser an, nach einer bestimmten Anzahl von Sekunden die Seite neu zu laden oder zu einer ganz anderen Seite zu springen.

Um ein Refresh-Meta-Tag hinzuzufügen, wählen Sie das Objekt *Aktualisieren* aus dem Menü der *Head*-Objekte in der Einfügen-Leiste, wie in Abbildung 19-7 gezeigt. Wenn Sie dies tun, erscheint das Dialogfeld *Aktualisieren*, wie Abbildung 19-8 zeigt.

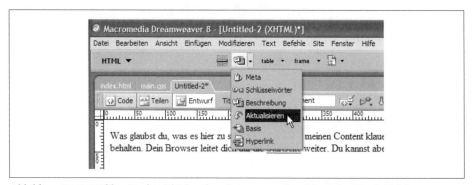

Abbildung 19-7: Wählen Sie das Objekt Aktualisieren aus dem Menü der Head-Objekte.

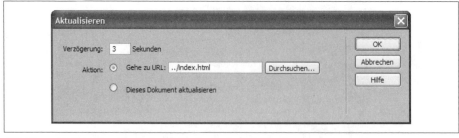

Abbildung 19-8: Stellen Sie die Attribute des Refresh-Meta-Tags ein.

Geben Sie in das Feld *Verzögerung* die Anzahl von Sekunden ein, bis die Aktualisierung oder Weiterleitung erfolgt. Wählen Sie dann unter *Aktion*, was passieren soll. Wenn Sie den Browser weiterleiten möchten, klicken Sie die Schaltfläche *Durchsu-*

chen an und wählen Sie eine Seite Ihrer Site oder geben Sie die URL des Ziels in das Feld *Gehe zu URL ein*. Wenn Sie die aktuelle Seite neu laden möchten, wählen Sie *Dieses Dokument aktualisieren*. Klicken Sie auf *OK*, um das Refresh-Meta-Tag zu Ihrer Seite hinzuzufügen.

Möchten Sie die die Besucher Ihrer Site daran hindern, in Ihrem Bilderordner herumzuspionieren? Speichern Sie eine Seite namens *index.html* in diesem Ordner und statten Sie diese mit einem Refresh-Meta-Tag aus, das den Browser zu einer anderen Seite Ihrer Site weiterleitet. Stellen Sie großzügigerweise auch einen richtigen Link auf dieselbe Seite zur Verfügung, nur falls irgendetwas schiefgeht.

Zeichensatzinformationen einfügen

Wenngleich das World Wide Web in der mehrsprachigen Schweiz erfunden wurde (am Europäischen Kernforschungszentrum CERN in Genf), machten sich die dortigen Wissenschaftler anfangs keine Gedanken über Internationalisierung der Inhalte. Das hatte zur Folge, dass das Web anfangs nur mit englischsprachigem Text problemlos zurechtkam.

Für die wichtigsten Sonderzeichen lateinisch geschriebener europäischer Sprachen wurden bald spezielle HTML-Codierungen eingeführt, etwa ä für *ä* oder &ecatue;   für *é*. Das ging eine Zeitlang gut, aber seltenere Sonderzeichen oder gar Sprachen, die gar keine lateinische Schrift verwenden, konnten so nicht berücksichtigt werden. Deshalb wurde die *Content-Type*-Information, über die der Webserver dem Browser den Dateityp mitteilt, um eine Zeichensatzinformation ergänzt. Durch ein Meta-Tag lässt sich diese Server-Information nachträglich überschreiben.

Dreamweaver gibt standardmäßig den Zeichensatz »Westeuropäisch« (*iso-8859-1*) an, der für englische, deutsche und andere westeuropäische Sprachen geeignet ist. Wenn Sie Dokumente in exotischen Sprachen verfassen, müssen Sie die Zeichensatzinformation ändern. Das geht folgendermaßen:

1. Öffnen Sie Ihr Vorlagendokument in Dreamweaver.
2. Wählen Sie *Modifizieren* → *Seiteneigenschaften* aus dem Hauptmenü oder drücken Sie **Strg + J** beziehungsweise **Befehl + J**.
3. Klicken Sie im linken Feld des Dialogs *Seiteneigenschaften* die Kategorie *Titel/Kodierung* an.
4. Wählen Sie unter *Kodierung* den passenden Zeichensatz für die Sprache Ihres Dokuments und drücken Sie *OK*.

Beachten Sie, dass Ihr Computer den gewählten Zeichensatz durch Schriftarten und Eingabemethoden unterstützen muss, damit Sie tatsächlich entsprechende Dokumente verfassen können.

Es ist nicht möglich, auf einer Seite Texte mit unterschiedlichen Zeichensätzen unterzubringen. Wenn Sie eine internationale Website betreiben, müssen Sie zumindest für Sprachen mit eigenen Schriften oder Sonderzeichen separate Seiten anlegen.

Automatisierte Tests durchführen

Dreamweaver bietet Ihnen eine Reihe von Möglichkeiten, die Zuverlässigkeit und Integrität Ihrer Seiten zu prüfen, bevor Sie sie veröffentlichen. Sie können sehen, wo bestimmte Browser wahrscheinlich ins Stocken geraten. Sie können den Code gemäß den Vorgaben der Standard-Polizei aufräumen. Sie können defekte Links finden und reparieren, und Sie können verwaiste Dateien ausfindig machen und sie entweder verwenden oder löschen.

Eine Browserprüfung durchführen

Sie wissen aus Erfahrung, dass verschiedene Webbrowser denselben Webcode unterschiedlich interpretieren. Vielfach sind diese Unterschiede unproblematisch, wenn auch ein wenig ärgerlich. Manchmal können sie aber auch Probleme verursachen. Eine *Browserprüfung* lenkt die Aufmerksamkeit auf diese Eigenheiten der Browser, soweit sie speziell Ihre Site betreffen. Sie durchkämmt ihre Seiten und markiert die Codebereiche, die ein bestimmter Browser nicht mag.

Zielbrowser wählen

Die *Zielbrowser* sind diejenigen Browser, für die Sie den Code Ihrer Site überprüfen. Diese Browser brauchen nicht auf Ihrem Computer installiert zu sein. Dreamweaver besitzt eine eingebaute Browserprüfungsdatenbank.

Um Zielbrowser auszuwählen, öffnen Sie irgendeine Seite Ihrer Site und klicken Sie die Browserprüfungsschaltfläche am Kopf des Dokumentfensters an. Wählen Sie *Einstellungen* aus dem Menü, das in Abbildung 19-9 erscheint, und Dreamweaver öffnet das in Abbildung 19-10 gezeigte Dialogfeld *Zielbrowser*. Wählen Sie Modell und Version der Browser, die Sie als Ziele verwenden möchten, und klicken Sie auf *OK*.

 Die perfekt codierte Webseite, die die Überprüfung in allen Browsern besteht, ist in diesem Raum-Zeit-Kontinuum überaus selten, und solch eine Seite enthält normalerweise ohnehin nicht viel zum Anschauen. Je mehr Browser Sie bei den meisten Seiten prüfen, desto häufiger geraten Sie in Situationen, in denen die Reparatur eines Codefehlers für den einen Browser zu einem neuen Codefehler für einen anderen Browser führt. Sie sind besser beraten, die Zielbrowser auf diejenigen zu beschränken, die Ihre Besucher am häufigsten nutzen.

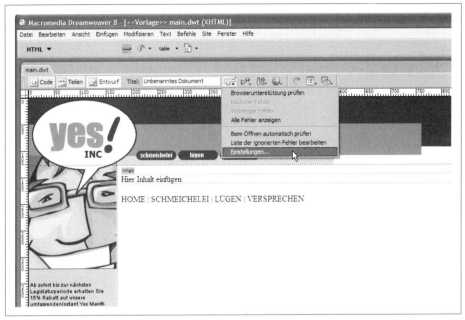

Abbildung 19-9: Wählen Sie Einstellungen aus dem Browserprüfungs-Menü.

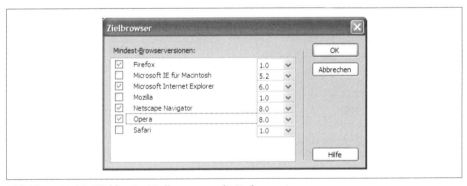

Abbildung 19-10: Wählen Sie Zielbrowser und Mindestversionen.

Die Prüfung durchführen

Standardmäßig führt Dreamweaver bei jedem Öffnen eines Dokumentfensters eine Browserprüfung durch. Um die Ergebnisse der Prüfung zu sehen, klicken Sie die Schaltfläche *Browserprüfung* an und wählen Sie *Alle Fehler anzeigen* aus dem Menü. Dreamweaver öffnet das Bedienfeld *Ergebnisse* am unteren Rand der Arbeitsfläche. Sie können die Größe des Bedienfelds erhöhen, indem Sie den unteren Rand des Dokumentfensters nach oben ziehen, wie Abbildung 19-11 zeigt.

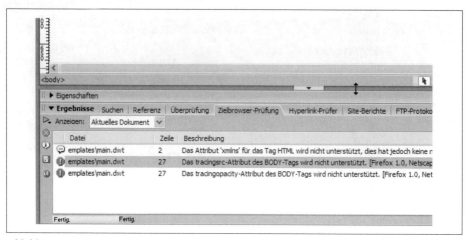

Abbildung 19-11: Das Bedienfeld Ergebnisse vergrößern

Drücken Sie **F7**, um das Bedienfeld *Ergebnisse* ein- und auszuschalten.

Suchen Sie besonders nach den roten *Achtung*-Zeichen in der Liste und beachten Sie, für welche Browser die Schwierigkeiten vorhergesagt werden. Auf dieser Webseite identifiziert Dreamweaver in allen Fällen Opera, Netscape und Firefox. Um zu sehen, was genau die Probleme verursacht, doppelklicken Sie auf einen Eintrag im Bedienfeld *Ergebnisse*. Dreamweaver wechselt in den geteilten Modus und hebt den problematischen Code hervor, wie Abbildung 19-12 zeigt.

Die Warnmeldung besagt, dass Firefox, Netscape und Opera das Attribut onLoad des <img>-Tags nicht unterstützen. Schauen Sie sich nun den Code an:

```
onLoad=""
```

In diesem onLoad-Ereignis geschieht nichts, so dass es kein Problem ist, diesen Codebereich vollständig zu löschen. Dasselbe gilt für die beiden anderen Warnungen im Bedienfeld *Ergebnis*. Nachdem Sie also die störenden Bereiche mit leerem Code entfernt haben, gehen Sie zum oberen Rand des Dokumentfernsters, klicken auf die Browserprüfungs-Schaltfläche und wählen *Browserunterstützung prüfen* aus dem Menü. Sie stellen zu Ihrer Erleichterung fest, dass die Seite der Überprüfung in allen Zielbrowsern standhält.

Aber was passiert, wenn Sie eine Warnmeldung wie diese erhalten:

```
Der Tag-Name: "embed" wurde in den derzeit aktiven Versionen nicht gefunden.[XHTML
1.0 transitional]
```

Sie stellen zu Ihrem Entsetzen fest, dass dieses Tag einen Flash-Film oder eine andere Multimedia-Datei auf Ihrer Seite auszeichnet. Müssen Sie den Flash-Film wegwerfen? Nicht unbedingt. Prüfen Sie genau, um sicherzustellen, dass die Seite im

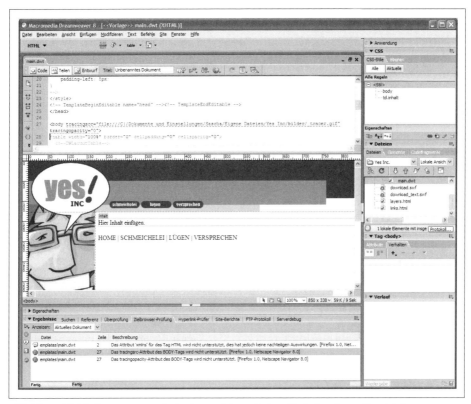

Abbildung 19-12: Dreamweaver hebt den problematischen Code im oberen Bereich hervor.

Zielbrowser korrekt arbeitet, und wenn sie das tut, brauchen Sie sich keine Sorgen zu machen.

So weit die aktuelle Seite. Weiter mit der nächsten! Oder noch besser, weiter mit allen nächsten. Um die Browserprüfung für die gesamte Site auf einmal durchzuführen, klicken Sie die grüne Pfeil-Schaltfläche oben links im Bedienfeld *Ergebnisse* an und wählen Sie *Alle Zielbrowser für gesamte lokale Site überprüfen* aus dem erscheinenden Menü, wie Abbildung 19-13 zeigt.

Abbildung 19-13: Eine Browserprüfung für die gesamte Site durchführen

Markup überprüfen

Neben der Prüfung Ihres Codes für Zielbrowser können Sie Ihre Seiten auch *validieren* (das heißt, ihren Code in Übereinstimmung mit den offiziellen Standards überprüfen).

Eine Warnung vorweg: Eine standardkonforme Webseite sieht nicht unbedingt in jedem Browser gleich aus. Möglicherweise funktioniert eine standardkonforme Webseite in manchen Browsern noch nicht einmal richtig, besonders im Fall von Cascading Style Sheets. Viele der offiziellen Stildefinitionen warten noch auf Unterstützung in irgendeinem Browser. Genauso könnte eine Webseite, die bei der Standardprüfung kläglich versagt, hervorragend aussehen, ein vernünftiges Maß an Barrierefreiheit bieten und in allen wichtigen Browsern prima funktionieren. Wenn Sie zwischen dem Bestehen der Browserprüfung und dem Bestehen der Validierung wählen müssen, empfehle ich Ihnen stets die Browserprüfung.

Das soll nicht bedeuten, dass Standardkonformität nicht ihre Berechtigung hätte. Bis zu einem gewissen Grad braucht das Web Standards. Code, der diesem genügt, ist weniger von den Eigenarten bestimmter Browser abhängig und daher weniger Schwankungen unterworfen, wenn z.B. Microsoft einen neue Version des Internet Explorers herausbringt. Offiziell abgenommener Code funktioniert tendenziell auch besser in einer Vielzahl sehr unterschiedlicher Geräte (von denen einige noch gar nicht erfunden sind). Allerdings leben wir in der Gegenwart, nicht in der Zukunft, und die breite Mehrheit der Webbenutzer auf dem Planeten Erde verwendet zurzeit den Microsoft Internet Explorer Version 6 für Windows. Ihre Site würde einem großen Prozentsatz des gesamten Online-Publikums genügen, wenn Sie die Standardkonformität völlig außer Acht ließen und Ihre Site einfach für diesen Browser gestalten würden, aber nicht einmal dieses bescheidene Werk rät Ihnen, so weit zu gehen. Validieren Sie auf jeden Fall. Sie brauchen aber nicht gleich das Webdesign aufzugeben und eine Friseurlehre zu machen, wenn Ihr Code nicht den offiziellen Standards genügt.

Um den Markup Ihrer Site zu überprüfen, wechseln Sie auf die Registerkarte *Überprüfung* des Bedienfelds *Ergebnisse*, klicken Sie die grüne Pfeil-Schaltfläche an und wählen Sie *Ganze lokale Site überprüfen* aus dem Menü.

Defekte Links finden und reparieren

Defekte Links sind Hyperlinks, die ihre Zielseiten nicht finden können. Entweder existieren diese Seiten nicht, oder sie befinden sich nicht an der Stelle, auf die der Link verweist. Sie sollten Ihre externen Links regelmäßig überprüfen, um sicherzustellen, dass sie alle auf die korrekten Seiten und Sites verweisen.

Um die aktuelle Site auf defekte Links zu überprüfen, gehen Sie zum Hauptmenü und wählen Sie *Site → Hyperlinks auf der ganzen Site prüfen*. Alle defekten internen

Links erscheinen im Bedienfeld *Ergebnisse* auf der Registerkarte *Hyperlink-Prüfer*, wie Abbildung 19-14 zeigt. Doppelklicken Sie auf einen beliebigen Eintrag in der Liste, um die Seite mit dem defekten Link zu öffnen, und nehmen Sie die nötigen Korrekturen vor.

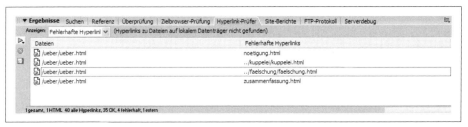

Abbildung 19-14: Die Registerkarte Hyperlink-Prüfer zeigt defekte interne Links an.

 Drücken Sie **Strg + F8** beziehungsweise **Befehl + F8**, um die Links auf der ganzen Website zu überprüfen.

Wenn derselbe Link immer wieder erscheint, können Sie alle Vorkommen dieses Links auf einmal ändern. Wählen Sie *Site → Hyperlink für ganze Site ändern*, und das Dialogfeld *Hyperlink für ganze Site ändern* (siehe Abbildung 19-15) erscheint. Geben Sie im Feld *Ändern aller Hyperlinks zu* den defekten Link genau so ein, wie er im Bedienfeld *Ergebnisse* erscheint, mit dem Slash am Anfang. (Diesen Schritt können Sie sich oft sparen, wenn Sie den betreffenden Eintrag im Bedienfeld *Ergebnisse* markieren, bevor Sie das Dialogfeld öffnen.) Klicken Sie dann das Ordnersymbol neben dem Feld *In Hyperlinks zu* an und navigieren Sie zu der Seite, auf die der defekte Hyperlink verweisen soll. Klicken Sie auf *OK*, um die Änderung durchzuführen.

Abbildung 19-15: Einen wiederkehrenden defekten Link ändern

Verwaiste Dateien finden

Verwaiste Dateien sind Dateien in Ihrem lokalen Stammordner, die auf keiner Seite Ihrer Site erscheinen. Sie können diese Dateien gefahrlos aus Ihrem lokalen Stammordner heraus verschieben, aber löschen Sie sie nicht, wenn Sie nicht völlig sicher sind, dass Sie sie in Zukunft nicht mehr brauchen. Denken Sie daran: Ihre Daten sind wertvoll und Speichermedien sind billig.

Um verwaiste Dateien zu finden, bewegen Sie sich zur Registerkarte *Hyperlink-Prüfer* im Bedienfeld *Ergebnisse* und stellen Sie das Menü *Anzeigen* auf *Verwaiste Dateien*, wie Abbildung 19-16 zeigt.

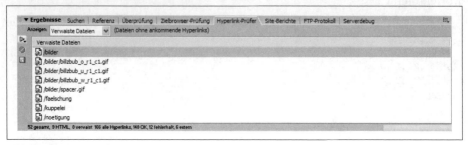

Abbildung 19-16: Verwaiste Dateien im Hyperlink-Prüfer suchen

Eine der wenigen Gewissheiten beim Webdesign ist folgende: Sobald Sie eine verwaiste Datei löschen, werden Sie sich innerhalb von vierundzwanzig Stunden wünschen, Sie hätten es nicht getan. Daher erstellt der Autor dieses kleinen Werks für jedes Webprojekt einen besonderen Ordner namens *work*. In diesen Ordner kommen alle verwaisten Dateien, zusammen mit Arbeitsdateien für Fireworks, Flash, Photoshop, Illustrator und so weiter.

In diesem Kapitel:
- Entscheiden, was veröffentlicht wird
- Ihre Site veröffentlichen
- Ihre Site frisch halten
- Redesign mit Dreamweaver 8
- Was Sie als Nächstes tun können

KAPITEL 20
Der große Auftritt

Das Veröffentlichen Ihrer Site ist in Dreamweaver eine sehr leichte Aufgabe, und nach all der Arbeit, die Sie in den Aufbau Ihrer Site investiert haben, verdienen Sie es, Ihren Sieg einzufahren.

Aber eine Website ist nie wirklich fertig. Sie haben mit Aktualisierungen zu kämpfen. Vielleicht fügen Sie neue Seiten hinzu. Vielleicht rangieren Sie alte aus. Dann gibt es da noch das gefürchtete N-Wort – nein, nicht Neoliberalismus. Noch schlimmer: *Neugestaltung*. Aber Dreamweaver-Designer brauchen nichts zu befürchten. Da Sie sich ganz zu Anfang für Vorlagen und ein externes Stylesheet entschieden haben, verliert selbst eine komplette Neugestaltung der gesamten Form und Funktion viel von ihrem Schrecken.

Dieses Kapitel zeigt Ihnen, wie Sie Ihre Site im Web veröffentlichen und wie Sie Seitenaktualisierungen und sogar Neugestaltungen problemlos angehen.

Entscheiden, was veröffentlicht wird

Die meisten Inhalte Ihres lokalen Stammordners gehören für jeden sichtbar ins Web, aber nicht alle. Ihr *Templates*-Ordner ist beispielsweise für Sie als Designer lebenswichtig, hat aber nichts mit Ihrer Site in veröffentlichter Form zu tun, weil keine Ihrer Seiten tatsächlich mit dem Vorlagendokument verknüpft ist. Dasselbe gilt für einen *work*- oder *sonstiges*-Ordner, den Sie aus Bequemlichkeitsgründen innerhalb des lokalen Stammordners speichern. Es ist praktisch für Sie, Ihre Notizen, Entwürfe, Experimente, ausgemusterten Seiten, verwaisten Dateien und Arbeitsdateien im selben Ordner zu speichern wie Ihre Site, aber Sie sollten diese Dateien niemals im Web zugänglich machen.

Erinnern Sie sich an die Cloaking-Funktion aus Kapitel 7, mit der Sie diverse Dateitypen vor Dreamweaver versteckt haben. Wie sich zeigt, können Sie auch ganze Ordner verstecken, um Dreamweaver daran zu hindern, sie im Web zu veröffentlichen.

Cloaking-Dateien erscheinen im Bedienfeld *Dateien* rot durchgestrichen, aber lassen Sie sich von der roten Tinte nicht täuschen. Cloaking bedeutet nicht, dass Sie diese Dateien nicht öffnen und bearbeiten können. Es bedeutet nur, dass sie während des Veröffentlichungsprozesses übersprungen werden.

Um Cloaking auf einen Ordner in Ihrer Site anzuwenden, wählen Sie ihn im Bedienfeld *Dateien* aus. Klicken Sie dann mit der rechten Maustaste, um das Kontextmenü aufzurufen, und wählen Sie *Cloaking* → *Cloaking aktivieren*. Dreamweaver streicht das Ordnersymbol rot durch, wie Abbildung 20-1 zeigt. Um das Cloaking eines Ordners wieder aufzuheben, markieren Sie ihn im Bedienfeld *Dateien*, klicken Sie mit rechts und wählen Sie *Cloaking* → *Cloaking deaktivieren* aus dem Kontextmenü.

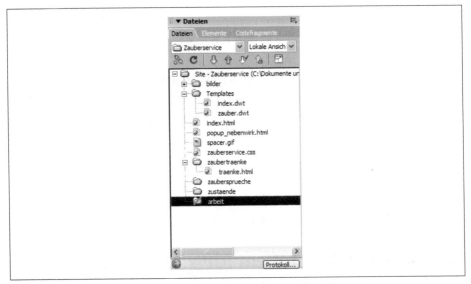

Abbildung 20-1: Cloaking eines nicht-öffentlichen Ordners in Ihrer Site

 Wenn Sie das Cloaking Ihres *Templates*-Ordners aktivieren, informiert Dreamweaver Sie, dass diese Operation nur GET- und PUT-Befehle betrifft – mit anderen Worten die Veröffentlichung Ihrer Site. Das ist genau, was Sie möchten, also klicken Sie auf *OK*.

Ihre Site veröffentlichen

Nun, da Sie sortiert haben, was veröffentlicht wird und was nicht, können Sie Ihre Site veröffentlichen. Das ist ein zweiteiliger Prozess. Als Erstes stellen Sie mit Dreamweaver eine Verbindung zum Webhoster her. Als Nächstes laden Sie die Dateien Ihrer Site von Ihrem Computer auf den Computer des Hosters hoch. Zwei Mausklicks genügen, wie dieser Abschnitt zeigt.

Verbindung zum Hoster herstellen

Nachdem Sie festgelegt haben, was veröffentlicht wird und was nicht, können Sie die Verbindung zu Ihrem Webhoster herstellen. Sie haben Ihre Verbindungsinformationen angegeben und getestet, als Sie Ihre Site in Kapitel 7 definiert haben, also wissen Sie, dass alles funktioniert.

Dreamweaver weiß nicht, wohin er Ihre Site veröffentlichen soll, wenn Sie ihm die Informationen über Ihren Hosting-Dienst vorenthalten. Falls Sie diesen Teil Ihrer Site-Definition also aus irgendeinem Grund übersprungen haben, gehen Sie zurück und erledigen Sie es jetzt! Wählen Sie *Site → Sites verwalten*, wählen Sie Ihre Site im Dialogfeld *Sites verwalten* und klicken Sie auf die Schaltfläche *Bearbeiten*.

Um eine Verbindung zu Ihrem Webhoster herzustellen, klicken Sie die Schaltfläche *Stellt Verbindung zum entfernten Host her* ( ) im Bedienfeld *Dateien* an. Das in Abbildung 20-2 gezeigte Dialogfeld *Dateivorgang im Hintergrund* erscheint und zeigt Ihnen, was hinter den Kulissen geschieht, wenn Dreamweaver die Verbindung mit Ihrem Webhoster aushandelt. Das kann einige Sekunden dauern, also haben Sie Geduld.

Abbildung 20-2: Das Dialogfeld Dateiaktivität im Hintergrund

Wenn Sie hinter der Windows-Firewall arbeiten, erhalten Sie möglicherweise das Dialogfeld in Abbildung 20-3, sobald Sie die Dreamweaver-Verbindungsfunktionen zum ersten Mal einsetzen. Stellen Sie sicher, dass Sie die Schaltfläche *Blockierung aufheben* anklicken, sonst kann Dreamweaver Ihre Site nicht im Web veröffentlichen.

Wenn Sie hinter der in Mac OS X eingebauten Firewall arbeiten, kann es ebenfalls Probleme beim Verbindungsaufbau zu Ihrem Webhoster über Dreamweaver geben, und ärgerlicherweise erhalten Sie nicht einmal ein Dialogfeld, das Sie deswegen warnt. Einige Mac-Benutzer lösen das Verbindungsproblem, indem sie Dreamweaver für passives FTP konfigurieren. Um das zu tun, wählen Sie *Site → Sites verwalten* aus dem Hauptmenü. Wechseln Sie in die Ansicht *Erweitert*, wählen Sie die Kategorie *Remote-Informationen* und kreuzen Sie die Option *Passiven FTP verwenden* an. Wenn Sie mehr als eine Site verwalten und dieser Schritt bei Ihnen funktioniert, stellen Sie sicher, dass Sie die Definitionen aller Ihrer Sites durchgehen und auf passives FTP umstellen.

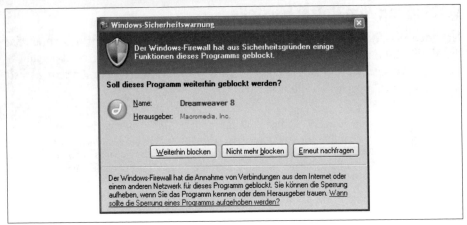

Abbildung 20-3: Die Blockierung von Dreamweaver in der Windows-Firewall aufheben

Andere Mac-User erzielen gute Ergebnisse, indem sie die Einstellungen der Firewall selbst manipulieren. Klicken Sie unter *Sharing* in den *Systemeinstellungen* die Schaltfläche *Dienste* an und kreuzen Sie die Option *FTP-Zugriff* an, wie Abbildung 20-4 zeigt. Klicken Sie dann auf die Schaltfläche *Firewall* und aktivieren Sie den FTP-Zugriff vom und zum Server Ihres Providers, wie in Abbildung 20-5.

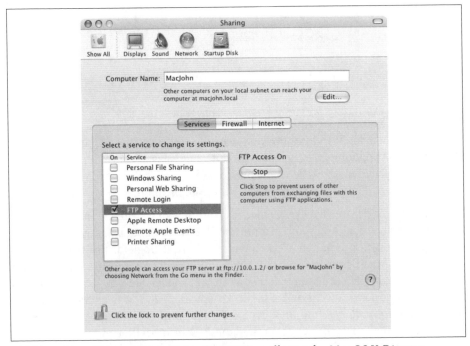

Abbildung 20-4: Aktivieren Sie zunächst den FTP-Zugriff unter den Mac OS X-Diensten

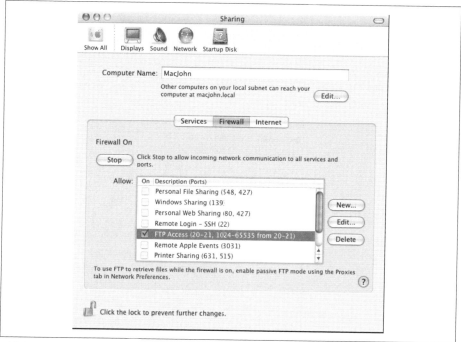

Abbildung 20-5: Kreuzen Sie dann FTP-Zugriff unter Firewall an.

Wenn Dreamweaver die Verbindung mit Ihrem Hoster hergestellt hat, wird das Dialogfeld *Dateivorgang im Hintergrund* geschlossen und die Verbindungsschaltfläche im Bedienfeld *Dateien* leuchtet auf ( ). Herzlichen Glückwunsch! Sie sind online.

 Wenn alles andere scheitert, können Sie die Mac OS X-Firewall vorübergehend ganz deaktivieren, und es wird – wahrscheinlich, wohlgemerkt – alles in Ordnung sein. Sicherheit ist ein lukratives Geschäft, und Horrormärchen sind klassische Verkaufsmotivatoren. Durch all die sensationsheischenden Erzählungen über Cyberkriminalität und Identitätsdiebstahl in den allabendlichen als Nachrichten getarnten Dauerwerbesendungen kann es leicht geschehen, dass Verbraucher übervorsichtig mit ihrer Computersicherheit umgehen. Aber solange Sie nicht Bill Gates, das Finanzamt, eine Bank oder ein Kreditkartenunternehmen sind, sind die Hacker nicht hinter ihnen her. (Und falls doch, wird eine Firewall sie ohnehin nicht lange aufhalten.) Nichtsdestotrotz sollten Sie Ihre persönliche Firewall nicht deaktivieren, wenn Sie nicht müssen, nur um sicherzugehen. Der Autor dieses bescheidenen Werks ist dafür bekannt, seine Firewall eingeschaltet zu lassen.

Ihre Dateien hochladen

Die Zeit ist gekommen, die Dateien Ihrer Site zu veröffentlichen oder *hochzuladen*. Wählen Sie den lokalen Stammordner im Bedienfeld *Dateien*, wie Abbildung 20-6 zeigt, und klicken Sie dann die Schaltfläche *Datei(en) bereitstellen* ( ) an. Dreamweaver fragt Sie, ob Sie wirklich die *gesamte Site bereitstellen* möchten. Natürlich möchten Sie. Klicken Sie auf *OK*.

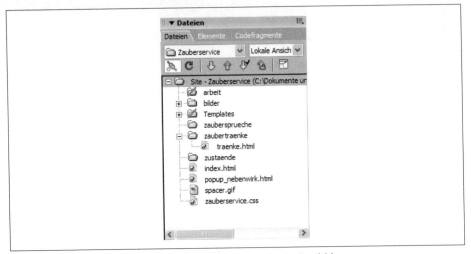

Abbildung 20-6: Wählen Sie den lokalen Stammordner im Bedienfeld aus.

Das Dialogfeld *Dateivorgang im Hintergrund* erscheint wieder, während Dreamweaver Ihre Dateien an den Webhoster sendet. Klicken Sie die Pfeil-Schaltfläche neben *Details* an, um genau zu sehen, was passiert, wie Abbildung 20-7 zeigt.

Wenn Dreamweaver fertig ist, wird das Dialogfeld *Dateivorgang im Hintergrund* geschlossen. Ihre Website ist jetzt online! Um es zu überprüfen, wechseln Sie im Bedienfeld *Dateien* zur *Remote-Ansicht*, wie in Abbildung 20-8. Sie betrachten nun den Computer Ihres Webhosters, und Ihre Ordner und Dateien sind genau da, wo Sie sie haben möchten.

Sie wissen, was das bedeutet: Starten Sie Ihren Lieblingsbrowser und geben Sie Ihre Domain ein. Sie sind nun offiziell der erste Besucher Ihrer ersten veröffentlichten Website. Nochmals herzlichen Glückwunsch! Dieser angenehme Geschmack auf Ihrer Zunge ist der Sieg, rein und süß. Genießen Sie ihn. Der Autor dieses kleinen Werks wünscht Ihnen Erfolg im Überfluss.

 Um Ihre Remote-Dateien und Ihre lokalen Dateien nebeneinander zu sehen, klicken Sie die Schaltfläche *Einblenden* rechts oben im Bedienfeld *Dateien* an. Klicken Sie erneut auf diesen Button, um zur Normalansicht zurückzukehren.

Abbildung 20-7: Klappen Sie den Bereich Details aus, um zu sehen, was passiert.

Abbildung 20-8: Wechseln Sie in die Remote-Ansicht, um Ihre veröffentlichte Site zu sehen.

Ihre Site frisch halten

Eine Live-Website ist eine lebendige Website. Sie ist nicht statisch wie ein Betonklotz. Sie wächst und entwickelt sich. Wenn Sie neue Inhalte und neue Seiten hinzufügen, möchten Sie die veröffentlichte Version Ihrer Site aktuell halten. Dieser Abschnitt zeigt Ihnen einige einfache Methoden, genau dies zu tun.

Eine alte Webweisheit besagt, dass Sie Ihre Site so oft aktualisieren sollten, wie Sie möchten, dass die Besucher zurückkommen. Wenn Sie also möchten, dass sie einmal pro Woche vorbeischauen, sollten Sie wöchentliche Updates durchführen. Wenn sie jeden Tag wiederkommen sollen, brauchen Sie tägliche Updates. Wenn Sie möchten, dass sie sogar jede Stunde wiederkommen, müssen Sie ihnen einen Anreiz dazu geben, und das jede Stunde aufs Neue. Nach derselben Logik besitzt eine Website, die monatelang unverändert bleibt, keine Anziehungskraft mehr.

Ihre Site synchronisieren

Sie haben nun zwei Versionen Ihrer Site: die lokale Version, diejenige auf Ihrem persönlichen Computer und die Remote-Version, die veröffentlichte Live-Version, die Besucher sehen, wenn sie Ihre URL eingeben. Im Moment sind die beiden Versionen genau identisch – sie sind *synchron*. Sobald Sie allerdings Änderungen an Ihren lokalen Dateien durchführen – neue Inhalte hinzufügen, alte Inhalte entfernen, Dateien in andere Ordner verschieben –, aktualisieren ihre Remote-Gegenstücke sich nicht automatisch selbst. Ihre aktualisierte lokale Version entspricht nicht mehr der Version, die Sie ursprünglich veröffentlicht haben, also sind sie nicht mehr synchron.

Diese Situation lässt sich leicht beheben. Stellen Sie im Bedienfeld *Dateien* eine Verbindung zu Ihrer Site her und wechseln Sie in die *Lokale Ansicht*, so dass Sie die Dateien und Ordner auf Ihrem persönlichen Computer sehen. Wählen Sie dann den lokalen Stammordner aus, klicken Sie ihn mit rechts an und wählen Sie *Synchronisieren* aus dem Kontextmenü. Das Dialogfeld *Dateien synchronisieren* erscheint, wie Abbildung 20-9 zeigt.

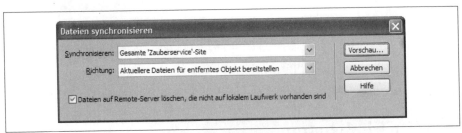

Abbildung 20-9: Veröffentlichen Sie Ihre letzten Änderungen in der Remote-Site.

Wählen Sie aus dem Menü *Synchronisieren* die Option für die gesamte Site und unter *Richtung* die Option *Aktuellere Dateien für entferntes Objekt bereitstellen*. Wenn Sie in der lokalen Site Dateien gelöscht oder umbenannt haben, kreuzen Sie die Option *Dateien auf Remote-Server löschen, die nicht auf lokalem Laufwerk vorhanden sind* an. Klicken Sie auf *Vorschau*, um die Änderungen zu überprüfen.

Das Dialogfeld *Dateivorgang im Hintergrund* öffnet sich, während Dreamweaver die beiden Versionen Ihrer Site vergleicht. Zum Schluss erhalten Sie das Dialogfeld *Synchronisieren*, das Abbildung 20-10 zeigt.

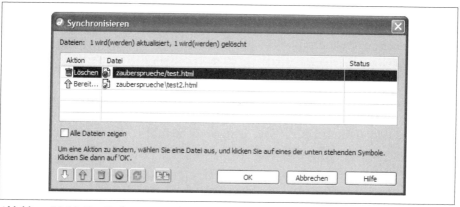

Abbildung 20-10: Die Updates im Dialogfeld Synchronisieren überprüfen

Überprüfen Sie die Änderungen, die Dreamweaver vorzunehmen plant. Wenn Sie eine bestimmte Änderung zu diesem Zeitpunkt nicht durchführen möchten, markieren Sie sie in der Liste und klicken Sie die Schaltfläche *Ignorieren* an.

Wenn Sie fertig sind, klicken Sie auf *OK*, und Dreamweaver führt die gewünschten Operationen durch. Ihre veröffentlichte Site ist nun aktuell.

Möglicherweise fällt Ihnen in der Spalte *Dateien* des Dialogfelds *Synchronisieren* die Mischung aus Schrägstrichen in beide Richtungen auf. Das kann verwirrend sein, ist aber kein Anlass zur Besorgnis. Ob ein Pfad mit einem Slash (/) oder einem Backslash (\) angezeigt wird, hängt von der Voreinstellung des Betriebssystems ab. Windows bevorzugt den Backslash, während Unix – das am häufigsten im Web eingesetzte Betriebssystem – den normalen Slash bevorzugt. Beide bewirken in diesem Kontext dasselbe, nämlich, dass sie die Ordner oder Verzeichnisse eines Dateipfads voneinander trennen.

Wenn Sie eine schnelle (aber nicht immer genaue) Faustregel brauchen, können Sie sagen, dass ein Pfad mit Backslashes auf eine lokale Datei auf einem PC verweist, während ein Pfad mit Slashes auf eine Remote-Datei irgendwo auf einem Webserver verweist, aber verlassen Sie sich nicht zu sehr auf diese Unterscheidung. Die eigentliche Wurzel des Problems ist die Betriebssystemsyntax, und solange Sie nicht für ein vollständiges Netzwerk verantwortlich sind, brauchen Sie sich nicht darum zu sorgen, in welche Richtung die Schrägstriche kippen.

Remote-Dateien herunterladen

Gelegentlich möchten Sie die Remote-Version einer Datei herunterladen. Vielleicht haben Sie einige wichtige Änderungen an der lokalen Version der Datei vorgenommen, es sich dann aber anders überlegt, oder jemand aus der Marketing-Abteilung hat sich in Ihren Computer eingeloggt und – überwältigt von all den strahlend leuchtenden Dreamweaver-Buttons – schließlich eine oder zwei lokale Seiten gelöscht. Sie können Dateien genauso leicht von der Remote-Site in Ihre lokale Site herunterladen.

Um Remote-Dateien herunterzuladen, stellen Sie eine Verbindung zu Ihrem Webhoster her und wechseln Sie im Bedienfeld *Dateien* auf *Remote-Ansicht*. Wählen Sie die Dateien oder Ordner aus, die Sie erhalten möchten, und klicken Sie die Schaltfläche *Datei(en) abrufen* () an, um die Remote-Versionen der Dateien und Ordner herunterzuladen.

Wenn eine neuere Version der gewählten Datei oder des gewünschten Ordners auf Ihrer lokalen Site existiert, weist Dreamweaver Sie darauf hin, wie Abbildung 20-11 zeigt. Klicken Sie auf *Ja*, um fortzufahren, oder auf *Alles bestätigen*, wenn Sie mehr als eine Datei herunterladen und wissen, dass Sie sie alle überschreiben möchten.

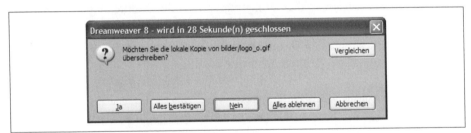

Abbildung 20-11: Dreamweaver fragt, ob Sie Ihre lokale Version der Datei überschreiben möchten.

> Das Herunterladen einer Remote-Datei löscht diese nicht vom Remote-Computer. Es erstellt einfach eine Kopie dieser Datei auf Ihrem lokalen Rechner (oder überschreibt die bestehende lokale Datei mit demselben Namen).
>
> Um eine Remote-Datei zu löschen, wählen Sie sie in der Remote-Ansicht des Bedienfelds aus, klicken Sie sie mit der rechten Maustaste an und wählen Sie *Bearbeiten* → *Löschen* aus dem Kontextmenü.

Redesign mit Dreamweaver 8

Sechs Monate später. Ihre Site ist gewachsen. Sie haben Feinabstimmungen an Inhalt und Struktur vorgenommen. Sie erhalten gutes Besucher-Feedback, so dass Sie wissen, was an Ihrer Site besonders gefällt, und auch eine genaue Vorstellung davon haben, was Sie tun können, um sie noch besser zu machen. Langsam finden Sie auch die ewig gleiche Aufmachung etwas langweilig. Je mehr Sie darüber nachdenken, desto sicherer werden Sie, dass jetzt eine hervorragende Zeit für *meinesite.de* Version 2.0 ist.

Neugestaltung, Umgestaltung, Redesign. Schon die bloßen Wörter lassen einige Webdesigner erschaudern. Sie denken an all die Abkürzungen, die sie genommen haben, in dem Bewusstsein, dass sie eines Tages büßen müssten würden. Für ihre Sites ist nun der Zahltag gekommen. Sie dagegen haben Ihre Site mit Dreamweaver-Vorlagen und externen Stylesheets aufgebaut, so dass Sie schon aus den roten Zahlen heraus sind und in die schwarzen kommen, bevor der Vorgang überhaupt beginnt. Vielleicht ertappen Sie sich sogar dabei, dass es Spaß macht.

Angenommen, Sie betreuen die Site *Zauber-Service* und beschließen, dass es Zeit ist, die grafische Gestaltung zu ändern. Ein paar Konzeptskizzen und Layoutentwürfe später haben Sie sich die Neugestaltung in Abbildung 20-12 ausgedacht. Aus diesem Modell leiten Sie das Tracing-Bild ab, das in Abbildung 20-13 erscheint.

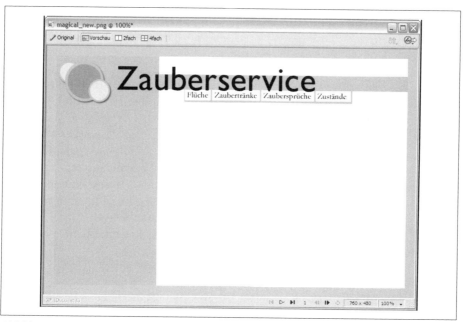

Abbildung 20-12: Der Neugestaltungsentwurf für die Zauberservice-Site

Wenn Sie zu Kapitel 17 zurückblättern und sich das ursprüngliche Design der Site anschauen, sehen Sie, dass Sie die Dinge wirklich durcheinander wirbeln. Zum einen wechseln Sie von einem Layout mit Seitennavigation zu einem mit Top-Navigation, zum anderen gewinnen Sie einen Sidebar-Bereich hinzu, wo vorher keiner war; von der Tatsache, dass Sie das ursprüngliche Liquidlayout durch ein Festbreitenlayout

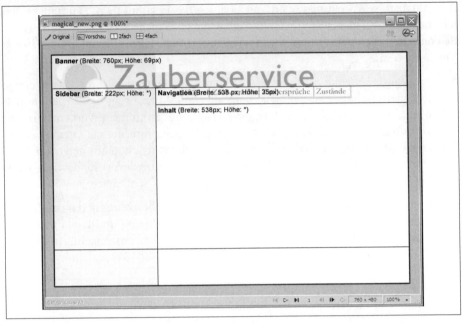

Abbildung 20-13: Das Tracing-Bild für die Neugestaltung

ersetzen, ganz zu schweigen. Nach normalen Maßstäben zu urteilen, dürfte diese Neugestaltung schrecklich werden. Aber hier zahlt sich Ihre Entscheidung für den Einsatz von Dreamweaver-Vorlagen und externen Stylesheets auf eine Weise aus, wie Sie es nie für möglich gehalten hätten. Sie erstellen ein einziges neues Vorlagendokument, das das neu gestaltete Layout enthält, und verknüpfen es dann mit den Seiten Ihrer Site. Dreamweaver ersetzt das ursprüngliche Layout aus dem alten Vorlagendokument mit dem neuen Layout aus dem neuen Vorlagendokument. Nach einigen Minuten hat Ihre gesamte Site ein brandneues Design. Es kommt noch besser: Alles in den bearbeitbaren Bereichen – das heißt die Inhalte aller Ihrer Seiten – bleibt genau, wie es war. Ihre Seiten erhalten ein neues Layout, aber sie behalten ihren Inhalt bei. Das ist eine Win-Win-Situation der schönsten Art.

Das ist zu tun:

1. Starten Sie Dreamweaver, erstellen Sie eine neue Seite namens *new.html* und speichern Sie sie in Ihrem lokalen Stammordner.
2. Verknüpfen Sie das Tracing-Bild mit dieser Seite und zeichnen Sie das Layout.
3. Tippen Sie Textplatzhalter in die Bereiche ein.
4. Fügen Sie das aktuelle Stylesheet an.
5. Speichern Sie die Seite als Vorlage *new.dwt* oder Ähnliches.
6. Fügen Sie bearbeitbare Bereiche ein. Die bearbeitbaren Bereiche können sich in der neuen Vorlage an völlig anderen Stellen befinden. Stellen Sie nur sicher, dass die neuen Bereiche dieselben Namen haben wie die alten. Andernfalls ist

Dreamweaver nicht sicher, welcher Bereich welchem entspricht. Sie können auch völlig neue bearbeitbare Bereiche hinzufügen – Bereiche, die keine Entsprechung in der alten Vorlage besitzen – und ihnen beliebige Namen zuweisen.

Was geschieht, wenn Sie beispielsweise in der derzeitigen Site einen Sidebar-Bereich haben, aber keinen in der neuen Site? Was macht Dreamweaver mit dem bestehenden Sidebar-Inhalt auf Ihren Seiten?

Was passiert, bleibt Ihnen überlassen. Wenn Sie die neue Vorlage auf die Seiten Ihrer Site anwenden, zeigt Dreamweaver Ihnen das Dialogfeld *Inkonsistente Bereichsnamen* an und informiert Sie darüber, dass er nicht weiß, was mit dem Inhalt im aktuellen Sidebar-Bereich geschehen soll, weil das neue Design keinen korrespondierenden Sidebar-Bereich enthält. Sie können den Siedbar-Inhalt entweder in einen neuen Bereich des Layouts verschieben oder ihn einfach löschen.

7. Fügen Sie die Navigationsleiste hinzu.
8. Fügen Sie weitere Bilder und Text hinzu. Machen Sie sich keine Gedanken über die Inhalte in den bearbeitbaren Bereichen. Fügen Sie einfach den Inhalt hinzu, der speziell in die Vorlage gehört.
9. Fügen Sie die Links hinzu und verknüpfen Sie sie.
10. Wenden Sie die Stile aus dem Stylesheet auf die Elemente der Seite an und modifizieren Sie die Stile dabei gegebenenfalls, um sie an Ihr neues Design anzupassen.

Wenn Sie fertig sind, haben Sie etwas, das so aussieht wie Abbildung 20-14.

Nun brauchen Sie die neue Vorlage nur noch auf die bestehenden Seiten Ihrer Site anzuwenden:

1. Öffnen Sie eine bestehende Seite in Dreamweaver. Machen Sie sich keine Sorgen, dass die Stile des neuen Designs im Layout des aktuellen Designs erscheinen. Im Gegenteil, machen Sie sich Sorgen, wenn die neuen Stile *nicht* erscheinen. Der eigentliche Zweck der Verwendung eines externen CSS-Dokuments ist, dass Sie die Änderungen einmal durchführen und sie sich dann selbst überall auf Ihrer Site verbreiten.
2. Wählen Sie *Modifizieren → Vorlagen → Vorlage auf Seite anwenden* aus dem Hauptmenü. Das Dialogfeld *Vorlage auswählen* in Abbildung 20-15 erscheint.
3. Markieren Sie Ihre neue Vorlage und klicken Sie auf *Auswählen*.

So einfach wird die Seite neu gestaltet, wie Abbildung 20-16 zeigt. Zauber-Service, tatsächlich! Wählen Sie *Datei → Speichern* aus dem Hauptmenü und schließen Sie das Dokumentfenster.

Folgen Sie nun einfach denselben drei Schritten für die restlichen Seiten Ihrer Site, und Sie können Ihre Neugestaltung als abgeschlossen betrachten. Stellen Sie eine

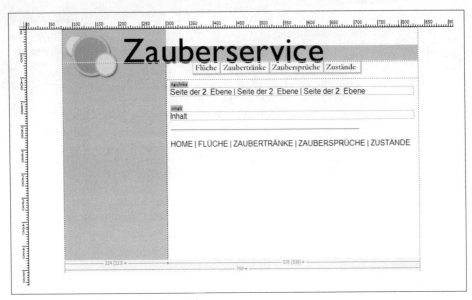

Abbildung 20-14: Ihre neue Vorlage sieht so aus.

Abbildung 20-15: Wählen Sie Ihre neue Vorlage aus.

Verbindung zu Ihrem Hoster her, synchronisieren Sie Sites und Ihre frischen, neuen Seiten sind live im Web.

Was Sie als Nächstes tun können

Dieses kleine Werk bietet eine Perspektive auf den Einsatz von Dreamweaver zum Gestalten und Erstellen einer Website. Es hat Ihnen eine Einführung in eine breite Auswahl von Themen gegeben, aber die wenigsten auch nur annähernd ausgeschöpft. Es nimmt nicht für sich in Anspruch, die höchste Autorität auf dem Gebiet von Webdesign mit Dreamweaver zu sein.

Wenn Sie mit Hilfe der hier vorgestellten Methoden einige Websites erstellt haben, sich nach mehr sehnen und sich fragen, was noch auf Sie wartet, dann kann man

Abbildung 20-16: Dreamweaver fügt die neue Vorlage zu der Seite hinzu und verschiebt den gesamten ursprünglichen Inhalt.

Ihnen gratulieren, denn Sie sind auf dem Weg, ein fortgeschrittener Webdesigner zu werden. Sie könnten Ihren Horizont auf den Seiten der nachfolgenden Bände erweitern.

Als tief greifende Referenz zu Dreamweaver 8, die sehr detailliert und klar die vielen Funktionen erläutert, die dieses Buch aus Platzgründen auslassen musste, gibt es nichts Besseres als *Dreamweaver 8: The Missing Manual* von David McFarland (Pogue Press). Ein deutschsprachiger Titel mit ähnlichem Umfang ist *Dreamweaver 8. Webseiten entwickeln mit HTML, CSS, XML, PHP und MySQL* von Richard Beer und Susann Gailus (Galileo Press). Macromedias eigene Trainingsserie ist auch sehr zu empfehlen. Beginnen Sie mit *Macromedia Dreamweaver 8. Das offizielle Trainingsbuch* von Khristine Annwn Page (Addison-Wesley), und wenn Sie am Erstellen dynamischer, datenbankgetriebener Websites mit serverseitiger Technologie interessiert sind, machen Sie mit *Macromedia 8 with ASP, ColdFusion, and PHP: Training from the Source* von Jeffrey Bardzell (Macromedia Press) weiter.

Im Bereich Benutzerfreundlichkeit und benutzerorientiertes Design ist *Designing Web Usability* von Jakob Nielsen (deutsche Ausgabe bei Markt und Technik) ein moderner Klassiker, genau wie *Don´t make me think! Web Usability – Das intuitive Web* von Steve Krug (mitp).

Wenn Standardkonformität Ihr Thema ist, dann schauen Sie sich *Build Your Own Standards Compliant Website Using Dreamweaver 8* von Rachel Andrew (SitePoint) an.

Für die Coder unter uns existiert eine Unmenge an Material zum Nachschlagen und Schmökern. Nicht alle sind gut, aber die viel gelobte *Definitive Guide*-Serie (deutsch *Das umfassende Handbuch*) von O'Reilly hat ihren Ruf nicht durch bloßen Hype verdient. Probieren Sie *Cascading Style Sheets – Das umfassende Handbuch* von Eric Meyer (O'Reilly), *Dynamic HTML: The Definitive Reference, Second Edition* von Danny Goodman (O'Reilly), *HTML und XHTML. Das umfassende Referenzwerk, 4. Auflage* von Chuck Musciano and Bill Kennedy (O'Reilly) sowie *JavaScript. Das umfassende Referenzwerk, 2. Auflage* von David Flanagan (O'Reilly).

Wenn ein umfangreiches Handbuch Sie zunächst abschreckt, und auf die Gefahr hin, ein verdienter Mitarbeiter meiner eigenen Marketingabteilung zu werden: Es heißt, dass *Web Design Garage* von Marc Campbell (Prentice Hall PTR) erfolgreich eine Brücke zwischen Webdesign für Anfänger und für Fortgeschrittene baue, und das mit viel Spaß dabei.

TEIL 5
Anhänge und Glossar

ANHANG A
HTML-Tags

Wenn Sie über die HTML-Elementen im Tag-Wähler nachgrübeln, kommt Ihnen diese Tabelle bestimmt gerade recht. Sie erklärt Ihnen, was die diversen Tags im Code auf der Seite darstellen.

Tag	Kennzeichnet
<a>	Einen Hyperlink oder benannten Anker
<acronym>	Ein Akronym (Abkürzung)
<address>	Eine Postanschrift
<applet>	Ein Java-Applet
<area>	Einen anklickbaren Bereich in einer Image-Map
<b>	Fettschrift (veraltet; verwenden Sie stattdessen <strong> oder CSS)
<base>	Den Pfad des aktuellen Dokuments
<basefont>	Die Standardschrift für den Text auf der Seite (veraltet; verwenden Sie stattdessen CSS)
<big>	Text, der eine Nummer größer ist als der umgebende Text
<blockquote>	Einen abgesetzten, eingerückten Absatz
<body>	Den Body-Teil der Seite; enthält alles, was im Browserfenster erscheint
 	Einen Zeilenumbruch
<button>	Eine anklickbare Schaltfläche, besonders für allein stehende Schaltflächenelemente außerhalb von Formularen
<caption>	Die Beschriftung einer Datentabelle
<center>	Zentrierten Text (veraltet; verwenden Sie stattdessen CSS)
<cite>	Ein Zitat
<code>	Einen Block mit Computercode
<col>	Eine Tabellenspalte
<colgroup>	Eine Gruppe verbundener Tabellenspalten
<dd>	Definition eines Begriffs in einer Definitionsliste

Tag	Kennzeichnet
`<del>`	Zu löschenden Inhalt; wird von Redakteuren und Korrektoren verwendet, um dem Seitenautor mitzuteilen, welche Teile des Inhalts gelöscht werden sollen, bevor die Seite im Web veröffentlicht wird
`<div>`	Eine Unterteilung der Seite; eine Ebene
`<dl>`	Eine Definitionsliste
`<dt>`	Den Begriff, der in einer Definitionsliste definiert werden soll
`<em>`	Hervorgehobenen Text; ergibt in allen gängigen Browsern Kursivschrift
`<embed>`	Eine Multimedia-Datei
`<fieldset>`	Eine logische Gruppe von Feldern in einem Formular
`<font>`	Die Schriftart des Texts (veraltet; verwenden Sie stattdessen CSS)
`<form>`	Ein Formular
`<frame>`	Einen Frame in einem Frameset
`<frameset>`	Ein System von Frames
`<h1>`	Eine Überschrift der ersten Ebene
`<h2>`	Eine Überschrift der zweiten Ebene
`<h3>`	Eine Überschrift der dritten Ebene
`<h4>`	Eine Überschrift der vierten Ebene
`<h5>`	Eine Überschrift der fünften Ebene
`<h6>`	Eine Überschrift der sechsten Ebene
`<head>`	Der Head-Bereich der Seite
`<hr>`	Eine horizontale Linie bzw. einen Trennbalken
`<html>`	Eine HTML-Seite
`<i>`	Kursiven Text (veraltet; verwenden Sie stattdessen <em> oder CSS)
`<img>`	Eine Bilddatei
`<input>`	Ein Formularobjekt
`<ins>`	Einzufügenden Inhalt; wird von Redakteuren und Korrektoren verwendet, um dem Seitenautor mitzuteilen, welche Teile des Inhalts während des Bearbeitungsprozesses eingefügt wurden
`<kbd>`	Text, den der Besucher eingeben soll
`<label>`	Eine Beschriftung, etwa der Text, der die Funktion eines Formularobjekts beschreibt
`<legend>`	Die Beschriftung eines Field-Sets
`<li>`	Ein Listenelement
`<link>`	Die Verknüpfung mit einer externen Datei; wird im Head-Bereich der Seite benutzt
`<listing>`	Einen Block mit Code
`<map>`	Eine Image-Map
`<meta>`	Head-Inhalt
`<nobr>`	Einen Inhaltsblock, der am rechten Rand keinen Umbruch erzeugen soll
`<noframes>`	Inhalt, der angezeigt werden soll, wenn der Browser des Besuchers keine Frames unterstützt

Tag	Kennzeichnet
`<noscript>`	Inhalt, der angezeigt werden soll, wenn der Browser des Besuchers kein clientseitiges Scripting unterstützt oder wenn es abgeschaltet ist
`<object>`	Eine Multimedia-Datei
`<ol>`	Eine geordnete (nummerierte) Liste
`<option>`	Ein Element in einer Liste oder einem Menü
`<p>`	Einen Absatz
`<param>`	Ein Parameter, der an ein Applet oder eine eingebettete Multimediadatei übergeben werden soll
`<plaintext>`	Unformatierten Text
`<pre>`	Vorformatierten Text; behält Leerzeichen und Zeilenumbrüche bei, wie sie im Quellcode erscheinen
`<q>`	Ein eingebettetes Zitat, etwa der Dialog einer Romanfigur
`<s>`, `<strike>`	Ausgestrichenen oder durchgestrichenen Text (veraltet; verwenden Sie stattdessen CSS)
`<samp>`	Beispielausgabe eines Computerprogramms
`<script>`	Ein eingebettetes oder verknüpftes clientseitiges Skript
`<select>`	Ein Listen- oder Menü-Formularobjekt
`<small>`	Text, der eine Nummer kleiner ist als der umgebende Text
`<span>`	Einen Inhaltsbereich
`<strong>`	Stark betonten Text; wird in allen gängigen Browsern fett dargestellt
`<style>`	Ein eingebettetes oder verknüpftes Stylesheet
`<sub>`	Tiefgestellten Text
`<sup>`	Hochgestellten Text
`<table>`	Eine Tabelle
`<tbody>`	Den Inhaltsbereich einer Datentabelle
`<td>`	Eine Tabellenzelle
`<textarea>`	Ein mehrzeiliges Textfeld in einem Formular
`<tfoot>`	Den Fußbereich einer Datentabelle
`<th>`	Eine Zelle, die als Zeilen- oder Spaltentitel einer Datentabelle dient
`<thead>`	Den Kopfbereich einer Datentabelle
`<title>`	Den Titel der Seite
`<tr>`	Eine Tabellenzeile
`<tt>`	Teletype bzw. Schreibmaschinenschrift (nichtproportional)
`<u>`	Unterstrichenen Text (veraltet; verwenden Sie stattdessen CSS)
`<ul>`	Eine ungeordnete Liste (Aufzählung)
`<var>`	Eine Variable
`<wbr>`	Eine Stelle innerhalb eines `<nobr>`-Elements, an der der Browser den Inhalt umbrechen darf, wenn das Browserfenster es benötigt
`<xmp>`	Einen Block Computercode, der als Beispiel präsentiert wird

ANHANG B
CSS-Stildefinitionen

Wenn Sie eine Stilregel in Dreamweaver untersuchen, sind Sie möglicherweise nicht mit den Stildefinitionen vertraut, die im Bedienfeld *CSS-Stile* erscheinen. Die folgende Tabelle listet sie alle auf und erläutert Sie für Ihren Komfort.

Stildefinition	Steuert
background-attachment	Das Verhalten eines Hintergrundbilds beim Scrollen der Seite
background-color	Die Hintergrundfarbe
background-image	Ein Hintergrundbild
background-position	Die Position eines Hintergrundbilds
background-repeat	Kacheleffekt oder Wiederholung eines Hintergrundbilds
border-collapse	Ob benachbarte Ränder verknüpft werden oder allein bleiben
border-color	Die Farbe eines Rahmens
border-spacing	Den Abstand zwischen einem Rahmen und dem Inhalt, den er umgibt
border-style	Den Stil eines Rahmens
border-width	Die Breite oder Dicke eines Rahmens
border-bottom-color, border-bottom-style, border-bottom-width	Farbe, Stil oder Breite des unteren Rahmens
border-left-color, border-left-style, border-left-width	Farbe, Stil oder Breite des linken Rahmens
border-right-color, border-right-style, border-right-width	Farbe, Stil oder Breite des rechten Rahmens
border-top-color, border-top-style, border-top-width	Farbe, Stil oder Breite des oberen Rahmens
bottom	Den unteren Abstand eines Elements
clear	Wie ein Inhaltsblock im Verhältnis zu umgebenden Blöcken positioniert wird; Clear-Blöcke werden in die nächste freie horizontale Zeile verschoben

Stildefinition	Steuert
clip	Den Bereich um einen Inhaltsblock, den der Browser abschneidet oder unsichtbar macht
color	Die Vordergrundfarbe
cursor	Die Form des Mauszeigers, wenn der Besucher das Element berührt
float	Wie ein Inhaltsblock im Verhältnis zu umgebenden Blöcken positioniert wird; Float-Blöcke erscheinen in derselben horizontalen Zeile
font-family	Die Schriftart
font-size	Die Schriftgröße
font-style	Kursive oder schräg gestellte Schrift
font-variant	Großbuchstaben oder Kapitälchen
font-weight	Fettdruck
height	Die Höhe eines Elements
left	Den linken Abstand eines Elements
letter-spacing	Den Abstand zwischen den Zeichen in einer Textzeile
line-height	Den Abstand zwischen Textzeilen
list-style-image	Das Bild, das als Aufzählungszeichen in einem Listenelement verwendet wird, also einen grafischen Ersatz für das Standard-HTML-Bullet
list-style-position	Die Position des Aufzählungszeichens bei einem Listenelement
list-style-type	Den Typ des Aufzählungszeichens für ein Listenelement
margin-bottom	Die Position des unteren Randes
margin-left	Die Position des linken Randes
margin-right	Die Position des rechten Randes
margin-top	Die Position des oberen Randes
overflow-x	Wie das Element mit horizontal überfließendem Inhalt umgeht
overflow-y	Wie das Element mit vertikal überfließendem Inhalt umgeht
padding-bottom	Den Innenabstand am unteren Rand des Elements
padding-left	Den Innenabstand am linken Rand des Elements
padding-right	Den Innenabstand am rechten Rand des Elements
padding-top	Den Innenabstand am oberen Rand des Elements
position	Wie der Browser das Element auf der Seite positioniert, entweder mit relativen oder absoluten Maßeinheiten
right	Den rechten Abstand eines Elements
text-align	Die Ausrichtung eines Textblocks
text-decoration	Ergänzungen eines Textblocks, etwa Unterstreichung, Überstreichung oder Durchstreichung
text-indent	Die Einrückung der ersten Zeile eines Textblocks

Stildefinition	Steuert
`text-justify`	Die Blocksatzeinstellung eines Textblocks
`text-transform`	Die Groß-/Kleinschreibung eines Textblocks
`top`	Den oberen Abstand eines Elements
`visibility`	Die Sichtbarkeit eines Elements
`width`	Die Breite eines Elements
`z-index`	Die Position des Elements in der Stapelreihenfolge; Elemente mit höheren z-index-Werten verdecken die mit niedrigeren

ANHANG C
JavaScript-Event-Handler

Im Bedienfeld *Verhalten* listet Dreamweaver die JavaScript-Event-Handler auf, die die Aktivierung des Verhaltens steuern. Um genau zu erfahren, was wann auf Ihrer Seite passiert, oder um das Verhalten unter anderen Umständen zu aktivieren, betrachten Sie bitte die folgende Tabelle.

Diese Tabelle listet die häufigsten und verlässlichsten JavaScript-Ereignisse auf – diejenigen, die dazu neigen, in verschiedenen Browsern und Geräten zu funktionieren. Je nach Ihren Dreamweaver-Einstellungen stellt das Bedienfeld *Verhalten* möglicherweise erheblich mehr JavaScript-Ereignisse zur Verfügung, aus denen Sie auswählen können. Sie sollten die, die nicht in dieser Tabelle auftauchen, nach Möglichkeit vermeiden, weil sie oft Kompatibilitätsprobleme verursachen.

Stellen Sie wie immer sicher, dass Sie Ihre Verhalten in einigen verschiedenen Live-Browsern testen, bevor Sie Ihre Seiten hochladen, selbst dann, wenn Sie eine der sicheren Optionen wählen. Nicht alle Browser unterstützen alle Ereignisse unter genau denselben Umständen.

Ereignis	Aktivierung
onAbort	Wenn der Besucher das Laden eines Bilds abbricht
onBlur	Wenn das Element den Eingabefokus verliert
onChange	Wenn der Besucher ein Textfeld, einen Textbereich, eine Liste oder ein Menü ändert
onClick	Wenn der Besucher einmal mit der linken Maustaste klickt
onDblClick	Wenn der Besucher mit der linken Maustaste doppelklickt
onDragDrop	Wenn der Besucher ein Objekt zieht und im Browserfenster loslässt
onError	Wenn ein Bild nicht korrekt geladen wird (normalerweise, weil sein Pfad falsch ist)
onFocus	Wenn das Element den Eingabefokus erhält
onKeyDown	Wenn der Besucher eine Taste gedrückt hält
onKeyPress	Wenn der Besucher eine Taste drückt

Ereignis	Aktivierung
onKeyUp	Wenn der Besucher die gedrückte Taste loslässt
onLoad	Wenn der Browser die aktuelle Webseite lädt
onMouseDown	Wenn der Besucher die linke Maustaste gedrückt hält
onMouseMove	Wenn der Besucher die Maus bewegt
onMouseOut	Wenn der Besucher den Mauszeiger vom Element wegbewegt
onMouseOver	Wenn der Besucher das Element mit dem Mauszeiger berührt
onMouseUp	Wenn der Besucher die linke Maustaste loslässt, nachdem er sie gedrückt hat
onMove	Wenn der Besucher ein Fenster oder Frame verschiebt
onReset	Wenn der Besucher ein Formular zurücksetzt
onResize	Wenn der Besucher die Größe des Browserfensters ändert
onSelect	Wenn der Besucher Text in einem Textfeld oder Textbereich markiert
onSubmit	Wenn der Besucher ein Formular abschickt
onUnload	Wenn der Browser mit dem Laden einer neuen Seite beginnt

Glossar

Absenden-Schaltfläche
In einem ➙ *Formular*: Eine Schaltfläche, die die Werte der Felder absendet.

Above the fold
Beschreibt Inhalt, der ohne Scrollen sichtbar ist, wenn der Besucher gerade auf einer Webseite ankommt.

Affordance
Ein visueller Hinweis, der den Zweck oder die Funktion eines Elements verdeutlicht, etwa die Form einer Schaltflächengrafik.

Aktiv-Zustand
Das Aussehen eines Hyperlinks, den der Besucher gerade anklickt oder mit der **Tab**-Taste erreicht.

Alphakanal-Transparenz
Eine Form der Bildtransparenz, die unterschiedliche Deckkraftstufen bietet, beispielsweise in PNG-Bildern im Vergleich zu der palettenbasierten Alles-oder-Nichts-Methode transparenter GIFs.

Animiertes GIF
Ein GIF-Bild mit zwei oder mehr Einzelbildern (Frames). Der Computer zeigt die Frames nacheinander an und erzeugt so eine Bewegungsillusion.

Anwendungsserver (englisch *Application Server* oder kurz *App Server*)
Software, die dynamische Informationen zu einer Webseite hinzufügt, bevor der Webserver die Seite an den Client sendet.

Auflösung
Die Pixeldichte eines Bilds. In der Webgrafik ist die übliche Maßeinheit für die Auflösung Pixel pro Inch (ppi). Ein typischer Windows-Monitor besitzt eine Auflösung von 96 ppi, ein Macintosh-Monitor 72 ppi.

Aufzählungszeichen
Der Buchstabe, die Zahl oder das typografische Zeichen, die ein Listenelement einleiten.

Austauschen
Bei einem ➡ *Rollover-Bild*: Ein Bild durch ein anderes ersetzen.

Automatisches Strecken
Dreamweaver-Begriff für eine Layouttabelle oder Layoutzellen, die ihre Breite je nach der Breite des Browserfensters ändern.

Bandbreite
Die Informationsmenge, die der Webhoster über einen bestimmten Zeitraum an Ihre Besucher ausliefert, üblicherweise über einen Monat.

Barrierefreiheit
Der Grad, bis zu dem der Inhalt Ihrer Site für Ihre Besucher zugänglich ist, unter besonderer Berücksichtigung behinderter Besucher.

Bearbeitbarer Bereich
Ein Platz für variablen Inhalt innerhalb einer ➡ *Dreamweaver-Vorlage*.

Below the fold
Beschreibt Inhalt, zu dem der Besucher scrollen muss, nachdem er auf einer Webseite angekommen ist.

Benannter Anker
Ein bestimmtes Link-Ziel innerhalb einer Webseite.

Beschreibung (Meta-Tag)
Eine kurze Zusammenfassung des Inhalts oder Zwecks einer Seite in einem Absatz.

Besucht-Zustand
Das Aussehen eines Hyperlinks, dessen Ziel der Besucher bereits aufgesucht hat.

Bildbearbeitungsprogramm
Software zum Erstellen und Bearbeiten von Computergrafik wie etwa Macromedia Fireworks, Macromedia FreeHand, Adobe Photoshop oder Adobe Illustrator.

Bitmap
Siehe *Rastergrafik*.

Blocksatz
Textzeilen mit angepassten Wortabständen, die dadurch alle gleich lang sind, bis auf die letzte Zeile in einem Absatz.

Box
Das (normalerweise transparente) Rechteck, das ein Seitenelement wie etwa einen Textblock enthält.

Browserprüfung
Eine Fehlersuchprozedur zum Finden von Code, den ein bestimmter Browser nicht mag.

Browser-Plugin
Siehe *Plugin*.

Buttons
Siehe *Schaltflächen*.

ccTLD
Siehe *Länder-Top-Level-Domain*.

Client
In einem Computernetzwerk: Die Software, die eine Datei von einem ➝ *Server* anfordert.

Clientseitige Technologie
Jede Technologie, die zur Anfrageseite einer Netzwerkverbindung gehört, etwa HTML, CSS und JavaScript.

Clientseitige Verhalten
Siehe *JavaScript-Verhalten*.

Code-Editor
Software zum Erstellen von Webseiten, für die Dreamweaver ein gutes Beispiel ist.

Colspan
Ein Tabellenzellen-Attribut, das es der Zelle ermöglicht, sich über mehr als eine Spalte im Gitternetz der Tabelle zu erstrecken.

Content
Die Informationen, die auf einer Webseite oder Website erscheinen, also Text, Bilder und Medien.

CSS (Cascading Style Sheets)
Eine Auszeichnungssprache, die die Darstellung von Strukturelementen auf einer Webseite beschreibt.

Datenbankserver
Software, die einem ➝ *Anwendungsserver* die Verbindung mit einer Online-Datenbank ermöglicht.

Datentransfer
Siehe *Bandbreite*.

Defekte Links
Links, die ihre Zielseiten nicht finden können.

Definition einer Site
Die Grundinformationen, die über ein Projekt bereitgestellt werden müssen, damit Dreamweaver es effektiver verwalten kann.

Diashow
Eine interaktive Vorstelleung, in der eine Sequenz statischer Bilder durchgeblättert wird.

Dicke (Rahmen oder Rand)
Die sichtbare Breite eines Elements.

Div
Siehe *Ebene*.

Domainname
Die Webadresse Ihrer Site.

Down-Zustand
Das Aussehen einer Schaltfläche in einer Navigationsleiste, wenn der Besucher sich auf der entspechenden Seite oder im entsprechenden Bereich der Site befindet.

Dreamweaver-Vorlage
Ein Dokument, das alle permanenten Elemente des Seitenlayouts festsetzt, während es bearbeitbare Bereiche für Inhalte bereitstellt, die sich von Seite zu Seite ändern.

Drei-Klick-Regel
Ein Navigationsideal für das Webdesign: Ihre Besucher sollten in der Lage sein, den gewünschten Inhalt von überall auf Ihrer Site aus mit maximal drei Klicks zu erreichen.

Dynamische Site
Eine Website, die client- und serverseitige Technologie mischt.

Ebene
Eine logische Unterteilung einer Webseite. Sie können Ebenen an Stelle von Tabellen verwenden, um standardkonforme Seitenlayouts zu erstellen.

E-Mail-Link
Ein Link, der das Standard-E-Mail-Programm des Besuchers öffnet und eine leere E-Mail-Nachricht erstellt.

Einbetten
Die Praxis, Code wie etwa → *CSS* direkt in eine HTML-Seite zu schreiben.

Eingabehilfen
Elemente, die einer größeren → *Barrierefreiheit* dienen beispielsweise Alternativtexte für Bilder oder Tastenkürzel als Ersatz für Mauselemente.

Ergonomie
Siehe *Affordance*.

Externer Link
Ein Hyperlink, der von Ihrer Site zu einer anderen verweist.

Felder
Siehe *Formularfelder*.

Festbreitenlayout
Ein Seitenlayout, das immer dieselbe Breite beibehält, egal, wie breit das Browserfenster ist.

Flash-Schaltfläche
Ein kurzer, interaktiver Flash-Film, der genau wie eine Rollover-Grafik funktioniert.

Flash-Text
Ein kurzer Flash-Film, der anklickbaren Text enthält.

Format
Im Dreamweaver-Sprachgebrauch der Strukturtyp eines Textblocks, etwa ein Absatz oder eine Überschrift.

Formatattribute
Stiloptionen für ein Seitenelement, beispielsweise für einen Textblock.

Formular
Eine HTML-Struktur zum Sammeln von Benutzereingaben.

Formularfelder, Formularobjekte
Interaktive Elemente in einem Formular, die der Besucher anklickt oder ausfüllt, etwa Textfelder, Kontrollkästchen oder Optionsschalter.

Geordnete Liste
Eine Liste, in der die ➙ *Aufzählungszeichen* der Listenelemente eine Abfolge bilden.

Geparkt
Der Zustand eines Domainnamens, der reserviert wurde, aber noch nicht auf eine richtige Website verweist.

GIF (Graphical Interchange Format)
Ein Web-Bilddateityp, der besonders gut für große Flächen gleicher Farbe funktioniert. GIF-Bilder enthalten eine Palette und unterstützen Animation und Transparenz.

Größe (Computerdatei)
Die Menge an Festplattenplatz, die eine Computerdatei benötigt.

Gruppieren
Die psychologische Tendenz, dass Menschen Ähnlichkeiten in Sachen suchen, die sich zufälligerweise in der Nähe voneinander befinden.

Hauptnavigation
Die bevorzugte Methode, sich auf Ihrer Site zu bewegen, etwa eine Navigationsleiste.

Herunterladen
Eine Datei vom Computer eines Webhosters auf einen Computer kopieren.

Hochladen
Eine Datei von einem Computer auf den Computer eines Webhosters kopieren.

Homepage
Siehe *Startseite*.

Horizontale Linie
Eine vom Browser erzeugte Linie, die vom linken zum rechten Seitenrand verläuft.

Hotspot
Ein anklickbarer Bereich in einer Image-Map.

Hover-Zustand
Das Aussehen eines Hyperlinks, den der Besucher gerade mit dem Mauszeiger berührt.

HTML (HyperText Markup Language)
Eine Auszeichungssprache, die den Inhalt von Webseiten beschreibt.

ID
Eine eindeutige Bezeichnung zur Identifikation eines bestimmten Seitenelements.

Image-Map
Eine Grafik mit einem oder mehreren ➞ *Hotspots*.

Inline-Bild
Ein Bild, das in den umgebenden Inhalt eingebettet ist.

Innenabstand
Der Abstand zwischen den Rändern einer ➞ *Box* und der Kante des darin befindlichen Inhalts.

Interner Link
Ein Hyperlink, der von einer Seite Ihrer Site auf eine andere führt.

JavaScript
Eine Computersprache zum Schreiben kurzer Programme, die im Webbrowser des Besuchers ausgeführt werden. Dreamweaver verwendet JavaScript, um seinen Satz an clientseitigen Verhalten zu implementieren.

JavaScript-Verhalten
Vorgefertigte JavaScript-Schnipsel, die mit Dreamweaver geliefert werden. Verwenden Sie JavaScript-Verhalten für hilfreiche, interaktive Effekte wie die Überprüfung von Formulareingaben, das Ändern des Texts in der Statusleiste, das Erstellen von Rollover-Bildern oder das Steuern von Flash-Filmen.

JPEG (Joint Photography Experts Group)
Ein Web-Bilddateityp, der gut für Fotos, großen Farbumfang und sanfte Schattierungen funktioniert. JPEG-Bilder besitzen keine eingebaute ➡ *Palette*.

Kapitälchen
Kleinere Versionen von Großbuchstaben, die an-Stelle von Kleinbuchstaben eingesetzt werden.

Klassenstil
Eine CSS-Stilregel, die sich auf spezielle Instanzen eines Elements bezieht.

Komprimierung
Eine Methode zur Reduzierung der Größe einer Computerdatei, etwa eines Bilds.

Länder-Top-Level-Domain (englisch *Country-code top-level domain* oder *ccTLD*)
Das Suffix eines Domainnamens, das das Herkunftsland der Website kennzeichnet, etwa .de für Deutschland, .at für Österreich oder .ch für die Schweiz.

Lange Beschreibung (longdesc)
Ein Eingabehilfe-Attribut eines anklickbaren Bilds, das die vollständige URL der Seite angibt, die geladen wird, wenn der Besucher das Bild anklickt.

Layoutzellen
Rechteckige Bereiche innerhalb einer Layouttabelle, in denen Sie Inhalte platzieren.

Layoutmodus
Ein spezieller Untermodus des Entwurfsmodus' in Dreamweaver, der Werkzeuge zum Zeichnen von Tabellen bereitstellt.

Liquidlayout
Ein Seitenlayout, das seine Breite ändert, um sich der Breite des Browserfensters anzupassen.

Lokal
Beschreibt die Dateien und die Software auf Ihrem persönlichen Computer.

Lokaler Stammordner
Der Ordner auf Ihrem persönlichen Rechner, in dem Sie die Dateien Ihrer Site speichern.

Mailto-Link
Siehe *E-Mail-Link*.

Malprogramm
Software zum Erstellen und Bearbeiten von ➡ *Rastergrafiken*.

Meta-Tags
HTML-Strukturen, die allgemeine Informationen über eine Webseite bereitstellen, besonders für die Nutzung durch Suchmaschinen.

MIME-Type (*Multipurpose Internet Mail Extension*)
Das Format oder die Kategorie einer bestimmten Computerdatei.

Multimedia (Medien)
Besondere Arten von Webinhalten wie Animationen, Audio und Video, die normalerweise ein Browser-Plugin oder eine externe Anwendung benötigen.

Navigationsleiste
Eine Sammlung von Links zu den Hauptinhaltsbereichen einer Site, die normalerweise an derselben Position jeder Seite erscheint.

Neu auflösen
Feineinstellung der Auflösung und Größe eines Bilds für eine bestimmte Seite Ihrer Site.

Nicht synchron
Der Zustand einer Website, wenn ihre lokale und ihre Remote-Version nicht denselben Inhalt oder dieselbe Struktur haben.

Over-Zustand
Das Aussehen einer Schaltfläche in einer Navigationsleiste, wenn der Besucher diese mit dem Mauszeiger berührt.

Over-bei-Down-Zustand
Das Aussehen einer Schaltfläche in einer Navigationsleiste, wenn der Besucher ein Bild im ➡ *Down-Zustand* mit dem Mauszeiger berührt.

Page-View
Eine gängige Maßeinheit für Web-Traffic; eine Person, die eine Seite Ihrer Site einmal betrachtet.

Palette
Die eingebaute Farbtabelle von bis zu 256 Farben in einem GIF- oder PNG-Bild. Der Computer verwendet diese Farben, um diese spezielle GIF- oder PNG-Bilddatei anzuzeigen.

Pfad
Bei ➡ *Vektorgrafiken*: Ein Umriss, der aus zwei oder mehr Punkten geformt wird und so die Form eines Objekts beschreibt. Der Pfad ist die grundlegendste Komponente einer Vektorgrafik.

Pixel
Kurz für *picture element*; ein sehr kleines, farbiges Kästchen. Der Pixel ist die grundlegende Komponente einer ➡ *Rastergrafik*. Er ist auch die Standardmaßeinheit für Längen und Breiten im Webdesign.

Platzhalterbild
Ein 1x1 Pixel großes transparentes GIF, das eine Liquidlayouttabelle ausfüllt und die Breiten der Festbreitenzellen aufrechterhält.

Bei Schriftwechsel bitte angeben!

Unsere Steuernummer: 22 280 08702

ISBN\Best-Nr.	Menge	berechnet		Preis	Betrag
			Oreilly Verlag		
978-3-89721-467-5	2	2	ReNr. 00011236 vom 28.09.06 Perry, Bruce W.: Ajax Hacks	20,94	41,88
			Rückruf Börsenblatt- Ladenpreisaufhebung		
978-3-89721-471-2	2	2	ReNr. 00078574 vom 27.04.07 Heinle, Nick; Pena, Bill; Spei: Webdesign mit JavaScript	14,94	29,88
978-3-89721-463-7	1	1	ReNr. 74338 vom 29.06.06 Campbell, Marc: Praxiswissen Dreamweaver 8	17,94	17,94
			Rückruf Börsenblatt-Ladenpreisaufhebung		
				Zwischensumme:	89,70
Gesamtmenge	5			Summe:	**89,70**

Gustav Weiland Nachf. GmbH

Gustav Weiland Nachf. GmbH * Holm 37 * 24937 Flensburg

Oreilly Verlag
VVA Bertelsmann

Henkenstr. 59-65
33415 verl

Holm 37
24937 Flensburg
Tel. 0461 14451-0
Fax 0461 14451-77
service-flensburg-wfl@paragon-mailservice.de

Bankverbindung:
Sparkasse Übeck
Kto-Nr. 1017029
BLZ 23050101

BelegNr. RM94211569
KdNr 25504

Plugin

Ein Computerprogramm, das die Funktionalität einer anderen Anwendung, beispielsweise eines Webbrowsers, erweitert.

PNG (Portable Network Graphics)

Ein Web-Bilddateityp der, wie → *GIF*, gut mit großen, gleichfarbigen Bereichen funktioniert. PNG-Bilder enthalten eine → *Palette* und unterstützen → *Alphakanal-Transparenz*.

POP3 (Post Office Protocol 3)

Ein Standard für die die Auslieferung von Internet-E-Mail, der es Benutzern ermöglicht, ihre E-Mails mit Hilfe von Client-Software wie Microsoft Outlook oder Mozilla Thunderbird auf ihre persönlichen Computer herunterzuladen.

Primärer Vorschaubrowser

Der Browser, der geöffnet wird und die aktuelle Seite lädt, wenn Sie in Dreamweaver **F12** drücken.

Rastergrafik

Computerbilder, die aus → *Pixeln* bestehen.

Registrar

Ein Dienst, bei dem Sie einen Domainnamen registrieren können.

Reihenfolgenposition

Die Reihenfolge, in der der Browser ein Element auswählt, wenn der Besucher die **Tab**-Taste drückt.

Remote

Beschreibt Dateien und Software auf einem anderen Computer als Ihrem eigenen, insbesondere einem Computer, zu dem eine Netzwerkverbindung besteht.

Remote-Stammordner

Der Ordner auf dem Rechner Ihres Webhosters, in dem Sie Ihre Live-Websitedateien speichern.

Rollover-Grafik

Ein Bild, das sein Aussehen verändert, wenn der Besucher es mit dem Mauszeiger berührt. In Wirklichkeit tauscht der Browser als Reaktion auf die Position des Mauszeigers ein Bild gegen ein anderes aus.

Rowspan

Ein Tabellenzellen-Attribut, das einer Zelle ermöglicht, sich im Gitternetz der Tabelle über mehr als eine Zeile zu erstrecken.

Schaltflächen

Anklickbare Bilder auf einem Computerbildschirm, besonders im Fall einer Webseite.

Schlüsselwörter (Meta-Tag)

Die Thementitel einer Webseite.

Schriftart
Die Schrift eines Textelements.

Schriftgröße
Die Höhe der Zeichen in einem Textblock.

Second-Level-Domain
Der »Namens«-Teil eines Domainnamens, etwa *amazon* oder *ebay*.

Segmentieren
Eine Technik, bei der Sie ein Bild in kleinere rechteckige Bereiche zerschneiden, die Sie jeweils als separate Bilddateien speichern, um sie auf einer Webseite wieder zusammenzusetzen, normalerweise innerhalb einer Tabellenstruktur.

Sekundärnavigation
Ein alternatives Navigationsschema, das die ➠ *Hauptnavigation* der Site unterstützt.

Sekundärer Vorschaubrowser
Der Browser, der gestartet wird und die aktuelle Seite lädt, wenn Sie in Dreamweaver **Strg + F12** beziehunsgweise **Befehl + F12** drücken.

Selbstreferenzierter Link
Ein Link, der auf die aktuelle Seite verweist. Er führt mit anderen Worten nirgendwohin.

Server
In einem Computernetzwerk: Die Software, die als Reaktion auf die Anfrage eines ➠ *Clients* eine Datei sendet.

Serverseitige Technologie
Jede Technologie, die zur sendenden Seite einer Netzwerkverbindung gehört, etwa CFML oder PHP.

Seiten-Navigation
Ein gängiges Layout im Webdesign, bei dem der Navigationsbereich am Rand der Seite entlang verläuft.

Site-Definition
Die Zusammenstellung von Informationen, die Dreamweaver zur Verwaltung Ihrer Website verwendet.

Skripten
Kurze Computerprogramme, die oft innerhalb anderer Softwareprogramme wie etwa Webbrowsern ausgeführt werden.

Startseite
Die Seite, die geladen wird, wenn Besucher Ihre URL in das Adressfeld des Browsers eingeben.

Statische Site
Eine Website, die ausschließlich auf ➠ *clientseitiger Technologie* basiert.

Statusleiste
Das Element der Browseroberfläche, das kurze Meldungen über das aktuelle Geschehen im Browser oder das Ziel des ausgewählten Hyperlinks anzeigt.

Stildefinition
Ein Attribut/Wert-Paar in ➡ *CSS*, das das Ausssehen eines bestimmten Features oder Aspekts des Selektors festlegt.

Stilregel
In einem Cascading Style Sheet die Sammlung der ➡ *Stilregeln*, die zusammen die Darstellung eines bestimmten Strukturelements bestimmen.

Stil-Selektor
Das Strukturelement, auf das sich eine ➡ *Stilregel* bezieht.

Struktur (einer Seite)
Sammelbegriff für die Elemente, aus denen eine Webseite besteht.

Struktur (einer Website)
Die Art und Weise, wie die Inhalte einer Website organisiert sind.

Synchron
Der Zustand einer Website, wenn ihre lokale und ihre Remote-Version denselben Inhalt und dieselbe Struktur besitzen.

Tabindex
Siehe *Reihenfolgenposition*.

Tabelle
Eine HTML-Struktur zur Anordnung von Datenzeilen und -spalten. Sie können sie auch verwenden, um das Layout einer Webseite aufzubauen, wenngleich Standardisierungsgremien wie das Web Consortium (W3C) stark davon abraten.

Tags
Die Markierungen in einer HTML-Datei, die Strukturelemente kennzeichnen. Beispielsweise identifiziert das <p>-Tag seinen Inhalt als Absatz.

Textbereich
Ein mehrzeiliges Textfeld in einem ➡ *Formular*.

Textentsprechung
Eine wörtliche Textbeschreibung eines rein grafischen Elements. Sie verwenden Textentsprechungen, um Inhalte wie Bilder für Menschen mit Sehbehinderungen zugänglich zu machen. Siehe auch *Barrierefreiheit*.

Titel
Der Text, der in der Titelleiste am oberen Rand des Browserfensters erscheint, wenn eine Webseite geladen wird.

Top-Level-Domain (TLD)
Das Suffix eines Domainnamens, etwa *.com*, *.org* oder *.net*.

Top-Navigation
Ein gängiges Layout im Webdesign, bei dem sich der Navigationsbereich über den oberen Rand der Seite erstreckt.

Tracing-Bild
Ein maßstabsgetreues Modell Ihres Layouts, das Sie in das Dreamweaver-Dokumentfenster zeichnen.

Transparentes GIF
Ein ➞ *GIF*-Bild, bei dem alle Pixel einer bestimmten Palettenfarbe auf dem Bildschirm durchsichtig werden.

Trennlinie
Siehe *Horizontale Linie*

Über dem Falz
Siehe *Above the Fold*

Umfang
Die Inhaltsmenge einer Website.

Unbesuchter Zustand
Das Aussehen eines Hyperlinks, wenn der Besucher dessen Ziel noch nicht besucht hat.

Ungeordnete Liste
Eine Liste, in der das ➞ *Aufzählungszeichen* ein Punkt ist.

Unter dem Falz
Siehe *Below the fold*

Up-Zustand
Das Standardaussehen einer Schaltfläche in einer Navigationsleiste.

URL (Universal Resource Locator)
Die spezielle Adresse einer Seite oder Datei im Web.

Validierung (Code)
Die Überprüfung der Übereinstimmung des Codes mit den offiziellen Standards.

Validierung (Formular)
Die Überprüfung der Felder des Formulars auf technische Fehler hin, bevor der Browser sie absendet.

Vektorgrafik
Computerbilder, die aus ➞ *Pfaden* bestehen.

Verhalten
Siehe *JavaScript-Verhalten*.

Verknüpfen
Die Praxis, aus einer HTML-Seite auf eine externe Datei wie etwa ein CSS-Dokument zu verweisen.

Verlustbehaftete Komprimierung
Eine Komprimierungsmethode, bei der einige der Informationen in der Datei verloren gehen.

Verlustfreie Komprimierung
Eine Komprimierungsmethode, die alle Informationen in der Datei beibehält.

Verschachtelte Tabelle
Eine Tabelle, die innerhalb der Zelle einer anderen Tabelle erscheint.

Verwaiste Dateien
Dateien im lokalen Stammordner, die auf keiner Seite Ihrer Site erscheinen.

Webhoster
Der Eigentümer (oder Mieter) des Computers, der eine Website an Besucher der Site ausgibt.

Weboptimierung
Die Praxis, die kleinstmögliche Bilddatei unter gleichzeitiger Beibehaltung der Qualität zu erreichen.

Webserver
Software, die Client-Anfragen nach HTML-Dokumenten über eine Netzwerkverbindung beantwortet.

Websichere Schrift
Eine Schriftart, die die meisten Computerbenutzer auf ihren Rechnern haben, etwa *Times New Roman* oder *Arial* auf Windows-Computern.

Widgets
Siehe *Formularfelder*.

Wortumbruch
In einem ➞ *Textbereich*: Das Verschieben zu langer Wörter vom Ende einer Zeile an den Anfang der nächsten durch den Browser.

World Wide Web Consortium (W3C)
Die führende Standardisierungsorganisation für das Web und webbezogene Technologien.

Zeichenprogramm
Software zum Erstellen und Bearbeiten von Vektorgrafik.

Zeilenhöhe
Der Abstand zwischen zwei Textzeilen.

Zielbrowser
Die Liste der Browser, für die Sie bei der ➞ *Browserprüfung* den Code Ihrer Site überprüfen.

Zielangabe (Target)
Bei ➞ *Hyperlinks*: Informationen darüber, wohin der Browser die Zielseite laden soll.

Zugriffstaste
Eine Taste auf der Tastatur, die der Benutzer in Verbindung mit der **Alt**-Taste drückt, um ein interaktives Element auf der Seite auszuwählen

Zurücksetzen-Schaltfläche
Eine Schaltfläche, die in einem ➙ *Formular* alle Felder auf ihre Standardwerte zurücksetzt.

Zustand
Das Aussehen eines Elements wie etwa eines Hyperlinks oder eines Bilds, je nachdem, was im Browserfenster passiert ist (oder gerade passiert).

Index

Numerisch
256-Farben-Palette 74

A
Above-the-fold (»über dem Falz«) 68
Absatzabstand 243
Absatzformat 92
Absenden-Schaltfläche 313, 371
Abstand 99
    Zeichen 100
    Zeile 99
Acrobat Reader 12
Adobe SVG Viewer 12
Affordances 106
Aktiver Zustand 105
Aktualisieren-Tag 330
Alphakanal-Transparenz 77
Alternativtext 328
Alternativtext, Feld 289
Ansichten, Umschalten zwischen 134
Anwendungsserver 15
    Java Server Pages (JSP) 16
    Macromedia ColdFusion 16
    Microsoft Active Server Pages (ASP) 16
    Microsoft ASP.NET 16
    PHP Hypertext Preprocessor (PHP) 16
Anz. Zeilen, Feld 307
Architektur von Websites 35
Array bearbeiten, Dialogfeld 272
Auflösung 371
    optimieren 79
Aufzählungszeichen, in Listen 93
Austauschen 57, 372

Auswählbare Elemente
    Reihenfolgenposition für 328
Automatisch strecken 153, 372

B
background-attachment (CSS) 365
background-color (CSS) 365
background-image (CSS) 365
background-position (CSS) 365
background-repeat (CSS) 365
Bearbeitbare Bereiche 180, 372
Below-the-fold (»unter dem Falz«) 372
Benannte Anker 277, 372
    Link zurück nach oben 279
Benutzerfreundlichkeit 50
Benutzeroberfläche 49
Berichte 336
Beschreibung (Meta-Tag) 372
Besuchter Zustand 105
Bildbearbeitung 10, 372
    Malprogramme 10
    Zeichenprogramme 10
Bildbearbeitungsprogramme 258
Bilder
    Alternativtext 328
    anklickbar machen 250
    anklickbare 288
    Anzahl der Farben reduzieren 82
    auf der Seite platzieren 249
    für das Web benennen 84
    für das Web optimieren 78
    für das Web vorbereiten 73
    Größe ändern 257
    hinzufügen 249

Inline 252
Komprimierung 83
optimieren 79, 81
positionieren 251, 254
Rollover 289
Speicherort 329
Tracing-Bild 85, 162
Vergleich von Bilddateien 73
Bilderordner 249
Bitmap 372
Bitmapgrafik 10
Blocksatz 243
border-bottom-color (CSS) 365
border-bottom-style (CSS) 365
border-bottom-width (CSS) 365
border-collapse (CSS) 365
border-color (CSS) 365
border-left-color (CSS) 365
border-left-style (CSS) 365
border-left-width (CSS) 365
border-right-color (CSS) 365
border-right-style (CSS) 365
border-right-width (CSS) 365
border-spacing (CSS) 365
border-style (CSS) 365
border-top-color (CSS) 365
border-top-style (CSS) 365
border-top-width (CSS) 365
border-width (CSS) 365
bottom (CSS) 365
Box 372
Box, Definition 99
Browser 9
   Plugins 373
   Tabellen und 70
   Vorschau 123
   Weiterleitung 334
   Ziel 336
Browserprüfung 336, 337, 373

C

Cascading Style Sheets (*siehe* CSS) 7
ccTLD 373
clear (CSS) 365
Client 373
Clientseitige Technologie 13, 373
Clientseitige Verhalten 373
clip (CSS) 366
Cloaking von Dateitypen 117
Cloaking von Ordnern 344

Code-Editor 4, 373
   Dreamweaver 4
color (CSS) 366
Colspan 373
Content 373
   kategorisieren 41
Content-Karten 40
content-type, Meta-Tag 335
content-type, Tag 330
content-type-Stile 194
CSS (Cascading Style Sheets) 373
   Attribute, Navigationsleiste einfärben über 229
   Klassenstile (*siehe* Klassenstile) 318
   Neue CSS-Regel, Dialogfeld 285
   Neue CSS-Regel, Schaltfläche 318
   Stildefinitionen 365
   Stilregeln (*siehe* Stilregeln) 203
   Stylesheets (*siehe* Stylesheets) 189
CSS-Regel-Definition, Dialogfeld 235, 318
cursor (CSS) 366

D

Dateien synchronisieren, Dialogfeld 350
Dateivorgang im Hintergrund, Dialogfeld 345, 351
Datenbankserver 16, 373
Datentransfer 373
Defekte Links 373
   finden und reparieren 340
Definition einer Site 109, 373
description, Meta-Tag 330, 333
Design, Neugestaltung Ihrer Site 352
Diashows (Flash) 270
   Bilder hinzufügen 271
   Links zu Bildern hinzufügen 273
   testen 274
Dicke (Rand oder Linie) 374
Div 374
Dokumentkategorien 130
Domainname 19, 374
   geparkt 34
   Konventionen 26
   Registrierung 30
Down-Zustand 374
Dreamweaver 4
   Codeansicht 132
   Eingabehilfen und 125
   Entwurfsansicht 132
   Erweiterte Ansicht 115

Neues Dokument, Dialogfeld 129
Popup-Menüs erstellen 62
Sicherheitskopie der Site-Definition 120
Site-Struktur erstellen 120
Statische versus dynamische Sites 13
Teilen-Ansicht 134
Vorlagen (*siehe* Vorlagen) 374
Website einrichten 109
Drei-Klick-Regel 44, 374
Dynamische Sites 13, 374

E

Ebenen 157
   beschriften 163
   Festbreite behaltende 168
   gestalten mit 71
   in Liquid konvertieren 170
   Layout erstellen 159
   Liquid-Ebene, die sich über die gesamte
      Layoutbreite erstreckt 167
Eigener Webserver 26
Eigenschaften-Inspektor 146, 293, 322
   wichtigste Felder 160
Einbetten 374
Eingabehilfen 125
Eingabehilfen-Attribute für Input-Tag,
   Dialogfeld 306, 307
Eingabehilfen-Attribute für Object-Tag,
   Dialogfeld 262
Elemente, Formular (*siehe* Formulare,
   Elemente) 302
E-Mail-Links 284, 374
Entferntes Stylesheet hinzufügen, Dialogfeld
   191
Externer Link 374

F

Fehlerbehebung in Ihrer Website 327
Felder 299, 375, 383
Festbreiten-Layouts 65, 375
Festbreiten-Tabellen-Layouts 153
Fettdruck 235
File Transfer Protocol (FTP) 26
Filme, Speicherort 329
Firefox
   sekundärer Vorschaubrowser, als 124
Flash Player 11
Flash-Element, Bedienfeld 271

Flash-Filme 261
   auf Seiten platzieren 261
   Diashow erstellen 270, 271, 273
   Diashow testen 274
   Elementeigenschaften 271
   Flash-Schaltflächen erstellen 265
   Flash-Text erstellen 268
   Steuerschaltflächen für 292
Flash-Schaltfläche einfügen, Dialogfeld 266
Flash-Schaltflächen 58, 375
   erstellen 265
Flash-Text 268, 375
float (CSS) 366
font-family (CSS) 366
font-size (CSS) 366
font-style (CSS) 366
font-variant (CSS) 366
font-weight (CSS) 366
Format, Menü 233
Formatattribute 94
Formate 89, 375
Formular überprüfen, Dialogfeld 320
Formular überprüfen, Schaltfläche 320
Formular-Container-Tag (*siehe* <form>) 299
Formulare 299, 375
   abschicken 322
   Elemente 302, 303, 317
   Entwerfen 299, 315
   Formulartabelle auf dem Bildschirm
      zentrieren 316
   überprüfen, Verhalten 320
Formularfelder 375
Formularobjekte 375
Formulartabelle auf dem Bildschirm
   zentrieren 316

G

Geordnete Liste 93, 375
Geordnete Liste, Schaltfläche 240
GET, Methode 322, 376
GIF (Graphical Interchange Format) 74, 375
   Anzahl der Farben reduzieren 82
   transparent 75
Graphical Interchange Format (*siehe* GIF) 74
Groß- und Kleinschreibung 239
Größe (Computerdatei) 375
Gruppieren 375

H

<h1> bis <h6> 234, 362
Hauptnavigation 375
height (CSS) 366
Helligkeit und Kontrast, Schaltfläche 259
Homepage 376
    Standard-Dateiname 130
Horizontale Linie 246, 376
Hoster, Verbindung mit 345
Hotspot 290, 376
Hover-Zustand 106, 376
HTML (HyperText Markup Language) 4, 376
    Attribute, Navigationsleiste einfärben mit 227
    Tags 361
HTML-Tabellen 69
Hyperlink für ganze Site ändern, Dialogfeld 341
Hyperlink-Prüfer, Registerkarte 342
Hyperlinks 275

I

IDs 376
Image-Maps 290, 376
index.html 130, 174
    als Vorlage speichern 179
    Vorlage auf bestehende Seite anwenden 183
Inline-Bilder 252, 376
Innenabstand 102, 376
Interner Link 275, 376
Internet Service Provider (ISP) 19

J

JavaScript 8
    Event-Handler 369
    Verhalten 9, 376
JPEG (Joint Photographic Experts Group) 74, 76, 377
    Komprimierung 83

K

Kapitälchen 237
Klassenstile 318, 377
    für allgemeine Aufgaben 318
Komprimierung 83, 377
Kontrollkästchen 303
    einfügen 307
kursiv 235

L

Länder-Top-Level-Domain (ccTLD) 377
Lange Beschreibung, Eingabehilfe-Attribut 125
Layoutmodus 141
Layouts messen 63
Layoutstrategien 69
Layouttabelle, Objekt 145
Layoutzelle zeichnen, Symbol 147
Layoutzellen 143
left (CSS) 366
letter-spacing (CSS) 366
line-height (CSS) 366
Links und Verknüpfungen
    anklickbare Bilder 288
    benannte Anker 277
    E-Mail-Links 284
    externe 283
    Image-Maps 290
    in Popup-Fenster öffnen 280
    interne 275
    mailto-Links 284
    Rollover-Bilder 289
    Rollover-Effekt für Links 287
    Steuerschaltflächen für Flash-Film 292
    Stilregeln für Links 285, 286
    Tabindex für Links 296
    Unterstreichung 106
    Verknüpfung mit externer CSS-Datei 190
    zurück nach oben 279
    Zustände 105
Liquid-Layouts 66, 157
    Festbreiten-Layouts konvertieren in 163
Liquid-Layouts mit Tabellen 153
Listen 93, 240, 303
    einfügen 311
list-style-image (CSS) 366
list-style-position (CSS) 366
list-style-type (CSS) 366
lokaler Stammordner 112, 131

M

mailto-Links 284
Malprogramme 10, 377
margin-bottom (CSS) 366
margin-left (CSS) 366
margin-right (CSS) 366
margin-top (CSS) 366
mehrere Strukturebenen 61

Menüelemente 303
  einfügen 311
Meta-Tags 330, 377
  content-type 330, 335
  description 330, 333
  keywords 330
  refresh 330, 334
Microsoft Internet Explorer (MSIE oder IE) 9
MIME-Types 25, 378
Monitore, Layouts anpassen für 63
Mozilla Firefox, Browser 10
MSNTV (WebTV) 64
Multimedia (Medien) 378
Multimediaformate 12
  AIF, AIFF 13
  AU 13
  AVI 13
  MIDI 13
  MP3 13
  MPEG 13
  WAV 13
Multimedia-Software 11
MySQL 16

N

Navigation 50
  Design 55
  sekundäre 60
Navigationsleiste 207, 378
  festgelegter Inhalt versus variabler Inhalt 176
  Hintergrundfarbe 227
  mit vier Zuständern erstellen 218
  mit zwei Zuständen erstellen 210
  Rollover-Effekt 209
  Schaltflächen erstellen 207
Navigationsleiste einfügen, Dialogfeld 222
Navigationsleistenbild festlegen, Dialogfeld 225
Netscape, Browser 10
Neu auflösen 378
Neu auflösen, Schaltfläche 258
Neue CSS-Regel, Dialogfeld 195, 285
Neue CSS-Regel, Schaltfläche 318
Neuer bearbeitbarer Bereich, Dialogfeld 181
Neues Dokument, Dialogfeld
  Vorlagen, Registerkarte 187
Neugestaltung Ihrer Site 352
Nichtproportionalschriften 95

O

Objekte (*siehe* Felder) 299
onAbort (JavaScript-Event-Handler) 369
onBlur (JavaScript-Event-Handler) 369
onChange (JavaScript-Event-Handler) 369
onClick (JavaScript-Event-Handler) 369
onDblClick (JavaScript-Event-Handler) 369
onDragDrop (JavaScript-Event-Handler) 369
onError (JavaScript-Event-Handler) 369
onFocus (JavaScript-Event-Handler) 369
onKeyDown (JavaScript-Event-Handler) 369
onKeyPress (JavaScript-Event-Handler) 369
onKeyUp (JavaScript-Event-Handler) 370
onLoad (JavaScript-Event-Handler) 370
onMouseDown (JavaScript-Event-Handler) 370
onMouseMove (JavaScript-Event-Handler) 370
onMouseOut (JavaScript-Event-Handler) 370
onMouseOver (JavaScript-Event-Handler) 370
onMouseUp (JavaScript-Event-Handler) 370
onMove (JavaScript-Event-Handler) 370
onReset (JavaScript-Event-Handler) 370
onResize (JavaScript-Event-Handler) 370
onSelect (JavaScript-Event-Handler) 370
onSubmit (JavaScript-Event-Handler) 370
onUnload (JavaScript-Event-Handler) 370
Opera, Browser 9
Optionsschalter 303
  einfügen 309
Optionsschaltergruppe, Dialogfeld 309
Ordnen von Website-Informationen 35
Ordner, Cloaking 344
Over-bei-Down-Zustand 378
overflow-x (CSS) 366
overflow-y (CSS) 366
Over-Zustand 378

P

padding-bottom (CSS) 366
padding-left (CSS) 366
padding-right (CSS) 366
padding-top (CSS) 366
Page-View 378
Platzhalterbild 153
Platzhaltertext 178
PNG (Portable Network Graphics) 74, 76
  Farbanzahl reduzieren 82

Popup-Fenster
  Links öffnen in 280
Popup-Menüs 62
Portable Network Graphics (*siehe* PNG) 76
position (CSS) 366
POST, Methode 322

Q

QuickTime-Video-Plugin 11

R

Ränder 101, 104
Rastergrafik 10
RealPlayer 12
Rechteckiger oder ovaler Hotspot, Werkzeug 290
Rechtsbündig-Schaltfläche 243
refresh, Meta-Tag 334
Reihenfolgenposition 379
Reihenfolgenposition für auswählbare Elemente 328
Remote-Dateien
  herunterladen 352
Remote-Stammordner 114
Ressourcen 357
right (CSS) 366
Rollover-Bild einfügen, Dialogfeld 289, 293
Rollover-Bilder 57, 289, 379
Rollover-Effekte 106
  für Links 287
  Navigationsleiste 209
Root-Server 26
Rowspan 379

S

Safari, Browser 9
Schaltflächen 56, 303, 377
  einfügen 313
Scharf stellen, Schaltfläche 259
Schlüsselwörter, Meta-Tag 330
Schriftarten 94, 380
  Nichtproportionalschrift 96
  Serifenlose Schrift 95
  Serifenschrift 95
  websichere 95
Schriftgröße 97
Second-Level-Domain 380
Segmentieren 207
Seiteneigenschaften, einstellen 135

Seitennavigation, Layout mit 52
Seitenränder, Standard 136
Seitenvorschau im Browser 137
Sekundärer Vorschaubrowser 124, 380
Sekundärnavigation 60, 380
Selbstreferenzierter Link 280, 380
Serifenlose Schriften 95
Serifenschriften 95
Server 380
Serverseitige Technologie 13, 380
Server-Speicherplatz 20
Shockwave oder Flash-Film steuern, Dialogfeld 295
Shockwave Player 12
Sicherheitskopie Ihrer Sitedefinition 119
Skripten 8, 380
  Speicherort 329
Software auswählen 3
Startseite 376
statische Bilder 56
statische Websites 13
Statusleiste 230
Statusleistentext festlegen, Verhalten 230
Stildefinitionen 8
Stilregeln 7
  allgemein gültige definieren 200
  auf Formularelemente anwenden 317
  bearbeiten 203
  für bestimmte Elemente definieren 193, 194, 198
  Hyperlinks 285
  löschen 329
Stilselektoren 8
Stylesheets 189
  content-type-Stile 194
  Eingebettete Stile exportieren 189
  Speicherort 329
  Stilregeln für bestimmte Elemente definieren 193, 194, 198
  Verknüpfen 190
synchron, nicht mehr 378
Synchronisieren von Dateien 350
synchronisiert 381

T

Tabelle, Dialogfeld 255
Tabellen 69, 381
  Bilder und 254
  Gestalten mit 141
  Randstärke, Feld 255

Zellabstand, Feld 255
Zellauffüllung, Feld 255
Zellhöhen löschen 329
Tabellenzellen beschriften 152
Tabindex 381
    für Links 296
tabindex, Attribut 296
Tags 5, 381
Testen Ihrer Site 327
Text
    Absatzabstand 243
    auf Seite platzieren 231
    Ausrichtung und Blocksatz 243
    Format einstellen oder ändern 233
    Groß-/Kleinschreibung 239
    hinzufügen 231
    horizontale Linie 246
    Kapitälchen 237
    Listen 240
    typographische Stile 235
    unterstrichen, Stil 240
text-align (CSS) 366
Textbereich 306, 381
    Attribute 306
text-decoration (CSS) 366
Textentsprechungen 57, 381
Textfeld-Beschriftung 306
Textfelder 303
    einfügen 303
    mehrzeilige 306
Textformatierung 89
    Absätze 92
    Abstände 99
    Eingebaute Browser-Stilregeln 90
    Farben 103
    Formatattribute 94
    geordnete Listen 93
    Ränder 104
    Schriftgrößen 99
    Überschriften 91
    ungeordnete Listen 93
Text-Hyperlinks 55, 105
    aktiver Zustand 105
    besuchter Zustand 105
    unbesuchter Zustand 105
text-indent (CSS) 366
text-justify (CSS) 367
text-transform (CSS) 367
Titel 327, 381
top (CSS) 367

top-level domain (TLD) 31, 381
Top-Navigation, Layouts mit 54
Tracing-Bild 85, 150, 162
Tracing-Bild, Kategorie 137
Transfervolumen 372
Transparentes GIF 75
Trennlinie 382
typographische Stile 235

U

Überschriften 91
Umbruch, Menü 307
Umfang 382
Umfang und Struktur einer Website 36
unbesuchter Zustand 105
Ungeordnete Liste, Schaltfläche 240
Ungeordnete Listen 93
Unter dem Falz 372
Unterstrichen, Stil 240

V

Validieren, Seiten 340
Verbindung mit dem Hoster 345
Verhalten 382
Verhalten, Bedienfeld 225, 293, 320
verlustbehaftete Komprimierung 83
verlustfreie Komprimierung 83
Veröffentlichen Ihrer Site 343
    Cloaking von Ordnern 344
    Dateien hochladen 348
    entscheiden, was veröffentlicht wird 343
    Verbindung zum Hoster herstellen 345
verschachtelte Tabellen 144, 383
    hinzufügen 149
verwaiste Dateien 341, 383
visibility (CSS) 367
Vorlage auswählen, Dialogfeld 355
Vorlagen
    auf bestehende Seite anwenden 183
    bearbeitbare Bereiche definieren 179
    erstellen 173
    neue Seiten erstellen aus 186
    Platzhaltertext 177
    Seite speichern als 179
Vorlagen, Registerkarte des Dialogfeldes
    »Neues Dokument« 187
Vorschaubrowser, einrichten 123

W

Webdesign 49
   Layoutdesign 51
Webhosting 19
   Domain-Registrierung 22, 30
   Einrichtungsgebühr 22
   kostenloses 21
   kostenpflichtiges 21
   Kundenservice 22
   MIME-Types 25
   monatliche Kosten 22
   Paketumfang 22
   POP3-E-Mail-Konten 24
   Server-Speicherplatz 20
   Site-Statistiken 23
   Transfervolumen 24
   Umfang und Speicherplatz 23
   unabhängige Testberichte 21
   Webhoster auswählen 19
   Werbung 20
Weboptimierung 78
Webseite
   neue öffnen 129
   Titel 136
Webserver 15, 383
Websites
   Architektur 35
   Fehlerbehebung in Ihrer Site 327
   Neugestaltung Ihrer Site 352
   Pflege 349, 352
   Wartung 350

Websitestruktur, erstellen 120
Weiterleitung, Browser 334
Werkzeuge auswählen 3
Widgets (siehe Felder) 299
width (CSS) 367
Windows Media Player 12
World Wide Web Consortium (W3C) 70, 383
Wortumbruch 307, 383
WYSIWYG 4

Z

Zeichenabstand 100
Zeichenbreite, Feld 307
Zeichenprogramme 11, 383
Zeichensatz des Dokuments 335
Zeilenabstand 99
Zeilenhöhe 99
Zentrieren, Schaltfläche 243
Zielangabe (Target) 383
Zielbrowser 336, 383
Ziele von Websites 36
Zielgruppe einer Website identifizieren 38
z-index (CSS) 367
Zurücksetzen, Schaltfläche 313, 384
Zuschneiden, Schaltfläche 258

Über den Autor

Marc Campbell beschäftigt sich seit 1997 mit der Erstellung und dem Design von Websites und hat von der Fan-Site zu einem Comic bis hin zur E-Commerce-Lösung verschiedenste Websites entworfen und entwickelt. Er ist Autor von acht Fachbüchern und arbeitet darüber hinaus als Dozent auf diesem Gebiet. Marc ist offiziell zertifizierter Macromedia Dreamweaver-Entwickler und Beta-Tester.

Über den Übersetzer

Sascha Kersken arbeitet als Übersetzer, Fachbuchautor, Dozent und IT-Berater mit den Schwerpunkten Unix-Serveranwendungen und Webentwicklung in Köln. Für den O'Reilly Verlag hat er bereits viele Bücher übersetzt, darunter die Titel *Praxiswissen SharePoint*, *Java und XML* und *Active Directory*. Seine Freizeit verbringt er am liebsten mit seiner Frau und seinem Sohn oder mit guten Büchern.

Kolophon

Das Design der Reihe *O'Reillys Basics* wurde von Hanna Dyer entworfen, das Coverlayout dieses Buchs hat Michael Henri Oreal gestaltet. Als Textschrift verwenden wir die Linotype Birka, die Überschriftenschrift ist die Adobe Myriad Condensed, und die Nichtproportionalschrift für Codes ist LucasFont's TheSansMono Condensed.